PIET VROON
DREI HIRNE IM KOPF

Piet Vroon

DREI HIRNE IM KOPF

**Warum wir nicht können,
wie wir wollen**

*Aus dem Niederländischen
übertragen von Rolf Erdorf*

KREUZ

Die deutschsprachige Ausgabe dieses Buches ist zustande gekommen mit freundlicher Unterstützung des Nederlands Literair Produktie- en Vertalingenfonds, Amsterdam.

Die Originalausgabe   erschien bei Ambo/Baarn (Niederlande) unter dem Titel »Tranen van de krokodil. Over de te snelle evolutie van onze hersenen«.

Die Deutsche Bibliothek – CIP-Einheitsaufnahme

Vroon, Piet:
Drei Hirne im Kopf : warum wir nicht können, wie wir wollen / Piet Vroon. Aus dem Niederländ. übertr. von Rolf Erdorf.–
1. Aufl. – Zürich : Kreuz-Verl., 1993
Einheitssacht.: Tranen van de krokodil <dt.>
ISBN 3-268-00136-X

1. Auflage
© Kreuz Verlag AG Zürich 1993
»Tranen van de krokodil«© 1989 by P. A. Vroon, Culemborg
Umschlaggestaltung: Jürgen Reichert, Stuttgart
Satz: ES Typo-Graphic, Stuttgart
Gesamtherstellung: Graphischer Großbetrieb Pößneck GmbH
ISBN 3 268 00136 X

Inhalt

Für Anne und Daan

»Ton corps aux trois quarts composé d'eau, plus un peu de
minéraux terrestres, petite poignée. Et cette grande flamme en
toi dont tu ne connais pas la nature. Et dans tes poumons,
pris et repris sans cesse à l'intérieur de la cage thoraique, l'air,
ce bel étranger, sans qui tu ne peux pas vivre.«

Marguerite Yourcenar

(»Dein Körper, zu zwei Dritteln bestehend aus Wasser plus
einiger irdischer Mineralien; einer Handvoll. Und in dir diese
große Flamme, deren Art du nicht kennst. Und in deinen
Lungen, wieder und wieder ins Innere des Brustkorbs aufgenommen, die Luft, der schöne Fremdling, ohne den
du nicht leben kannst.«)

1. Weltbilder

Dieses Buch handelt vom Gehirn und von unserem Verhalten. Eine Ode an das Hirn ist am Platze. Unser Gehirn liegt im Dunkel, in Knochen verpackt, aber es sieht Licht. Das Gehirn ist von schalldämmendem Material umschlossen, aber es hört. Das Nervengewebe ist von der Luft getrennt, aber es riecht. In der Terminologie des griechischen Philosophen Aristoteles können wir unser Gehirn als den »unbewegten Beweger« betrachten: Es selbst bewegt sich nicht, verursacht jedoch alle Bewegung. Es ist klein, denkt jedoch das Unendliche. Zuletzt: Wie kommt es, daß dieses Kilogramm an Aminosäuren und Fetten von einer Flamme erhellt wird, einer *Bewußtheit* der Welt, einem Bewußtsein? Wie haben wir uns die Beziehung zwischen Proteinen und Selbstbewußtheit vorzustellen?

Wissenschaft

Die Wissenschaft ist ein Großbetrieb. Das Publikum ist dankbarer Abnehmer vieler seiner Produkte, vom Computer bis zum Medikament, übt aber auch Kritik an der Wissenschaft. Waffen werden im allgemeinen als bedrohlich betrachtet, manche Sozialwissenschaften genießen kein hohes Ansehen, viele Menschen bezweifeln den Nutzen der teuren Raumfahrt, und mancher Schüler wünscht sich, Mathematik und Naturwissenschaften wären niemals erfunden worden. Auch innerhalb der Wissenschaften fällt man einander selten gerührt in die Arme. Abgesehen von der Frage, welche Technologie entwickelt und angewandt werden soll und welche nicht, herrscht Uneinigkeit über die Verteilung der finanziellen Mittel, über Forschungsmethoden und -zielvorstellungen. Darf an Erbmaterial herumgebastelt werden? Sind Tierversuche zulässig? Dürfen Psychologen versuchen, menschliches Verhalten zu verändern?

Zum Teil sind dies Scheingefechte. Was wissenschaftlich-technisch möglich ist, wird schon jahrhundertelang getan und genutzt. Viele Diskussionen haben keinen Einfluß auf den Gang der Dinge. Wir können hierbei noch unterscheiden zwischen der Wissenschaft selbst und der Art, in der die Obrigkeit sich ihre Früchte vom Baum der Erkenntnis pflückt. Letzteres geschieht oft auf erstaunliche Weise. Das Mißlingen konkreter Politik hinsichtlich der meisten Planungsformen, der alternativen Medizin, der Arbeitslosigkeit, der Geschwindigkeitsbegrenzungen und der Steuerreform, um nur einige Beispiele zu nennen, war zu erwarten. Politiker glauben, Verhalten durch Maßnahmen beeinflussen zu können, die im Widerspruch stehen zu Gesetzen, welche dieses Verhalten schon seit hunderttausend Jahren beherrschen.

Manche Wissenschaften bleiben in jeglicher Hinsicht außer Schußweite; sie scheinen von »ungefährlicher Art« zu sein. Ein Jurist schreibt ein Buch über rumänisches Dorfrecht, ein Altphilologe publiziert den soundsovielten Kommentar zu einem griechischen Fragment, ein Ethnologe promoviert über die Trachtenkleidung in einem seeländischen Städtchen. Das regt niemanden auf. Die Naturwissenschaften dagegen stehen im Mittelpunkt des Interesses. Sie streben danach, Phänomene zu erklären, vorherzusagen und zu beherrschen. Auch ein großer Teil der Psychologie versucht schon seit einem Jahrhundert, auf diese Art zu Ansehen zu gelangen.

Erklären, vorhersagen, beherrschen

Die meisten Wissenschaften gehen von der Tatsache aus, daß die Wirklichkeit determiniert ist oder zumindest irgendein Regelmaß aufweist. Das Erwerben von Wissen steht und fällt mit der Entdeckung von Regelmäßigkeiten. Wenn die Wirklichkeit völlig unvorhersagbar wäre, gäbe es praktisch nichts mehr zu erforschen. Das ist ein wichtiges Faktum: Der Ausspruch: »Alles hat eine oder mehrere Ursachen« ist nicht widerlegbar und bildet den Ausgangspunkt der Wissenschaft (Nagel, 1961).

Erklären beinhaltet, daß Phänomene in begrifflichen Netzwerken untergebracht werden, in denen sie einen logischen Zusammenhang haben und Gesetzen gehorchen. Eine gute Erklärung bedeutet oft, daß man Phänomene vorhersagen kann. Bei einer Vorhersage kann es um die Zukunft gehen, um die Gegenwart oder die Vergangenheit. Die Wettervorhersage für morgen ist auf die Zukunft gerichtet. Es ist jedoch auch möglich, auf Grund eines Faktors oder einiger Faktoren, die das heutige Wetter bestimmen, vorherzusagen, wie andere Aspekte des Wetters gegenwärtig aussehen. Der Luftdruck kann etwas über die Temperatur aussagen, die Windrichtung etwas über die Wolkenbildung. Wer erfolgreiche Aussagen über das Wetter von vorgestern macht, einzig beruhend auf der Kenntnis des heutigen Wetters, sagt ebenso »vorher«, sei es auch in einer weiter gefaßten Bedeutung des Wortes (Retrodiktion gegenüber Prädikation). In der Psychologie ist das nicht anders. Ein Test ist als Regel gemeint, zukünftiges Verhalten vorherzusagen. Manchmal jedoch kann man auf Grund der augenblicklichen Situation auch Aussagen über jemandes Jugend treffen.

Die dritte Aufgabe, die manche Wissenschaften sich stellen, ist das Beherrschen von Phänomenen. Einfluß ausüben zu können ist oft ein Hinweis auf die Richtigkeit einer Theorie, muß es aber nicht immer sein. Manchmal kann man auch ohne eine Theorie Einfluß ausüben. Aspirin ist schmerzstillend, aber man weiß erst seit einigen Jahren, weshalb es diese Wirkung zeigt. Außerdem kann eine erfolgreiche Manipulation auch auf einem unrichtigen Gedankengang beruhen. So wurde früher mit Erfolg gekocht, gebraten und geforscht, ausgehend von der Vorstellung, ein eigener »Wärmestoff« (flogiston) sei hierbei am Werk. Schließlich gibt es erklärende und vorhersagende Theorien auf Gebieten, die jeglicher Möglichkeit zur Beherrschung der Phänomene entbehren

(Astronomie). Wir dürfen lediglich sagen, daß Theorien verworfen werden sollten, wenn ihre Vorhersagen nicht eintreffen. Das Trio Erklären, Vorhersagen und Beherrschen findet in vielen Wissenschaften Anwendung. Gleichwohl bleibt noch genug Raum für Diskussionen, weil nicht feststeht, wann etwas als *richtige* Erklärung oder als *erfolgreiche* Vorhersage bezeichnet werden darf. Zunächst einmal hat es schon wenig Sinn, über Fakten zu sprechen. »Die Erwartungen, die durch eine Theorie geweckt werden, färben die Wahrnehmung in einem solchen Maß, daß aus Fakten, die unter dem Einfluß alter Weltbilder gesammelt wurden, selten neue Vorstellungen hervorgehen. Neue Vorstellungen müssen Einfluß bekommen, ehe Fakten in einer anderen Perspektive gesehen werden können«, sagen die Evolutionsbiologen Eldredge und Gould (in: Eldredge, 1985). Wir müssen zunächst Vorstellungen haben, erst danach können wir (neue) Fakten erkennen. Hanson (1972) bringt Beispiele.

Bei dieser sogenannten theoriegelenkten Wahrnehmung können verschiedene Typen unterschieden werden. So kann man ein Phänomen auf mehr als eine Weise interpretieren, manchmal wird auch unter dem Einfluß einer Theorie oder eines Vorurteils ein Faktum übersehen, oder man sieht und hört etwas, das nicht existiert.

Gesetzt, zwei Biologen schauen durch ein Mikroskop auf ein sich bewegendes graues Fleckchen. Der eine Biologe meint, alles in der lebenden Natur sei aus Zellen aufgebaut, der andere denkt vorzugsweise auf der Ebene von Organismen. Der erste Biologe wird sofort sagen, daß er eine Zelle sieht. Es gibt eine gewisse Übereinstimmung zwischen der wahrgenommenen Struktur und der Struktur einer aus einem Herzen, einer Leber oder einer Lunge stammenden Zelle. Der andere Biologe meint einen Organismus wahrzunehmen. Er sieht nämlich, daß sich etwas bewegt; das Ding nimmt ein anderes Objekt in sich auf und scheint dieses zu verzehren. Wenn es sich hier um ein weißes Blutkörperchen handelt, werden beide Biologen die Wahrnehmungen auf Zellebene interpretieren; wenn es einem jedoch entgeht oder man nicht weiß, daß hier ein Leukozyt am Werk ist, kann man auch an einen kleinen, selbständigen Organismus denken.

Eine vergleichbare Szene: Johannes Kepler und Tycho Brahe blicken eines Abends in westliche Richtung. Sie sehen den Horizont und die Sonne. Nach Keplers Theorie dreht sich die Erde um die Sonne. Brahe war in vielerlei Hinsicht ein Anhänger von Ptolemäus und Aristoteles, die glaubten, die Erde befände sich als unbeweglicher, schwerer Körper in der Mitte des Weltalls und die Sonne drehe sich um die Erde. Was werden Kepler und Brahe kraft ihrer Theorien sagen? Der eine wird behaupten müssen, daß die Erde aufsteige, der zweite, daß die Sonne untergehe. Beide Astronomen sehen dasselbe Phänomen, messen ihm aber unterschiedliche Bedeutung bei. Phänomene sind selten losgelöst von Interpretationen vorstellbar. Bei der Wahrnehmung spielen sich in unserem Gehirn Prozesse ab, die zu einem großen Teil nicht von der Information seitens der Sinnesorgane beherrscht werden, sondern von (Vor-) Urteilen über die Wirklichkeit. Fakten beruhen nicht nur auf Sinneseindrücken, sondern sind auch intellektuelle Konstruktionen. Schließlich muß man Wahrnehmungen eine *Bedeutung* geben. Aus diesem Grund war der Autor dieses Buches wochenlang nicht imstande, in einem amerikanischen Staat *moles* zu entdecken. Ein *mole* (eigentlich:»Maulwurf«) ist eine von Menschen angebrachte, tierförmige Erhebung in der Landschaft, in der die Indianer vor langer Zeit ihre Toten begruben. Ich suchte nach meterhohen *moles*, wie sie nicht vorkommen. Erst als jemand mir zeigte, daß ein *mole* nur etwa zehn Zentimeter aus dem Boden herausragt, entdeckte ich plötzlich Dutzende.

Der französische Physiker René Blondlot schließlich sah sogenannte N-Strahlen, die er so bezeichnete, weil er an der Universität von Nancy arbeitete. N-Strahlen sollten angeblich mit Röntgenstrahlen verwandt sein (Broad & Wade, 1984). Sie würden unter anderem von Organismen ausgesendet. Blondlot stand mit seinen Beobachtungen nicht allein. In kurzer Zeit veröffentlichten Physikerkollegen mehr als dreihundert Artikel über derartige Strahlen. Ein amerikanischer Naturkundler glaubte Blondlot und dessen Anhängern nicht und reiste nach Frankreich. Während Blondlot seine Wahrnehmungen machte, entfernte der Amerikaner heimlich ein wesentliches Teil aus dem Meßinstrument. Blondlot bemerkte das nicht und fuhr fort zu notieren, was er sah. Er war das Opfer einer Wahnvorstellung. Es gibt keine N-Strahlen. Blondlot machte es sich selbst insofern einfach, als er behauptete, die Strahlen seien aus dem Intensitätswechsel einer Funkenbrücke abzuleiten. Solche Wechsel gibt es immerzu. Blondlot sah keine systematischen Veränderungen in der Funkenbrücke, sondern projizierte seine *Vorstellungen* über die Strahlen in dasjenige, was er sah. Man kann diese Situation in etwa vergleichen mit dem Rorschach-Test, in dem jeder etwas anderes sieht (und sehen muß).

Abgesehen von diesem Problem (Fakt und Vorurteil) muß noch eine weitere Unterscheidung getroffen werden, und zwar zwischen Fakten und wertvollen Fakten. Ein Astrologe behauptet unter anderem, daß Menschen, bei denen die Mehrzahl der Himmelskörper unseres Sonnensystems links im Horoskop steht, verhältnismäßig stark in sich gekehrt seien (introvertiert). Extravertiertheit dagegen tauche hauptsächlich dann auf, wenn das Horoskop in der rechten Hälfte reichlich gefüllt sei. Man könne diese Vorhersage überprüfen, indem man eine große Zahl von Menschen anhand ihres Horoskops in zwei Gruppen aufteilte und sie einem Introvertiert-/Extrovertiertheitstest unterzöge. Gesetzt, es fände sich ein geringes, aber statistisch bedeutungsvolles Resultat, das mit dieser astrologischen Vorhersage übereinstimmt (siehe z.B. Mayo, White & Eysenck, 1978), dann wird der Astrologe diese Information als eine Bestätigung seiner Vorstellungen betrachten. Mancher Psychologe dagegen wird zu verstehen geben, daß derartig schwache Effekte ihn nicht interessieren. Die meisten Seelenkundler gehen noch weiter und behaupten, der Zufall müsse mit im Spiel gewesen sein. Die Astrologie stimmt nicht mit ihrem Weltbild überein, also kann es sich nicht um eine bedeutungsvolle Beobachtung handeln. Womöglich fragt man sich sogar, ob diejenigen, die an astrologische Zusammenhänge glauben, psychisch gestört sind (Startrup, 1983). Schließlich könnte ein Dritter vorbringen, daß Tests überhaupt nichts über die Art und Weise aussagen, in der Menschen funktionieren. Er würde schließen, daß auf diesem Gebiet sowohl astrologische als auch psychologische Aussagen nicht ernst zu nehmen seien.

Kurz, abgesehen von der Tatsache, daß Vorhersagen eintreffen müssen, gibt es noch einen Grund, über Theorien zu streiten: Es steht nicht fest, was sinnige und was unsinnige Aussagen und Vorhersagen sind. Was für den einen ein wertvolles Fakt ist, kann dem anderen wenig oder gar nichts bedeuten.

Diskussionen dieser Art sind in der Wissenschaft epidemisch verbreitet. Ein Astronom betrachtet die Astrologie schon im voraus als Bauernfängerei, stammend aus archaischen Zeiten, als der Mensch noch nicht die leiseste Vorstellung davon hatte, wie der Kosmos zusammengesetzt sei. Derartiges gilt auch für die Auffassungen, die viele reguläre Ärzte von dieser oder jener als alternativ bezeichneten Therapie haben. Mancher alternative Heiler hält seinerseits wenig oder nichts von regulärer Medizin. Wissenschaften bestehen häufig aus intellektuellen Zirkeln, die sich gegenseitig in ihren Theorien und Fakten nicht oder nur kaum ernst nehmen. Woran liegt das?

Substanzen

Wir haben gesagt, daß Wahrnehmung nicht frei ist von Interpretation. Das ist von vornherein der Fall. Das Anwachsen von Wissen beruht auf allgemeinen, in der Regel unbewußt funktionierenden, doch grundlegenden Auffassungen über die Wirklichkeit, die gar nicht oder nur schlecht miteinander harmonieren. Ausgangspunkt wissenschaftlicher Forschung ist oft ein Phänomen, das uns aus dem täglichen Leben bekannt und vertraut ist und dem eine weitreichende Bedeutung zugesprochen wird.

Thales von Milet, der erste ionische Naturphilosoph, wohnte gegen 500 v. Chr. in einer Hafenstadt. Er war beeindruckt von den vielen Erscheinungsformen des Wassers und von der Notwendigkeit desselben für alles Leben. Das brachte ihn zu dem (überlieferten) Satz, alles sei aus Wasser entstanden. Sein Nachfolger Anaximander führte die Dinge ebenfalls auf eine einzige (als Prinzip zu verstehende) Substanz zurück, jedoch umschrieb er diese etwas abstrakter als das Unendliche oder das Unbestimmte (*apeiron*). Dieses Prinzip umschließe alle Charakteristika dessen, was wir wahrnehmen können (hart, kalt, rot, viereckig usw.). Die gesonderten Eigenschaften würden in einem dem Schütteln vergleichbaren Prozeß herauskristallisiert. Was existiere, gehöre jedoch weiterhin zu einer einzigen, sich selbst nicht verändernden Substanz. Der Wirklichkeit als Gesamtheit werde nichts hinzugefügt, noch werde ihr etwas entzogen (entsprechend dem späteren Gesetz vom Erhalt der Energie). Anaximander sagt es so:

»Die Elemente, aus denen die Dinge entstehen, dahinein kehren sie bei ihrem Vergehen gebührendermaßen wieder zurück, denn sie geben einander gemäß der Ordnung der Zeit Recht und Buße für ihre Ungerechtigkeit.«

Sein Nachfolger Anaximedes fühlt sich mehr vom Prinzip der Luft angezogen (Verhoeven, 1984).

Der Grundgedanke dieser Naturphilosophen war, daß die Vielheit der Phänomene auf einem einzigen, unveränderlichen Prinzip beruht und aus diesem hervorgeht. Die Wirklichkeit läßt sich aus dieser Sicht mit einem Stück Lehm vergleichen, aus dem nacheinander zehn Gegenstände gebildet werden: Alles beruht auf der fortdauernden Metamorphose einer einzigen Grundsubstanz.

Keine dieser oder derartiger Vorstellungen hat in der Wissenschaftsgeschichte zu einem nennenswerten Wissenszuwachs geführt. Daß der Bau des Universums auf einer bestimmten Substanz beruht, ist zwar vorstellbar, aber aus einem solchen Bild ergeben sich keine überprüfbaren Hypothesen, ergibt sich also auch kein Wissen.

Zu Anfang änderte sich wenig an dieser Situation. Die Diskussion verschob sich insoweit, als man sich die etwas abstraktere Frage stellte, ob es Veränderung gebe oder nicht. Parmenides argumentierte dahingehend, daß sich in der Welt nichts bewege. Wenn wir etwas sähen, das auf Veränderung hindeute, beruhe das auf einer Illusion. Parmenides' Opponent Heraklit verkündete das Gegenteil: Nichts in der Welt bleibe auch nur einen Augenblick lang dasselbe. Von ihm stammen die bekannten Sätze:

»Alles fließt und nichts bleibt« und *»Man kann nicht zweimal denselben Fluß hinuntertreiben«.*

Auch diese Sichtweisen erbrachten in wissenschaftlicher Hinsicht nichts. Einfluß haben Parmenides und Heraklit jedoch insofern gehabt, als ihre Lehrsätze von Plato kombiniert wurden. Plato zufolge gibt es zwei Welten: die der Erscheinungen, die Veränderung kennt, und hinter dieser ein verborgenes Reich ewiger statischer Ideen. Diese Verdopplung der Wirklichkeit ist unter anderem für die Entwicklung der Mathematik wichtig gewesen.

Erklärungen, die von einer Grundsubstanz ausgehen, reichen nicht hin, die Wissenschaft auf ein gebührendes Niveau zu bringen. Dasselbe gilt für animistische Erklärungen. Animismus bedeutet, daß menschliche Charakteristika, verbunden mit dem Begriff »Seele«, als Modell dienen für das, was in der Natur geschieht. Animismus ist nicht nur kennzeichnend für die früheste Geschichte des Denkens, sondern spielt in primitiven Gesellschaften noch immer eine große Rolle. Der Animismus erklärt alles, aber in einer unproduktiven Art und Weise. Weil Naturphänomene an kapriziöse menschliche Charakteristika gekoppelt werden, entdeckt man kaum Gesetzmäßigkeiten. Ereignisse sind ein Produkt von Launen Verstorbener und somit unvorhersagbar. Ordnung und Regelmaß werden nicht entdeckt.

Eine weitere unfruchtbare Sichtweise ist schließlich die Mystik, deren Ausgangspunkt es ist, die »Liebe« als tiefsten Grund der Wirklichkeit zu betrachten. Die Mystik strebt danach, Gegensätze zugunsten des angenehmen Gefühls, man bilde eine Einheit mit allem, was ist, verschwinden zu lassen. Auch auf diese Weise wird nichts untersucht und erklärt. Der Kirchenvater Augustinus ist ein Beispiel dieser Tradition. Er sagte, ein Mensch solle sich nur für zwei Dinge interessieren: für Gott und die Seele. Wissenschaft war seiner Meinung nach von keinerlei Belang.

Der große Unterschied zwischen mythischen und wissenschaftlichen Erklärungen ist, so Jacob (1982), daß Mythen, allgemeine Prinzipien und Vorstellungen in bezug auf Substanzen einem geschlossenen Weltbild entspringen, in wel-

17

chem eine vage Antwort auf *alle* Fragen gegeben wird. Wissenschaft dagegen läßt sich mit einem Käse voller Löcher vergleichen: Die Unsicherheit umfaßt immer mehr als unser Wissen, dafür jedoch ist das Wissen vielfach *genau* und brauchbar.

Welthypothesen

Der Philosoph Pepper hat ein Buch über Hypothesen geschrieben, die dagegen wohl fruchtbar gewesen sind (Pepper, 1942; siehe auch Hoffman & Nead, 1983). Wir referieren seine Vorstellungen anhand eines Phänomens, das in den letzten Jahren viel Beachtung findet. Dalèn (1975) publizierte ein Übersichtswerk, aus dem hervorgehen soll, daß die Wahrscheinlichkeit, der zufolge ein bestimmtes Merkmal auftritt oder man eine Krankheit bekommt, mit dem Monat oder der Jahreszeit der Geburt zu tun hat. So manifestiere sich Schizophrenie vor allem bei Menschen, die während der Wintermonate in der nördlichen Hemisphäre geboren würden, in der südlichen Hemisphäre dagegen im Sommer. Bradbury & Miller (1985) zeigen, daß eventuelle Beziehungen zwischen Schizophrenie und Geburtsmonat auf viererlei Art untersucht werden können.

Man kann bezweifeln, ob es überhaupt einen Zusammenhang gibt zwischen dem Geburtsmonat und der Wahrscheinlichkeit, Schizophrenie zu entwickeln. In diesem Fall fragen wir uns, ob das Phänomen überhaupt *existiert*. Manche Forscher sind mit einem einfachen Ja oder Npein als Antwort zufrieden. Viele dagegen wollen wissen, welche *Ursache* es für diesen Zusammenhang gibt. Eine dritte Hypothese geht davon aus, daß komplizierte Phänomene wie Schizophrenie immer mehrere Ursachen haben und daß man diese ausfindig machen muß. Zuletzt kann man Schizophrenie als das Produkt einer Wechselwirkung zwischen dem Menschen und seiner Umgebung begreifen.

Diesepp vier Denkweisen reflektieren eine Sicht der Welt oder »all dessen, was ist.« »Wissenschaftliche Forschung be-

18

ginnt mit dem Erfinden einer möglichen Welt oder eines kleinen Teils einer möglichen Welt«, sagt Jacob (1982). Solche »Erfindungen« oder Sichtweisen der Wirklichkeit werden von Pepper und dessen Nachfolgern »Welthypothesen« oder »Basismetaphern« genannt, und zwar sind das der Morphismus, der Mechanizismus, der Kontextualismus und der Organizismus. (Statt von Morphismus spricht Pepper von *formism*, ein unübersetzbarer Terminus; Organizismus wird mitunter auch mit Hylozoismus, »Tierförmigkeit«, umschrieben.)

Der Begriff »Metapher« taucht in einem Werk des Aristoteles über die Dichtkunst auf. Der Terminus ist von dem griechischen Verb für »übertragen« abgeleitet. Eine Metapher hat in der Linguistik und der Wissenschaftslehre viele Bedeutungen. Metaphern werden oft benutzt, um auf Übereinstimmung inmitten von Unterschiedlichkeit hinzuweisen (siehe Ortony, 1979). Wenn wir beispielsweise sagen, der Mensch sei ein Wolf, wird damit nicht behauptet, Menschen und Wölfe seien dasselbe, sondern lediglich, daß sie bestimmte Merkmale gemein haben. Mit Hilfe einer Metapher beschreiben wir das Unbekannte oder Unverstandene in Begriffen von etwas, das wir zu kennen meinen. Metaphern werden in der Wissenschaft sehr häufig gebraucht. Die Psychologie hat Menschen bis zu einem gewissen Grad als Apparate wie Uhren, Dampfmaschinen, Telefonzentralen, Radios, Radarsysteme und den heutzutage unvermeidlichen Computer betrachtet (Vroon & Draaisma, 1986, geben hierzu eine Übersicht).

Das Beispiel von der Beziehung zwischen Schizophrenie und Geburtsmonat läßt sich gut mit Peppers Basismetaphern verknüpfen. Wer in der Metapher des Morphismus denkt, ist zufrieden, wenn er weiß, ob es diesen Zusammenhang gibt oder nicht. Anhänger anderer Basismetaphern betrachten dies als den Anfang von Wissen und fragen weiter, wie ein solcher Zusammenhang entsteht. Es gibt dann drei Möglichkeiten. Man kann eine Auffassung von der Wirklichkeit haben, bei der nach einer primären Ursache gesucht wird. Wer das tut, gehört nach Pepper zu der Strömung des Mechanizismus. Andere gehen von der Unterstellung aus, daß mehr als eine Ursache im Spiel sein muß. Das sind die Kontextualisten. Ein

Organizist zuletzt wird den Zusammenhang aus einer Wechselwirkung zwischen Mensch und Umgebung zu erklären suchen, deren Endergebnis Geisteskrankheit ist. Kurz gesagt umfassen die »Welthypothesen« somit folgendes:

Morphismus: Dinge oder Phänomene existieren oder existieren nicht.

Mechanizismus: Ein Phänomen oder ein Ding steht immer im Zusammenhang mit einer einzelnen, direkten Ursache. Der Zeiger einer Uhr bewegt sich, weil ein Zahnrad ihn dreht; dieses Zahnrad wird wiederum von einem Zahnrad bewegt, usw.

Kontextualismus: Die Welt besteht aus eineAufeinanderfolge von Ereignissen. Phänomene haben immer mit anderen Phänomenen zu tun. Jedes Phänomen hat mehrere Ursachen.

Organizismus: Ein Phänomen ist Teil eines komplizierten Systems, das mit einem Organismus verglichen werden kann (»der Kosmos ist ein lebendes Wesen«). Man kann etwas nur von der Vorstellung ausgehend verstehen, daß es eine Wechselwirkung gibt zwischen dem System, zu dem das fragliche Phänomen gehört, und dessen Umgebung.

Mit Hilfe dieser Sichtweisen ist es möglich, viele wissenschaftliche Aktivitäten im Verlauf der Geschichte zu beschreiben. Die Produkte der Basismetaphern lassen sich jedoch nur schwerlich miteinander in Beziehung setzen. Die Vertreter der unterschiedlichen Strömungen benutzen unterschiedliche Methoden und meinen außerdem, andere hätten eine unrichtige oder unfruchtbare Vorstellung von der Wirklichkeit. Man kommt nur schlecht mit den Theorien und Fakten der jeweils anderen zurecht und redet aneinander vorbei, auch und vor allem, weil man sich nicht *bewußt* ist, um welche Übereinkünfte es sich handelt. Ein Astronom (häufig ein Mechanizist) läßt sich von einem Astrologen (einem Organizisten) nicht weismachen, daß Planeten Träger psychischer Merkmale seien, und ein anthroposophischer Arzt (auch ein Organizist) kann seinen Begriff »Seelenwesen« einem Experten auf dem Gebiet der Psychosomatik (einem Kontextualisten zumeist) nicht verkaufen. Anhänger unterschiedlicher Basismetaphern haben die Neigung, Vorstellungen und Fakten der jeweils anderen zu verwerfen. Letzteres ist (wie wir gesehen haben) gar nicht so schwer. »Fakten können Theorien nicht widerlegen, und zwar aufgrund der vielen unausgesprochenen Prämissen, deren es zur Wahrnehmung eines einzigen simplen Faktums bedarf. Die Fakten selbst sind eine Frage der Interpretation«, sagt Beijk (1982).

In diesem Buch werden Peppers Basismetaphern im Zusammenhang mit dem biologischen und psychologischen Funktionieren des Menschen noch wiederholt zur Sprache kommen. Aus diesem Grund seien hier die wichtigsten Charakteristika dieser vier Welthypothesen besprochen.

Morphismus

Der Morphismus geht von dem Erfahrungswert aus, daß Dinge einander in gewissem Umfang gleichen. Objekte und Phänomene werden auf Grund von Übereinstimmungen klassifiziert. Wenn Dinge identisch sind, wie zwei Blatt Blankopapier derselben Sorte und desselben Formats, beschreiben wir das Wahrgenommene mit Hilfe von Zahlen. Die Aussage »zwei Blatt« hat einen Mehrwert gegenüber der sinnlichen Erfahrung (Blatt, Blatt). Es geht nicht um *dieses* und *jenes* Blatt; was zu sehen ist, wird beschrieben, indem man eine einzige Zahl benutzt. Diese Zahlen sind prinzipiell auf alles in der Wirklichkeit anwendbar.

Die Tradition des Morphismus läßt sich bis auf die Pythagoräer und Platos Ideenlehre zurückführen. Diese Lehre besagt, daß wir die wechselnden sinnlichen Wahrnehmungen in Abstraktionen, Begriffe und Zahlen übersetzen können, welche als solche nicht in den Bereich unserer Wahrnehmung gehören. Diese Kategorisierung sei jedoch weder als Prozeß noch in ihren Resultaten subjektiv oder willkürlich. Wie bereits gesagt, befindet sich laut Plato hinter der Welt der wahrnehmbaren Dinge und Phänomene eine weitere Welt. Diese bestehe aus ewigen, vollkommenen, abstrakten (und nichtstofflichen) Ideen. Zum Studium der Ideenwelt gehöre die Mathematik. Mit deren Hilfe sei es möglich, gesicherte Aussagen über das Nicht-Wahrnehmbare zu machen. Ein Punkt sei das, was *keine* Abmessungen hat, eine Linie das, was *keine* Dicke hat, und niemand habe jemals einen Kreis gesehen. Desungeachtet könnten wir auf diese Weise sehr gut denken, Thesen beweisen, Anwendungen erfinden usw.

Ein wichtiges Merkmal des Morphismus ist, daß die Wirklichkeit inventarisiert und beschrieben wird. Das ist oft auf der Grundlage abstrakter, vollkommener und ewiger Prinzipien geschehen. Ein Beispiel dafür ist Linné, der Pflanzen von der Auffassung ausgehend einteilte, sie seien seit der Schöpfung unverändert geblieben.

Obwohl dies im Morphismus eine zentrale Stellung einnimmt, erschöpft er sich nicht im bloßen Klassifizieren der Dinge. Vielmehr kann die vorgefundene Ordnung auch dazu führen, daß man eine bestimmte Struktur oder einen »Plan« in der Wirklichkeit sieht. Ein Künstler malt ein Bild. Er hat eine Vorstellung im Kopf, der er mittels widerspenstiger Materie Form zu verleihen sucht. Wer das Bild betrachtet, unterstellt beim Künstler die Existenz einer solchen Vorstellung. Ähnlich dazu haben die vergleichende Anatomie und die Einteilung der Wirbeltiere dazu geführt, daß man einen Plan oder ein Muster im Bau des Skeletts sah. Wird von einer solchen Feststellung ausgegangen, entstehen leicht voreilige Annahmen in bezug auf Verwandtschaft und Evolution. Morphismus bedeutet also nicht von vornherein, daß man ein statisches Weltbild hat.

Mechanizismus

Der Mechanizismus geht davon aus, daß der Kosmos eine Maschine sei. Diese Denkungsart ist, ebenso wie der Morphismus, alt. Sie läßt sich bis auf Lucretius und die griechischen Atomisten zurückführen; in den Naturwissenschaften ist der Mechanizismus jedoch erst von ungefähr 1600 n. Chr. an vorherrschend geworden.

Eine Maschine befindet sich an einem bestimmten Ort und erbringt Leistungen, die sich in Maß und Zahl ausdrücken lassen; man denke an ein Stemmeisen und die Kraft-mal-Weg-Regel. Beim Beschreiben einer Maschine müssen wir zwischen relevanten und irrelevanten Merkmalen unterscheiden. Sowohl diese Unterscheidung als auch der Mechanizismus selbst sind mit einer einflußreichen Theorie über das Zustandekommen von Wissen verwandt. Im 17. Jahrhundert hieß es im (englischen) Empirismus, Wissen beruhe hauptsächlich auf Erfahrungen mit den Sinneswerkzeugen und nicht auf angeborenen Ideen (Nativismus, Rationalismus). Sinneswahrnehmungen bestünden aus primären und sekundären Qualitäten. Primäre Qualitäten entsprächen den Sinneswahrnehmungen von Ort, Masse, Bewegung, Ruhe und Zahl. Das seien Empfindungen, die sich an der Art der Dinge festmachten. Daneben kenne die Wahrnehmung sekundäre Qualitäten wie Farbe, Geruch, Geschmack, Nässe, Trockenheit usw. Diese Sinneswahrnehmungen dürften bei der Analyse der Wirklichkeit keine Rolle spielen: Es seien in erster Linie Merkmale des Wahrnehmers. Dem Mechanizismus zufolge sind, wenn wir eine Maschine beschreiben, sekundäre Qualitäten unwichtig: Es tue nichts zur Sache, wie ein Hebel sich anfühle, welche Farbe er habe und welchen Geruch er gegebenenfalls verströme.

Wesentlich für das mechanistische Weltbild sind also die primären Qualitäten (der Dinge), was bedeutet, daß lediglich ein Teil unserer Wahrnehmungen wissenschaftlich von Interesse ist. Weiterhin wird den *Bewegungen* große Bedeutung beigemessen. Es geht nicht nur darum, ob etwas existiert oder nicht, sondern auch, wie Veränderung und Bewegung zustande kommen. Das gilt für alles in der Wirklichkeit. Beim Menschen sei nicht der »Zustand« interessant, in dem unser Geist sich befände, sondern die Frage, welche psychischen *Prozesse* sich in ihm abspielen.

Es wird klar sein, daß die Beziehung zwischen den primären und sekundären Qualitäten für den Mechanizismus ein Problem darstellt. Schließlich muß erklärt werden, wie die sekundären Qualitäten sich zu den »wahren« primären Qualitäten verhalten. Die primären Qualitäten hausen angeblich

23

in der Materie. Das Gehirn eines Beobachters besteht ebenfalls aus Materie. Wie ist es möglich, daß Materie, die nur primäre Qualitäten besitzt, auch sekundäre Qualitäten hervorbringt? Diese Frage hat unter anderem bei dem Materie-Geist-Problem eine Rolle gespielt, das im Anschluß an dieses Kapitel kurz berührt werden soll.

Für die Psychologie bedeutete der Mechanizismus, daß man anfing, Vergleiche zwischen dem Funktionieren von Maschinen und den Prozessen anzustellen, die sich im menschlichen Geist abspielen. Der Hintergrund dieser Herangehensweise ist deutlich: Ein Prozeß ist das Analogon von Bewegung, sobald man davon ausgeht, daß der Kosmos als Ganzes wie eine Maschine funktioniert.

Kontextualismus

Die Erfahrung, die den Hintergrund des Kontextualismus bildet, ist das Ereignis. Wenn wir um uns sehen, ereignet sich alles mögliche: Die Zweige des Baums im Garten bewegen sich im Wind, ich lese, schreibe, stelle aus Ärger meine Skier nach, lese zum soundsovielten Mal dieses Kapitel durch, ein Bekannter ruft an usw. Die Welt besteht aus Aktivitäten und Ereignissen mit unzähligen Aspekten. Diese begegnen sich in immer wechselnden Kombinationen. Im Prinzip ist jedes Ereignis neu oder besitzt neue Elemente. Ereignisse können deshalb nur bis zu einem gewissen Grad miteinander verglichen werden.

In der Wirklichkeit herrscht demzufolge nicht das Konstante, sondern das (relativ) Einzigartige oder Besondere. Die Welt ist nicht statisch, sie gehorcht auch nicht ewigen Gesetzen, sondern sie verändert sich andauernd. Die ewigen Formen und Normen des Morphismus stehen ebenso zur Diskussion wie die unveränderlichen Gesetze des Mechanizismus. Die Wirklichkeit unterliegt fortwährender Veränderung und bietet immer Raum für etwas Neues.

Wenn man die Welt von den Ereignissen ausgehend betrachtet, hat es wenig Sinn, über Elemente oder Bausteine (wie Atome) zu sprechen. Ereignisse können dann zwar anhand ihrer Bestandteile beschrieben werden, doch deren Art und Bedeutung stehen im Zeichen ihrer Organisation: Die Merkmale eines Teils sind inhaltlich mit der Ordnung des Ganzen verbunden.

Für die Psychologie bedeutet der Kontextualismus unter anderem, daß man psychologische Gesetze und Mechanismen möglichst unter »natürlichen« Umständen studieren will und isolierten Laborsituationen wenig Bedeutung beimißt (siehe Hoffman & Nead, 1983).

Organizismus

Die vierte und letzte allgemeine Sicht der Wirklichkeit ist die des Organizismus. Wie das Wort schon sagt, dient hier ein lebendiges Wesen als Analogie. Alles, was existiert und sich ereignet, gehört angeblich zu einem Ganzen, das Übereinstimmungen mit einem Organismus aufweist. Wissenschaftliche Forschung muß demnach darauf ausgerichtet sein, den Zusammenhang zwischen Phänomenen ans Licht zu bringen und zu zeigen, daß jedes Phänomen Bestandteil großer, gewissermaßen organischer Strukturen sei. Fakten stünden somit nie für sich allein, sondern hätten immer eine Bedeutung in Relation zu anderen Fakten.

Das ist nicht dasselbe wie der Kontextualismus, bei dem ein Phänomen dem Ereignis untergeordnet ist, zu dem es gehört. Der Organizismus sagt, ein Zusammenhang liege bereits in den Teilen vor; ein Ganzes widerspiegele sich in seinen Komponenten.

Ein Beispiel dieses Denkstils ist die Astronomie bis ungefähr 1600. Dem Kosmos wurde eine menschenähnliche Struktur unterstellt. Raum ohne Materie sei undenkbar. Außerdem habe die Natur, genau wie die Menschen, angeblich eine *Abneigung* gegenüber der Leere. Alles sei mit Materie angefüllt. Weiter wissen wir auf Grund unserer täglichen Erfahrung, daß Bewegungen nur so lange andauern, wie Kraft ausgeübt wird. Die Planeten schwebten also nicht lose durch den Raum, sondern seien an Schalen befestigt, welche aus irgendeinem Stoff bestünden. Diese Schalen oder Sphären drehten sich mitsamt den Planeten im Kreis und gäben die für die Bewegung benötigte Kraft durch Reibung untereinander weiter. Die äußerste Schale werde durch ein Prinzip in Bewegung gehalten, das Aristoteles als den »ersten unbewegten Beweger« umschrieben hatte. Die Bewegungen im Kosmos kämen somit auf menschenähnliche Weise zustande. Zugleich symbolisierten die Himmelskörper psychische Funktionen (Astrologie). Der psychische oder organische Charakter der Wirklichkeit galt auch für die Erde: Steine fielen, weil sie zur Erde strebten; das Feuer strebe aufwärts; Erze und Mineralien wüchsen und gärten im Boden; ein Magnet galt als etwas Lebendiges, weil er Eisen in Bewegung versetzt, usw.

Eine jüngere, extreme Form des Organizismus, bei der der Körperbau und das Funktionieren des Menschen auf die Erde projiziert werden, ist in einem Buch von Zoeteman (1989) zu finden. Er sagt, die Erde habe ein »Ich«; die Lungen befänden sich in Asien, das Herz im Sargasso-Meer, die Rocky Mountains und die Anden bildeten die Wirbelsäule des »Erdmenschen«, die Alpen und der Himalaya seien die Rippen und der Ural das Brustbein. Seen und Flüsse holten Atem. Das Gehirn der Erde befinde sich im Nordpolgebiet. Das dort treibende Eis erinnere »schließlich« an das Gehirn, das in der Hirnflüssigkeit (*liquor cerebralis*) bade.

Der Organizismus besagt, daß Dinge oder Phänomene nicht nur miteinander zusammenhängen (wie es der Kontextualismus ebenfalls behauptet), sondern daß sie Teil einer Organisation seien, die, genau wie der Mensch, nach etwas *strebe*. Die Wirklichkeit unterliege einer Dynamik, die auf das Erreichen eines Zustandes maximaler Ordnung oder maximalen Zusammenhangs ausgerichtet sei. Was existiere, sei auf dem Weg zu »kosmischer Integration« oder einer Ordnung auf hoher Ebene. Dieser Prozeß gehe einher mit Phänomenen, die mit Liebe, Kampf und Haß zu vergleichen seien. Es entstünden andauernd Gegensätze, die im Lauf der Zeit jedoch in eine höhere Form der Organisation aufgenommen würden. Letztendlich werde alles Teil des Absoluten sein, in dem alle Gegensätze aufgehoben sind.

Der Organizismus impliziert, daß (innerhalb des Menschen) alles mit allem zusammenhängt und daß es eine weitgehende Beziehung zwischen dem Menschen und der lebenden und der toten Natur gibt. Ein Beispiel: Der Mechanizismus betrachtet Krankheit als ein »Unglück von außerhalb«, das die Maschinerie des Körpers stellenweise durcheinanderbringt oder beschädigt. Aus der Sicht des Organizismus dagegen ist die Krankheit Ausfluß eines »Netzwerks geheimnisvoller Einflüsse, die von überallher im Universum auf den Menschen einwirken« (Jacob, 1982). Krankheit ist nach organizistischem Denken kein Unglück von außerhalb, sondern ein Unglück aus dem Innern. Wir seien selbst für Krankheit und Gesundheit verantwortlich.

Die Wirklichkeit als Ganzes wachse und strebe; die Zukunft werde von (unseren) Vorstellungen oder Plänen mitbestimmt. Im Gegensatz zur mechanistischen Auffassung kann die Natur die Entwicklung oder Veränderung beeinflussen. Für das menschliche Verhalten bedeutet der Organizismus, daß wir nicht nur aus der Vergangenheit bestimmt werden, wie es u. a. Freud gesagt hat. Nach dessen Schüler Alfred Adler beziehen Menschen ihre Motivationen ebensosehr aus Vorstellungen über ihre Zukunft.

Zerrissenheit in der Wissenschaft

Pepper zufolge haben die vier Basismetaphern viel Einfluß gehabt. Diese Übereinkünfte bezüglich der Wirklichkeit spielen eine wichtige Rolle bei der Wahrnehmung, und zwar sowohl im täglichen Leben als auch in der Wissenschaft. Menschen lassen sich von solchen Theorien oder allgemeinen Übereinkünften leiten. Was wir sehen, ist oft abhängig von dem, was wir sehen wollen oder wonach wir ein Bedürfnis haben (bei Hunger erblickt man bereits in vagen Darstellungen saftige Rindersteaks). Nicht nur die »Fakten« selbst, sondern auch deren Ordnung, Analyse und Beschreibung lassen sich hierdurch in (vier) unterschiedliche Gefüge aufteilen.

Als Folge dieser Situation gibt es in der Wissenschaft verschiedene »intellektuelle Zirkel«, die die Resultate der jeweils anderen nicht akzeptieren. Dieses Phänomen ist unausweichlich. Pepper hält es für unmöglich, die verschiedenen Arten des Denkens miteinander zu verbinden. Die Ausgangspunkte und Forschungsstrategien seien dafür zu unterschiedlich, und es sei keine fünfte Sichtweise, Methode, kein fünftes Wahrheitskriterium vorhanden, das die vier in sich aufnehmen könne. Hieraus folgt, daß es Zerrissenheit in der Wissenschaft gibt. Basismetaphern sind empirisch nicht zu entscheiden. Statistiken über den Wissenszuwachs oder die Zahl wissenschaftlicher Forscher und Publikationen sind ebensowenig geeignet, dieses Problem zu lösen. Den Wissenszuwachs mit einer Beurteilungsnote zu versehen, das unterstellt schließlich Einigkeit hinsichtlich der Frage, was *wertvolles Wissen* ist und was nicht.

Ein Beispiel: Anthroposophen sind Organizisten der alten aristotelischen Tradition. Kramers (1989) sagt, daß alles, was in der Natur geschieht, in »metamorphosierter Form« auch im Menschen auftrete. Ihm zufolge läßt sich die Qualität »Eisen« beim Menschen im Blut wiederfinden und gleichzeitig in einer Eigenschaft wie dem Mut. Krankheit dagegen, bei der »eine bestimmte Qualität des Menschen gestört ist«, müsse mit Hilfe der damit korrespondierenden Substanz oder Qualität beeinflußt werden, wie diese in der Natur vorkomme. Ein anthroposophischer Arzt stellt nicht nur einen Zusammenhang her zwischen einem psychischen Merkmal (Mut) und einem Element in der Natur (Eisen), er steht auch dem Doppelblindverfahren in der Arzneimittelforschung ablehnend gegenüber; einer Methode, die dem mechanistischen Denken entstammt. Doppelblindstudien sind seiner Meinung nach schlechte Heilkunde: Wesentlich sei nicht nur die Beziehung Mensch – Natur, sondern auch die zwischen Patienten und Arzt. Wegen dieser Sichtweise wird ein Anthroposoph schwerlich einen Beweis erbringen können, der seinen Kollegen aus der »Schulmedizin« überzeugt. Umgekehrt läßt sich ein Anthroposoph von vielen Aspekten der Schulmedizin nicht beeindrucken. Er ist der Ansicht, daß diese in vielen Fällen bloß Symptome bekämpft und daß die Krankheit sich dadurch später auf andere Art manifestieren wird. Das Ergebnis dieses Gerangels ist, daß »alternative« Ärzte und »Schulmediziner« in ihre eigenen Zirkel eingeschlossen bleiben (ein Problem, das durch den Staat dahingehend gelöst werden wird, daß man ebenso bequem wie relativierend »allen recht geben« und sämtliche Strömungen anerkennen wird).

Ein Bild der Zerrissenheit bietet bis zu einem gewissen Grad auch die Physik. Der klassischen Tradition nach wollte man vor allem wissen, wie das Universum *aufgebaut* sei. Wichtig waren zahlentheoretische Betrachtungen über die Anzahl der (möglichen) Himmelskörper und ihre jeweilige Entfernung voneinander, in Beziehung gesetzt zu bestimmten geometrischen Figuren, die als »Baupläne« angesehen wurden. Diese Sichtweise mußte während der wissenschaftlichen Revolution der mechanistischen Frage weichen, wie die Dinge sich genau *bewegten*. Über diese Bewegungen wurde in der organizistisch-aristotelischen Tradition zwar etwas gesagt, aber man hatte sich dabei nicht um die Frage gekümmert, ob die Theorie physikalisch auch plausibel war. Behauptet wurde, daß Planetensphären sich kreisförmig durch einander hindurch bewegten. Das läßt sich zwar zeichnen, aber welche Materie bewegt sich ordentlich durch eine andere Materie hindurch? Diese Frage wurde erst im 16. und 17. Jahrhundert in nennenswertem Umfang gestellt und war einer der Anlässe für das Aufkommen des Mechanizismus (siehe Westfall, 1982).

Der Mechanizismus hatte und hat immer noch viel Einfluß. Seit der Jahrhundertwende aber ist durch die Entwicklung der Quantenmechanik Unsicherheit in bezug auf den Grundpfeiler des Mechanizismus entstanden, nämlich die Annahme der Determiniertheit der physischen Welt (auf Mikroebene). Capra (1984) und andere ziehen im Anschluß hieran eine Parallele zwischen Naturgesetzen und der Götterwelt und sagen, der Kosmos gleiche einem lebendigen

Ganzen. Sie nehmen wieder einen organizistischen Standpunkt ein. Weiterhin kennt man gegenwärtig die *bootstrap physics* (Schnürsenkelphysik), die sagt, Naturkunde müsse von den Beziehungen zwischen Phänomenen handeln. Die Physik habe sich auf Netzwerke von Zusammenhängen auszurichten. Weder Teilchen noch Felder bilden aus diesem Blickwinkel heraus den »Grundstoff« des Universums. Das ist kontextualistisches Denken, in welchem Bausteine keine Rolle spielen.

Es gibt momentan also vier Denktraditionen in der Physik, wobei festzuhalten ist, daß längst nicht alle gleich viel Einfluß haben. Ein Morphist zeichnet den Aufbau der Wirklichkeit nach (wie ein Teil der Astronomie), ein Mechanizist studiert Bewegungen, ein Organizist bringt Naturgesetze mit den tanzenden Göttern des Ostens in Zusammenhang, und der Kon-

Basis-metapher	Kern-gedanke	Physik	Psychologie	Wirkung der Jahreszeiten
Mor-phismus	etwas existiert oder nicht; Klassifizierung	Bau	psychische Zustände	Zusammenhang existiert oder nicht
Mechani-zismus	die Wirklichkeit ist eine Maschine	Bewegung	psychische Prozesse	Zusammenhang hat eine einzige Ursache
Kontex-tualismus	die Wirklichkeit besteht aus Ereignissen	Beziehungen zwischen Ereignissen	psychische Prozesse im täglichen Leben	Zusammenhang hat mehrere Ursachen
Organi-zismus	die Wirklichkeit gleicht einem lebendigen Wesen	Verflechtung von Quantenmechanik und Mystik	Phänomenologie	Zusammenhang beruht auf der Wechselwirkung zwischen Mensch und Umgebung

textualismus ist auf Ereignisse ausgerichtet sowie das Herstellen von Beziehungen zwischen diesen.

Man kann dieses Quartett in einer Tabelle zusammenfassen (siehe Seite 30), in der auch die Frage über die Beziehung zwischen Geburtsmonat und Schizophrenie (siehe Anfang des Kapitels) wieder auftaucht.

Wie aus dieser Übersicht hervorgeht, gibt es Zerrissenheit auch in der Psychologie. Der Morphismus in der Psychologie war (und ist) ausgerichtet auf die Beschreibung psychischer Zustände oder *states of consciousness* (zum Beispiel die humanistische Psychologie). Diese Zustände sind in der Regel introspektiv gegeben: Ich weiß, daß ich hier sitze und schreibe und denke, und mir ist bewußt, daß auch noch andere Arbeit auf mich wartet. Psychische Zustände sind durchweg transparent; sie sind geeignet, benannt und in gewisser Weise beschrieben zu werden. Ein Beispiel eines Buches, das in dieser Tradition geschrieben wurde, ist Spinozas *Ethica*. In jüngerer Zeit ließe sich auch an Titcheners Strukturalismus denken, der das Bewußtsein in unzählige Elemente (30.507, um genau zu sein) sezierte.

Wie gesagt, implizierte der Mechanizismus in den Naturwissenschaften, daß man vor allem wissen wollte, wie sich das Universum bewegte, und zwar auf eine physikalisch plausible Art. Das Pendant des Mechanizismus in der Psychologie ist gewesen, daß man die Frage stellte, welche psychischen Prozesse sich abspielten. Dieser Perspektivwechsel brachte das Fach in Schwierigkeiten. Schließlich weiß ich zwar, *daß* ich schreibe, aber nicht, *wie* ich schreibe. Man ist dieses Problem angegangen, indem man Menschen bis zu einem gewissen Grad als Maschinen betrachtete.

Der Kontextualismus ist eine recht junge Strömung in der Seelenkunde. Innerhalb der Geschichte der Psychologie hängt ihm zufolge so ungefähr alles mit allem zusammen, was bedeute, daß Geschichtsschreibung in Form eines Aufzugs »großer Männer« und/oder Ideen eine karikierende Darstellung der Dinge sei. Weiterhin hat sich der Kontextualismus, wie schon früher bemerkt, mit dem ökologischen Ansatz verwoben. Dieser Blickwinkel besagt, daß nicht das Laborexperiment im Mittelpunkt stehen, sondern die Psychologie mehr Interesse für Ereignisse und Probleme im täglichen Leben entwickeln muß. Psychische Prozesse seien nicht nur in andere Prozesse eingebettet, wichtig sei auch, daß sie, abhängig von ihrem Kontext, sehr unterschiedlich zusammengesetzt sein könnten. Das »isolierte« Laborexperiment habe gewiß unzählige »Fakten« hervorgebracht, aber dadurch seien wir nicht viel schlauer geworden. Eine neuere Diskussion in der Entwicklungspsychologie illustriert das. Kinder können konditioniert werden, also verlaufe ihre Entwicklung auch über Konditionierung, sagt der mechanistisch denkende Behaviorist. Ein Kontextualist dagegen behauptet, aus der Möglichkeit zur Konditionierung im Laboratorium folge keineswegs, daß die Entwicklung auch tatsächlich von Konditionierung bestimmt werde.

Der Organizismus in der Psychologie zuletzt wurde hauptsächlich von der sogenannten Phänomenologie vertreten sowie durch einige Schüler Freuds, wie zum Beispiel Alfred Adler. Phänomenologie bedeutet »Lehre von den Erscheinungen«. Diese philosophische Strömung wurde von dem deutschen Philosophen E. Husserl ins Leben gerufen. Sie behauptet, der Fortschritt der Philosophie und der Wissenschaften werde gefördert, indem man »zu den Sachen selbst« ginge oder indem man vorurteilslos wahrnehme; ein Gedanke, der übrigens im Widerspruch steht zu dem eher genannten Prinzip der theoriegelenkten Wahrnehmung. Die Phänomenologie hat eine Reihe von Ländern in Westeuropa einige Jahrzehnte hindurch stark beeinflußt, ist heute aber so gut wie bedeutungslos. Neuerdings jedoch taucht der Organizismus wieder auf. Es gibt Wahrnehmungstheorien, deren Ausgangspunkte starke Ähnlichkeit mit dem Weltbild des Aristoteles aufweisen (siehe z. B. Gibson, 1979).

Jede Basismetapher hat in unterschiedlichen Disziplinen Wissen hervorgebracht, aber es ist schwierig zu sagen, in welchem Ausmaß das geschehen ist. Eine Aussage darüber setzt immer die Anwendung *einer* Welthypothese voraus. Wenn man ein Anhänger der Hypothese A ist, ist der Wissenszuwachs seitens der Hypothesen B, C und D von vornherein gering. Kein Forscher kann sich letztlich über diese Metaphern stellen. Zwar tun das viele, aber das ist eine andere Sache.

In der Wissenschaftsgeschichte ist man sich nur über eine einzige Sache einig. Die aristotelisch-organizistische Tradition war, vielleicht mit Ausnahme der Biologie, viel unfruchtbarer als der Blickwinkel des Morphismus (die Mathematik) und der des Mechanizismus. Eine wichtige Ursache dafür ist, daß die Aristotelianer keine Versuche durchführten und sich damit begnügten, »große Meister« zu Rate zu ziehen. So schüttelte man als Ehrbezeugung den Namen des Aristoteles so lange durcheinander, bis das Anagramm *iste sol erat* (»dieser war die Sonne«) dabei herauskam.

Francis Bacon, ein Befürworter des Experiments, beschreibt im sechzehnten Jahrhundert folgende Anekdote: Eine Reihe von Gelehrten führte anhand alter Schriften tagelang Streit über die Frage, wieviel Zähne ein Pferd habe. Irgendwann schlug ein junger Mönch vor, die Anzahl der Gebißelemente nachzuzählen. Prompt wurde er von seinen wütenden Confratres vor die Tür gesetzt. Zählen tat man nicht als Gelehrter.

Diese Szene ist erklärbar. Die mittelalterliche Gesellschaft war feudal und ständisch gegliedert. Ein Gelehrter hatte einen Widerwillen gegen Arbeit mit den Händen (de Vries, 1984). Forschende der Wissenschaft bauten selten Meßinstrumente und Geräte, so daß sie auch keine Experimente durchführen konnten. Außerdem war die herrschende Religion (der Katholizismus) genau wie die Gesellschaft von hierarchischer Struktur, was den Autoritätsglauben noch förderte. Erst um 1600 sorgten Veränderungen in der Religion (Reformation), in der Gesellschaft und auch in der Wissenschaft für eine Veränderung dieser Situation. Das Experiment wurde von dieser Zeit an einer der Motoren der wissenschaftlichen Revolution.

Die Mechanisierung des Weltbildes führte zu dem Wiederaufleben eines Problems, das auch eine Rolle in diesem Buch spielt, nämlich der Beziehung zwischen Materie und Geist. Darüber muß etwas gesagt werden.

Materie und Geist

Wer sich mit Beziehungen zwischen psychischen und biologischen Prozessen beschäftigt und über das Materie-Geist-Problem schweigt, gehört, wenn man Philosophen glauben mag, zu den oberflächlichen Geistern. Diese Kritik trifft den Kern der Sache. Lokhorst (1986) hat gezeigt, daß Physiologen und Psychologen ersten Ranges – wenn auch meistens implizit – hierzu eine Meinung haben.

Was ist der Zusammenhang zwischen Geist und Materie? Auf welche Weise kann mein Wille meinen Körper in Bewegung versetzen? Wie ist es möglich, daß »Wollen« physikalische Folgen hat? Wie muß man sich vorstellen, daß physikalisch-chemische Prozesse, die mit der Wahrnehmung verbunden sind, zu bewußten Wahrnehmungsempfindungen führen? Wie ist es möglich, daß die Vielfalt der Dinge in der täglichen Erfahrung in Begriffe geordnet wird, die als solche nicht auf die Wahrnehmung zurückgeführt werden können?

Dieses Materie-Geist-Problem ist ungelöst in dem Sinne, daß jeder Standpunkt von einer anderen Partei bestritten worden ist (de Vries, 1980). In vielen Kulturen lebt der Gedanke, daß das Bindeglied zwischen den beiden Prinzipien oder Substanzen darin liege, daß alles auf mechanizistische Weise den Gesetzen von Ursache und Wirkung gehorche. Wie in der physikalischen Wirklichkeit die eine Billardkugel die Bewegung der anderen verursacht, so werde unser mentales Leben bestimmt von einer Variante der Gesetze der Mechanik, und zwar den Assoziationsgesetzen. In der Natur rufe das eine Phänomen das andere hervor; unser Geist funktioniere auf eine ähnliche Weise. So impliziert der indische Begriff *Karma* (Tat), daß (mentale) Taten genau wie das Spiel auf dem Billardtisch gefangen seien in Ursachen und Wirkungen. Der Mensch werde, was er gewesen sei; er ernte, was er gesät hat. Es gebe keinen wesentlichen Unterschied zwischen mentalen und physikalischen Prozessen. In der westlichen Tradition dagegen hat die Freiheit des Willens eine wichtige Rolle gespielt. Diese steht einer mechanisch-kausalen Sicht der Wirklichkeit diametral gegenüber. Das Argument oder Quasi-Argument der Willensfreiheit ist gut geeignet, den Gegensatz zwischen Materie und Geist zu verschärfen. Wie kann die Natur determiniert sein, während wir doch ein Gefühl von Freiheit haben?

Dieses Problem läßt sich sehr einfach beiseite schieben. Der Begriff Freiheit wird mit einem besonderen Aspekt des Menschen (der Seele) in Zusammenhang gebracht, der nicht zur materiellen Wirklichkeit gehört. Auf diese Weise sind sowohl der Determinismus als auch die Willensfreiheit vorläufig »gerettet«. Auch moralische und strafrechtliche Erwägungen haben vielleicht eine Rolle beim Materie-Geist-Problem gespielt (Pagels, 1988). Der Determinismus führt zu Disputen und Dilemmas in bezug auf die persönliche Verantwortlichkeit. Wenn wir von physikalisch-chemischen Gesetzen bestimmt werden, wer kann uns dann noch für unsere Taten zur Verantwortung ziehen? Man findet dieses Dilemma bereits in den Epen des Homer. Die Helden erfinden Ausreden für ihre Taten, indem sie auf Organe und Körperteile verweisen, die sie zu Handlungen veranlaßt hätten; bloß im Fall von Totschlag oder Mord wird die Person selbst zur Verantwortung gezogen (Vroon, 1978).

Eine Vielzahl von Lösungen für das Materie-Geist-Problem wurde erdacht. Sie lassen sich grob zu zwei Typen zusammenfassen: *Dualismus* und *Monismus*. Der Dualismus besagt, daß es zwei Prinzipien in der Wirklichkeit gibt (Materie und Geist); dem Monismus zufolge gibt es nur ein Prinzip, woraus folgt, daß das Problem eigentlich nicht existiert. Der Monismus kennt zwei Varianten. Ein materialistischer Monist nimmt an, psychische Prozesse seien eine Begleiterscheinung materieller Prozesse; ein psychischer Monist sagt, daß nur das Prinzip »Geist« existiere. Er hält Materie für eine Erscheinungsform oder eine Ableitung des Geistes.

Dualismus und Monismus können in etwa mit den besprochenen Basismetaphern in Beziehung gesetzt werden. Der Mechanizismus kann sowohl auf dem Dualismus als auch auf einem materialistischen Monismus beruhen. Organizisten sind häufig Anhänger des psychischen Monismus. Ein Morphist ist in der platonischen Tradition ein Dualist. Ein Kontextualist schließlich interessiert sich in der Regel nicht für das Materie-Geist-Problem.

Welche absurden Formen diesbezügliche Streitgespräche annehmen können, erweist sich aus dem Standpunkt des Leidener Philosophen Geulincx im siebzehnten Jahrhundert (Verhoeven, 1973). Geulincx ging von einem Motto aus, das in vielerlei Variationen in seinem Werk vorkommt: »Dasjenige, von dem du nicht weißt, wie du es tust, das tust du nicht« (*quod nescis quomodo fiat id non facis*). Die Folgen dieser These sind dramatisch. Ich weiß zwar, daß ich alles mögliche tue, aber selten oder nie weiß ich genau, wie ich tue. Wir seien zu vielem imstande, wissen aber intuitiv nicht, welche Prozesse unser Verhalten ermöglichten. Geulincx schlußfolgert aus diesem Mangel an Zugänglichkeit zu psychischen Prozessen, wir seien lediglich »binne-werckers«, die nach außen hin nichts verrichteten. Wir dächten und erdächten und wollten zwar alles mögliche, bewerkstelligten jedoch nichts. Mein Wille *begleite* zwar Taten, doch er *verursache* keine solchen. Hieraus folgt, daß eine andere Instanz dafür sorgen muß, daß meine Wünsche in Taten umgesetzt werden. Das sei Gottes Aufgabe, so der fromme Geulincx. Durch diese Konstruktion wird Gott jedoch zu einem Teil des Problems und nicht zu dessen Lösung.

Diese extreme Form dualistischen Denkens ist ebenso eigenartig wie der materialistische Monismus. Ich kann zwar behaupten, mein Bewußtsein sei eine Begleiterscheinung sich in den Zellen des Gehirns abspielender Prozesse, doch diese Mitteilung ist alles andere als informativ. Wir beantworten damit ja keine Frage, sondern begnügen uns mit der Mitteilung, das eine werde schon etwas mit dem anderen zu tun haben.

Ein Vergleich, den Materialisten gern ziehen, ist der von Niere und Urin. Die Niere produziere Urin; analog dazu bringe das Gehirn Gedanken hervor. Eine solche Argumentation oder Analogie ist angreifbar und oberflächlich. Der Urin beeinflußt Niere und Körper als Gesamtes nicht. Meine Gedanken und mein Wille dagegen können dafür sorgen, daß mein Körper sich zur anderen Seite der Erde transportieren läßt oder sogar stirbt. Das Produkt »Urin« funktioniert nicht auf dieselbe Weise wie das Produkt »Gedanke«.

Wie gesagt, sind alle Monisten der Meinung, das Materie-Geist-Problem sei ein Scheinproblem oder eine Illusion. Ein psychischer Monist hat sich für die Alleinherrschaft des Geistes entschieden. Hieraus läßt sich schlußfolgern, daß die Welt in ihrem Wesen ein Teil meines Geistes sei. Eine weiterführende Variation dessen ist der Solipsismus: Nur man selbst existiere; Mitmenschen und die Welt seien Teil eines einzigen großen Schattenspiels. Auch das ist keine fruchtbare Art zu denken.

Jede Form des Dualismus ist geeignet, die Diskussion auch künftig in Gang zu halten. Man wird sich dann weiterhin Fragen über die Art der Interaktion zwischen mentalen und physikalischen Prozessen stellen müssen. Abgesehen davon kann das Materie-Geist-Problem zum Anlaß dienen, sorgfältig über die Art der verwendeten Begriffe nachzudenken. Ein heutiger Dualist ist der Neurophysiologe J.C. Eccles. Er meint, der menschliche Geist gehöre zu einer anderen Dimension und drücke sich im Gehirn aus, so wie elektromagnetische Wellen in einem Radio aufgefangen und analysiert würden (siehe Eccles, 1975; Eccles & Robinson, 1986).

Gibt es einen Ausweg?

»Ungelöste Probleme sind das Firmenkapital der Philosophie«, sagt Draaisma (in: Draaisma & de Vries, 1989). Das Materie-Geist-Problem ist immer von einer Generation zur nächsten weitergereicht worden. Die Frage war Wandlungen unterworfen, wurde jedoch nie gelöst. Was verschwunden sei, seien gewisse Darstellungsweisen des Problems, nicht aber das Problem selbst, meint Draaisma.

Es ist nicht möglich, das erlösende Wort zu sprechen. Man könnte wie folgt argumentieren: Die Natur kennt eine große Zahl von Organisationsebenen. Die Gesetze, die auf der einen Ebene gelten, findet man nicht so ohne weiteres auf einer anderen wieder. Eine Woge hat Eigenschaften, die sich nicht direkt auf das Verhalten einzelner Wassermoleküle zurückführen lassen. Aus der Tatsache, daß Gesetze sich je nach Organisationsebene unterscheiden, folgt jedoch nicht, daß irgendwann Gesetzlosigkeit herrscht. Zum Beispiel das Wetter: Niemand zweifelt daran, daß die Meteorologie auf determinierte Prozesse ausgerichtet ist. Diese sind derart kompliziert, daß die Vorhersagen oft nicht zutreffen. Das ist jedoch eine Frage der Zeit und der Wissenszunahme. Struktur und Funktion des Gehirns sind noch viel komplexer und noch weniger vorhersagbar. In Analogie zum Wetter könnte man sagen, daß Konzepte wie freier Wille und persönliche Verantwortlichkeit auf Mankos in unserem Wissen beruhen und daß das Gehirn sehr wohl determiniert funktioniert.

Diese Auffassung läßt sich jedoch nicht überprüfen. Man könnte glaubhaft machen, daß das Gehirn determiniert arbeitet (oder gerade nicht), indem man es simuliert. Vorläufig jedoch gibt es dazu keine Möglichkeit: Die Zahl elektronischer Schaltkreise im Gehirn ist wahrscheinlich größer als die Zahl der Himmelskörper im Universum. Es ist außerdem die Frage, ob ein System etwas nachbilden kann, das genauso kompliziert ist wie es selbst. Um etwas gut nachbilden zu können, ist schließlich viel Wissen vonnöten; in diesem Fall darüber, wie das Gehirn gebaut ist und funktioniert, und genau dieses Wissen ist ja sehr beschränkt. Zuletzt würde man beim Nachbauen des Hirns nichts über das eventuelle Bewußtsein einer solchen Maschine in Erfahrung bringen (siehe Hofstadter & Dennett, 1991).

Nichtsdestoweniger wurden einige Experimente durchgeführt, aus denen manche Argumente für die These ableiten, Gehirn und psychische Prozesse seien genauso determiniert wie viele physikalische Prozesse. Libet (1967, 1973, 1978, 1979) machte Versuche über den Zeitpunkt, in dem verabreichte Reize bewußt erfahren werden, sowie über das sogenannte »Bereitschaftspotential« beim Ausführen von Handlungen. Wenn eine bestimmte Handlung vollzogen wird, scheint das Gehirn etwa eine halbe Sekunde lang darauf präpariert worden zu sein, ehe die Person etwas tut und, was wichtiger ist, ehe sie einen willentlichen Entschluß faßt. Mit anderen Worten hieße das, daß eine Tat (mitunter) dem diesbezüglichen Bewußtsein oder einem entsprechenden Entschluß vorausginge. Hieraus ließe sich schlußfolgern, daß der »freie Wille« determinierten Mechanismen hinterherläuft. Diese Daten, und vor allem die Weise, in der sie interpretiert werden müssen, sind jedoch recht umstritten (Lokhorst, 1986).

Eine Variante dieses Versuchs ist die folgende: Man läßt jemanden ein Buch lesen und bittet ihn, ab und zu rasch auf einen Knopf zu drücken. Diese Entscheidung wird ohne Vorbedacht getroffen und auch so von der Versuchsperson erfahren. Auch diesem Verhalten geht jedoch ein Bereitschaftspotential voran. Dieser Versuch deutet an, daß das Bewußtsein Prozessen im Gehirn gewissermaßen »hinterherlaufen« kann. Ein drittes und letztes Beispiel ist noch spektakulärer.

Der Versuchsperson wird ein Kasten mit einem Loch vorgesetzt. Sie wird gebeten, mit gekrümmtem Zeigefinger eine Murmel in das Loch zu befördern. Auch in diesem Fall erweist sich, daß kurz vor der Bewegung ein Bereitschaftspotential entsteht. Gesetzt jedoch, wir gestalten die Aufgabe schwieriger: Bei ungefähr der Hälfte der Versuche landet die Murmel im Loch, in der anderen Hälfte der Fälle gelingt dies nicht. Anschließend vergleichen wir die Durchschnittsform des Bereitschaftspotentials bei Erfolg und Fehlschlag. Was stellt sich heraus? Die Potentiale *sind von unterschiedlicher Gestalt.* Dieses Faktum ist nicht nur »schwierig zu erklären«; es paßt genaugenommen nicht in unser Weltbild. Wie »weiß« das Gehirn im vorhinein, ob ein Versuch gelingt oder nicht?

Vielleicht gibt es noch eine weitere Möglichkeit. Es gibt Geräte, mit denen die Intensität des Stoffwechsels in verschiedenen Teilen des Gehirns von Moment zu Moment sichtbar gemacht werden kann (*Positronen-Emissions-Tomographie*). Dabei läßt sich feststellen, ob ein bestimmter Teil des Gehirns aktiv ist oder nicht. Jemand wird an ein solches Gerät angeschlossen. Er sieht von Augenblick zu Augenblick, welcher Teil seines Gehirns arbeitet, wenn er denkt, sich an etwas zu erinnern sucht, zu phantasieren anfängt und dergleichen. Ein solcher Versuch könnte vielleicht etwas über das Materie-Geist-Problem aussagen. Das Instrument zeigt schließlich, daß mentale Aktivität mit elektrischer Aktivität einhergeht. Es wird nacheinander gedacht, sich erinnert, phantasiert, aufmerksam zugehört usw. Wenn Libet recht hat, könnte sich herausstellen, daß die Wechsel in der Gehirnaktivität demjenigen, was die Versuchsperson vorhat, genau vorangehen. Dies würde bedeuten, daß der Mensch mit seinem freien Willen in einer Welt der Illusionen lebt. Wir meinen, einen freien Willen zu haben, weil wir (selbst) nicht verstehen, weshalb das Gehirn tut, was es tut. Es ist jedoch denkbar, daß lokalen Veränderungen in der Stoffwechselintensität allgemeine oder, in physiologischen Termini, diffuse (Entscheidungsbildungs-)Prozesse vorangehen, die das Instrument nicht sichtbar machen kann. Ein Gegner obiger Argumentation wird diesen Einwand vorbringen.

Eine prinzipielle Frage lautet, ob die gesamte Debatte beim heutigen Stand der Dinge überhaupt einen Sinn macht. Wir können die Frage nach dem Unterschied zwischen Materie und Geist sowie die Weise, in der diese Prinzipien miteinander interagieren, erst auf die Tagesordnung setzen, wenn klar ist, was genau mit diesen Begriffen *gemeint* ist. Nun, das wissen wir nicht so recht. Das Wort »Geist« wird leichthin benutzt, aber was sagen wir damit? »Der Geist weiß selbst nicht, was der Geist ist«, bemerkte Cicero treffsicher. Ebenso ist nur bis zu einem gewissen Grad bekannt, was »Materie« ist. Auf subatomarer Ebene läßt sich die Materie nicht anschaulich darstellen. Ein Elektron springt von der einen Schale zur anderen, aber wo das Elektron während des Sprungs ist, darf man nicht fragen. Außerdem ähnelt ein Elektron manchmal einem Teilchen und manchmal einer Welle. Eine Größe, die man als ein Teilchen beschreiben kann, ist unter anderen Umständen überall gleichzeitig vorhanden. Wie ist das möglich?

Für die meisten Physiker ist das kein so großes Problem. Ein Elektron verhält sich auf zwei Arten. Einsicht in das »Wesen« des Teilchens ist für Wissenszuwachs und erfolgreiche Anwendungen nicht von Interesse. Das Materie-Geist-Problem impliziert häufig, daß man das *Verhalten* von »Materie« in einen Zusammenhang mit der *Essenz* des Begriffs »Geist« zu stellen versucht. Das sieht nach Zeitvergeudung aus und verlorener Liebesmühe. Instrumentalistisch argumentierend sind Materie und Geist schließlich durch gezeigtes

Verhalten verbunden. Was das angeht, gehören sie zu derselben Kategorie.

Ein Philosoph, dessen Standpunkt sich dem anschließt, ist Rorty (1980), übrigens in der Nachfolge Ryles (o. J.). Seiner Meinung nach existiert das Materie-Geist-Problem lediglich durch die Gnade des Wortes. Diskussionen über Materie und Geist beruhten auf der Unterstellung, daß es zwei Substanzen oder Prinzipien gebe. Und das sei fraglich. Wenn man versuche, genau zu umschreiben, was mit beiden Begriffen gemeint sei, verwischt sich Rorty zufolge der Unterschied, so daß nur mehr schwerlich ein Problem daraus gemacht werden könne.

Zusammenfassung

Eine Schlußfolgerung muß in jedem Fall lauten, daß es wenig Sinn hat, von *der* Wissenschaft als solcher zu sprechen. Das Streben nach Wissen ist uneinheitlich, sowohl in historischer Perspektive als auch in ein und demselben Augenblick. Die verschiedenen Basismetaphern und Welthypothesen sind unvereinbar, ihre Richtigkeit kann nicht auf empirischer Ebene entschieden werden.

Die Zerrissenheit in der Psychologie kann teilweise der Existenz verschiedener Welthypothesen nebeneinander zugeschrieben werden. Ein kognitiver Psychologe (Mechanizist) kommt mit einem Ökologen (Organizist) nicht zurecht. Es geht jedoch um mehr. Abgesehen von unterschiedlichen Basismetaphern gibt es auch verschiedene theoretische Strömungen innerhalb ein und derselben Metapher (der mechanistischen). Behavioristen achten auf das Verhalten und vor allem auf die Möglichkeit, Mensch und Tier zu konditionieren. Psychoanalytiker interessieren sich für Emotionen und Motivation, und der kognitive Psychologe beschäftigt sich mit Informationsverarbeitung, das heißt mit allen Prozessen, die mit der Aufnahme, der Speicherung, dem Wiederfinden und der Anwendung empirischer Daten zu tun haben. Keiner dieser (und anderer) Strömungen ist es gelungen, alle Aspekte des Verhaltens und Erlebens miteinander zu vereinbaren, obwohl das häufig angestrebt wird. Der Ausgangspunkt der theoretischen Systeme ist gemeinhin, daß der Mensch als Ganzes von jeweils einem Gefüge von Prozessen oder Gesetzen beherrscht wird.

Vielleicht ergibt sich diese Zerrissenheit aus den Merkmalen des *Objekts* der Psychologie. Der Mensch selbst könnte womöglich ein zerrissenes Wesen sein. Vielleicht verabsolutieren unterschiedliche Strömungen in der Seelenkunde jeweils einen Aspekt unseres Handelns. In diesem Fall wäre der Streit zwischen den Schulen zum Teil eine Widerspiegelung des Streits in uns selbst. Es ist denkbar, daß der Mensch Gesetzen unterschiedlicher Art gehorcht und daß verschiedene Herangehensweisen auf verschiedenen Ebenen seines Funktionierens ansetzen. Um diese letzte These dreht sich dieses Buch. Wir geben eine kurze Zusammenfassung des Inhalts:

Der Mensch ist ein auffälliges biologisches Produkt. Wir sind zu großartigen Werken auf den Gebieten von Handwerk, Wissenschaft und Kunst in der Lage, aber es bereitet uns auch keine Schwierigkeiten, Millionen Wehrloser abzuschlachten, die uns nichts getan haben. Man kann derartige Gegensätze nicht wegargumentieren, indem man sagt, es gebe nun einmal gute und schlechte Menschen. Ein und dieselbe Person ist zu guten Taten wie zu Untaten imstande. Von Exzessen einmal abgesehen, wird jeder im täglichen Leben mit unverständlichem Verhalten seiner selbst und anderer konfrontiert. Wir treffen auf instinktiver und emotionaler Ebene Entscheidungen, derentwegen wir uns kurze Zeit später mitunter die Haare ausraufen möchten. Oft ist es uns unmöglich, unser Handeln zu rechtfertigen. Das wirft die Frage auf, wie der Mensch gebaut ist, ob primitive, phylogenetisch alte Prozesse in ihm wirken und inwieweit sein Geist Kohärenz aufweist (Kapitel 2 und 3).

Vor dem 19. Jahrhundert war man hauptsächlich am Verstand interessiert. Der Intuition erscheint die Vernunft als zusammenhängendes, ordentliches Ganzes. Die Evolutionstheorien hatten zur Folge, daß man daranging, Tiere intensiv zu studieren und Parallelen zwischen Tier und Mensch zu ziehen.

Daraus ergab sich eine zweifache Konsequenz: Man sah zum einen Übereinstimmungen zwischen Mensch und Tier, unter anderem auf Grund der vergleichenden Gehirnanatomie. Daneben nahm man bei Tieren vielerlei Verhaltenstypen wahr und meinte, ein solches »tierisches« Verhalten auch beim Menschen zu erblicken. Dadurch wurde die Sicht auf den Menschen erweitert: Nicht mehr nur der Verstand stand im Mittelpunkt, sondern auch die Emotionen und Instinkte wurden jetzt für wichtig erachtet.

Eine große Veränderung in der Umgebung kann für eine Art tödlich sein. Oft ist schnelle Anpassung vonnöten, um zu überleben. Wenn in Umwelt und Klima plötzliche Veränderungen auftreten, kann die beste Überlebensstrategie darin bestehen, daß eine Spezies kurzfristig mit einer neuen anatomischen Struktur (im Gehirn) ausgerüstet wird, der es gelingt, den Problemen die Stirn zu bieten.

Im 19. Jahrhundert gab es miteinander konkurrierende Evolutionstheorien. Die von Lamarck war verwandt mit der idealistischen Philosophie. Die Wirklichkeit »strebe« nach einem Ziel (Organizismus), Arten entwickelten sich voneinander weg, und erworbene Eigenschaften könnten an die Nachkommenschaft weitergegeben werden. Die Entwicklung des Lebens beginnt mit einer primitiven Form oder einem Keim, der auf die Dauer immer komplexer werde. Dabei blieben primitive Strukturen und Mechanismen in einem komplexeren Ganzen bis zu einem gewissen Grad erhalten. Aus Lamarcks Sicht ist der Mensch eine Addition all desjenigen, was die lebendige Natur gekannt hat, unter Hinzufügung einiger neuer Aspekte. Bekanntermaßen hat Lamarck den Kampf gegen die Darwinisten verloren, aber seine Art zu denken taucht immer wieder auf (siehe Jordanova, 1984).

Darwin, dessen Großvater Erasmus Darwin übrigens ein Anhänger Lamarcks gewesen war, gelangte zu einem anderen Evolutionskonzept. Seiner Meinung nach muß man sich die Evolution ungefähr wie einen Baum vorstellen. Lebende Wesen zeigen Unterschiede (Variation), die später der genetischen Variation zugeschrieben wurden. Darwin sprach kurzerhand von »Variation«, weil in seiner Zeit nichts über Erbmechanismen bekannt war (Mendels Werk wurde erst gegen 1900 wiederentdeckt). Abgesehen von Unterschieden zwischen Organismen, die andauernd entstünden, sei auch die Umgebung nicht gleichbleibend. Umwelt- und Klimaveränderungen brächten es mit sich, daß manche Exemplare einer Art überlebten und andere nicht (Selektion, *survival of the fittest*). Durch Variation und Selektion entstünden neue Arten. Auch Darwin zufolge fängt die Evolution nicht immer wieder von vorn an. Beim Bauen von Organismen würden oftmals »bereits existierende Einzelteile« verwendet. Das könne auch für Systeme im Gehirn gelten; Erfahrungen jedoch würden nicht weitergegeben.

Zwischen Lamarck und Darwin existiert ein wichtiger Unterschied in der Sicht auf die Wirklichkeit und die Evolution. Nach Lamarck strebt die Evolution ein Ziel an; Darwins Theorie kennt keine Zielgerichtetheit und ist eher dem Mechanizismus verwandt. Laut Darwin haben wir eine *Vergangenheit*, laut Lamarck eine *Geschichte*. Letzteres hieße, daß »alte Erinnerungen« in uns weiterleben. Die Tatsache, daß die Evolution »speichert«, bedeutet bei Lamarck stärker als bei Darwin, daß auch frühere Funktionen erhalten bleiben.

Alle Biologen, aus welchem Lager sie auch immer stammen mögen, haben behauptet, der Mensch sei ein hochentwickeltes Tier. Wir seien ein Produkt der Evolutionsgeschichte und hätten dazu einige typisch menschliche Möglichkeiten. Dieser Gedankengang führte hier und da zu der Unterstellung, das Gehirn sei bis zu einem gewissen Grad eine Kombination von Strukturen, wie sie auch bei Tieren vorkämen. Der nächste Schritt ist die Vermutung, unser Gehirn habe sich in gewisser Weise zu schnell entwickelt; das Gehirn bestünde aus Teilsystemen unterschiedlichen phylogenetischen Alters, die relativ selbständig funktionierten. Psychische Prozesse würden von Mechanismen unterschiedlicher Art und Herkunft beherrscht, die wir zum Teil im Tierreich wiederfänden (Kapitel 4).

Auf gehirnanatomischer Ebene meinte man Strukturen zu sehen, die als auf phylogenetischer Ebene voneinander zu unterscheidende Systeme oder Sedimente betrachtet wurden. Die entsprechenden Systeme wurden als »reptilhaft«, »säugetierhaft« und »menschhaft« bezeichnet. Vielleicht wird unser

Verhalten von drei »biologischen Computern« beherrscht, die verschiedenen Arten von Gesetzen gehorchen und die verschiedene und mitunter sogar gegensätzliche Interessen vertreten. Der amerikanische Neurophysiologe Paul Mac-Lean hat, nicht als einziger, doch als ein wichtiger Autor, in den letzten dreißig Jahren eine Reihe von Artikeln geschrieben, in denen dieser Gedanke immer wieder auftaucht. Eine Untermauerung aus psychologischer Sicht fehlt jedoch fast gänzlich.

Zur Illustration von MacLeans Gedankengang kann das Weinen angeführt werden. Die Tränen stammen aus dem phylogenetisch sehr alten Hirnstamm. Sie sind gewissermaßen ein Produkt des Krokodils in uns. Das dazugehörige Gefühl dagegen stammt größtenteils aus dem sogenannten limbischen System, das wir mit den Säugetieren gemein haben. Das Pferd in uns hat sozusagen Kummer. Zuletzt haben die neuesten Teile der Hirnrinde (hat der Mensch) eine Vorstellung von Art und Herkunft des Kummers.

Weil die drei Systeme auf unvollkommene Weise miteinander zusammenhängen, ist es schwierig, mit Hilfe rationaler Prozesse oder Möglichkeiten Gefühle zu verstehen und in Worte zu fassen. Und auch wenn das gelingt, folgt daraus noch nicht, daß Gefühle sich auch *verändern* werden. Höhere kognitive Prozesse können nur bis zu einem gewissen Grad in niedrigere eingreifen. Abgesehen davon wird der Mensch leicht von Gefühlen und Emotionen überfallen, auch wenn er das nicht will. Höhere Prozesse haben kaum einen »Zugang« zu diesem Säugetierhirn.

Das gilt in noch stärkerem Maße für instinktive Verhaltensweisen und Bedürfnisse, die zum »Reptilienhirn« gehören. Sexuelle Impulse lassen sich nur schwer unterdrücken, und wer zu dick ist, weil er zu viel gegessen hat, kann das zwar erkennen, aber das allein macht noch keinen Unterschied. Solcherlei Phänomene kennt jeder aus der eigenen täglichen Lebenserfahrung (Kapitel 5).

Wenn Strukturen und Funktionen sich seit uralter Zeit ganz oder teilweise erhalten haben, kommt die Frage auf, wie die »Informationsübertragung« stattfindet. Im vorigen Jahrhundert haben unter anderen der Biologe E. Häckel, der

Physiologe E. Hering und der englische Schriftsteller und Künstler S. Butler viel hierüber geschrieben. Ein bedeutender Autor jüngerer Zeit ist der Biochemiker Rupert Sheldrake. Er entwirft in zwei Büchern (1990, 1991) ein unkonventionelles Bild von der Wirklichkeit. Sheldrake behauptet, daß alles, was existiert, mit einem morphogenetischen Feld oder »Formfeld« in Zusammenhang stehe. Wenn sich auf physikalischem, biologischem oder psychologischem Gebiet etwas verändere, habe das einen Einfluß auf das zukünftige »Verhalten« der Wirklichkeit. Die Natur »vergißt« seiner Meinung nach nichts, was bedeutet, daß Sheldrakes Auffassungen Lamarck und dem Organizismus verwandt sind (Kapitel 6).

In Kapitel 7 schließlich wird gefragt, welche Strategien die Evolution anwendet, ob die Natur Sprünge macht oder nicht, was die theoretische Zerrissenheit in der Psychologie bedeutet und auf welche Weise das Verhalten des Menschen, auch im Gruppenzusammenhang, möglicherweise zu verstehen sein wird.

2. Pessimisten,
Typen und primitive Prozesse

Allgemeine Aussagen über den Menschen lassen sich leichter treffen und besser untermauern, wenn wir ihn mit anderen Wesen vergleichen, etwa mit Tieren. Das gelingt nur zum Teil, weil wir auch von Tieren längst nicht alles wissen. Das Verhalten eines Tieres ist aber, abhängig von dem Platz, den es auf der phylogenetischen Leiter einnimmt, oft etwas besser vorhersagbar als das des Menschen. Man kann einen Papagei in Wut versetzen. Das bewirkt, daß er kreischend auf einen losfliegt, aber der Angriff wird nur selten von »Übersprungshandlungen« unterbrochen und durch Liebkosungen ersetzt werden. Auffällige Gegensätze und bizarre Wechsel treten im Verhalten von Menschen dagegen häufig auf. Wir können sozusagen morgens phantastische künstlerische und wissenschaftliche Leistungen erbringen, mittags einen Genozid verüben, um alsdann den Tag mit Psalmgesang und Orgelspiel zu beschließen.

Solch befremdliche Kombinationen kommen nicht nur bei Kriegsverbrechern vor. Wir alle sind nicht völlig frei davon. Liebe kann grundlos von einem Tag zum andern in Haß umschlagen und wieder umgekehrt; wir werden von Stimmungen und Emotionen überfallen, von denen wir nichts verstehen und die wir nicht wollen. Jeder kennt das Phänomen, sich schon einmal an den Kopf gefaßt und gefragt zu haben, wie um Himmels willen er bloß so oder so habe handeln können.

Koestler (1967) sagt, der Mensch sei ein ebenso bewundernswertes wie mißlungenes biologisches Produkt. Er glänze in seinen Leistungen, vereinige aber auch Widersprüche in sich. Seine Geschichte sei von großen Errungenschaften gekennzeichnet und gleichzeitig mit Untaten gepflastert, die in der Tierwelt selten vorkämen und die auch durch den extremsten Darwinismus nicht zu rechtfertigen seien; man denke etwa an Genozid.

Pessimismus

»Was ist der Mensch? Ein Monument der Schwäche, eine Beute des Augenblicks, eine Laune des Schicksals; und weiter Schleim und Galle«,

erklärte Aristoteles knapp und bündig. Im 17. Jahrhundert entwarf der Philosoph und Physiker Blaise Pascal in seinen *Pensées* ein ebenso unmißverständliches Bild des Menschen. Die Zusammenstellung einiger Zitate hilft, seinen Standpunkt zu verdeutlichen (Übersetzung der Zitate von Rolf Erdorf):

»Der Mensch bekommt Angst vor sich selbst, wenn er bedenkt, wie er in Staub, den die Natur ihm gegeben hat, schwebt zwischen den Abgründen des Unendlichen und des Nichts. Denn was bedeutet der Mensch schließlich in der Natur? Ein Nichts verglichen mit dem Unendlichen, ein Alles verglichen mit dem Nichts, hält er die Mitte zwischen Nichts und Allem. Unendlich weit entfernt von dem Verständnis dieser Extreme, bleiben das Ende der Dinge und ihr Anfang vor ihm in einem undurchdringlichen Geheimnis verborgen: Er ist ebensowenig imstande, das Nichts zu sehen, aus dem er hervorgekommen ist, wie das Unendliche, das ihn einmal, verschlingen wird. Was kann er in der Zwischenzeit anderes tun, als einige Scheingestalten der Dinge wahrzunehmen, die dazwischen liegen, ewig verzweifelnd, jemals deren Anfang und Ende kennenzulernen? (...) Der Mensch ist ein Wesen voller Irrtum. Nichts zeigt ihm die Wahrheit, alles führt ihn in die Irre. (...) Das einzige, das in dieser Not Trost bringt, ist die Zerstreuung, und diese ist die größte unserer Nöte. Denn sie ist es, die uns daran hindert, an uns selbst zu denken, und die uns unbemerkt ins Verderben stürzt. (...) Sobald der Mensch denkt, fühlt er die Nichtigkeit, die Verlassenheit, die Ohnmacht, die Leere, den Kummer, den Gram und die Verzweiflung.«

Eine düstere, aber schwer zu bestreitende Meinung. Der Auszug scheint geeignet, jemandem eine Depression aufzuschwatzen. Alles Eitelkeit, Verlassenheit, Kummer und Verzweiflung. Nach Pascal sind wir nicht nur nicht in der Lage, die Natur zu verstehen, wir verstehen, meint er, auch uns selbst nicht. Der Mensch irre wie ein Fremder durch seinen eigenen Geist.

Pascals Ausführungen handeln von der doppeldeutigen Position des Menschen im Kosmos. Der Mensch sei groß und klein zugleich. Unsere körperliche Masse sei unbedeutend. Unsere geistigen Fähigkeiten seien zwar erfüllt von großen Ambitionen, aber der Verstand unterliege Begrenzungen.

Pascals relativierende Bemerkungen kommen nicht zu einem willkürlichen Zeitpunkt. Sie passen in den Geist seiner Zeit, in die wissenschaftliche Revolution nämlich. Der Organizismus wurde durch den Mechanizismus ersetzt (Kapitel 1), die Natur »menschlicher Merkmale« entledigt und dadurch »unbewohnbarer« als vordem. Wer fühlt sich schon zu Hause in einer großen Maschine? Klukhuhn (1989) spricht von dem Schmerz, der durch eine Trennung zwischen dem, was wir *sehen,* und dem, was wir *seien,* verursacht werde. Die englischen Empiristen hatten außerdem gesagt – dies im Gegensatz zu dem Denken in der aristotelischen Tradition –, daß den Sinnesorganen in erster Linie *mißtraut* werden müsse. Primäre Qualitäten hätten mit der Wirklichkeit zu tun, aber das gelte nicht für die sekundären Qualitäten. Verschiedene Entwicklungen in Wissenschaft und Philosophie hatten nicht bloß zur Folge, daß der Kosmos als Maschine definiert wurde. Auch die zentrale Stellung des Menschen wurde in Mitleidenschaft gezogen. Kopernikus hatte die Erde aus dem Zentrum des Weltalls vertrieben. Später würde Darwin den Menschen seiner einzigartigen Position in der lebenden Natur berauben, und Freud meinte sogar, daß der Mensch nicht einmal Herr im Hause seines eigenen Geistes sei.

Das Zitat erinnert auch an Überlegungen Platos. Pascal zufolge sind Verstand und Sinneswerkzeuge begrenzt. Seiner Meinung nach werden wir immer in die Irre geführt. Selbst wenn er sich auf die »Scheingestalten der Dinge« beschränkte, würde der Mensch nicht in Erfahrung bringen, wie die Welt zusammengesetzt sei. Plato hat ebenfalls etwas Derartiges behauptet. Im Dialog *Phaidon* sagt er, er habe großes Interesse für die Naturwissenschaften, doch brächten ihn diese nicht weiter.

Man könne die Sonne nicht direkt betrachten, und ihr Spiegelbild im Wasser sei verzerrt. Wertvolles Wissen könne niemals mit Hilfe der Sinneswerkzeuge allein entstehen. Es seien die Prinzipien hinter den Dingen und Phänomenen, von denen ausgehend Wissen gesammelt werde und auf die es seinerseits wieder ausgerichtet sei. Auch Pascal sieht den Kosmos in Abstraktionen. Er konstatiert, daß die Welt, wie wir sie erfahren, diesen Abstraktionen nicht genüge. Daher vielleicht seine Bemerkung über die verzweifelt machende Irreführung des Menschen.

In jüngerer Zeit war der Anthropologe und Psychoanalytiker Becker (1987) eine in gewisser Hinsicht ebenso schwermütige Gestalt. Pascal hält den Menschen insofern für zwiespältig, als er »die Mitte hält zwischen Nichts und Alles«. Im Gegensatz zu Pascal sieht Becker diese beiden Extreme nicht außerhalb des Menschen angesiedelt. Er lokalisiert sie statt dessen in unserer Existenz, und zwar in Form dessen, was er den Gottesaspekt und den Wurmaspekt nennt. Einerseits sei der Mensch ein Wesen mit großartigen Eigenschaften, auf der anderen Seite sei er ein hilfloses, nichtiges, stoffgebundenes Tier (S. 62):

»Der Mensch ist buchstäblich in zwei Hälften gespalten. Er weiß um seine eigene, herrliche Einmaligkeit, weil er sich überall von der Natur abhebt und sie überragt, und doch braucht er nur ein paar Meter unter die Erde zu gehen, um blind und stumm zu verwesen und für immer zu verschwinden. Es ist ein schreckliches Dilemma, mit dem er leben und sich abfinden muß. Den niedrigen Tieren bleibt dieser schmerzliche Widerspruch erspart, denn ihnen fehlt die symbolische Identität und das dazugehörige Bewußtsein. Sie existieren in einer Welt ohne Zeit, ihr Herz schlägt sozusagen in einem Zustand stummer Gefühlslosigkeit. Die Tiere wissen nicht, daß der Tod unter ihnen ist. Sie leben und verschwinden mit derselben Gedankenlosigkeit: Ein paar Minuten der Furcht, ein paar Sekunden Todespein, und es ist vorüber. Aber ein ganzes Leben lang mit dem Schicksal des Todes zu existieren, das die Kreatur bis in die Träume hinein und selbst bis in die sonnigsten Tage hinein verfolgt, das ist etwas anderes.«

Kein Wunder, daß Becker sich, genau wie Pascal übrigens, die Frage stellt, wieso nicht ein jeder im Irrsinn endet. Wir vermögen viel. Wir streben danach, die Welt zu beherrschen, streben nach Ruhm und Unsterblichkeit. Andererseits bleibt vieles von dem, was wir tun, denken und fühlen, uns unverständlich. Wir werden, um es mit Freud zu sagen, geboren zwischen Urin und Exkrementen. Der Körper, so Becker, sei unvollkommen, er habe tierische Impulse, oftmals beherrsche er uns, er sterbe, er rotte schon während des Lebens dahin.

Die »Lösung« dieses aus dem Bewußtsein herrührenden Dilemmas, ein Gott und ein Wurm zugleich zu sein, nennt Becker das *causa-sui-Projekt* (*causa sui*: »die Ursache deiner selbst«). Das ist ein Konglomerat von Versuchen, die rauhe Wirklichkeit zu übersehen, indem man sich schön anzieht, zurechtmacht, sich über Literatur und Ewigkeit streitet, politischen Utopien hinterherjagt, Bücher schreibt, sich Religionen ausdenkt, die fast immer eine bessere Zukunft *nach* dem Tod in Aussicht stellen, oder sich in eine »Gruppe für persönliches Wachstum« begibt. Solcherart versuchen wir, unsere Existenz zu meistern, aber das gelingt uns nicht.

Interessant sind Beckers Betrachtungen über psychopathologische Phänomene. Er betrachtet Geisteskrankheit als eine Karikatur von Gesundheit. Depressive Menschen werden ihm zufolge von Schuldgefühlen geplagt. Sie haben gewissermaßen lieber Schuld, als daß sie frei seien, Verantwortung auf sich nähmen und sich dem Leben stellten. Der depressive Mensch sauge Aufmerksamkeit aus seiner Umgebung und verlange Mitleid. Das gebe ihm ein Gefühl der Macht über andere, was gut in das causa-sui-Projekt passe. Bei Depressiven habe der gewöhnliche »Charakterharnisch« versagt, doch über den Umweg der »Kläglichkeit« versuchten sie, dasselbe zu erreichen.

Der Schizophrene wiederum zeige eine andere Variante: Der Körper (der Wurm) werde als fremd erfahren, als jemand anderem oder etwas anderem zugehörig. Auch auf diese Weise könne ein Mensch versuchen, sich gewissermaßen von der sterblichen, unvollkommenen Existenz zu lösen.

Natürlich lassen sich auch »Optimisten« in der Philosophie zitieren, doch Aristoteles, Pascal und Becker (und viele andere) haben etwas aufgezeigt, dem man sich nur schwer entziehen kann (siehe Pott, 1988): daß ein Mensch ein Wesen voller Extreme ist, die schlecht miteinander harmonieren. Vielleicht können wir derartige Bemerkungen mit der Biologie in Zusammenhang bringen.

Die Entstehung des Lebens

Watson (1989) hat eine bemerkenswerte Hypothese über die Entstehung des Lebens vorgebracht. Er weist darauf hin, daß das interstellare Gas viel Wasserstoff, Kohlenstoff und Sauerstoff enthält. Ein großer Prozentsatz des menschlichen Körpers besteht aus diesen Elementen. Im interstellaren Gas kommen nicht nur »irdische« Elemente vor, sondern man hat in ihm auch Verbindungen wie Formaldehyd, Methanol und Acetaldehyd gefunden. Außerdem wurde kürzlich entdeckt, daß außerhalb der Erde aromatische Verbindungen, Fettsäuren und sogar Aminosäuren (die Bausteine der Eiweiße) vorkommen. Vor allem Kometen hinterlassen über ihren Schweif viel halborganisches Material auf der Erde. Jeden Tag fallen ungefähr hundert Tonnen derartigen kosmischen Staubs in die Atmosphäre. Er enthält viel an organischen Verbindungen, nämlich ein Tausendstel der Gesamtmasse. Diese Menge erscheint zunächst gering, aber das ändert sich, wenn wir bedenken, daß der Prozentsatz an »lebender Materie« auf der Erde viel kleiner ist.

Vereinzelt wird sogar die These aufgestellt, das Leben sei importiert, das heißt, es sei nicht primär auf der Erde entstanden. Das Leben habe sich hier zwar (weiter-)entwickelt, aber es sei außerirdischer Herkunft. Neben anderen hat das Crick behauptet, einer der Entdecker des genetischen Codes. Crick sagt, das Milieu auf der Erde sei niemals geeignet gewesen, DNA entstehen zu lassen. Das sei woanders im Weltall geschehen. Hochentwickelte Bewohner eines anderen Himmelskörpers hätten eine Rakete mit Mikroorganismen auf die Erde geschickt (Crick, 1981).p Leider versäumt Crick zu berichten, wie die DNA denn anderenorts entstehen konnte.

Es gibt Phänomene in der Virologie, die vielleicht dann erklärbar werden, wenn man dem Gedankengang von Watson und Crick folgt. Infektionskrankheiten und Viren haben eine Verbreitungsgeschwindigkeit, die anhand des Tempos, mit dem Menschen sich über den Globus hinweg infizieren, oft nicht zu verstehen ist. Vereinzelt heißt es, auch Viren könnten außerirdischen Ursprungs sein. Sie schlügen in großem Umfang zu, wenn die Erde sich in ihrer Bahn um die Sonne gewissermaßen durch eine Wolke von Viren bewege. (Eine andere Hypothese besagt, daß zahlreiche Viren innerhalb und außerhalb des Körpers von Mensch und Tier schlummerten, plötzlich durch unbekannte Ursachen aktiv würden und sich vermehrten. Man ist sich also wieder einmal nicht einig.)

Bausteine des Lebens kommen jedenfalls sowohl auf als auch außerhalb der Erde vor. Abgesehen davon zeigen die Verhältnisse zwischen Salzen und anderen Verbindungen im Blut eine weitgehende Ähnlichkeit mit der Zusammensetzung von Meerwasser, einem Medium, in dem sich die ersten Lebewesen entwickelt haben sollen. Derartige Beziehungen zwischen dem Menschen und der Natur und sogar dem Kosmos bringen Watson zu der Aussage, wir seien ein »wandelndes Museum«.

Eine Gemeinsamkeit zwischen Watson und den zuvor genannten Autoren ist, daß auch er die Nichtigkeit und Zufälligkeit des Menschen betont. Die Natur füge einige Grundsubstanzen zusammen und baue daraus Organismen. Der theoretische Biologe Jacob (1982) beschreibt diesen Prozeß als *tinkering*, das heißt als Pfuscherei oder als amateurhaft. Es werde einfach drauflosgewurstelt und herumprobiert. Koestler (1967) hat sich eine Parabel über die Art und Weise ausgedacht, in der die Natur dies tut. Sein Vergleich findet sich in dem Titel eines bekannten Buches des Soziologen Dawkins (1990) wieder, und auch Jacob übernimmt die Grundtendenz der Koestlerschen Darstellung.

Zwei Uhrmacher

Koestler bringt zwei Uhrmacher auf die Bühne. Deren Produkte bestehen aus tausend Einzelteilen. Uhrmacher A setzt die Einzelteile Stück für Stück zusammen. Das ist eine diffizile Arbeit; jede Störung von außerhalb kann bedeuten, daß alles auseinanderfällt und daß er wieder von vorn anfangen muß. Sein Kollege B hat eine andere Arbeitsweise. Er unterteilt die Uhr in eine Reihe einzelner Abschnitte wie das Antriebssystem, das Regulationssystem, die Zeiger mit Zifferblatt und Schlagwerk, und montiert diese zunächst einzeln. Sobald alle Teilsysteme vollendet sind, fügt er sie zu einem Ganzen zusammen: einer funktionierenden Uhr.

Es ist klar, daß (Zer-)Störungen für Uhrmacher B weniger ernst sind als für A: B handelt sich höchstens eine Verzögerung ein, indem er ein Teilsystem neu zusammensetzen muß, oder der abschließende Zusammenbau muß noch einmal wiederholt werden. Koestler stellt folgende Rechnung auf: Wenn das Uhrwerk aus tausend Einzelteilen besteht und man wird bei einer von hundert Handlungen gestört, dann braucht A durchschnittlich viertausend Mal soviel Zeit wie B, ehe er eine funktionierende Uhr abliefern kann.

Mit dieser Sicht steht Koestler keineswegs allein. Jacob (1982) behauptet dasselbe. »Die Evolution bringt keine Neuerungen hervor, indem sie immer wieder von vorn anfängt. Sie arbeitet mit dem, was bereits existiert. Ein System wird verändert und erhält eine neue Funktion, oder ein komplexeres System wird gebaut, indem verschiedene bereits existierende Systeme zusammengefügt werden.« Ein anderes wichtiges Zitat entnehmen wir Jerison (1976):

>*Es wäre eine unnütze Belastung für die Evolution, wenn immer neue Strukturen zur Lösung von Problemen entworfen werden müßten, die schon durch bereits existierende Konstruktionen gelöst sind.*«

Die Natur »*pfuscht*« zwar mit den Worten Jacobs »*herum*«, aber sie *verpfuscht* keine Einzelteile, die ihren Wert bewiesen haben. Diese werden notfalls über Millionen von Jahren hinweg benutzt.

Koestler, Jacob und Jerison meinen, daß die Natur in der Art des Uhrmachers B vorgehe. Selbst ein einfaches Wesen wie eine Bakterie könne nur dann in einem vernünftigen Tempo entstehen (und das Tempo müsse sogar hoch gewesen sein), wenn die Natur auf der Molekularebene bereits verfügbare Einzelteile benutze. Dasselbe gelte für die Beziehung zwischen Organismen und Zellen. Jacob stellt fest, daß eine Million Tierarten aus lediglich einigen hundert Zelltypen aufgebaut seien. Auf allerlei Organisationsebenen werde eine beschränkte Zahl von Baumaterialien benutzt. Bei (sehr) komplexen Organismen wie dem Menschen bedeute dies mutatis mutandis, daß sie zum Teil aus Systemen aufgebaut seien, die ihre Dienste schon eher bewiesen haben. Anders ausgedrückt: Der Mensch sei insofern nicht einzigartig, als er als zusammengepackte Evolution betrachtet werden könne.

Wenn ein Organismus in einer bestimmten Umgebung verkehrt, und das Milieu verändert sich drastisch, ist Überleben vielleicht nur dadurch möglich, daß Teile neu geordnet und gegebenenfalls neue Möglichkeiten entwickelt werden. Da ist zum Beispiel das Denkvermögen. Die schnelle Anpassung vieler Organismen an ihre Umgebung könnte möglicherweise auf der Tatsache beruhen, daß die Evolution Probleme oft dadurch gelöst hat, daß sie einem bereits existierenden System ein neues hinzufügte. Dadurch würde eine Art in raschem Tempo in den Besitz notwendiger neuer Anpassungsmechanismen gestellt, meinen Koestler und Jacob. Wenn ein Mensch auf diese Art gebaut ist, muß er in der Tat ein merkwürdiges Produkt sein, das heißt ein Konglomerat ungleichartiger Strukturen und Prozesse, die aus verschiedenen »Schichten« des Tierreiches stammen, etwa der der Reptilien und Säugetiere.

Wenn wir davon ausgehen, daß diese Vorstellung nicht völlig unsinnig ist, können wir etwas mehr von dem Verhalten des Menschen verstehen. Außerdem werden die selbstquälerischen Bemerkungen von Aristoteles, Pascal und Becker dann nachvollziehbar: Der Mensch wäre beherrscht von heterogenen Prozessen, auf die er zum Teil keinen Zugriff hätte und die somit geeignet wären, ihn in einen Zustand der Labilität, des Zweifels und der Verzweiflung zu versetzen.

Ein zweites Argument, das Koestler (siehe auch Dawkins) in

seiner Darlegung anführt, ist, daß ein auf solche Weise gebauter Organismus im Schadensfall leichter repariert werden könne. Die Uhr des (menschlichen) Körpers bestehe dann schließlich aus relativ autonom funktionierenden Einzelteilen. Bei einer Kalamität falle nicht sofort alles auseinander (was den Tod bedeuten würde), sondern liege eine Wiederherstellung gegebenenfalls eher im Bereich des Möglichen. Eine Abweichung, die örtlich begrenzt sei und das bleibe, habe vielleicht weniger ernste Folgen als ein Übel, das den gesamten Körper treffe. Kurz, ein Organismus, der von einem »schlauen Uhrmacher« gebaut sei, habe relativ große Überlebenschancen.

Alles hat jedoch seinen Preis. Komplizierte Wesen werden durch diese Struktur in gewissem Sinn immer chaotischer und instabiler, weil sie aus immer mehr verschiedenen Systemen bestehen. Anders ausgedrückt: Es ist denkbar, daß der »Stapelungsprozeß« dermaßen schnell verläuft, daß die jeweiligen Einzelteile nur schlecht aufeinander abgestimmt sind. Laut Koestler ist das beim Menschen der Fall. Im Bau unseres Gehirns lasse sich eine Dreiteilung wahrnehmen. Der untere Teil gleiche dem Hirn eines Reptils, etwa dem eines Krokodils. Dieser Hirnstamm sowie der Hypothalamus und das Kleinhirn seien phylogenetisch 500 Millionen Jahre alt und stünden im Zeichen instinktiven und reflexiven Verhaltens sowie der Regelung von Körperfunktionen. Über dem Stammhirn liege das limbische System, das bei Säugetieren vorkomme. Höhere Tiere müssen eine gute Wahrnehmung besitzen, sie müssen kämpfen, flüchten und zu komplizierten Verrichtungen imstande sein. Das ungefähr 200 Millionen Jahre alte limbische System stehe zu einem großen Teil in diesem Zeichen. Der dritte, letzte und »oberste« Teil unseres Hirns sei der Neocortex oder die neue Hirnrinde (ein anderer Teil der Hirnrinde ist phylogenetisch älter). Diese Strukturen dienten zur differenzierten Wahrnehmung und zum Einprägen und Benutzen symbolischer Information. Auch große Teile des Gedächtnisses sowie das Sprach- und Denkvermögen beruhten auf der Aktivität des Neocortex. Dieser habe vor ungefähr 100.000 Jahren einen »Wachstumsschub« erfahren. Abbildung 1 gibt eine schematische Darstellung.

Die Tatsache, daß die Natur bereits bestehenden Möglich-

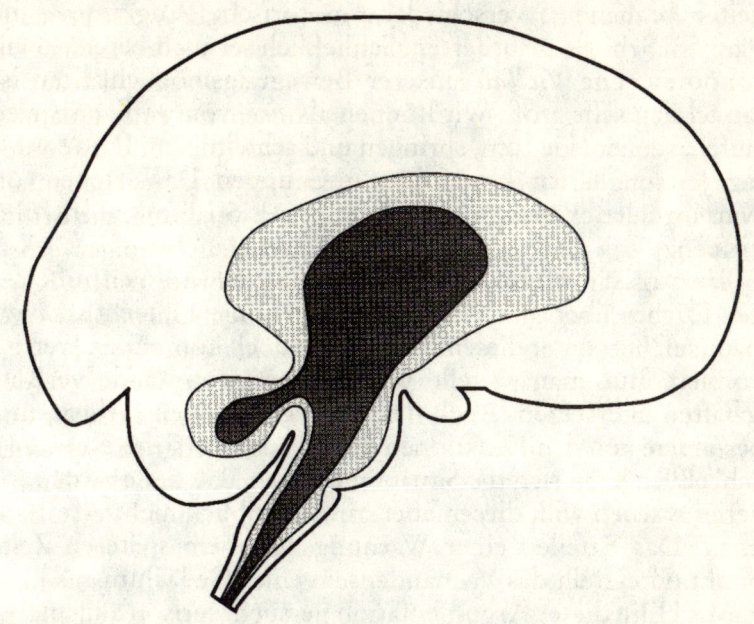

*Abbildung 1: Schematische Darstellung des Reptilien-, des Säugetier-
und des Primaten- oder Menschenhirns (nach Richards, 1987).*

keiten oft neue hinzufügt, geht auch aus vergleichenden Studien des körpereigenen Abwehrsystems hervor. Bei neuen phylogenetischen »Schritten« läßt sich oft eine Hinzufügung zu bereits bestehenden Mechanismen feststellen (van den Tweel, 1991), das heißt ein »Stapeln« (Stratifizieren) als evolutionäre Taktik.

Natürlich kommt hier die Frage auf, *weshalb* vor allem der Neocortex des Menschen so schnell an Umfang zugenommen hat. Jerison (1973) bringt eine Reihe von Erwägungen vor. Der Mensch stamme von Tieren ab oder von Hominiden, die sowohl auf Bäumen als auch in Savannen gelebt hätten. Das Leben auf Bäumen stelle hohe Anforderungen an die Möglichkeit der Tiefenwahrnehmung. Dazu sei eine beträchtliche Menge an Hirnmasse vonnöten. Weiterhin habe diese Lebensweise Konsequenzen für die Motorik. Auf Bäumen müsse man klettern können, in Savannen laufen und rennen. Für derartige Fähigkeiten brauche es verschiedene motorische Programme, die Platz im Schädel erforderten. Schließlich sei auch Feinmotorik vonnöten. Die *Vielfalt* unserer Bewegungsmöglichkeiten ist tatsächlich sehr groß: Wir können als eine von wenigen Arten laufen, rennen, klettern, springen und schwimmen. Drittens, so sagt Jerison, lebten Hominiden in Gruppen. Das Erteilen von Warnsignalen verlange dafür geeignete Strukturen im Gehirn.

Wichtig ist auch folgendes: Visuelle Signale können auf offenen Flächen über große Distanzen funktionieren, nicht aber auf Bäumen. Um unter diesen Umständen doch kommunizieren zu können, muß man visuelle Wahrnehmungen in auditive Botschaften übersetzen. Auch das verlangt viel vom Gehirn, insbesondere von den Funktionen des Neocortex (siehe Kapitel 4). Schließlich kann sich die Situation ergeben, daß der eine den anderen warnen will, diesen aber im Augenblick nicht erreichen kann. Das Erteilen einer Warnung zu einem späteren Zeitpunkt unterstellt das Vorhandensein eines Gedächtnisses.

Mit Hilfe dieser Argumentation versucht Jerison akzeptabel zu machen, daß die konservative Strategie der Evolution bei unseren menschhaften Ahnen nicht länger hinreichend gewesen sei. Bei der Konstruktion des Gehirns habe ein Sprung gemacht werden müssen.

Ganz neu sind diese Vorstellungen jedoch nicht; die »gestapelte« Struktur des Menschen ist in der Philosophie, der Literatur und der Kunst ein weit verbreitetes Thema.

Halb Mensch, halb Tier, und Typen

Durch die Jahrhunderte hinweg hat der Mensch sich als ein halb menschliches, halb tierisches Wesen dargestellt und beschrieben, etwa als Teufel, als Satyr, als Harpyie (halb Vogel), als Vampir, Zentaur (halb Pferd), Sphinx und Seejungfrau. Diese Symbolik ist insofern nicht willkürlich, als die untere Hälfte dieser Wesen oft mit der Erde verbunden und die obere Trägerin typisch menschlicher Merkmale ist. Bei vielen Abbildungen ist der Oberkörper »geistig« und die untere Körperhälfte »irdisch« und tierisch.

Abbildung 2 zeigt einige Beispiele von Mischformen dieser Art. Die linke Abbildung stammt aus Griechenland und stellt eine Frau dar. Auf deren Kopf ist eine Tierfigur zu sehen, und sie hat Schlangen in den Händen. Rechts sehen wir eine Kompilation von Tieren in der Form des Teufels, in der erneut Schlangen (Reptilien) auftauchen.

Abbildung 2: Die Urmutter und der Teufel (Wilber, 1983a).

Es ist nicht ganz klar, weshalb man auf solche Vorstellungen kam und welche Funktion derartige Abbildungen hatten. Satyren waren der Überlieferung zufolge mutwillig, schelmisch und feige, versessen auf Alkohol und Frauen, und die Harpyie war ein Nahrungsräuber. Weshalb Schlangen so oft vorkommen, ist nicht sicher. Eine Schlange hat einige negative Konnotationen, aber auch positive. Eine Schlange ringelt sich um den Stab des Aeskulap, war also offenbar auch ein Symbol der Heilkraft. Andererseits ist die Schlange der Anlaß zum Sündenfall im Paradies gewesen. Es gibt verschiedene Möglichkeiten. Schlangen werden als Tiere mit Merkmalen betrachtet, die auch beim Menschen vorkommen, oder die Schlange ist – als Mischung aus Gut und Böse – ein Symbol unserer doppeldeutigen Struktur.

Unzweideutig dagegen ist die Tatsache, daß der Mensch oft in Typen eingeteilt wurde, wobei die Betonung auf dem Maß liegt, in dem ein bestimmter psychischer oder physiologischer Prozeß vorherrscht. In dem Dialog *Der Staat* unterscheidet Plato drei Bevölkerungsgruppen mit verschiedenen Möglichkeiten und Aufgaben: die Denker, die Helfer und die Bauern. Die Denker leben vom Kopf her und sind die gebildeten Philosophen. Diese Gruppe stellt die Anführer dar. Manche Denker dürfen sich nach einer jahrzehntelang dauernden Ausbildung zu der kleinen Gruppe der *archontes* zählen, der Wächter über den Staat beziehungsweise der wichtigsten Staatslenker. Die Helfer werden als die Militärs definiert. Sie müssen die Bevölkerung gegen Angreifer beschützen oder, im Sprachgebrauch der Evolutionsforscher, ihnen fällt die Aufgabe der Arterhaltung zu. Nicht das Denken steht bei ihnen im Mittelpunkt, sondern Muskeln, Pflichtgefühl und Tapferkeit. Die dritte Gruppe schließlich, die der Bauern und Handwerker, sorgt dafür, daß jeder zu essen hat und daß die anderen täglichen Bedürfnisse erfüllt werden. Eine Stimme in Regierungsangelegenheiten haben sie ebensowenig wie die Soldaten. Plato stellt hier einen Zusammenhang mit drei Aspekten des Menschen her, und zwar dem Denken, den Leidenschaften oder Emotionen und den Begierden. Bei den Führern stünde der Kopf mit dem dazugehörigen Denken im Mittelpunkt. Bei den Soldaten seien Brustkorb und Herz gut entwickelt. Sie seien immerzu im Einsatz, getrieben von Begeisterung und Mut. Die Bauern werden mit dem Bauch assoziiert, dem Sitz der Begierden wie Hunger, Durst und Sexualität.

Wenn wir den Körper betrachten, entspricht die Rangordnung Führer - Soldat – Bauer einem Gang von oben nach unten. Das Denken ist buchstäblich und im übertragenen Sinn ein höherer Prozeß als das Wollen. Der Verstand ist nicht nur zum Regieren wichtig, er ist überhaupt der Faktor, durch den das Individuum beherrscht werden muß. Glück ist Plato zufolge ein Zustand, bei dem der Verstand mit Hilfe des Willens die Begierden in Schach hält.

Ein Philosoph, dessen »Aufteilung« des Menschen in etwa an die von Plato erinnert, war Schopenhauer. Sprach Plato in Begriffen von Körperhöhlen (Kopf, Brust und Bauch), so gebrauchte Schopenhauer eine Klassifizierung anhand von Nervensystem, Muskelsystem und Organen. Der Grundgedanke war jedoch der gleiche.

In diesem Zusammenhang ebenfalls interessant ist Aristoteles. Er übernahm Platons Dreiteilung insofern, als er der Seele drei Kräfte oder Fähigkeiten zuschrieb: die des Denkens, der Bewegung und Wahrnehmung sowie der Nahrungsaufnahme. Wir kennen diese Begriffe noch in Form der Attribute human, animalisch und vegetativ. Die Seele kenne drei Typen: die menschliche, die tierische und die pflanzliche. Zu Bewegung und Wahrnehmung seien die Tiere ebenfalls imstande, und Pflanzen nähmen Stoffe aus dem Boden auf. Der Mensch sei das höchste Wesen: Er habe eine Seele mit allen drei Abteilungen.

Eine Zeichnung dieser schichthaften Sicht der Natur ist in

Abbildung 2a: Illustration aus Charles de Bouelles, Liber de Intellectu (1510).

dem Buch *Liber de Intellectu* (1510) des französischen Humanisten Charles de Bouelles oder Bovillus zu finden (siehe Abbildung 2a). Er beschreibt die Natur als aus vier Schichten bestehend: *est*, *vivit*, *sentit* und *intelligit*, oder dem, »was ist«, »was lebt«, »was fühlt« und »was denkt«. Ein Mineral existiert, ein Baum existiert und lebt, ein Pferd ist, lebt und fühlt, und der Mensch hat obendrein einen Verstand. Demnach sind wir die Summe von vier Aspekten der Wirklichkeit.

Bovillus verbindet damit sofort Werturteile. Der gefallsüchtige Mensch habe seinen Verstand verloren und funktioniere auf dem Niveau eines Pferdes. Um eine freßsüchtige Person sei es noch ernster bestellt: Sie existiere und lebe lediglich; der in sich zusammengesunkene Faulpelz zuletzt funktioniere bloß auf der Ebene der Mineralien.

Auch die Anfangsjahre der Psychologie waren reichlich von »denkerischem Tiefsinn« gesegnet. Freud unterschied zwei Etagen in unserem Geist (Bewußtes und Unbewußtes), Szondi sah unter diesen noch eine besonders tiefe Schicht, die er als »familiäres Unbewußtes« umschrieb, und Jung ging noch mehr in die Tiefe, indem er ein kollektives Unterbewußtes postulierte, gefüllt mit Symbolen, die angeblich das Denken und Fühlen aller Menschen beherrschen. Wir geben dieses hierarchische Denken in einer von Kouwer (1963) entliehenen Tabelle wieder (s. S. 63 oben).

Im 19. Jahrhundert waren Biologen mit Ordnungssystemen dieser Art nicht länger zufrieden. Und noch etwas kam hinzu. Das Denken während der Periode der Romantik (ca. 1780 bis ca. 1840) hatte mit sich gebracht, daß man im Gegensatz zur Aufklärung der Vernunft weniger Interesse entgegenbrachte, den Gefühlen und Emotionen dagegen mehr. Man entdeckte, daß unterschiedliche Kräfte in der Natur unter einem Nenner zusammengefaßt werden konnten. Elektrizität war mit Magnetismus verwandt, mit Hilfe von Wärme konnte Kraft erzeugt werden, wie die Dampfmaschine bewies, usw. Man meinte, die Natur werde durch eine einzige Kraft beherrscht, die sich in vielerlei Gestalt manifestiere. Diese Lebenskraft wurde beim Menschen mit Gefühlen, Motivation und Emotionen in Zusammenhang gebracht.

Plato

Philosophen	Soldaten	Bauern
Kopf, Intellekt	Herz, Leidenschaft	Bauch, Lüste

Aristoteles

Verstand	tierische Seele	pflanzliche Seele
Wille, Wissen	Wahrnehmung und Bewegung	Nahrungsaufnahme, Wachstum, Fortpflanzung

Schopenhauer

der Athener	der Spartaner	der Boethier
genial, sensibel, Nerven, menschlich	behende, stark, Muskeln, tierisch	träge, dumm, Fortpflanzungskraft

Gehirn

Hirnrinde	limbisches System	Hirnstamm
Feinmotorik, Sprache, Denken	Emotion, Gefühle	grobe Motorik, Körperfunktionen

Psychologie

human	animalisch	vegetativ
Bewußtheit, Denken, Wollen, Imagination, Ordnen, Sprache, Ich, Person, Geist, Seele, Persönlichkeit	emotionaler Unterbau	Unbewußtes, vitale Basis, Körperseele

Xavier Bichat meinte, diese Vorstellungen in anatomischen Strukturen wiederzufinden (man denke auch an Blondlot in Kapitel 1). Er glaubte, wir hätten ein großes, denkendes Gehirn. Daneben seien viele Stückchen Hirn über den gesamten Körper verteilt. Diese seien für die Emotionen verantwortlich. Hiermit verwandt ist die Vorstellung, Emotionen entstünden in den Organen. Sie würden durch Nervenknoten in Rückenmark und Hirnstamm reguliert und nötigenfalls im Zaum gehalten. Die Gefühlen und Emotionen beigemessene Wichtigkeit und der Einfluß von Evolutionstheorien machten es naheliegend,

Menschen mit Tieren zu vergleichen. Ein Tier habe, wie angenommen wurde, keinen Verstand, Emotionalität dagegen sei ihm reichlich zu eigen.

Bei den Vergleichen zwischen Tier und Mensch hat eine These des Biologen E. Häckel eine große Rolle gespielt, welche besagt, daß die Ontogenese eines Individuums eine beschleunigte Wiederholung der Phylogenese sei (die sogenannte Rekapitulationstheorie). Häckels Gesetz ist angreifbar, hat jedoch viel Einfluß auf das Denken in der Biologie und der Psychologie gehabt. So meint der zeitgenössische Entwicklungspsychologe Jean Piaget, die Entwicklung des Denkvermögens bei Kindern sei eine Art beschleunigter Film der Geschichte des Denkens der Menschheit. Ebensowenig wie der primitive Mensch viel Unterschied zwischen sich und seiner Umgebung erfahren habe, sei das beim Säugling der Fall; das Kind denke magisch, usw.

Derartige Auffassungen wurden auch von dem ebenfalls einflußreichen russischen Psychologen Vygotsky (1981) vorgebracht.

»Ein fruchtbarer Gedanke der genetischen Psychologie ist, daß die Art der Verhaltensentwicklung der geologischen Struktur der Erdkruste gleicht. Forschungen haben gezeigt, daß aus evolutionsgenetischer Perspektive verschiedene ›Schichten‹ im menschlichen Verhalten unterschieden werden können. In diesem Sinne gibt es eine Parallele zwischen der Geologie der Erdkruste und dem Bau des menschlichen Gehirns. Kretschmer zufolge werden niedrigere Zentren im Gehirn bei der Entwicklung höherer und später entstandener Zentren und Strukturen beibehalten.«

Nach Vygotsky durchlaufen wir in morphologischer und psychologischer Hinsicht eine Entwicklung, bei der die Evolution sich selbst schnell wiederhole. Außerdem meint er, daß die verschiedenen Evolutionsstadien in uns lebendig gehalten würden. Hieraus folgt, daß wir nicht bloß ein menschliches Gehirn und menschliche Funktionen hätten, sondern auch tierische.

Sozialwissenschaftler haben die Neigung, menschliches Verhalten hauptsächlich mit der Kultur in Zusammenhang zu bringen und nicht mit der biologischen Ausrüstung. Infolge dessen spielen Diskussionen über den Bau und die Funktion des Gehirns in vielen Sozialwissenschaften keine bedeutende Rolle. Man bezieht das psychische Funktionieren nicht direkt auf die Biologie und das Zentralnervensystem. Über diese kulturelle Orientierung sagt Barash (1980) zu Recht folgendes:

»Es sollte uns bewußt sein, daß die Kulturform der modernen westlichen Gesellschaft weniger als 1% der Evolutionsgeschichte des Menschen mitgetragen hat. In welcher Weise die Biologie auch unser Verhalten beeinflußt haben mag, ihren Stempel hat sie uns während der restlichen 99% Evolutionsgeschichte aufgedrückt, die wir als Art hinter uns haben.«

Obwohl es schwierig ist, von der Kultur völlig unbeeinflußte Verhaltensweisen aufzuzeigen, wäre es unvernünftig, biologische Mechanismen und Parallelen außer acht zu lassen. Unser Verhalten ist ein Produkt von Natur und Kultur gleichermaßen.

Verhaltensreste

Es steht fest, daß die Struktur einer Reihe von Systemen in unserem Gehirn den Gehirnen höherer und niederer Tierarten stark ähnelt. Viele Autoren spekulieren außerdem, daß die Funktion bestimmter Hirnteile beim Menschen nicht losgelöst von der Funktion gesehen werden kann, die sie in ihren Entwicklungsstadien gehabt haben. Dabei kann sowohl an unsere tierischen Ahnen oder Vorgänger gedacht werden als auch an die früheste Geschichte des Menschen. In dieser Sicht hat nicht nur unser Körperbau eine lange Geschichte, sondern wird eine Reihe anatomischer Strukturen im Gehirn ebenfalls als eine Art von »Informationsträgern« betrachtet.

Einer Reihe von Biologen und Psychologen zufolge haben sich primitive Funktionen und Verhaltensdispositionen in nahezu unveränderter Form erhalten. Konditionierung, um ein Beispiel zu nennen, kommt bei Tieren und Menschen gleichermaßen vor und gehorcht denselben Gesetzen. Eine Meinung, die einen Schritt weitergeht, besagt, daß in »alten Strukturen« auch »alte Erinnerungen«, das heißt Verhaltensdispositionen weiterleben.

An und für sich ist die Vorstellung, daß Information übertragen wird, natürlich nichts Besonderes. Struktur und Funktion von Organen wie Herz, Leber und Nieren sind bei uns nicht wesentlich anders als bei Tieren. Beim Gehirn ist das möglicherweise auch so. Das Gehirn ist verantwortlich für unser Verhalten und für psychische Prozesse. Wird unser Handeln, abgesehen von »tierischen« Mechanismen und Gesetzen, vielleicht auch von mehr oder weniger konkreten Erfahrungen und Prozessen bestimmt, die aus der Zeit stammen, als unsere frühen Vorfahren auf Bäumen und in Savannen lebten?

Das ist eine nette, doch schwer zu beantwortende Frage. Auf der Ebene von Verhaltensgesetzen ist es nicht schwierig, auf Übereinstimmungen zwischen Mensch und Tier hinzuweisen. Razran (1971) beispielsweise hat das ausführlich getan. Wenn es jedoch um konkrete Reaktionen, Gewohnheiten und Dispositionen geht, kann man wenig mehr tun, als Beispiele zu beschreiben, die gewisse Schlußfolgerungen nahelegen.

Nennen wir einige menschliche Verhaltensweisen, die in etwa der Situation beim Tier gleichen und die bei uns eine unklare Bedeutung haben oder sogar überhaupt nicht (mehr) funktional sind.

Unsere Nackenhaare sträuben sich, wenn wir uns aufregen. Diese Reaktion bedeutet bei einem Tier, daß es Eindruck macht (durch das Haaresträuben wird ein Tier größer), aber bei uns hat sie keine Funktion. Wenn uns kalt ist, klappern wir mit den Zähnen und bekommen eine Gänsehaut. Auch diese Phänomene sind kaum mehr funktional, im Gegensatz zu Tieren, die ein Fell besitzen (und so Wärme festhalten).

Wir können auch an Phänomene denken, die möglicherweise mit der Prähistorie des Menschen im Zusammenhang stehen. Beim Kaninchen schließen die Gesichtsfelder beider Augen aneinander an. Das Tier kann dadurch in die Runde sehen; seine Augen funktionieren als Warnsystem. Für ein

Beutetier ist das von großer Wichtigkeit. Beim Menschen ist die Konstruktion anders. Jerison (1973) und Ornstein & Ehrlich (1989) sagen, daß wir von Primaten abstammen, die auf Bäumen lebten und die daneben auch auf die Jagd gingen. Diese Lebensweise spiegele sich in verschiedenen Merkmalen unseres Körperbaus wider. Die Gesichtsfelder beider Augen überlappten einander beträchtlich, was mit einer sehr ausgeprägten Fähigkeit der Tiefenwahrnehmung einhergehe. Stereoskopisches Sehen sei sowohl für das Leben auf Bäumen als auch für die Jagd wesentlich. Diese Dominanz des Sehens als »Weitenwahrnehmungs-Sinn« ist Ornstein & Ehrlich zufolge weitgehend auf Kosten des Geruchssinns gegangen.

Auch unsere Motorik weist Merkmale auf, wie sie für Baumbewohner und Jäger von Wichtigkeit sind. In der rechten Hälfte unseres Gehirns befinden sich die »Programme« für das Vollführen grober Bewegungen wie rennen und sich von Ast zu Ast hangeln. Die linke Gehirnhälfte dagegen ist eher für das Vollführen feiner Bewegungen ausgerüstet, wie sie etwa beim Nahrungsverzehr benötigt werden. Vielleicht gibt es sogar eine Beziehung zwischen gewissen Geschlechtsunterschieden und dieser Asymmetrie.

Frauen haben durchschnittlich eine etwas höhere verbale Intelligenz als Männer; Männer sind durchschnittlich etwas besser in räumlicher Orientierung. Möglicherweise beruht dieser Unterschied auf einem evolutionsgeschichtlichen Restphänomen. Männer sind physisch stärker als Frauen. Dieser Unterschied kann zur Entstehung einer Rollenverteilung beigetragen haben. Beim primitiven Menschen ging der Mann auf die Jagd, die Frau bereitete die Nahrung zu und versorgte die Kinder. Für das Jagen braucht es drei Dinge: Kraft, Schnelligkeit und ein gutes räumliches Orientierungsvermögen. All diese Merkmale sind beim (heutigen) Mann tatsächlich stärker ausgeprägt. Die Fertigkeiten, die für die Jagd gebraucht werden, nämlich Grobmotorik und räumliche Sicht, sind hauptsächlich in der rechten Gehirnhälfte lokalisiert. Die relativ starke Entwicklung der rechten Gehirnhälfte beim Mann ist möglicherweise auf Kosten des Sprachvermögens in der linken Gehirnhälfte gegangen. Umgekehrt braucht die Frau (bei dieser Rollenverteilung) im Zusammenhang mit

Tätigkeiten wie der Nahrungszubereitung und der Versorgung von Kindern vor allem feinmotorische Fähigkeiten. Die diesbezüglichen Programme sind hauptsächlich in der linken Gehirnhälfte lokalisiert.

Es gibt vielleicht noch andere historische Reste. So fühlen wir uns am wohlsten bei Temperaturen um die zwanzig Grad. Dieser Wert beruht nicht auf einer physiologischen Notwendigkeit; unsere Fähigkeit, Wärme zu regulieren, hat einen großen Wirkungsgrad. Zwanzig Grad entspricht der Durchschnittstemperatur in den Gebieten, in denen die ersten Menschen entstanden sind und sich vermutlich aufgehalten haben.

Auffallend ist auch der *post-lunch-dip*, der beinhaltet, daß viele Menschen nachmittags zwischen zwei und vier Uhr oft etwas schläfrig sind. Dieser dip hat offenbar nichts mit der Schwere und dem Zeitpunkt des Mittagessens zu tun: Es macht keinen Unterschied, ob man ißt oder wie spät oder wie viel. Vermutet wird, daß es sich hierbei um ein Überbleibsel handelt, einen Mechanismus oder eine »Erinnerung« aus der Zeit, in der Mensch und Tier sich zum heißesten Zeitpunkt des Tages ausruhten. Diese Pause gehört wahrscheinlich zu vor langer Zeit entstandenen Rhythmen, sie manifestiert sich in vielen Kulturen (in manchen Ländern die Siesta), und es gibt keine andere Erklärung für sie als eine evolutionshistorische. Dasselbe gilt für den Sommer-Winter-Rhythmus, dem auch Menschen unterliegen, die in Äquatornähe wohnen.

Vor allem Ängste, Emotionen und die Kommunikation sind oft mit der Evolutionsgeschichte in Zusammenhang gebracht worden. Bereits Darwin hat viele diesbezügliche Beispiele angeführt. Der Ausdruck mancher unserer Emotionen ist »rein tierisch«. Das Entblößen der Zähne bei Wut ergibt überhaupt keinen Sinn. Ebenso ist es innerhalb des Hauses nicht funktional, bei gespannter Aufmerksamkeit die Augen zu verengen; dies im Gegensatz zu einem offenen, hellen Raum. Bei Begrüßungen heben wir die Hand, obwohl der andere darin keine Waffe vermuten wird. Viele Tiere übertragen eine Botschaft über Schreie; wir dagegen sollten statt zu jubeln in der Lage sein, einander im Stadion etwas liebevoll und mit Worten mitzuteilen.

In diesem Zusammenhang ist viel von Phobien oder spezifischen Ängsten die Rede. In der Psychologie ist oft gesagt worden, Phobien seien erworben. Wenn zum Beispiel jemand in einem Aufzug steckenbleibe, könne das zu Angstphänomenen führen, die daraufhin mit allen kleinen Räumen in Verbindung gebracht würden.

Diese Lerntheorie ist jedoch problematisch. So ist bei vielen Phobien nicht klar, wie und unter welchen Umständen sie erworben wurden. Außerdem steckt ein Muster in Phobien, das nicht recht zu unseren alltäglichen Erfahrungen paßt. Es gibt die verschiedensten Gründe, um phobisch zu werden, zum Beispiel dem Finanzamt oder dem Zahnarzt gegenüber phobisch zu werden, aber das ist nur selten der Fall. Außerdem scheint es bei den am häufigsten vorkommenden Phobien wenig kulturelle und historische Unterschiede zu geben. Das sollte man jedoch nicht erwarten, wenn Phobien erworben wären.

Latente Platzangst oder Angst vor großen Räumen wird dagegen wohl mit dem enormen Anwachsen des Autoverkehrs in wohlhabenden Ländern in Zusammenhang gebracht. Ein Auto wird vorgeblich als sicherer Käfig erfahren, in dem Menschen ihr eigenes Territorium hätten, das nicht, wie in öffentlichen Verkehrsmitteln, mit Unbekannten geteilt werden müsse. Die Freude am Autofahren scheint für viele Menschen tatsächlich den erheblichen Zeitverlust durch Staus aufzuwiegen. Bekannt ist auch, daß Männer ihr Auto viel mehr hegen und pflegen, als Frauen das tun. Vielleicht hängt das damit zusammen, daß der Mann in der Prähistorie der Jäger war, der sich oft auf gefährlichem, offenem Feld bewegte. Einmal angenommen, derartige Überlegungen seien nicht völlig unsinnig, dann ist es fast unmöglich, die Benutzung des Autos mit »zivilisatorischen« Maßnahmen wie einer Erhöhung der Steuern und Abgaben nennenswert zurückzudrängen.

Ein weiteres Phänomen, das möglicherweise im Zusammenhang mit unserer Evolutionsgeschichte steht, ist das rasche Ermüden beim Arbeiten an Bildschirmen und die auffällige Tatsache, daß es für viele Menschen schwer ist, einen Text auf dem Bildschirm zu korrigieren. Im Gegensatz zu Text auf Papier sendet ein Bildschirm Licht aus. Gegen das Licht anzusehen hat vielleicht einmal im Zusammenhang mit drohender Gefahr gestanden. Diese Assoziation könnte den Prozeß des Lesens und Korrigierens negativ beeinflussen, ohne daß uns das bewußt ist.

Daß es eine Beziehung zwischen Phobien und unserer Evolutionsgeschichte gibt, ist eine Hypothese des amerikanischen Psychologen Seligman (1971). Er sagt, manche konditionierten Reaktionen seien im Verlauf der Evolution in Form von Verhaltensdispositionen erhalten geblieben. Seiner Meinung nach beruhen Phobien oft auf »Urängsten«, sie seien dadurch hartnäckig und oft nur schwer zu behandeln. Wie verhält es sich damit?

Eine Phobie vor großen Räumen (Platzangst) kann nach Seligmans Argumentation im Zusammenhang mit der Tatsache stehen, daß die (Ahnen des) Menschen sich wegen der von Raubtieren ausgehenden Gefahr auf großen, offenen Flächen überhaupt nicht sicher fühlten. Weiter bedeute Höhe, daß man fallen könne (Höhenangst). Wenn eine Grotte durch Steinschlag verschüttet werde, gebe es keine Fluchtwege, was Lebensgefahr bedeute (Klaustrophobie). Es gebe die Erfahrung, daß man manchmal von Insektenbissen krank wird; Dunkelheit sei beängstigend wegen der Unsichtbarkeit eventueller Angreifer; im Wasser könne man ertrinken, usw. All diese Ängste seien einmal funktional gewesen. Die Furcht vor Schlangen hat schon viele Leben gerettet (Ornstein & Sobel, 1987).

Seligmans Theorie wurde von einzelnen Forschern bestätigt. Merckelbach (1989) hingegen stellt fest, daß Menschen mit Hilfe schwacher Elektroschocks ebenso leicht negativ auf Blumen konditioniert werden können wie auf Schlangen, und folgert daraus, daß Seligman unrecht habe. Mit dieser Schlußfolgerung müssen wir jedoch vorsichtig sein, denn aus der Tatsache, daß ein Reiz genauso leicht eine konditionierte (phobische) Reaktion hervorruft wie ein anderer, folgt noch nicht, daß jede Phobie auch im Verlauf des eigenen Lebens durch Konditionierung *entstanden* ist.

Diese Frage ist wichtig und von allgemeiner Bedeutung. Merckelbach zieht zu Recht gegen Analogien zu Felde, scheint ihnen dann jedoch selbst zum Opfer zu fallen. Man kann eine Rechenaufgabe im Kopf lösen oder dem Problem mit einem Taschencomputer zu Leibe rücken. Daraus, daß beide Ergebnisse identisch sind, folgt keineswegs, daß eine Rechenmaschine genauso funktioniert wie ein Mensch. Entsprechende Diskussionen sind in vollem Gange auf dem Gebiet der künstlichen Intelligenz und in der heutigen Entwicklungspsychologie (siehe auch Kapitel 1). Das Simulieren eines Denk*produkts* ist keine Kunst, wohl aber das Simulieren eines Denk*prozesses*. Wir wissen, daß kleine Kinder sich viel durch Konditionierung aneignen können. Andererseits wissen wir auch, daß ihre »natürliche« Entwicklung häufig nicht in einem solchen Maß auf Konditionierung beruht (Elbers, 1985). Anders ausgedrückt: Daraus, daß Verhalten auf eine bestimmte Art und Weise hervorgerufen oder simuliert werden kann, folgt nicht, daß es auch immer den entsprechenden Mechanismen gehorcht.

Dennoch scheint sich hier ein Problem abzuzeichnen. Phobien können vielfach mit Hilfe von Verhaltenstherapie aberzogen werden. Auch hieraus wird häufig der Schluß gezogen, daß eine Phobie im Lauf des eigenen Lebens entstanden sei. Man kann jedoch erneut als Argument ins Feld führen, daß aus der Tatsache, daß etwas aberzogen werden kann, nicht unbedingt folgt, daß es auch erworben ist. So kann das nicht erworbene Farbensehen durch einen Lerneffekt innerhalb weniger Minuten für eine Periode von Monaten oder Jahren in bestimmten Aspekten verändert werden (der McCollough-Effekt, siehe Skowdo u. a., 1975).

Trotzdem klingt es unwahrscheinlich, daß tief verwurzelte phylogenetische Reste wie Phobien durch Konditionierung ungeschehen gemacht werden können. Vielleicht läßt sich der oftmalige Erfolg einer Verhaltenstherapie durch die Annahme erklären, daß Phobien auf Konditionierung plus einer entsprechenden biologischen Prädisposition beruhen. Es ist denkbar, daß Phobien irgendwann durch Erfahrung (Konditionierung) entstanden sind und daß sie als schwache Dispositionen »weitergegeben« wurden, welche dann bei manchen Menschen durch ganz unschuldige Erfahrungen verstärkt werden.

Ein Problem, das indirekt im Zusammenhang mit Phobien steht, ist das *sick building syndrome*. Dieses beinhaltet, daß Menschen in klimatisierten Gebäuden oft über Augenirrita-

tionen, Erkältung, Kopfschmerzen, Abgeschlagenheit, Reiz-
husten und ähnliches klagen und deswegen auch Fehlzeiten
haben. Diese Phänomene werden größtenteils durch die raffinierte »Luftbehandlung« verursacht, welche zur Folge hat,
daß die Atmosphäre in dem Gebäude sehr homogen in ihrer Zusammenstellung ist und daß außerdem die Strömungsge-
schwindigkeit der Luft gering ist. Angesichts dessen, daß unsere
Wahrnehmung viel mehr auf die Veränderung von Reizen
ausgerichtet ist als auf Unveränderlichkeiten, geraten verschiedene psychische Prozesse in einer solchen Situation
durcheinander, und körperliche Beschwerden sind die Folge.
Der Mensch ist an Veränderung gewöhnt und auf sie eingestellt; der moderne Architekt jedoch tut alles Erdenkliche, um
diesen fundamentalen Mechanismus außer Kraft zu setzen.

Die Beschwerden werden noch dadurch verstärkt, daß viele
klimageregelte Gebäude wenig Ausblick bieten. Jedenfalls ist
das in sogenannten Großraumbüros der Fall, in denen die
Mehrheit des Personals ein Fenster erst nach einem Dauerlauf
erreichen kann. Heerwagen (1986) sagt, es sei für die mentale
und körperliche Gesundheit wesentlich, daß Menschen einen
Ausblick haben. Eine schlechte Form sei der Blick aus dem
zwanzigsten Stock oder auf die Fassade eines nahegelegenen
Gebäudes. Der Ausblick sei optimal, wenn man in der Nähe
etwas Grün erblicken und ein gutes Stück in Richtung Horizont sehen könne. Heerwagen gibt hierfür eine evolutionsbedingte Erklärung. Er sagt, ein Gebäude könne mit einem Zufluchtsort in einer ansonsten bedrohlichen Umgebung
verglichen werden. Ein guter Zufluchtsort aber erlaube es, die
Umgebung zu beurteilen. Bei vielen *sick buildings* sei das
nicht in angemessener Weise möglich. Der sich daraus ergebende vage Unfrieden schlage sich dann in gesundheitlichen
Beschwerden nieder.

Die wichtigsten Ursachen des *sick building syndrome* liegen darin, daß die heute gebräuchliche Bauweise in vielerlei
Hinsicht im Widerspruch zu Gesetzen steht, welche unser
Verhalten schon Hunderttausende von Jahren hindurch beherrschen. Der Mensch ist ein offenes, instabiles System, das
ständig imstande sein muß, seine Körperfunktionen nachzu-
regulieren. Wir sind auf die Wahrnehmung wechselnder Reize

eingestellt, wir verändern unsere Umgebung gern und oft und wollen das *unmittelbare* Resultat unseres Handelns sehen, wir wünschen uns ein eigenes Territorium, und wir streben schließlich danach, über den Ausblick den Kontakt mit der Umgebung aufrechtzuerhalten (Vroon, 1990).

Ein anderes bemerkenswertes Phänomen ist, daß Menschen abhängig von der Lage ihres Körpers in unterschiedlichem Maße Angst vor Geschwindigkeit haben. Ein Skianfänger hat schon auf einem flachen Hang mit Pulverschnee Angst, schneller als etwa zwanzig Stundenkilometer zu fahren. Sobald er jedoch am Ende des Tages in seinem Sechszylinder Platz nimmt, fährt er problemlos zweihundert. Gleichermaßen bewegen wir uns in einem Flugzeug mit tausend Stundenkilometern fort, wogegen ein freier Fall beim Fallschirmspringen, der höchstens mit einem Fünftel dieser Geschwindigkeit einhergeht, Todesängste hervorruft, selbst wenn der Springer einen doppelten Fallschirm hat, der sich nötigenfalls auf das Kommando eines eingebauten Barometers hin öffnet. In sitzender Position verspüren wir im allgemeinen kaum Gefahr. Die Ursache dessen könnte sein, daß Tiere und der frühe Mensch sich nur dann setzten, wenn es tatsächlich keine Gefahr gab. Wenn man saß, brauchte man sich keine Sorgen zu machen. Aus Experimenten ist bekannt, daß Sitzen beruhigend wirkt: Viele Formen der Meditation funktionieren nicht im Stehen. Das ist mehr als eine leichtfertige Spekulation. Reaktionszeiten sind kürzer, wenn wir stehen, als wenn wir sitzen oder liegen. Der Zusammenhang zwischen Angst, Wachsamkeit und Körperhaltung kann einen evolutionsbedingten Hintergrund haben. Ein hiermit verwandtes Phänomen ist vielleicht, daß es den meisten Menschen unangenehm ist, unversehens von hinten berührt zu werden. Gefahr ist dann zwar selten zu befürchten, aber aus evolutionsgeschichtlicher Sicht kann das Berühren des Rückens einen Angriff bedeutet haben.

Psychische Prozesse haben im allgemeinen sogar mit der Körperhaltung zu tun. Ein Mensch neigt dazu, im Gehen anders zu denken, als wenn er hinter seinem Schreibtisch sitzt. Der Yoga nutzt dies, indem ungewohnte Körperhaltungen über einen längeren Zeitraum hinweg eingenommen werden

(*Asanas*). Dadurch sollen mentale Prozesse bis zu einem gewissen Grad angeblich anders verlaufen (siehe Ornstein, 1973; Vroon, 1976).

Zuletzt hat auch der Wind Einfluß auf uns, selbst wenn wir uns in hermetisch abgeschlossenen Räumen befinden. Wenn es stärker weht als mit Windkraft sechs, werden viele Kinder und Erwachsene ruhelos und sogar aggressiv (siehe Tromp & Bouma, 1974). Wie kommt es wohl dazu? Seligman würde es so erklären: Wenn es stürmt, hört man ein Raubtier nicht ankommen, die Witterung gefährlicher Tiere läßt sich nicht aufnehmen, und der Unterschlupf (etwa ein Zelt) wird womöglich umgeweht.

Natürlich sind dies keine Beweise; wohl jedoch gibt es Hinweise, daß bei manchen Verhaltensmustern eine gewisse Form evolutionsbedingter Determinierung im Spiel ist, die manchmal an eine Art »Erinnerung« denken läßt. Wir fahren fort mit Phänomenen auf dem Gebiet der Wahrnehmung und des Gedächtnisses.

Sinnesorgane und Gedächtnis

Das Gesetz von Stevens sagt, daß der Zusammenhang zwischen der Stärke von Reizen und den anschließenden Empfindungen gleich $R = kS^n$ ist. Dabei ist R die Stärke der Empfindung, S die Reizstärke und k eine Konstante. Die Größe des Exponenten n variiert je nach Sinnesorgan stark. Bei Länge ist n ungefähr gleich 1, was bedeutet, daß ein Gegenstand doppelter Größe auch als doppelt so groß wahrgenommen wird. Bei der Helligkeit von Licht jedoch ist n kleiner als 1. Dies bedeutet, daß zunehmende Helligkeit von einem bestimmten Grad an für den Menschen kaum mehr wahrnehmbar ist. Das ist nicht erstaunlich. Es macht wenig aus, ob die Sonne scheint oder ob sie sich hinter einer kleinen Wolke verbirgt. In beiden Fällen sieht man genug. Bei Schmerzreizen dagegen ist n oft viel größer als 1. Dieser Unterschied in bezug auf Helligkeit ist plausibel: Je stärker ein Schmerzreiz wird, desto größer ist auch die Gefahr (Ornstein, 1988).

Es gibt auch optische Illusionen, für die evolutionsgeschichtliche Erklärungen existieren. Ein Beispiel sind die Machschen Streifen, das sind Kontraste, »die es nicht gibt«. Machsche Streifen können auf folgende Weise sichtbar gemacht werden: Man legt ein Stück schwarzes Papier zum Teil auf ein Stück weißes Papier und macht ein unscharfes Foto von der Grenzfläche. Der Abzug zeigt ein bemerkenswertes Phänomen. Auf dem Punkt, wo das Weiß über Grau allmählich ins Schwarze übergeht, sehen wir eine Linie, dunkler als das abgedruckte Schwarz (das in Wirklichkeit ein sehr dunkles Grau ist), und an der Stelle, wo das Schwarz über Grautöne in Weiß übergeht, nehmen wir eine hellweiße Linie wahr, weißer als irgendeine andere Stelle sonst auf dem Abzug. Die Funktion der Machschen Streifen ist so gut wie sicher die, in der Dämmerung Kontraste zu verstärken, so daß wir auf jeden Fall noch etwas sehen bzw. Objekte voneinander unterscheiden können.

Evolutionsgeschichtlich gesprochen ist es nicht vernünftig, daß ein Organismus sich total von der Außenwelt abschließt. Tatsächlich arbeiten die Sinnesorgane nicht nur, wenn wir wach sind. Während des Schlafs merken wir nichts von Lichtreizen, Düften usw., aber das Gehör fällt nicht völlig aus. Eine Mutter wacht nicht vom Verkehrslärm auf, wohl aber von ihrem weinenden Baby. Schlafen bedeutet zwar, daß wir uns von der Umgebung abwenden, aber wir bleiben für sinnliche Informationen, die *wichtig* sind, zugänglich (Loftus & Loftus, 1976; Loftus, 1980).

Das ist sogar während einer Narkose der Fall. Es gibt Daten, die darauf hindeuten, daß Menschen im Krankenhaus ziemlich düster gestimmt sind und gleichzeitig recht langsam gesunden, wenn während der Operation vom Chirurgen abfällige Bemerkungen über die Kondition des Patienten gemacht wurden. Nachdem ein Versuch mit Hypnose aufzuzeigen schien, daß Menschen im nachhinein imstande sind, das während der Operation Gesagte wiederzugeben, hat man diesbezüglich Experimente gemacht. Patienten, die während des Eingriffs über einen Kopfhörer Musik »hören« können, verlassen das Krankenhaus durchweg früher als diejenigen, die gewissermaßen den Geräuschen im Operationssaal ausgesetzt waren. Wortpaare (wie Banane – Motor, Schnee – Käse-fondue), die während der Narkose über einen Kopfhörer oftmals »zu Gehör gebracht« wurden, sind den Patienten anschließend recht gut im Gedächtnis (Mitteilung von W.A. Wagenaar). Das Gehör fällt also selbst in einem Zustand der Bewußtlosigkeit nicht völlig aus, was wahrscheinlich miteinschließt, daß man auch Komapatienten gegenüber mit Bemerkungen vorsichtig sein muß.

Diese relativ gute Zugänglichkeit für auditive Reize ist erklärlich: In einer Umgebung voller Gefahren muß man unter allen Umständen irgendwie verfolgen können, was geschieht. Daß das Gehör hierfür das geeignete Sinnesorgan ist, läßt sich leicht begründen: Bei Dunkelheit (oder geschlossenen Augen) funktioniert es als einziges auch über größere Distanzen hinweg.

Im Alltagsleben gehen wir davon aus, daß die Sinnesorgane uns Informationen verschaffen, die zum Bewußtsein durchdringen. Das ist längst nicht immer der Fall. Abgesehen von der Tatsache, daß Reize durch Aufmerksamkeitsmechanismen selektiert werden, kann unser Handeln auch von Reizen beeinflußt sein, die zu schwach sind, als daß wir sie bewußt wahrnehmen könnten, oder die derart in andere Reize eingebettet sind, daß sie nicht gesondert wahrnehmbar sind. Wir tun dann Dinge, ohne uns darüber im klaren zu sein, auf welcher Information unser Verhalten beruht (*subliminale Perzeption*). In der Regel ist uns das nicht bewußt, das heißt: Es gibt gewissermaßen einen Zwang von außerhalb, den wir nicht bemerken (Dixon, 1971, 1981). Über diese Prozesse ist leider wenig bekannt, und außerdem ist manches Experiment umstritten. Wichtig und in diesbezüglichen Diskussionen bisher unbeantwortet ist die Frage, ob wir von Reizen beeinflußt werden, die wir niemals wahrnehmen könnten, oder ob es sich um Stimuli handelt, die zusammen mit anderen Reizen verarbeitet werden und die infolgedessen nicht gesondert zu uns durchdringen.

Aus evolutionsgeschichtlicher Perspektive ist diese subliminale Perzeption äußerst interessant. Es ist denkbar, daß die Teile des Gehirns, auf die sich das Bewußtsein stützt, spät entstanden sind und einer relativ großen Reizstärke bedürfen, weil sie vor allem in Notfällen funktionieren müssen. Man kann sich vorstellen, daß es zur Bewältigung solcher Notsituationen erforderlich ist, die Umgebung als Gesamtes gut zu überblicken. Für einfache, alltägliche Probleme ist selektive, vage Wahrnehmung gegebenenfalls ausreichend (man denke an einen Autofahrer, der quasi »bewußtlos« von A nach B fährt, aber hochschreckt, wenn er Zeuge eines Unfalls wird). Es gibt in der Tat Hinweise, daß subliminale Perzeption mit der *Bedeutung* von Reizen zusammenhängt. In jedem Fall weist dieses Phänomen darauf hin, daß es um die Sensibilität unserer Sinnesorgane, im Gegensatz zu dem, was mitunter gesagt wird, gar nicht so schlecht bestellt ist.

Subliminale Perzeption ist mit bemerkenswerten Phänomenen verwandt, die man *blind sight* und *blind touch* nennt. Wenn Tiere des Teils ihrer Hirnrinde beraubt werden, der für das Sehen wesentlich ist, sind sie, wie sich aus ihrem Verhalten schließen läßt, noch immer imstande, Objekte zu umgehen. Das muß bedeuten, daß sie trotz der ernsten Hirnschädigung noch etwas wahrnehmen können. Beim Menschen ist das auch so. Wenn der entsprechende Teil der Hirnrinde durch einen Unfall, eine Blutung oder eine Thrombose nicht mehr funktioniert, sind wir blind. Man hat solche Menschen vor einen Projektionsschirm gesetzt und ihnen einen Stock in die Hand gegeben. Der Versuchsleiter gab zu festgesetzten Zeiten irgendein Signal und projizierte dann einen Lichtflecken irgendwo auf den Bildschirm. Der Proband wurde gebeten, mit Hilfe des Stocks anzudeuten, wo die Projektion wohl stattgefunden habe. Menschen raten dann weit über die Wahrscheinlichkeit gut, was bedeutet, daß sie unbewußt Positionen sehen können.

Der Effekt ist jedoch noch ausgeprägter. Wenn in zufälliger Reihenfolge ein X und ein 0 gezeigt werden, wird viel öfter richtig geraten, als es vom Zufall her zu erwarten wäre. Es ist unter solchen Umständen sogar möglich, die Sehschärfe des auf zerebraler Ebene nicht funktionierenden Sinnesorgans zu messen (Oakley & Plotkin, 1979; Weiskrantz, 1977). Vermutlich funktioniert das so: Von den Augennerven gehen Seitenzweige (Collaterale) ab, die zu Kernen unterhalb der Hirnrinde führen (*corpora quadrigemina*). Die Prozesse, die sich dort abspielen, haben nichts mit dem Bewußtsein zu tun, doch gehören sie zur visuellen Wahrnehmung. Etwas Derartiges gilt auch für den Tastsinn. Eine Frau war von einer Gehirnblutung betroffen, durch die eine Hälfte ihres Körpers nicht nur gelähmt war, sondern auch jeglicher Empfindung entbehrte. Man hat ihr die Augen verbunden und mit einer Nadel ihre fühllose Hand berührt. Mit der anderen Hand sollte sie raten, wo die Berührung stattgefunden hatte. In einem großen Prozentsatz der Fälle war die Frau dazu in der Lage (Mitteilung von G. E. Stelmach).

Auf Grund dieser Wahrnehmungsphänomene kann man sagen, daß wir zu einem Teil »tierisch« organisiert sind oder daß evolutionsgeschichtlich alte Mechanismen sich bis zu einem gewissen Grad in uns erhalten haben. Es gibt Tiere ohne Hirnrinde, die mit Hilfe subcorticaler Strukturen ausgezeichnet wahrnehmen können. Sie gehen so gut wie sicher »bewußtlos« durchs Leben, können sich jedoch behaupten. Die entsprechenden anatomischen Strukturen kommen auch in unserem Gehirn vor, und sie üben offenbar noch immer eine Funktion aus.

Auch was die Anzahl der Sinnesorgane betrifft, gibt es Bemerkenswertes vom Menschen zu berichten. Tauben wissen über große Distanzen hinweg den Weg nach Hause zu finden. Viele Vogelarten, aber auch Bakterien, Bienen und (Wal-)Fische haben Magnetitkristalle in ihrem Körper. Diese Kristalle werden vom erdmagnetischen Feld beeinflußt und geben dem Tier ein gewisses Richtungsgefühl. Manche Tiere haben ein »magnetisches Sinnesorgan«. Bei uns kommt ein derartiger Mechanismus vielleicht beim Wünschelrutenlaufen zum Ausdruck. Wünschelrutengänger sind in der Regel Scharlatane, aber man hat einige Experimente gemacht, die Betrug vernünftigerweise ausschlossen. Es hat sich gezeigt, daß manche Wünschelrutengänger sehr wohl etwas können: Sie reagieren mit Muskelbewegungen auf Veränderungen des erdmagnetischen Feldes. Anläßlich dieser Beobachtung hat man Studenten mit verbundenen Augen von ihrer Universität weggeführt. Nach einer langen Fahrt zeigte sich, daß ein beträchtlicher Prozentsatz von ihnen einigermaßen genau angeben konnte, wo sich ihre Hochschule befand. Ein weiteres

Experiment wurde mit Schulkindern durchgeführt, denen man die Augen verbunden hatte. Die eine Hälfte trug kleine Magnete auf dem Kopf, die andere war mit nicht magnetisierten Metallstückchen ausgerüstet. Die Kinder ohne Magneten hatten einen ziemlich guten *homing instinct*. Das galt jedoch nicht für die andere Gruppe.

Es scheint eine Erklärung zu geben. Magnetit ist inzwischen auch im Menschen gefunden worden, vor allem in den Knochen des Gesichts und in der Armmuskulatur. Vielleicht sind wir im Besitz eines rudimentären sechsten Sinnesorgans in Form magnetischer Sensoren. Diese funktionieren möglicherweise auf die gleiche Art wie *blind sight* und *blind touch*: Wir nehmen wahr, ohne uns dessen bewußt zu sein. Wir »spüren« gewissermaßen die richtige Richtung, können jedoch nichts über diese Empfindung aussagen (Baker, 1980; Gould, 1980; über die Verbindungen zwischen diesen Sensoren und dem Zentralnervensystem ist übrigens nichts bekannt).

Sowohl Wahrnehmungsgesetze als auch manche Gedächtnisprozesse lassen sich mit der Evolution in Zusammenhang bringen. Kleine Kinder können schon früh behalten, wo ein Elternteil ein Stück Spielzeug versteckt hat; vorausgesetzt natürlich, sie haben dies mitangesehen. Viele Tiere haben diese Fähigkeit auch. Man stellt eine Reihe luftdicht verschließbarer Eimer umgestülpt auf und zeigt einem hungrigen Tier Nahrung. Daraufhin verschließt der Versuchsleiter die Nahrung in einem der Eimer und lenkt anschließend die Aufmerksamkeit des Tieres ab. Nach einer Weile weiß das Tier immer noch, unter welchem Eimer die Nahrung liegt.

Man nennt diese Erscheinung *Objekt-Permanenz*. Experimente haben gezeigt, daß längst nicht alle Tiere über einen solchen Gedächtnistyp verfügen. Kühe und Pferde lassen keine Spur davon erkennen. Das rührt wahrscheinlich daher, daß solche Tiere in der Natur selten mit Nahrung ringen müssen, die verschwindet. Gras kriecht nicht davon. Tiere, die auf lebendige Wesen jagen, haben dagegen eine vortrefflich entwickelte Objekt-Permanenz, weil sie imstande sein müssen, ihre Beute auch dann weiter zu verfolgen, wenn diese für einen Moment nicht mehr sichtbar ist (Oakley & Plotkin, 1979).

Emotionen

Es ist nicht so, daß das Gehirn aus einer isolierten Position heraus unser Verhalten bestimmt oder steuert. Das psychische Funktionieren hängt auch mit dem Funktionieren von Organen zusammen. Wenn Menschen einander mögen, steigt ihre Pulsfrequenz an. Wie verhält sich das? Folgt der schnellere Herzschlag der Sympathie? Oder findet man jemanden nett, weil das Herz schneller arbeitet?

Letzteres wird von der klassischen Emotionstheorie von James & Lange behauptet. Danach sind Emotionen die Folge einer bestimmten körperlichen Befindlichkeit. Man kann den Herzschlag messen und diesen in der Form von Ticken hörbar machen (*feedback*). Eine weniger galante Möglichkeit ist falsches Feedback, was bedeutet, daß die Versuchsperson lediglich in dem Wahn gehalten wird, ihr Herz schlüge schneller. Man hat Männern die Fotos attraktiver Frauen gezeigt, und zu Anfang ließ man sie den wirklichen Herzschlag hören. Während sie die Fotos betrachteten, wurde falsches Feedback in Form einer beschleunigten Herzschlagfrequenz gegeben. Das Ergebnis war, daß die Männer emotional massiv von den Damen beeindruckt waren. Sie ließen sich in ihren Gefühlen (unbewußt) von einem Signal beeinflussen, das sie irrtümlicherweise für ihren Herzschlag hielten.

Verwandt hiermit ist das Flirten. Es ist wünschenswert, daß das Objekt dazu in einen gewissen Erregungszustand versetzt wird. Eine Art, das zu erreichen, ist tanzen zu gehen. Die körperliche Erregung, die durch das Tanzen entsteht, kann zu der gewünschten emotionalen Erregung oder wenigstens zu einem »Interesse« führen. Solche Vermutungen sind nicht ganz und gar unsinnig. Ein einzelner Seelenkundler mit Gefühl für Abenteuer hat Menschen auf einer hin- und herschwankenden Hängebrücke interviewen lassen. Dabei soll sich gezeigt haben, daß die Versuchspersonen Gefahr liefen, sich an Ort und Stelle in den Fragesteller zu verlieben. Kurz: Ein Gefühl kann ein *Etikett* sein, mit dem man bestimmten körperlichen Veränderungen nachträglich eine Bedeutung gibt (siehe Ornstein & Ehrlich, 1989).

Manchmal scheinen Emotionen hinter körperlichen Prozessen herzulaufen. Im täglichen Leben meint man oft, wir würden zunächst *denken* und beschließen und erst dann eine Emotion erfahren. Diese Reihenfolge könnte jedoch möglicherweise nicht der Wirklichkeit entsprechen. Menschen wurde ein Stoff injiziert, der allgemeine körperliche Erregung verursacht (Adrenalin). Man fühlt sich dann »seltsam«, hat aber keine spezifische Emotion. Wenn die Versuchsperson daraufhin mit jemandem in Kontakt gebracht wird, der lacht oder weint, besteht die Neigung, die vorgeführte Emotion zu übernehmen (für eine diesbezügliche Erörterung siehe Frijda, 1988).

Unter manchen Umständen (wie dem Betreiben von Sport) ist die Basis der Emotionalität sogar nicht viel mehr als rein körperliche Erregung. Wenn es einen Anlaß dazu gibt, wird eine spezifische Emotion »gewählt«. Beispiele sieht man in Fußballstadien. Die körperliche Anstrengung der Spieler geht mit einem physiologischen Zustand einher, den es auch bei massiven Emotionen gibt: ausbrechender Schweiß, rascher Herzschlag, beschleunigte Atmung usw. Unter diesen Umständen ist die geringste Kleinigkeit ausreichend, dafür zu sorgen, daß ein Spieler aggressiv auf einen anderen oder den Schiedsrichter losgeht. Nicht umsonst gibt es die meisten gelben Karten beim Fußball in der zweiten Hälfte des Spiels. Das kann mit der Tatsache zu tun haben, daß ein Spiel (für den Verlierer) spannungsreicher wird, wenn das Ende naht. Eine weitere Möglichkeit ist, daß die körperliche Aktivierung bei den Spielern während der zweiten Spielhälfte am größten ist. Auch das Publikum gerät durch das enge Zusammensitzen, das Schreien und den eventuellen Alkoholkonsum körperlich in gesteigerte Erregung. Wenn das Publikum eine Schlägerei auf dem Spielfeld sieht, hat es die Neigung, diese Emotion zu übernehmen, gegebenenfalls mit katastrophalen Folgen.

Von großer Wichtigkeit bei Emotionen ist die Mimik. Die Gesichtsmuskulatur ist dem Kiemengewebe von Fischen verwandt. Verantwortlich für die Lenkung dieser Muskulatur ist der Gesichtsnerv (*nervus facialis*). Dieser Nerv wird von zwei getrennten Systemen im Gehirn stimuliert. Das eine System-

befindet sich in der Hirnrinde und ist für das Zeigen eines bewußten Mienenspiels verantwortlich. Das zweite System ist Teil tiefer gelegener Zentren, die in engem Zusammenhang mit der Emotionalität stehen.

Hieraus folgt, daß wir im Prinzip auf zwei Arten einen Ausdruck in unser Gesicht legen können. Bei bestimmten Beschädigungen der Hirnrinde kann jemand seine Gesichtsmuskeln nicht mehr bewegen, aber sobald ihn eine Emotion überfällt, lacht oder weint er ausgiebig. Solche Menschen können also nicht schauspielern. Das zweite Steuerungssystem manifestiert sich unter anderem bei der Parkinsonschen Krankheit. In diesem Fall ist ein Schaden in tiefer gelegenen, phylogenetisch älteren Teilen des Gehirns entstanden. Parkinson-Patienten haben oft ein maskenhaftes Gesicht. Sie können ihre Emotionen nicht über ein naturgegebenes Mienenspiel äußern und müssen jede Gemütsregung dadurch zeigen, daß sie Theater spielen (»Ich fühle mich fröhlich, also muß ich jetzt lachen«).

Schließlich ist es noch möglich, daß Zentren, die mit der Innervierung des Gesichts zu tun haben, auf einmal »loslegen«, ohne daß andere Teile des Gehirn miteinbezogen werden. In diesem Fall bricht jemand in Lachen oder Weinen aus, ohne daß er findet, daß es etwas zu lachen oder zu beweinen gibt.

Kommunizieren

Tiere kommunizieren durch Schreien, Haltung, Mimik und Gebärden. Man nennt das *analoge Kommunikation*. Auch Menschen bedienen sich ihrer. Eine zweite Art zu kommunizieren heißt *digital* oder *diskursiv* und beruht auf dem gesprochenen und geschriebenen Wort. Unterschiede zwischen diesen Systemen sind, daß analoge Kommunikation evolutionsgeschichtlich alt ist, daß sie unwillkürlich verläuft (selten lügt) und daß wir auf diese Art hauptsächlich mitteilen, was unsere emotionale Beziehung in bezug auf jemanden ist. Digitale Kommunikation ist evolutionsgeschichtlich relativ neu, kann lügen und bezieht sich auf den *Inhalt* einer Nachricht. Der Klang der Stimme ist eine Mischform beider Typen: Die Worte gehören zur digitalen Domäne, die Art zu reden und die Intonation sind analog. Man kann sozusagen in einem wütenden Ton sagen, daß man jemanden gut leiden kann.

Bei der analogen Kommunikation spielen die Augen eine wichtige Rolle. Unbewußt ausgeführte Augenbewegungen verraten, ob jemand sich konzentriert, mit Mühe etwas aus seinem Gedächtnis hervorholt oder lügt (Kahneman, 1973). Daneben ist Augenkontakt ein Mittel, einen Mitmenschen anzuziehen oder abzustoßen. Dieser Mechanismus erinnert stark an das Verhalten von Tieren. Tiere verjagen andere Tiere mitunter dadurch, daß sie sie anstarren (man denke an Hunde). Bei Affen und auch bei Menschen entsteht Aggression, wenn sie über lange Zeit hinweg angesehen werden. Im täglichen Leben halten wir uns unbewußt an eine »optimale Blickdauer« von einigen Sekunden. Wenn diese Zeitspanne überschritten wird, fühlt der andere sich unbehaglich. Durch die Augen spielen wir ein Spiel des Anziehens und Abstoßens. Vielleicht rührt es daher, daß ein depressiver Mensch, der sich von der Welt abschließt, oft niemanden ansehen will.

Weiterhin gibt es ein Zusammenspiel zwischen Anschauen, Sprechen und Zuhören. Während des Zuhörens schauen wir unser Gegenüber häufiger und länger an als während des Redens. Dieser Wechsel ist subtil. Wir richten unseren Blick erst dann nachdrücklich auf den anderen, wenn wir ausgesprochen haben und eine Gegenrede erwarten. Wer keine Replik wünscht, sieht während des Redens weg. Ein Trick könnte sein, daß man den anderen während eines Gesprächs nicht ansieht, wenn man am Wort bleiben will. Einen Blick zu werfen ist ein unbewußt gesendetes und verarbeitetes Signal, das sagt: Du darfst unterbrechen (Kalma, 1989).

Die wichtigsten Aspekte der analogen Kommunikation sind, im Telegrammstil, die folgenden (siehe Argyle, 1978). Eine Reihe von Signalen wird durch Körperkontakt überbracht. Die Teile des Körpers, die berührt werden, sind an Regeln gebunden, die auf der Art der zwischenmenschlichen Beziehung beruhen. Die Distanz zum Gegenüber wird durchschnittlich gesagt kleiner, je sympathischer man die Person findet. Eine Begegnung wird oft unbewußt beendet, indem man die Distanz zum Gesprächspartner vergrößert. Gewöhnlich werden große Machtunterschiede bei Begegnungen auch in große Distanzen übersetzt (man denke an Richter und Angeklagten). Man kann die Beziehung zwischen Macht und Distanz jedoch auch raffiniert benutzen: Beim Polizeiverhör wird eine große »Machtdistanz« oft mit einer geringen physischen Distanz zwischen Beamten und dem Verdächtigen kombiniert. Der Verdächtige fühlt sich dadurch schwach und gesteht angeblich leichter.

Auch die körperliche Orientierung wird durch die Art der Beziehung bestimmt. Im Fall einer Zusammenarbeit setzt man sich (unbewußt) nebeneinander. Bei Konfrontationen, Meinungsunterschieden oder Verhandlungssituationen sitzt oder steht man einander gegenüber. Das Kopfnicken dient dazu, einen anderen zu ermutigen oder eine Reaktion hervorzulocken. Gebärden illustrieren, was gesagt wird, vor allem, wenn jemand die richtigen Worte nicht finden kann. Schließlich läßt sich aus Sprechgeschwindigkeit, Stimmhöhe und Variation in der Tonhöhe etwas über die Stimmung des Redners ausmachen. Prinzipiell lassen sich viele dieser Merkmale analoger Kommunikation in der Tierwelt wiederfinden.

Analoge und digitale Kommunikation sind normalerweise miteinander verflochten, doch die analoge Information kann auch gesondert »decodiert« werden. Kalma (1989) hat gezeigt, daß Menschen, die sich einen Film einer Gruppeninteraktion ansehen, der ohne Ton vorgeführt wird, recht bald herausfinden, wer »der Boß« ist. Auch die Mitglieder von Gruppen sind sich durch ihr Verhalten schnell der Hierarchie innerhalb der Gruppe bewußt, selbst wenn noch so gut wie nichts gesagt wurde.

Konditionierung,
Aberglaube und Abwehr

Der Mensch zeigt nicht nur naturgegebene Verhaltensweisen, sondern ein Großteil seines Handelns beruht auf Lernprozessen. Auf dem Gebiet der Konditionierungsgesetze gibt es eine weitgehende Übereinstimmung zwischen Mensch und Tier. Es gibt zwei Formen von Konditionierung: die klassische und die operante oder instrumentelle.

Bei der klassischen Konditionierung wird eine bereits vorhandene Reaktion durch einen neuen Reiz hervorgerufen (Pawlow). Wenn das Wasser uns normalerweise im Mund zusammenläuft, wenn wir Hunger haben und ein Steak riechen, so ist auf die Dauer schon das Reden über saftige Steaks ausreichend. Operante Konditionierung beinhaltet, daß bestimmte und gegebenenfalls neue Verhaltensweisen, die belohnt werden, sich dadurch mit höherer Wahrscheinlichkeit wiederholen.

Operante Konditionierung kann interessante Phänomene zustande bringen. B. F. Skinner setzte Tauben in einen Käfig. Über eine Mechanik bekamen die Tiere ab und an Futter. Nach einiger Zeit zeigte sich, daß die Tauben sich eigenartig verhielten. Ein Vogel drehte andauernd Pirouetten, ein anderer schlug mit dem linken Flügel, ein dritter schüttelte den Kopf usw. Was war geschehen? Wenn eine Taube zufällig in dem Augenblick eine Pirouette drehte, als das Futter kam, stellte sie zu Unrecht einen Zusammenhang zwischen dem einen und dem anderen her. Das Tier meinte quasi, es würde auf seine Winke hin bedient, wenn es sich im Kreis drehte, mit einem Flügel schlug, oder was auch immer.

Etwas Derartiges geschieht auch beim Menschen; man nennt das Phänomen *superstitious learning*. Athleten, die eine Spitzenleistung erbracht haben, ohne zu verstehen, wie ihnen das gelang, bringen ihren Erfolg genau wie Skinners Tauben mit willkürlich vorgefallenen Dingen in Verbindung und sorgen dafür, daß diese Umstände sich wiederholen. Einige Beispiele sind: Schlittschuhlaufen mit einer besonderen Mütze auf dem Kopf, alle Bewegungen mit dem rechten Bein beginnen, einen Pfannkuchen vor dem Marathon essen, keine grüne Kleidung tragen oder gerade doch, das Ave Maria singen usw.

Ein anderes Argument für die Tatsache, daß wir Mensch und Tier, was superstitious learning angeht, miteinander vergleichen können, ist, daß das Maß, in dem Menschen Selbstkonditionierung zeigen, weitgehend durch das Maß an Kontrolle bestimmt wird, die auszuüben sie imstande sind. Beim Baseball sind die Pitchers und die Hitters abergläubischer als die Feldspieler. Das rührt daher, weil die Feldspieler mehr Kontrolle über ihr Verhalten haben. Sie können ihre Erfolge und Mißerfolge leichter erklären als die Pitchers und Hitters, die viel mehr dem ausgeliefert sind, was man Glück oder Pech nennt. Pitchers und Hitters befinden sich fast in der gleichen Situation wie die Skinnerschen Tauben und zeigen (folglich) oft einen Aberglauben derselben Art.

Kalma (1989) gibt eine Erklärung für superstitious learning. Das Sehen von Zusammenhängen, die es nicht »gibt«, ist seiner Meinung nach funktional. Das Verrichten von Handlungen werde auch durch die Einsicht in Pseudo-Zusammenhänge gefördert. Handeln sei fast immer besser als nichts zu tun. Im Gegensatz zu einer passiven, hilflosen Haltung führe das Zeigen notfalls lächerlichen Verhaltens dazu, daß die Möglichkeit einer Konfrontation mit wichtiger und sinnvoller Information zunimmt.

Konditionierung hat noch mehr Aspekte. Asthma- und Heuschnupfenpatienten können einen Anfall bekommen, wenn sie mit Blümchentapeten konfrontiert werden. Das kann geschehen, wenn der erste Anfall sich in einem Augenblick ereignete, als man Blumen sah und Probleme mit Blütenstaub und Pollen bekam. Dadurch ist es möglich, daß für die Zukunft ein Zusammenhang zwischen einer Tapete mit Blümchenmuster und Atemnot hergestellt wird.

Durch Konditionierung ist es sogar möglich, die Gesundheit allgemein zu fördern oder zu verschlechtern. Medikamente können nach einiger Zeit oft durch Placebos ersetzt werden, ohne daß die ursprünglichen Wirkungen verlorengehen; Nebenwirkungen und Suchtbildung inklusive. Der Konsum eines bestimmten Mittels hat Wirkung gezeitigt, und dieselbe Folge wird von einer Ersatzpille hervorgerufen, die keinen Wirkstoff enthält. Placebos funktionieren nicht nur bei Menschen, sondern auch bei Tieren, sofern sie mit viel Ritual und in einer überdeutlichen Art und Weise verabreicht werden (siehe White, Tursky & Schwartz, 1985).

Verblüffende Experimente sind auch bezüglich der Konditionierung der körpereigenen Abwehr bei Mensch und Tier durchgeführt worden (Weiss, Herd & Fox, 1981). Man hat Tieren Zuckerwasser zu trinken gegeben, dem ein einziges Mal ein Stoff zugesetzt war, der die körpereigene Abwehr vorübergehend unterdrückt (Cyclophosphamid). Wenn die Tiere weiterhin einfaches Zuckerwasser zu trinken bekommen, zeigt sich, daß ihre Abwehr schlecht bleibt, so daß sie krank werden. Dies geschieht nicht, wenn der Versuch mit normalem Wasser statt mit Zuckerwasser durchgeführt wird. Die Empfindung des Krankseins wurde mit dem Geschmack des Wassers in Verbindung gebracht, und Konditionierung sorgte dafür, daß die Krankheit bestehen blieb.

Beim Menschen sind entsprechende Phänomene wahrgenommen worden. Wenn die Haut Tuberkulinen ausgesetzt wird (TBC-Reaktion), entstehen nach einer Weile Rötungen und Schwellungen. Man hat Menschen oftmals hintereinander Tuberkulin verabreicht, das in einer roten Flasche war, und gleichzeitig Wasser aus einer grünen Flasche. Tuberkulin rief eine Reaktion hervor, Wasser natürlich nicht. Anschließend wurde der Inhalt der Flaschen vertauscht. Das Resultat war, daß die Versuchspersonen auf das Wasser aus der roten Flasche allergisch reagierten und nicht auf das Tuberkulin aus der grünen Flasche. Es wurde ein Zusammenhang hergestellt zwischen der Farbe Rot und der Schwellung, und diese Beziehung bestand fort. Wie das physiologisch möglich ist, versteht übrigens niemand.

Es ist geradezu selbstverständlich, daß Konditionierung auch angewendet werden kann, um unerwünschte Nebenwirkungen von Medikamenten zu bremsen. Bei Krebs werden zellteilungshemmende Mittel (Zytostatika) verabreicht, die unter anderem zu Übelkeit führen. Vielen Menschen wird schon vor dem Gang zum Krankenhaus unwohl. Man kann etwas dagegen tun, indem man die Injektion in einem Raum verabreicht, in welchem ein ungewohnter Duft hängt. Den Patienten wird von diesem Duft übel werden, aber zu Hause werden sie keine Beschwerden haben, weil die Übelkeit durch Konditionierung an einen Reiz gekoppelt ist, der im täglichen Leben nicht vorkommt.

Wir nennen noch ein letztes Beispiel, das auf die Vergleichbarkeit von Konditionierung bei Tier und Menschen hindeutet. Sogenannte »Lerntabletten« (die bestimmte Hormone enthalten) fördern Konditionierungsprozesse bei Mensch und Tier. Derartige Stoffe haben auf raffinierte Art Anwendung bei Tieren mit Autoimmunkrankheiten gefunden, das sind Leiden, bei denen das Abwehrsystem den eigenen Körper schädigt. Hier versucht man, mit Hilfe von Konditionierung den Krankheitsprozeß zu bremsen. Gleichzeitig gibt man eine »Lerntablette«, die dafür sorgen soll, daß diese Reaktion möglichst lange andauert.

Das Interessante an diesen Stoffen ist, daß sie auf der Ebene der Konditionierung bei Mensch und Tier die gleichen Wirkungen haben, höhere Lernprozesse dagegen nicht fördern. Das weist darauf hin, daß das Lernen beim Menschen »geschichtet« ist bzw. auf Mechanismen verschiedenen phylogenetischen Alters beruht, die unterschiedlichen Gesetzen gehorchen.

Natürlich haben Pharmakologen und die pharmazeutische Industrie immer wieder verzweifelt nach Beweisen des Gegenteils gesucht (siehe z.B. de Wied, 1990). Das ist jedoch nicht gelungen. Man kann sich den Unterschied zwischen den beiden Konditionierungsformen grob einprägen, indem man sich klarmacht, daß die klassische Konditionierung sich auf »natürliche« Körperreaktionen bezieht, während operante Konditionierungen durchweg auf der Ausführung von Bewegungen beruhen (außer Reflexen wie dem Augenblinzeln).

Soziale Prozesse

Der Mensch ist kein Einzelwesen. Genau wie viele Tiere ist er auf andere angewiesen. Menschen kommen verhältnismäßig hilflos zur Welt. Ein Kind kann nur überleben, wenn es oft und regelmäßig mit einem Versorger oder einer Versorgerin in Kontakt kommt. Diese Person muß das Kind nicht nur füttern und saubermachen; wesentlich ist auch, daß das Kind ein Gefühl der Sicherheit bekommt (Bowlby, 1982; Rauh & Steinhausen, 1987; Tavecchio & van IJzendoorn, 1987). Dafür liegt auch aller Grund vor: Für einen Säugling besteht die Welt hauptsächlich aus Gefahren.

Wenn keine gute emotionale Bindung mit einem Elternteil oder einem Versorger entsteht, hat das unangenehme Folgen. Harlow & Zimmerman (1959) haben Beobachtungen bei Affen gemacht, die auf menschliches Verhalten übertragbar zu sein scheinen. Kinder mit Bindungsproblemen zeigen in frühem Alter ein Phänomen, das man »pathologische Trauer« nennt. Dieser Gefühlskomplex hat verschiedene Aspekte: Das Kind empfindet weiterhin ein starkes Band mit dem Versorger, es hat Kummer wegen des emotionalen Verlassenseins oder des empfundenen Mangels und meint zu Unrecht, daran schuld zu sein. Das Resultat ist eine Haßliebesbeziehung mit dem Versorger. Normalerweise wird dem Liebesbedürfnis durch angemessenes Verhalten des Elternteils oder Versorgers entsprochen. Wenn das nicht oder nicht konsequent der Fall ist, wird dieses Bedürfnis mit Ablehnung oder mit Unzuverlässigkeit assoziiert. Das Kind lernt dadurch nicht, daß es auf andere bauen kann und daß so etwas wie »Liebe« existiert. Eine destruktive assoziative Kopplung wird gebildet, die zu einem nur schwer behebbaren Persönlichkeitsdefekt führt (Kutz, 1989). Soziale Kontakte werden dann von einer Mischung aus Vertrauen und Mißtrauen dominiert. Manchmal strebt die Person geradezu nach einer Beziehung mit einem unzuverlässigen Mitmenschen, oder sie benimmt sich so, daß die (unbewußt gesuchte) Unzuverlässigkeit tatsächlich an den Tag gelegt wird. Im Fall einer (in gewisser Weise unverhofften) Ehe ist die Wahrscheinlichkeit groß, daß die traurige Geschichte sich wiederholen wird. Der Elternteil »weiß« nicht, was Bindung ist, und behandelt infolgedessen die eigenen Kinder auf die gleiche, wenig konstruktive Manier. Die Geschichte fängt dadurch wieder von vorn an. Solche Phänomene zeigen sich auch bei Affen, hauptsächlich bei Schimpansen. Ein bindungsgestörter Schimpanse kommt später kaum mehr mit Artgenossen zurecht.

Emotionale Bindung und Wahrnehmungsprinzipien hängen übrigens miteinander zusammen. Wenn die Mutter ihr Kind mit einem abweisenden Gesicht ansieht, fängt es an zu weinen. Eine Veränderung der Mimik ist nötig, um dem Kind das Gefühl zu geben, daß es in sicheren Händen ist. Es ist auch unklug, ein Kind einfach so ins Bett zu legen und davonzuziehen. Der »Abschied« muß mit dem entsprechenden Mienenspiel, mit Reden, Streicheln und dreimaligem Tschüß-Sagen vollzogen werden, ehe man geht. Unterläßt man derartige Rituale, scheint der Bindungsprozeß schlechter zu verlaufen, als es möglich und notwendig wäre. Wichtig ist schließlich, daß regelmäßig mit dem Kind geschmust wird. In der Tierpsychologie nennt man das *handling*. Das Unterlassen desselben hat bei Ratten zur Folge, daß die Tiere aggressiv werden.

Abgesehen von der Bindungsproblematik können Menschen und Tiere sich allein oft schlecht behaupten. Jungen Ziegen, Ratten und Hunden ist in Anwesenheit ihrer Mutter kaum Angst einzujagen, obwohl die Gefahren derart sein können, daß die Anwesenheit eines Elternteils keinen Schutz mehr darstellt. Soziale Einbettung ist wichtig. Kontakte haben nicht nur Konsequenzen für sozial-emotionale Prozesse, sondern auch für physiologische und biochemische Mechanismen.

Man hat Ratten in zwei Gruppen eingeteilt. Beide Gruppen wurden auf eine Diät gesetzt, die reich war an Cholesterin und an Stoffen, die die Cholesterinproduktion fördern. Die eine Hälfte der Gruppe lebte ausschließlich in Käfigen, die andere wurde ab und an aus dem Käfig geholt und einige Minuten lang gestreichelt. Nach einiger Zeit hatte die zweite Gruppe viel gesündere Blutwerte als die erste. Offenbar haben soziale Kontakte einen Einfluß auf körperliche Prozesse und somit auch auf Gesundheit und Krankheit.

Bei Menschen ist die Situation nicht wesentlich anders. Alleinstehende (Unverheiratete, Geschiedene, Witwen und Witwer) fühlen sich durch die Bank nicht nur relativ unwohl, sondern ihre körperliche und geistige Gesundheit ist auch verhältnismäßig schlecht. Menschen, die eine gute Beziehung mit einem Partner haben, weisen unter anderem ein besseres Blutbild auf als diejenigen, die in Unfrieden oder Isolation leben. Bei einer Kalamität wie einer Scheidung oder dem Tod des Partners verschlechtert sich ein Teil der körpereigenen Abwehr für ungefähr ein halbes Jahr, mit dem Risiko von Krankheit und (auf lange Sicht) möglicherweise Krebs. Die Wahrscheinlichkeit für Unfälle, körperliche Leiden und psychische Abweichungen ist bei dieser Gruppe sogar um 30 Prozent höher. Auch wenn man eine solche Periode gut durchsteht, ist das Todesrisiko gestiegen. Daß Todesrisiken mit zwischenmenschlichen Kontakten zu tun haben, ergibt sich aus der Tatsache, daß eine neue Beziehung dieses Risiko wiederum senkt, besonders bei Männern (für eine Übersicht dieser Materie siehe Ornstein & Sobel, 1987).

Ornstein & Ehrlich (1989) schließlich meinen, daß die Zahl der Sozialkontakte des Menschen noch immer gleich der in prähistorischen Gemeinschaften ist. Die meisten Menschen kennen hundert bis zweihundert andere; das sei die Zahl, die angeblich in primitiven Dörfern zusammenwohnte. Diese Zahl ist hinsichtlich der Größe unserer Lebensgemeinschaften eigentlich zu klein. Die Anzahl paarweiser Beziehungen zwischen Menschen ist nämlich gleich n (n−1) : 2, wobei n die Zahl der Personen darstellt. Aus der Formel ergibt sich, daß in einer Stadt mit 15.000 Einwohnern 112 Millionen Beziehungen *möglich* sind.

Gehorsam

Sowohl Menschen als auch viele Tierarten leben in Gruppen. Die evolutionsgeschichtlichen Vorteile einer Gruppe sind klar: Sie bietet die Möglichkeit, zusammenzuarbeiten, Aufgaben zu verteilen, sich gegenseitig zu warnen und Angreifern gemeinsam zu Leibe zu rücken. Schimpansen und andere Affenarten leben in Kolonien mit einer klar umrissenen Hierarchie. Dasselbe gilt für viele andere Tiere.

Leben mit anderen bedeutet nicht nur, daß man sich an Regeln halten muß; innerhalb der Gruppe werden die Regeln oft sogar blindlings befolgt. Die Unterordnung des Individuums der Gruppe oder einem Mächtigeren gegenüber manifestiert sich beim Menschen mitunter auf groteske Art und Weise. Ein weißer Kittel oder eine Uniform symbolisieren Macht. Das respektieren wir, vielleicht ähnlich der Art, in der Hühner entsprechend ihrem Platz in der Hierarchie fressen (Hackordnung). Gruppeninteressen und Gruppenprozesse können gar für ein getrübtes individuelles Urteilsvermögen sorgen. Das zeigt sich vor allem daran, daß Menschen unter dem Einfluß anderer (»Gruppendruck«) zwei Stöcke, von denen der eine ganz deutlich länger ist als der andere, als gleich lang beurteilen. Was ist der Hintergrund dafür?

Tier- und Menschengruppen überleben dank einer Kombination von Zusammenarbeit und Wettbewerb. Im 17. Jahrhundert schrieb Hobbes in der Utopie *Leviathan*, der Mensch sei von Natur aus auf Wettbewerb eingestellt, und eine Gemeinschaft entarte leicht in einen Kampf aller gegen alle. Um das zu verhindern, brauche es eine Regierung und ein System gesetzlich festgelegter Verhaltensregeln (Achterhuis, 1988). Alle Gemeinschaften haben tatsächlich (ungeschriebene) Regeln, von denen viele auch in Religionen zu finden sind (man denke an die biblischen Zehn Gebote, die Lebensregeln im Talmud usw.).

Obwohl ein jeder begreift, daß es Regeln geben muß, die »äußeren Zwang« beinhalten, schreiben wir uns selbst und anderen im täglichen Leben ein persönliches, moralisches Bewußtsein zu. Ein Mensch handelt nicht immer und ausschließlich aus Eigeninteresse, meinen wir. Ein Mensch nimmt auch Rücksicht auf andere und respektiert seine Mitmenschen. Das klingt schön, aber in vielen Fällen liegt hier ein Selbstbetrug vor: Die Gesetze unseres Verhaltens sind oft ganz anders als die Gesetze, die in der Welt unserer Worte beschlossen liegen (siehe Meeus & Raaijmakers, 1989).

Im Jahr 1924 bat ein Forscher seine Probanden, eine Ratte

zu enthaupten. 71 Prozent der Versuchspersonen gehorchten widerstandslos. Der Forscher wurde als Führerfigur angesehen, deren Ersuchen man blindlings Folge leistete. Ein derartiges Experiment ist viele Male von Stanley Milgram und anderen Sozialpsychologen wiederholt worden. Milgram kreierte eine Situation, in der eine Versuchsperson gebeten wurde, an einem Experiment über die Frage mitzuarbeiten, ob Bestrafung eine günstige Auswirkung auf menschliche Lernleistungen habe. Die Versuchsperson wurde gebeten, jeden (angeblich) gemachten Fehler mit einem Elektroschock zu bestrafen, dessen Stärke jedesmal um 15 Volt anstieg. Milgram stellte fest, daß ungefähr zwei Drittel seiner Versuchspersonen bereit waren, einem Mitmenschen einen Schock von ungefähr 450 Volt zu verabreichen, obwohl die »Gehorsamen« wußten, daß eine solche Bestrafung höchst unangenehm für das Opfer sein würde. Die Situationen wurden lebensecht nachgestellt, das »Opfer« schrie immer lauter, je mehr die Stärke des Schocks zunahm, und von einem bestimmten Zeitpunkt an reagierte es nicht mehr. Andere Autoren in einer großen Zahl unterschiedlicher Länder kamen zu den gleichen Ergebnissen. Wir können daraus zwei Schlußfolgerungen ziehen.

Menschen sind unter bestimmten Umständen äußerst gehorsam, und es gibt dabei kaum kulturelle Unterschiede. Wichtig dabei ist, daß beinahe niemand von sich selbst *erwartet*, gehorsam zu sein, wenn ihm das Experiment vorher erklärt wird. Es gibt offenbar einen großen Unterschied zwischen Wort und Tat.

Man führt den Gehorsam, der in solcherlei Experimenten an den Tag gelegt wird, auf unterschiedliche Ursachen zurück. Einmal ist der soziale Status des Versuchsleiters höher als derjenige der Versuchspersonen und des Opfers. Bei Tieren führt ein solcher Unterschied zu Unterwerfung. Weiterhin verhält der Versuchsleiter sich konsequent, indem er immer wieder den Auftrag erteilt, den Schock zu verabreichen, wenn das Opfer angeblich einen Fehler macht. Auch dies paßt zu dem Verhalten von Tieren, denen meistens konsequentes Verhalten zu eigen ist. Wichtig ist vielleicht auch, daß die Versuchsperson sich in sozialer Isolation befindet: Sie kann sich an niemand anderem als dem Versuchsleiter orientieren. Schließlich ist die Versuchsperson dem Versuchsleiter in gewisser Weise verbunden, nicht aber dem Opfer. Mitten im Experiment mit der Verabreichung der Schocks aufzuhören ist schwierig. Wenn erst einmal ein Schaf über den Deich ist, folgen andere nach. Aufhören würde auch bedeuten, daß die Person einen selbstkritischen Standpunkt einnehmen müßte, wovon sie lieber absieht.

In einer großen Zahl von Experimenten ist untersucht worden, welche Faktoren dieses entwürdigende Verhalten fördern oder hemmen. Wenn der Status des Versuchsleiters mit dem der Versuchsperson vergleichbar ist, nimmt der Gehorsam ab. Auf Grund ethnologischer Studien läßt sich etwas Derartiges tatsächlich erwarten. Gleichzeitig ist die physische Anwesenheit des »Führers« von Wichtigkeit. Wenn dieser sich in der Mitte des Experiments auf und davon macht, wird die Versuchsperson ungehorsam; ein Phänomen, das auch bei Affen festgestellt wurde (de Waal, 1991).

Ungehorsam entsteht auch, wenn ein direkter Kontakt zwischen Versuchsperson und Opfer hergestellt wird (beide sitzen im selben Zimmer) und wenn die Versuchsperson das Opfer physisch zu etwas zwingen muß. Zuletzt muß der Befehl eindeutig sein: Wenn zwei Versuchsleiter auftreten, die miteinander zu diskutieren anfangen, wird sich die Versuchsperson querlegen.

Natürlich hat man sich gefragt, welche Faktoren das Maß des Gehorsams wohl vorherbestimmen. Geschlecht, Rasse, Glaube, Beruf, Bildung und Persönlichkeitsmerkmale sind jedoch nicht oder so gut wie nicht ausschlaggebend. Typische »höhere Prozesse« oder »typisch menschliche« Vorzüge wie Intelligenz beeinflussen dieses Verhalten offenbar nicht. Verschiedene Experimente haben außerdem gezeigt, daß die Ergebnisse ebensowenig der Tatsache zugeschrieben werden können, daß die Versuchspersonen ein Spiel spielten: Fast jeder war davon überzeugt, die Versuchsanordnung sei »echt«.

Meeus und Raaijmakers (1989) haben diese Forschungen über physische Gewalt, deren Ergebnisse sich recht genau mit Studien über das Verhalten höherer Tiere decken, um einige Experimente über die Ausübung psychischen Drucks bereichert. Studenten wurden mit einem »Bewerber« konfrontiert, der nicht nur getestet, sondern auch schikaniert werden sollte. Die Versuchsperson wußte auf Grund der Einlassungen des Versuchsleiters, welche unangenehmen Konsequenzen sein Verhalten für das Schicksal des Bewerbers haben würde. Trotz dieser Information und trotz der ethischen Regeln, die wir (vorgeblich) im Kopf haben, war der Gehorsam auch in dieser Situation beträchtlich. Das war selbst dann der Fall, wenn die Versuchsperson vor dem Experiment schriftlich über Aufbau und Zielsetzungen der Studie unterrichtet wurde, was bedeutete, daß sie sich moralisch beraten und mit anderen hätte besprechen können. Auch das machte keinen Unterschied. Die einzige Bedingung, die das Maß des Gehorsams abnehmen ließ, war, daß der Bewerber der Versuchsperson mit juristischen Schritten drohte. Offenbar nehmen wir wohl von Untaten Abstand, wenn unser Eigeninteresse direkt betroffen ist.

Diese Studien sind aufschlußreich. Ihr wichtigstes Ergebnis ist, daß Worte und Taten nicht deckungsgleich sind. Verhalten gehorcht anderen Gesetzen als das Reden. Es scheint, als hätten wir es mit zwei gesonderten Prozeßgefügen zu tun. Sowohl unser individuelles Handeln als auch unser soziales Verhalten werden zum Teil von Mechanismen beherrscht, die nicht zu rational-moralischen Erwägungen passen. Genau wie Tiere Führer haben, denen die Herde notfalls bis in den Tod folgt, sind wir von Rollenverteilung und Autorität beeinflußt. Ethische Normen sind manchmal nicht viel mehr als eine dünne Lasurschicht, die grundlegende Mechanismen, welche denen bei Tieren stark ähneln, überdeckt.

Die Phänomene, die wir in diesem Kapitel benannt und besprochen haben, erwecken zumindest den Eindruck, daß es zwischen dem Verhalten von Mensch und Tier doch recht viel Verwandtschaft gibt. Das ist eine wichtige Untermauerung der These dieses Buchs. Ausreichend ist das Material jedoch längst nicht. Wir müssen die Diskussion noch von einer anderen Problematik ausgehend führen.

Wenn es um psychische Prozesse geht, ist die vorherrschende Meinung in der Philosophie die gewesen, daß diese beim Menschen auf sinnvolle Art und Weise zusammenhängen. Anders ausgedrückt: Soweit von einem typisch menschlichen Geist gesprochen werden kann, wird dieser als Einheit angesehen und zudem als einzigartiges Merkmal des Menschen.

Wir bestreiten die Auffassung, daß der Mensch nichts (mehr) mit dem Tier und mit der Geschichte zu tun habe. Wir fahren jetzt fort, indem wir uns der Struktur unseres Geistes zuwenden.

3. Der Geist als Föderation

Aus der Basismetapher des Morphismus (Kapitel 1) ergibt sich, daß die Wissenschaft sich der Existenz von Phänomenen vergewissert und diese anschließend klassifiziert oder einordnet. Beispiele sind das periodische System der Elemente, die Einteilung der Edelsteine nach Härte und Linnés Einteilung der Flora und Fauna. Über die eventuellen historischen Beziehungen zwischen Organismen wird aus der Sicht des Morphismus im engeren Sinn nichts gesagt.

Wir gehen von der außer in theologischen Kreisen allenthalben akzeptierten Vorstellung aus, daß der Mensch zum Tierreich gehört. Das Einteilen von Tieren in Arten ist dabei weniger einfach, als es den Anschein hat. Hunde von Katzen etwa unterscheidet man, weil die Unterschiede zwischen ihnen schwerer wiegen als die Übereinstimmungen. Desgleichen gibt es eine Klasse der Wirbeltiere und eine Klasse der wirbellosen Tiere. Tiere sind jedoch selten ganz und gar verschieden. Ein Unterscheidungskriterium, das Biologen anwenden, ist, ob Tiere sich erfolgreich paaren können. Ein zweites, hiermit verwandtes Kriterium ist das der genetischen Einzigartigkeit. Die DNA des Menschen und des Schimpansen gleichen sich sehr, sind jedoch nicht identisch. Auch aus diesem Grund ist der Mensch biologisch gesehen eine Art.

Um einen Ausgangspunkt für die Klassifizierung von Tieren in Arten zu haben, können wir auch auf Verhaltensmerkmale achten. Es gibt Analogien zwischen unserem Verhalten samt den dazugehörigen Gesetzen und der Situation bei Tieren. Eine Reihe diesbezüglicher Phänomene ist bereits in Kapitel 2 behandelt worden. Die Übereinstimmungen zwischen Mensch und Tier sind jedoch lediglich punktuell. Es gibt keine einzige Spezies, die insgesamt dem Menschen vergleichbare Verhaltensmerkmale aufzuweisen hätte. Aus diesem Grund ist der Mensch auch auf psychischer Ebene als eine eigene Art zu betrachten.

Hiermit sind wir jedoch noch nicht am Ende. Unser Handeln ist nicht in jeglicher Hinsicht einzigartig; man denke an die beschriebenen »Verhaltensreste«. Es gibt zwei Möglichkeiten. Denkbar ist, daß solche »Reste« ein mehr oder weniger abgesondertes Eigendasein fristen, unser psychischer Apparat sich jedoch mehrheitlich durch Zusammenhang und Einheit auszeichnet. In diesem Fall kann man uns eine im großen und ganzen spezifisch menschliche Organisation unterstellen. Psychische Prozesse bestünden dann aus zwei unterschiedlichen Gefügen: Zunächst gäbe es da eine Reihe störender oder auch nicht störender Atavismen; *daneben* wären wir von untereinander zusammenhängenden und aufeinander abgestimmten psychischen Prozessen gekennzeichnet, die unserer Existenz Form verleihen.

Eine zweite Möglichkeit wäre, daß es nicht nur Verhaltensreste oder Atavismen sind, die unser Verhalten beeinflussen, sondern daß auch andere psychische Prozesse von heterogenem Charakter und nur mäßig aufeinander abgestimmt sind und daß allerlei Mechanismen an unterschiedliche Perioden aus der phylogenetischen Geschichte erinnern. Zusammengefaßt stellt sich also die Frage: Zeichnet sich unser mentaler Apparat durch *Einheit* oder durch *Vielheit* aus?

Dieser letzte Gedanke nimmt in diesem Kapitel eine zentrale Stellung ein. Wir werden dahingehend argumentieren, daß in unserem Geist als *Gesamtem* eine Reihe von »Schichten« oder Gesetzesgefügen unterschieden werden können. Hier und da wird annehmbar gemacht werden, daß diese Mechanismen zudem ein unterschiedliches phylogenetisches Alter haben und daß sie untereinander nicht immer gut zusammenarbeiten.

Einheit und Vielheit

»Erst will ich feststellen, daß es einen großen Unterschied zwischen Geist und Körper gibt, in dem Sinn, daß der Körper kraft seiner Art teilbar ist und daß der Geist ganz offensichtlich nicht geteilt werden kann.«

Dieser Satz stammt von dem Philosophen René Descartes und paßt in eine lange Tradition. Die Unteilbarkeit des »Geisteslebens« oder der Erlebniswelt und die Teilbarkeit des Körpers waren für Descartes der Anlaß, Materie und Geist verschiedenen Aspekten der Wirklichkeit zuzurechnen. Es ist nicht einfach, festzustellen, ob Descartes den Dualismus erdacht hat, indem er von der Erfahrung der Unteilbarkeit des Geistes ausging, oder ob er den Geist als ein Ganzes betrachtete, weil er diesen als unstofflich definiert hatte. Für beide Möglichkeiten lassen sich Argumente anführen.

Kennzeichnend für Descartes' Denken war eine weitreichende Skepsis allem gegenüber, was ihn gelehrt worden war. Descartes fragt sich, was bleibt, wenn er alles bezweifelt. Daß uns bereits die Sinnesorgane mitunter in die Irre führen, kennen wir selbst aus unserem Alltagsleben. Auch die Existenz von Augen, Händen und Füßen könnte Einbildung sein; sogar der Körper kann zu einer Traumwelt gehören. In extremo wirft dies die Frage auf, ob es die Welt überhaupt gibt. Nur in einem Punkt jedoch läßt diese Unsicherheit sich nicht aufrechterhalten. Mein Körper mag eine Illusion sein, doch an dem Ich, das dieses denkt, kann ich nicht zweifeln. Es gibt eine Sicherheit, und zwar das Ich. In der Erfahrung manifestiert das Ich sich außerdem als Einheit. Wir erfahren nicht ein »Ich« und ein »Anti-Ich« oder etwas dergleichen. Das einzige, das nicht bezweifelt werden kann, ist die Existenz eines persönlichen Kerns, eines Ichs,

»das zweifelt, einsieht, bekräftigt, leugnet, will, nicht will, und das auch Phantasie und Erfahrung hat«,

sagt Descartes. Sowohl über die Welt als auch über den Körper kann nur mit Hilfe des Denkens (einer Funktion des Ichs) gesprochen werden. Auch meinen Körper kenne ich

»*einzig und allein durch das Urteilsvermögen meines Geistes*«.

Descartes' Argumentation erinnert in etwa an die des Aristoteles. Dieser unterschied drei Aspekte der menschlichen Seele (Kapitel 2). Eine der Wirkungen der Seele sei der Stoffwechsel und alles, was damit zu tun habe (*streptikon*). Eine Leiche atme nicht, und ihr Magen und ihre Eingeweide funktionierten nicht mehr. Aristoteles definiert diesen Aspekt der Seele deshalb als sterblich. Dasselbe Schicksal erleide die Fähigkeit zur Ausführung von Bewegungen (*kinètikon*). Wer sich bewege, fühle per definitionem, daß sich etwas an seinem Körper verändere. Nach dem Tod geschehe das nicht mehr. Aristoteles zweifelt jedoch bezüglich des Denkens (*nous*). Er erwägt, daß er während des Denkens nicht die Empfindung habe, daß etwas in seinem Körper geschehe. Aus diesem Grund vermutet er, das Denken gehöre zu einer zweiten, immateriellen, aber auch unpersönlichen Wirklichkeit.

Doch zurück zu Descartes. Aus der Tatsache, daß die Seele (der Geist) nicht stofflich sei, ergebe sich deren (dessen) Unteilbarkeit. Was nicht materiell sei, nehme schließlich keinen Platz in Anspruch. Ein großes Problem für Descartes war die Art und Weise, in der ein solch immaterielles Prinzip mit dem Körper in Kontakt tritt und umgekehrt. Diesen Kontakt muß es ja geben, denn der Wille (Geist) bringt den Körper in Bewegung, und der Körper beeinflußt umgekehrt den Geist (Schmerz, Hunger usw.). In Descartes' Gedankengang macht die Unteilbarkeit des Geistes (des Bewußtseins) es notwendig, daß die Interaktion an einem bestimmten Berührungspunkt zustande kommt. (Über die Art und Weise, wie zwei nicht miteinander verwandte Prinzipien sich gegenseitig beeinflussen können, läßt er sich allerdings sehr verschlüsselt aus.) Descartes konstatiert, daß das Gehirn unzählige Strukturen aufweist. Wie kann die Seele sich mit dieser Vielheit in Verbindung setzen? Er fand ein einzelnes kleines Organ, das nur einmal vorkommt und das außerdem an einer strategisch günstigen Stelle in der Mitte des Gehirns liegt: die Epiphyse oder Zirbeldrüse. An dieser Stelle trete die Seele oder der Geist mit der Materie in Verbindung.

Gegen diesen Standpunkt läßt sich einiges einwenden. Wenn ich denke, empfinde ich tatsächlich keine körperlichen Abläufe, aber ich spüre meine Leber, Nieren und meine Bauchspeicheldrüse in ihrer Funktion ebensowenig. Dies sind jedoch materielle Organe und keine Abstraktionen. Weiterhin hat Descartes recht, wenn er sagt, daß der Körper Gliedmaßen (Organe) entbehren könne, aber gilt das nicht auch für Teile des Gehirns? Wer einen Schlaganfall gehabt hat, bleibt ein Mensch, mit einer anderen, jedoch nach wie vor zusammenhängenden Erlebniswelt. Außerdem sind bestimmte Gehirnteile möglicherweise nicht als einzigartig zu bezeichnen. Es gibt wenig Gründe für die Annahme, jener Kern im Hirnstamm, der für die Temperaturregelung verantwortlich ist, besäße besondere individuelle Merkmale. Wahrscheinlich würden wir genauso gut funktionieren, wenn wir mit dem entsprechenden Regelmechanismus eines anderen Menschen ausgestattet wären. Wie weit können wir mit der Teilbarkeit des Gehirns als Sitz psychischer Prozesse gehen?

Gesetzt, ich verlöre durch einen Unfall einen Teil meines Gehirns, wodurch ich die Fähigkeit zu rechnen verliere. Streng genommen ist das in Descartes' Argumentation nicht möglich. Rechnen gehört ihm zufolge ja zu den Operationen des Geistes, und dieser bildet angeblich ein Ganzes. Wie kann ein Teil von etwas verlorengehen, das eine Einheit darstellt? Es gibt jedoch noch mehr. Meine Gliedmaßen, mein Herz, meine Leber oder Nieren können durch Organe eines anderen ersetzt werden, ohne daß ich mich wesentlich verändere. Gesetzt aber, das Gehirn eines Kriminellen wäre im nachhinein in meinen Kopf verpflanzt: Hätte dann er das Verbrechen begangen oder ich? Wenn ich es getan hätte, würde daraus folgen, daß das Gehirn, ein Teil des Körpers, etwas prinzipiell anderes ist als die Arme und die Beine, mit deren Hilfe die Schandtat vollbracht wurde. Das Gehirn wäre in diesem Fall den Gliedmaßen untergeordnet, obwohl es die Gliedmaßen steuert. Und wie würden wir argumentieren, wenn lediglich die phylogenetisch neuesten Teile der Hirnrinde des Täters in meinen Kopf gelangt wären? Hat die persönliche Verantwortung des Menschen ihren Sitz in diesem Teil? Wenn ja, dann ist der Geist teilbar, denn mein Funktionieren wird auch von ganz anderen, tiefer gelegenen Systemen im Gehirn bestimmt.

Natürlich ist dies akademisches Geschwätz. Aber es ist nützlich, etwas Verwirrung in Hinblick auf Descartes' Hypothese anzurichten, die im täglichen Leben Gemeingut zu sein scheint. Einzigartigkeit existiert, wenn wir uns auf das vage Gefühl beschränken, das bei dem Wörtchen »ich« in uns aufsteigt, aber das besagt nichts über die Art psychischer und physiologischer Prozesse. Aus dem bloßen Gefühl der Einheit folgt nicht, daß auch wirklich Einheit vorliegt (siehe Flanagan, 1984; Glover, 1988).

Fähigkeiten und Module

Der cartesianischen Denkweise steht die der *Phrenologen* gegenüber. Das war eine einflußreiche Strömung im 19. Jahrhundert, die, anders als Descartes, nicht an Betrachtungen über das »Selbstgefühl« oder die Einheit des Geistes interessiert war, sondern an den Leistungen, zu denen Menschen auf geistiger Ebene fähig sind. Die Phrenologen meinten, wir seien im Besitz einer großen Zahl unterscheidbarer geistiger Fähigkeiten, die vor allem in der Hirnrinde hausten. Wenn eine bestimmte Fähigkeit stark entwickelt sei, käme das in einem lokalen Anwachsen der Hirnrinde und einer entsprechenden Ausbuchtung auf dem Schädel zum Ausdruck. Die Phrenologie hat in großem Maßstab Anwendung gefunden und sich schließlich als unbrauchbar erwiesen (Bem, 1985), aber darum geht es jetzt nicht. Die Frage lautet: Besteht unser Geist aus getrennten Fähigkeiten oder nicht?

Im Gegensatz zu dem, was man vielleicht erwarten würde, ist es nicht einfach, eine taugliche Definition einer Fähigkeit zu geben. Wenn wir sagen, daß eine Sprachfähigkeit existiert, ergibt sich ein Problem. Als dieser Sprachfähigkeit innewohnend müßten gleichzeitig eine Wahrnehmungsfähigkeit und ein Gedächtnis postuliert werden. Ohne Wahrnehmung und

Gedächtnis ist Sprachgebrauch schließlich nicht möglich. Jede Fähigkeit kann bis zu einem gewissen Grad mit einem Hologramm verglichen werden: Viele Aspekte des Geistes sind Teil jedes Einzelaspektes. Auf diese Art und Weise kommen wir also nicht weiter.

Eine Variante dieser »Fähigkeitenpsychologie« ist eine neuere, den Computern entliehene Auffassung. Ihr zufolge beruhen mentale Prozesse auf der Aktivität einer enormen Zahl geistloser, dummer kleiner Wesen, die zusammen als eine *army of idiots* umschrieben werden. Jeder Idiot sei nur zu einem in der Lage, nämlich ja oder nein zu sagen. Erst das Zusammenspiel von Idioten führe zu psychischen Prozessen. Diese ließen sich mit einem Parlament vergleichen. Nach dieser Auffassung ist jeder Mensch eine Gesellschaft an sich, beziehungsweise eine Föderation von Hohlköpfen (Dennett, 1985).

Die Vorstellung, daß psychische Prozesse voneinander unterschieden werden müssen, bezeichnet man gegenwärtig als *Modularitätsthese* (Fodor, 1983). Demnach bestünden psychische Prozesse teilweise aus Systemen (Modulen), die nichts miteinander zu tun haben. Sinnesorgane stünden als gesonderte Einheiten nebeneinander. Sie seien auf Grund zwingender Mechanismen funktionierende Wahrnehmungsmodule, die das Denken fütterten, vom Denken aus jedoch nicht beeinflußt werden könnten. Von den Sinnesorganen zum Denken gebe es einen Einbahnstraßenverkehr. Jemand, der sich ein Leben lang mit dem Studium einer optischen Illusion beschäftige, bleibe dieser ebensosehr unterworfen wie jemand, der auf diesem Gebiet nicht fachkundig sei. Weiterhin seien, so Fodor, höhere kognitive Prozesse wie das Denken *isotrop*. Das bedeute, daß ein Eingriff in einen Teil des Systems die Organisation des Gesamten verändere. Höhere Prozesse seien dadurch kaum zu untersuchen. Zu diesen Prozessen werden die Instinkte und Emotionen jedoch nicht gerechnet. Die kognitive Psychologie läßt diese ganz oder weitgehend außer acht.

Man könnte sagen, daß in der modernen Psychologie horizontalmodular argumentiert wird: Die Sinnesorgane stehen angeblich nebeneinander und füttern höhere Prozesse. Wir verteidigen einen anderen Typ der Modularität, der vertikal genannt werden kann und der gleichzeitig mehr Prozeßtypen umfaßt. Das Funktionieren des Menschen läßt sich im großen und ganzen in instinktive Handlungen, Emotionen und Denkprozesse aufteilen, welche, wie wir unterstellen, mit drei biologischen Systemen unterschiedlicher phylogenetischer Alters im Zusammenhang stehen. Diese Systeme arbeiten bis zu einem gewissen Grad zusammen, und obwohl sie biologisch sogar aufeinander angewiesen sind, ist ihre Kooperation alles andere als vollkommen.

Es wäre jedoch verfrüht, hier bereits Schlußfolgerungen zu ziehen. Was sind die Argumente für die Behauptung, mentale Prozesse seien in getrennte Abteilungen untergliedert bzw. der menschliche Geist sei ein heterogenes Bündel unterschiedlicher Prozesse? Wer behauptet, der menschliche Geist bestehe aus drei Gefügen von Verhaltensdispositionen, bestreitet die Vorstellung, daß unser psychischer Apparat eine Einheit bildet. Das werden wir in den nachfolgenden Kapiteln tatsächlich tun. Die Situation ist jedoch insofern komplizierter, als auch innerhalb ein und desselben Prozeßgefüges von Geteiltheit die Rede ist. Dem werden wir uns vor allem in diesem Kapitel zuwenden.

Ein Problem ist, daß allgemein-theoretische und philosophische Thesen empirisch kaum zu entscheiden sind. Wenn das möglich wäre, gäbe es wenig Uneinigkeit in der Wissenschaft und hätte man die Beschäftigung mit der Philosophie bereits seit langem aufgegeben. Die Wahl zwischen Einheit und Vielheit ist zum Teil eine Frage zu treffender Übereinkünfte. So haftet auch der Unterscheidung zwischen Physik und Chemie etwas Willkürliches an. Gehört die Wirkung eines Katalysators zur Physik oder zur Chemie? Auf physikalischer Ebene verändert sich ein Katalysator nicht, während er auf chemischer Ebene das Seinige verrichtet. Aus dem Blickwinkel der Atomphysik gibt es sogar ein Gesetzessystem, das große Teile beider Wissenschaften umfaßt. Wenn man psychologische Gesetze genügend weit auslegt oder umschreibt, beruhen alle mentalen Operationen und alle Verhaltensweisen auf einem einzigen Prinzipiensystem. Je mehr jedoch die Terminologie an Feinmaschigkeit und die Beobachtungen an Genauigkeit zunehmen, desto mehr Prozeßtypen wird man zu unterscheiden haben (siehe Broadbent, 1973). Diese Wahl ist jedoch nicht ganz unabhängig von dem Geschmack des Forschers.

Eine wichtige Form mentaler Gespaltenheit, die in der Zeit von Descartes keine Rolle spielte, ist die Unterscheidung zwischen bewußt und unbewußt verlaufenden psychischen Prozessen. Der Begriff des Unbewußten ist in der Philosophie schon alt. Der Terminus wurde unter anderem verwendet, um anzudeuten, daß bewußte Wahrnehmungen eine Summe schwacher Signale seien (in der Terminologie von Leibniz *petites perceptions*). Die Hypothese, daß sich in unserem Unbewußten auch *Prozesse* abspielen, ist jedoch erst zu Anfang des 19. Jahrhunderts von dem Schweizer Arzt C. G. Carus aufgestellt worden, und später natürlich von Freud und den Seinen.

Das Bestreiten der Einheit des menschlichen Geistes auf der Basis der Feinmaschigkeit von Gesetzen und Mechanismen hätte auf Descartes möglicherweise keinen Eindruck gemacht. Anders ist es, wie man annehmen kann, um die unbewußt verlaufenden psychischen Prozesse bestellt. Diese sind mit den Phänomenen zu vergleichen, mit denen wir in unserem Bewußtsein konfrontiert werden. Sie führen jedoch ein Eigenleben. In Descartes' Terminologie würde dies bedeuten, daß wir einen doppelten Geist hätten, und gerade das bestreitet er (siehe auch van Heerden, 1982).

Eine andere Unterscheidung, die nicht in Descartes' Gedankengang paßt, ist das Begriffspaar »Attitüde« und »Verhalten«.

Worte und Taten

Eine Attitüde ist ein Gefüge von Dispositionen und/oder Auffassungen, die etwas über das von uns gezeigte Verhalten aussagt. Jemand, der andauernd die Freien Demokraten lobt, wird diese Partei wahrscheinlich auch wählen. Oft ist es jedoch eigentümlich um die Beziehung zwischen Attitüden und Verhaltensweisen bestellt, so eigenartig, daß manche ironisch meinen, Menschen täten nicht, was sie sagten, und sagten nicht, was sie tun. Man kann es auch akademischer ausdrücken: Der Zusammenhang zwischen Attitüden und Verhaltensweisen ist gering. Die diesbezügliche Forschung gliedert sich in zwei Traditionen.

Man kann versuchen, Attitüden in der Erwartung zu verändern, daß daraufhin auch etwas mit dem Verhalten geschehe. Es ist denkbar, daß jemand auf Grund von Aufklärung zu dem Schluß kommt, die wichtigste Ursache für Lungenkrebs sei das Rauchen, und daß er aus diesem Grund das Rauchen aufgibt. Oft jedoch zeigt sich, daß Aufklärung keine wirksame Art ist, Verhalten zu verändern. Diese Feststellung ist interessant: Auch wenn wir einsehen, daß etwas getan oder unterlassen werden muß, folgt daraus nicht immer, daß wir unser Handeln auch dementsprechend verändern. Offenbar sind Überzeugungen keine hinreichende Bedingung, ein (geändertes) Verhalten an den Tag zu legen. Dasselbe gilt für andere Süchte, für die Beziehung zwischen der Meinung, die man über ethnische Minderheiten hat, und der Art, wie man diese Menschen behandelt, usw.

Bei einem zweiten Forschungsansatz wird versucht, Attitüden über das Verhalten zu ändern. Den Taten sollen also quasi Worte folgen. Studenten wurden gebeten, öffentlich eine These zu verteidigen, mit der sie als Sprecher selbst nicht einverstanden waren. In diesem Fall zeigt sich, daß die Attitüde sich in Richtung des Plädoyers verschiebt. Wer gegen oder für etwas plädiert, ist zuletzt auch selbst (ein wenig) dagegen oder dafür. Die Frage, ob das gelingt, hängt jedoch eng mit der Belohnung zusammen, die man dem Sprecher gibt. Wenn er seinen Vortrag ohne Belohnung hält, ist die Wahrscheinlichkeit der Attitüdeveränderung groß. Bezahlt man dagegen einen ansehnlichen Betrag für die »Lesung«, ist die Wahrscheinlichkeit auf Attitüdeveränderung viel kleiner.

Das kommt vermutlich daher, daß wir unser Verhalten rechtfertigen wollen und (im sozialen Zusammenhang) auch müssen. In der ersten Situation tun wir das, indem wir unsere Einstellung überprüfen, im zweiten Fall können wir sagen, wir hätten den Vortrag nur des Geldes wegen gehalten. (Der Leser wird sich vorstellen können, daß wir in unseren Parlamenten auf diese Art zu einem Einparteiensystem gelangen könnten: Die Christdemokraten verträten zur Abwechslung einmal die Sicht der Grünen und umgekehrt.) Der Unterschied zwischen diesen Situationen erklärt sich mit Hilfe *kognitiver Dissonanz*. Menschen empfinden es als unangenehm, wenn ihre Worte unzutreffend sind oder wenn nur eine geringe Übereinstimmung zwischen Wort und Tat vorliegt. Wir streben danach, eine eventuelle kognitive Dissonanz zu verringern. In der ersten Anordnung (keine Belohnung) geschieht dies, indem die Attitüde verändert wird. Die verkündete Auffassung bildet dann ein Ganzes mit dem gezeigten Verhalten. Wenn eine Belohnung verabreicht wird, bleibt man jedoch oft bei seiner Meinung. Das Verteidigen des gegenübergestellten Standpunkts wird dann auf Geld und das Spielen einer Rolle reduziert. In diesem Fall gehören Wort und Tat unterschiedlichen Welten an.

Es sind in diesem Zusammenhang auch Experimente mit Kindern durchgeführt worden (siehe Beijk, 1982). Wenn man Kindern attraktives Spielzeug verschafft und sie für den Fall, daß sie es benutzen, mit einer schweren Strafe bedroht, lassen sie es liegen; an ihrer Vorliebe für das Spielzeug ändert das jedoch nichts. Wird dagegen eine geringe Strafe in Aussicht gestellt, läßt das Kind das Spielzeug stehen und sagt, es fände es auch »gar nicht mehr so schön«. Es entgeht der Strafe, indem es das begehrte Objekt abwertet.

Viele Experimente über die Beziehung zwischen Attitüden und Verhaltensweisen sind von Nuttin (1975) durchgeführt worden. Seine Schlußfolgerungen sind pessimistisch. Nuttin bat Studenten, ein Plädoyer für eine bestimmte Prüfungsordnung zu halten, der sie sehr ablehnend gegenüberstanden. Eine Belohnung war dabei nicht vorgesehen. Es zeigte sich, daß die Meinung der Studenten sich in Richtung ihres Vortrags veränderte. Dieser Effekt dauerte recht lang: Fünf Wochen nach dem Versuch dachten die Studenten noch genauso darüber. In ihr Verhalten (d. h. in ihre Proteste) war jedoch keine Veränderung eingetreten. Bei einem zweiten Versuch überprüfte Nuttin erst nach fünf Wochen zum ersten Mal die Attitüde. In diesem Fall zeigte sich, daß das Plädoyer keinen Einfluß gehabt hatte: Die Studenten waren noch immer gegen die Prüfungsordnung. Nuttin zieht hieraus die folgenden Schlüsse:

Kognitive Dissonanz spiele kaum eine Rolle; bei der zweiten Studie habe das Plädoyer schließlich keinen Einfluß auf die Auffassungen gehabt. Menschen reden laut Nuttin einfach drauflos. Ihm zufolge liegt eine doppelte Spaltung vor. Wir brächten eine Trennung zwischen der Welt der Wörter und der Welt der Taten an. Wir könnten behaupten, Befürworter einer Sache zu sein, während wir uns als deren Gegner verhielten. An zweiter Stelle gebe es eine Spaltung zwischen Worten und ernst zu nehmenden Meinungen. Manchmal gebe ein Wort nicht einmal eine Meinung wieder. Hieraus folge, daß eine Veränderung der Attitüde (Worte) oft nichts zu bedeuten habe. Was sich allenfalls verändere, sei das *Reden*, aber Worte seien oft nicht kongruent mit anderen Worten und hätten oft nichts mit Verhalten zu tun.

So behauptet Nuttin, daß auch dieses Verhalten hinsichtlich irgendeines Objekts von den entsprechend gezeigten Attitüden weder erklärt noch bestimmt werde. Fassen auch viele Sozialpsychologen Worte in jedem Fall als eine gewisse Reflektion von Meinungen, Attitüden oder Verhaltensdispositionen auf, Nuttin zieht dies alles in Zweifel.

Wir können seine Darlegung zusammenfassen, indem wir sagen, daß der Teil des Gehirns, mit dem Urteile ausgesprochen werden, oft unabhängig von den Mechanismen funktioniert, die für das gezeigte Verhalten verantwortlich sind. Dies bedeutet zwar nicht, daß kognitive Prozesse in getrennte Abteilungen untergliedert sind, wohl aber, daß menschliches Handeln von unterschiedlichen Mechanismen beherrscht wird, die wenig miteinander zu tun haben. Wenn wir »Geist« und »Verhalten« gegeneinander austauschen, plädiert diese Art von Forschungen gegen die These von Descartes und für die Vorstellung, daß der Geist keine Einheit bildet.

Motive

Verwandt mit der Problematik von Attitüde und Verhalten ist die Beziehung zwischen Motiven und Taten (Linschoten, 1964). Menschen können in verheiratete und unverheiratete Männer und Frauen eingeteilt werden. Alle vier Gruppen werden gefragt, was seinerzeit die wichtigsten Motive waren, zu heiraten, bzw. was überhaupt die führenden Motive seien, eine Ehe einzugehen. Bei paarweisem Vergleich (wie: unverheiratete Männer – verheiratete Frauen usw.) ergab sich, daß innerhalb aller Gruppen Uneinigkeit herrschte, außer unter den Verheirateten. Das kann zweierlei bedeuten: Menschen haben geheiratet, weil sie einmal gleiche Motive hatten, oder sie rechtfertigen ihre Ehe, indem sie hinterher identische Motive und Wertmuster konstruieren.

Linschoten argumentiert dahingehend, daß letzteres der Fall sei. Die Unterschiede zwischen den Wertmustern sind bei Unverheirateten viel größer als bei Verheirateten. Das sei verständlich, wird man sagen. Die Unverheirateten müßten sich erst noch einig werden. Andererseits können wir uns fragen, ob die Einstimmigkeit der Verheirateten nicht erst im nachhinein zustande gekommen ist. Zu beweisen ist das nicht, aber gewisse Indizien in diese Richtung gibt es wohl.

Verheiratete finden »Liebe« viel wichtiger als Unverheiratete. Heiraten Menschen, weil sie so großen Wert auf Liebe legen, oder wird die Liebe im Verlauf der Ehe so wichtig? Warum legen unverheiratete Frauen relativ großen Wert auf den »Charakter«? Womöglich fanden die verheirateten Frauen den Charakter einmal genauso wichtig, doch hat der Partner den Erwartungen in dieser Hinsicht nicht entsprochen. Man kann nur schwer zurück, und aus diesem Grund *behauptet* man, der Charakter sei derzeit nicht so wichtig gewesen.

Linschoten zitiert in diesem Rahmen auch eine Studie über Verlobungen. Sie stammt aus dem Ende der fünfziger Jahre; der Leser sollte also nicht zu sehr über die Art der gestellten Fragen erstaunt sein. Viele Studenten scheinen sich während der Weihnachtsferien zu verloben. Studenten, die das vorhatten, wurden befragt über die Zahl anderer Partner, mit denen man mitunter ausging, über Unterschiede zwischen religiösen Auffassungen, den gesellschaftlichen Status beider Familien und ähnliches. Anhand der Antworten wurde das Maß des »emotionalen Konflikts« in einer Zahl ausgedrückt. Bei großen Unterschieden darf angenommen werden, daß die Entscheidung nicht leichtfiel; der »Konfliktindex« war hoch. Daneben stellten die Forscher Fragen wie: »Wie stark ist das Gefühl, daß Sie füreinander bestimmt sind?« Anhand dessen kann man ableiten, wie begehrenswert das Gegenüber ist und war.

Nach den Ferien zeigte sich, daß Verlobte mit einem hohen Konfliktindex einander plötzlich mehr wertschätzten als die Paare mit einem niedrigen Index. Die gegenseitige Anziehungskraft scheint sowohl eine Funktion der Schwere des Entschlusses zu sein als auch der nachträglichen Rechtfertigung der Tat. Offenbar ist bei einer schwierigen Entscheidung der Wert des Verlobungspartners höher als bei einer Entscheidung, die leichtgefallen ist.

Was ist die Beziehung zwischen Motiv und Tat? Es gibt drei Möglichkeiten. Die erste ist, daß wir Motive in Taten umsetzen und hinterher das ursprüngliche Motiv wiedergeben. Dieser Gipfel der Rationalität scheint eine Illusion zu sein. Die zweite Möglichkeit besteht darin, daß Menschen kaum Überlegungen anstellen und einfach drauflos handeln, um sich anschließend nötigenfalls ein Motiv auszudenken. Ob das so ist, wissen wir nicht sicher, aber diese Alternative ist doch recht zynisch. Bleibt eine Zwischenform: Die Motive, die angegeben werden, sind eine Mischung aus den ursprünglichen Motiven und einer (unbewußten) nachträglichen Verhaltensrechtfertigung.

Die Ausrichtung dieser Studie gleicht insofern dem Werk Nuttins, als von noch einer weiteren Form der Gespaltenheit zwischen Worten und Taten ausgegangen wird: Auch auf dem Gebiet der Motivation herrscht Zerrissenheit innerhalb des menschlichen Geistes.

Zusammengefaßt läßt sich sagen: Die Essenz der Studie über die Beziehungen zwischen Attitüden und Verhaltensweisen ist, daß Verhalten oft anderen Gesetzen gehorcht als das Denken (über Verhalten). Aus diesem Unterschied ergibt sich, daß wir oft unrichtige Theorien und Erwartungen in bezug auf unser Handeln hegen. Eine Konsequenz dessen kann sein, daß das Vorlegen von Fragebögen sinnlos ist, ebenso wie eine auf die Veränderung der Mentalität ausgerichtete Aufklärung. Die Mentalität läßt sich zwar verändern, aber das Stimulieren eines anderen *Verhaltens* ist eine andere Sache.

Intelligenz

Abgesehen von der Spannung zwischen verbalen Äußerungen und dem Verhalten kann man sich fragen, wie unsere Verstandesfähigkeiten selbst organisiert sind. Wichtig ist die Intelligenz als Umschreibung der Fähigkeit, Probleme zu lösen.

Lange Zeit hat, vielleicht unter dem Einfluß von Descartes und seinen Anhängern, die Meinung vorgeherrscht, Intelligenz sei eine einzige Fähigkeit (g oder *general intelligence*). Man meinte damit, daß jemand, der in einem Bereich gut ist, auch gut in einem anderen sein müsse. Das stimmt so nicht. Die Probleme im täglichen Leben sind mannigfaltig: rechnen, eine Fremdsprache lernen, Blätterteig ohne Backofen herstellen, eine Computersprache lernen, eine Sonate von Beethoven spielen, Kaffee kochen, vier Vergaser eines Motorrads synchron einstellen, einem Drückeberger während des Fallschirmspringens auf den Leib rücken, einen Streit mit dem Lebensgefährten schlichten usw. Nicht jeder ist in all diesen Dingen gleich gut oder schlecht.

Die Definition von Intelligenz als g basierte auf einer arbiträren Wahl: Man betrachtete Intelligenz als dasjenige, was in der Schule gelehrt wurde (die Technische Schule und die Haushaltsschule ausgenommen). Schulen dienten der Allgemeinbildung, meinte man, und das Lösen von Problemen beruhe auf einer einzigen Fähigkeit. Diese Schlußfolgerung war recht voreilig gewesen. Abgesehen von den genannten Beispielen, die zeigen, daß die Probleme, mit denen wir uns auseinandersetzen müssen, mannigfaltig sind, verfügt der Mensch über drei allgemeine Intelligenztypen, und zwar jeweils eine Fähigkeit zur Lösung analytischer, kreativer und sozial-emotionaler Probleme (Cattell, 1987; Gardner, 1991). Wir bringen einige plakative Beispiele.

Peter ist gut in der Schule und während der ersten Universitätsjahre. Sobald er sich jedoch selbst Versuchsanordnungen ausdenken muß, geht es schief. Peter hat einen guten analytischen Verstand, aber er besitzt kaum kreative Fähigkeiten.

Paul bleibt in der Schule einmal sitzen, besteht in den Jahren danach seine Prüfungen nur mit Mühe, macht später aber aufsehenerregende Experimente. Paul hat keinen allzu stark entwickelten analytischen Verstand, aber er ist kreativ.

Klaus zum Schluß bleibt ebenfalls sitzen, er besteht seine Prüfungen nur mit Ach und Krach und macht sein Examen erst nach mehreren Anläufen. Daraufhin entpuppt Klaus sich als wissenschaftlicher Vielschreiber, und außerdem ist er sehr gut in Verwaltungsangelegenheiten. Klaus ist auf dem Gebiet sowohl analytischer als auch kreativer Intelligenz nur notdürftig ausgerüstet, dafür aber sozial-emotional gut entwickelt. Er publiziert viel, weil er nicht bloß eine Version eines Artikels schreibt, sondern zehn. Diese schickt er dann an ebenso viele Zeitschriften. Die Wahrscheinlichkeit, daß ein Text abgewiesen wird, liegt in der internationalen Fachpresse bei ungefähr siebzig Prozent, aber wenn man viele Versuche gleichzeitig unternimmt, darf angenommen werden, daß irgendwann eine Publikation erfolgt. Weiter hat Klaus eine gute Nase für Konflikte und dafür, wie man diesen rechtzeitig zu Leibe rückt.

Zwischen diesen drei Hauptformen von Intelligenz gibt es statistisch gesehen keinen starken Zusammenhang (nur ein Glückspilz hat viel von allen). Das zeigt sich unter anderem darin, daß es kaum einen Zusammenhang gibt zwischen dem IQ und dem Erfolg innerhalb eines Berufs. Ein Fabrikdirektor braucht nicht nur einen ordentlichen analytischen Verstand, sondern auch Kreativität und die Fähigkeit, Konflikte schnell zu erkennen und zu lösen. Weil man bei den meisten Berufen jedoch vor allem der analytischen Fähigkeit große Bedeutung beimißt, kann in der Praxis alles mögliche schiefgehen.

Abgesehen von dieser wichtigen Aufteilung entspricht auch die Struktur des analytischen Intellekts überhaupt nicht *g*. Es müssen mindestens sieben Intelligenzfaktoren unterschieden werden (wie verbales Denken, numerisches Denken und räumliche Einsicht). Einer Einzelstimme zufolge haben wir es sogar mit einem Konglomerat von einhundertzwanzig Faktoren zu tun (für eine Übersicht siehe ggf. Vroon, 1984). Derartige Mehrfaktormodelle treten sehr deutlich bei den *idiots savants* zutage; das sind Menschen, die insgesamt auf einer niedrigen intellektuellen Ebene funktionieren, aber ein Ding (durch Übung) außergewöhnlich gut können, beispielsweise Klavier spielen, kopfrechnen oder nachzählen, auf welchen Wochentag der 14. April 1972 fiel.

Angesichts des Verstandes oder der Vernunft gibt es im Gegensatz zu dem, was Descartes zu suggerieren scheint, insofern keine Einheit, als eine ganze Reihe von Fähigkeiten des Verstandes unterschieden werden müssen, die in vielerlei Kombinationen vorkommen. Aus der Sicht von Descartes läge es näher, Intelligenz als *g* zu sehen; die Einheit des Geistes würde dann darauf beruhen, daß alle Komponenten per Individuum gleich stark vertreten und aufeinander abgestimmt sind.

Sich rasch entscheiden

Abgesehen von der Tatsache, daß sich der Intellekt in Teile gliedert, bedeutet der Besitz eines Verstandes nicht, daß er immer richtig und den Regeln entsprechend benutzt wird. Die Art, in der wir denken, scheint von recht primitiven Prozessen beeinflußt zu werden, die zum Teil aus der Evolutionsgeschichte heraus verständlich werden. Menschen verwenden oft schludrige Denkregeln oder Heuristiken. Diese ermöglichen vor allem *rasche* Entscheidungen, ungeachtet der Frage, ob diese vernünftig sind oder nicht. Diese Heuristiken weisen interessante Merkmale auf.

Als erstes sei erwähnt, daß Denken und Entscheiden in Beziehung zu Wahrnehmungsprozessen stehen. Wenn man Gewichte von drei, vier und fünf Kilogramm beurteilen muß, wird man das Gewicht von fünf Kilogramm als schwer bezeichnen. Wir empfinden fünf Kilogramm jedoch als leicht, wenn ein Urteil über Gewichte von fünf, sechs und sieben Kilogramm gefragt ist. Das kommt daher, daß unsere Beurteilungsskala sich fortwährend auf Grund der Reize verändert, mit denen wir zuvor konfrontiert wurden. Diese Phänomene werden durch Helsons *Adaptionsniveautheorie* (1964) beschrieben und erklärt. Bei der Beurteilung einer Sache wird ein Nullpunkt oder Ankerpunkt gesucht, der dem jeweiligen Erfahrungsdurchschnitt entspricht. Abhängig von den Erfahrungen verschiebt sich dieser Ankerpunkt.

Die *Adaptionsniveautheorie* ist geeignet, unser Verhalten beim Tätigen von Einkäufen zu erklären. Jedes gute Modegeschäft hält uns zunächst einen teuren Anzug vor. Wenn »diese Kugel durch die Kirche ist«, wie man im Niederländischen sagt, folgen das Hemd, die Krawatte und der überflüssige Pullover automatisch, weil man »ja doch schon so viel ausgegeben hat«. Der Ankerpunkt ist auf einen hohen Betrag eingestellt, und die zusätzlichen Einkäufe umfassen nur einen relativ kleinen zuzüglichen Prozentsatz. Ein weiteres Beispiel: Wenn wir bei einem Gegenstand oder einer Sache, die zehn Gulden kostet, fünf Gulden sparen können, indem wir uns zu einem anderen Geschäft ein Stück weiter begeben, tun wir das; aber wir machen keinen Umweg, wenn eine Jacke von zweihundert Gulden ein Stück weiter fünf Gulden billiger ist. Die Unterschiede im Geld sind relativ, genau wie die Gewichte, und relative Unterschiede sind sowohl in der Wahrnehmung (siehe Kapitel 2) als auch im Denken wichtiger als der absolute Umfang einer Größe.

Helsons Theorie ist unter anderem für die Beurteilung der Wirkung von (Psycho-)Therapie von Belang. Oft sagt ein Patient sowohl vor als auch nach der Therapie, es gehe ihm schlecht. Die Schlußfolgerung, die aus dem Vergleich der vorangehenden und der nachträglichen Messungen gezogen wird, lautet dann, die Behandlung habe nicht angeschlagen. Direkt im Anschluß an die nachträgliche Messung kann man den Patienten jedoch bitten, sich dazu zu äußern, wie er im nachhinein über seinen Zustand vor der Therapie denke. Man nennt das eine *retrospektive Vorabmessung*. Nicht selten zeigt sich, daß der Patient die Anfangssituation negativer einschätzt als derzeit, woraus abgeleitet werden kann, daß die Behandlung sehr wohl erfolgreich war. Durch die Therapie hat sich jedoch auch die Skala der Selbstbeurteilung bzw. der Ankerpunkt verschoben.

In der Entscheidungskunde wird zwischen einem normativen und einem deskriptiven Ansatz unterschieden. Normativ bedeutet, daß man Regeln aufstellt, die anzuwenden sind, wenn man vernünftige Entscheidungen treffen will; die deskriptive Entscheidungskunde beschreibt den Gang der Dinge in der Praxis. Wir geben Beispiele von Unterschieden zwischen »alltäglichen« und »rationalen« Entscheidungen (Jungermann & de Zeeuw, 1977, Wagenaar, 1972).

Wir haben die Neigung, Entscheidungen in verschiedenen kognitiven Systemen unterzubringen. Gesetzt, Sie möchten ins Kino gehen. Stellen wir uns zwei Situationen vor: Erstens, Sie kaufen eine Karte zu zehn Gulden und verlieren diese. Die meisten Menschen kaufen sich dann keine neue Karte, sondern sehen von dem Kinobesuch ab. Die zweite Situation sieht so aus: Sie entdecken an der Kasse, daß Sie einen Zehnguldenschein verloren haben. Die meisten Leute kaufen sich dann doch noch eine Karte. Diese beiden Arten, zehn Gulden zu verlieren, gehören zwei »Denkdomänen« an und führen zu unterschiedlichen Entscheidungen. Der Verlust einer Kinokarte wird direkt mit dem Filmbesuch assoziiert, der Zehnguldenschein dagegen »lediglich« als generelles Tauschmittel betrachtet.

Es folgt ein Beispiel assoziativen Denkens oder eine Entscheidungsheuristik, die mit der Evolution oder dem Überleben in Zusammenhang gebracht werden kann (Kahnemann, Slovic & Tversky, 1982). Man legt Versuchspersonen folgendes Szenario vor: »Die Regierung rechnet mit dem Ausbruch einer Krankheit, die 600 Menschen das Leben kosten kann. Es bestehen zwei Möglichkeiten: Programm A wird zur Folge haben, daß 200 Menschen gerettet werden. Bei Programm B ist die Wahrscheinlichkeit eins zu drei, daß 600 Menschen gerettet werden, und eine Wahrscheinlichkeit von zwei zu drei, daß niemand am Leben bleibt.« Die meisten Versuchspersonen entscheiden sich in diesem Fall für Programm A. Diese Wahl kann durch das Interesse an einer *klaren* und *schnellen* Entscheidung eingegeben sein; bei A braucht man nicht über Wahrscheinlichkeiten nachzudenken.

Gesetzt jedoch, dieselben Szenarien werden wie folgt formuliert: »Bei Programm C werden 400 Menschen sterben. Bei Programm D gibt es eine Wahrscheinlichkeit von eins zu drei, daß niemand stirbt, und eine Wahrscheinlichkeit von zwei zu drei, daß 600 Menschen ihr Leben lassen werden.« In diesem Fall wird Programm D bevorzugt; möglicherweise, weil man vor der entschiedenen Behauptung in C zurückschreckt. Die Ergebnisse von A und C sind jedoch die gleichen. Womöglich wird A gewählt, weil darin von *retten* und nicht von *sterben* gesprochen wird.

Derartige Verzeichnungen sind auch aus der Medizin bekannt. Wenn Ärzte und Patienten eine Wahl zwischen verschiedenen Therapiemöglichkeiten treffen sollen, bevorzugen sie einen Eingriff, dessen Wirkung in Überlebenschancen beschrieben wird, gegenüber einer Therapie, in der das Todesrisiko besprochen wird, selbst wenn beide Wahrscheinlichkeiten auf dasselbe hinauslaufen. Schnelle und assoziative Entscheidungen stehen im Zusammenhang mit phylogenetisch altem *operantem Lernen*. Wir werden darauf am Ende dieses Kapitels zurückkommen.

Eine weitere Entscheidungsheuristik ist das »Gesetz der kleinen Zahlen«. Dieses beinhaltet, daß kleine Beträge für uns kaum ins Gewicht fallen. Aus diesem Grund fahren viele Menschen kaum weniger mit dem Auto, wenn das Benzin teurer wird, isolieren sie ihre Häuser nicht, wenn die Energiepreise steigen, usw. Von großen Zahlen dagegen zeigen wir uns stark beeindruckt; von daher Phänomene wie Flugangst und der Widerstand gegen Atomenergie. Ein Flugzeugabsturz wird mit *vielen* Toten assoziiert. Infolgedessen fährt man lieber mit dem Auto nach Spanien, obwohl eine solche Fahrt viele Male riskanter ist. Das einzusehen fällt jedoch schwer. Nicht alle Autounfälle stehen schließlich in der Zeitung, und außerdem gibt es dabei immer lediglich einige Tote (Nisbett & Ross, 1980). Diesbezügliche Aufklärung erweist sich als nicht besonders wirkungsvoll. Große Zahlen appellieren möglicherweise an Ängste, gegen die auf rationaler Ebene wenig auszurichten ist. Es erweist sich als schwierig, Menschen beim Treffen von Entscheidungen Zahlen gegen Wahrscheinlichkeiten aufrechnen zu lassen. Unter dem Gesichtspunkt, daß Entscheidungen rasch getroffen werden müssen, kostet das vielleicht zu viel Zeit und Mühe. (Befürworter der Atomenergie haben im Hinblick auf das Gesetz der kleinen Zahlen schon einmal vorgeschlagen, viele *kleine* Atomkraftwerke zu bauen.)

Wer von einem Pfeil getroffen werde, zöge diesen zunächst aus seinem Körper und frage sich erst anschließend, wer ihn abgeschossen habe, soll Buddha gesagt haben. Unser Denkvermögen enthält Sedimente einer Evolutionsgeschichte, in der Schnelligkeit eine zentrale Stellung einnimmt. Ein hohes Tempo im Handeln ist oft wichtiger als gründliches Nachdenken. Für ein Kaninchen ist es besser, bei der Wahrnehmung eines sich bewegenden Schattens hundertmal unnötigerweise zu flüchten, als einmal die Erfahrung zu machen, daß Warten und genaues Hinsehen gegebenenfalls mit dem Tod erkauft werden müssen.

Dieses Prinzip läßt sich auch beim Menschen wahrnehmen. Ob nun genügend Zeit vorhanden ist oder nicht, wir sind geneigt, die Schnelligkeit des Denkens und Wählens über die Gründlichkeit der Informationsverarbeitung zu setzen. Das ist nicht nur im täglichen Leben so, wie wir gerade andeuteten. Man findet diesen Mechanismus auch in dem (beängstigenden) Verhalten von Managern wieder (Kalma, 1989). Heuristiken beim Denken und Entscheiden sind jedoch nicht »merkwürdig« oder »irrational«, wenn man geneigt ist, sie aus evolutionsgeschichtlicher Perspektive zu sehen.

Häufig wird nicht nur auf einer primitiven Ebene gedacht; Nisbett & Wilson (1977) haben auch gezeigt, daß wir oft nicht einmal Zugang zu unseren Denkprozessen haben. Das plädiert gewiß nicht für die cartesianische Lehrmeinung. Dieser zufolge wäre das Denken gerade das einzige Unzweifelbare und per definitionem bewußt Zugängliche. Eine Auswahl aus einer Reihe von Versuchen:

Man läßt Studenten Wortpaare wie *ocean – moon* auswendig lernen. Wenn später eine Waschmittelmarke abgefragt wird, führen die Versuchspersonen unverhältnismäßig oft ein Mittel auf, daß als *tide* (Tide/Gezeitenwechsel) erhältlich ist.

Die Nachfrage zeigt, daß die Versuchspersonen keinen Zusammenhang mit der vorhergehenden Aufgabe sehen, obwohl diese ihre jetzige Reaktion maßgeblich beeinflußt (Mond und Ozean sind mit Gezeiten verwandt). Entscheidungen können sogar auf Grund räumlicher Anordnungen manipuliert werden. Wenn vier identische Paare Nylonstrümpfe in einem Geschäft ausgelegt sind, beurteilt man das Paar, das rechts liegt, als das qualitativ beste. Wenigen scheint bewußt zu sein, daß sie sich durch den Platz, den die Strumpfpackung in einer Reihe hatte, zu einem qualitativen Urteil haben verleiten lassen. Möglicherweise wird »rechts« mit der rechten Hand assoziiert. Mit dieser führen wir in der Regel die meisten Verrichtungen aus, was direkt oder indirekt im Zeichen unseres Überlebens steht.

Die Bedeutung der letztgenannten Phänomene ist, daß unsere höchste psychische Fähigkeit, das Denken, sich oft der Möglichkeit zur Selbstbeobachtung entzieht. Oft können wir weder unser Verhalten noch unser Denken rechtfertigen. Es gibt nicht nur den Unterschied zwischen Worten und Taten, der auf eine Gespaltenheit in unserem Geist hindeutet; auch die Vernunft selbst ist in eine Reihe von Fähigkeiten oder Aspekten unterteilbar. Das rationale Denken bedient sich bemerkenswerter Heuristiken. Oft gehorcht es Regeln, die man aus der Evolutionsgeschichte heraus verstehen kann. Denken dient auch und vor allem der Ausführung entschiedener Handlungen, die die Überlebenschancen fördern.

Wir unternehmen einen weiteren Schritt und zeigen, daß psychische Prozesse auch als Ganzes in gespaltener Manier verlaufen können. Das kann auf zweierlei Art geschehen. *Diachronische Spaltung* bedeutet, daß wir in diesem Augenblick in Weise A zusammengesetzt sind und in jenem in Weise B; verschiedene »Ordnungen« wechseln einander in zeitlicher Folge ab. *Synchronische Spaltung* besagt, daß eine Dissoziation zwischen (höheren kognitiven) Prozessen in ein und demselben Augenblick vorliegt.

Persönlichkeit und Attribution

Wir schreiben uns selbst und anderen eine Persönlichkeit zu. Damit wird auf ein Gefüge von Eigenschaften gezielt, das in einer Vielheit von Situationen zutage tritt. Jemand mag nett, schüchtern, aggressiv oder was auch immer sein; in der Regel ist es nicht so, daß die Person nur unter bestimmten Umständen schüchtern oder selbstbewußt wäre. Von dieser allgemein verbreiteten Vorstellung sind wir überzeugt, und unsere Sprache kennt gut und gern 1200 Wörter, die mit Persönlichkeitsmerkmalen oder Charakterzügen zu tun haben. Statistische Analysen haben gezeigt, daß dieser Überfluß sich auf lediglich fünf bis sieben Begriffssammlungen reduzieren ließe. Der Überfluß ist demnach groß, was die Frage nach seiner Bedeutung aufwirft.

Große Investitionen, sich mittels Tests eine Übersicht über die Persönlichkeit zu verschaffen, haben nicht besonders viel erbracht. Der prognostische und deskriptive Wert dieser Tests ist gering. Das kommt wahrscheinlich daher, daß jeweils ein Denkfehler oder eine Form des Selbstbetrugs im Spiel ist. Unser Verhalten wird viel stärker durch Situationen bestimmt als durch innere Charakterzüge (siehe Hettema, 1979; Hofstee u.a., in: Duijker und Vroon, 1981).

Ein aufschlußreiches Experiment hierzu wurde in den Vereinigten Staaten durchgeführt. Dort gab es in weiten Kreisen starke Kritik am Gefängniswesen. So brachte man eine Anzahl von Studenten in einem Keller unter und teilte sie in zwei Gruppen ein: Gefangene und Bewacher. Um eine lange Geschichte kurz zu machen: Der Versuch wurde vorzeitig abgebrochen, weil die »Bewacher« ihre Rolle so ernst nahmen, daß sie die »Gefangenen« zu mißhandeln anfingen.

Menschliches Verhalten ist von den Charaktereigenschaften her längst nicht so verständlich und vorhersagbar, wie wir zu denken geneigt sind. Viel von unserem Verhalten wird durch die »Logik der Situation« bestimmt. Außerdem ist bei der Zuschreibung von Persönlichkeitsmerkmalen eine Form von Doppelmoral im Spiel. Man bitte einmal Leute, die miteinander im Unfrieden leben, von sich und dem Partner jeweils eine Liste von Charaktereigenschaften aufzustellen. Es wird sich zeigen, daß sie in anderen oft mehr Eigenschaften wie egoistisch, abhängig, autoritär usw. sehen, als in sich selbst.

Diese Phänomene werden im Rahmen der Attributionstheorie studiert. Ein wichtiger Begriff ist der *Attributionsfehler*. Dieser Fehler hat zwei Seiten. Wenn wir eine Erklärung für das Verhalten anderer geben, wird der Einfluß der Situation im allgemeinen unterschätzt und der der Persönlichkeit überschätzt. Wenn es um unser eigenes Verhalten geht, argumentieren wir jedoch häufig entgegengesetzt. Bei eigenen Fehlschlägen wird vielfach auf die Umstände verwiesen, bei Erfolg dagegen oft auf die eigene Persönlichkeit und die in hohem Maße vorhandene eigene Intelligenz.

Diese beiden Aspekte des Attributionsfehlers stehen miteinander im Zusammenhang. Wenn ich mein Verhalten rechtfertigen muß, stehe ich in direktem Kontakt mit der Situation, in der dieses Verhalten zustande kommt. Das führt zu der Erfahrung oder dem Gefühl, daß äußerer Druck eine wichtige Rolle spielt. Deshalb kommt es zu Aussagen wie: »Es war Peters Schuld«, »Das Wetter hat nicht mitgespielt« usw. Der Anteil meiner Persönlichkeitseigenschaften wird demzufolge als relativ unbedeutend erfahren.

Eine andere Person dagegen, die mich beurteilt, hat diesen Kontakt mit den Umständen nicht. Ich werde dann als Figur vor verschwommenem Hintergrund gesehen. Die Folge ist, daß der andere meine persönlichen Eigenschaften oder Charakterzüge für Erfolg und Mißerfolg verantwortlich macht. Ein Beispiel ist die Politik: Macht das Kabinett einen Fehler, wird die Schuld auf die Weltwirtschaft oder den Dollarkurs geschoben; die Opposition dagegen spricht von »einer schlechten Regierungsmannschaft«. Sobald nach den Wahlen die Rollen vertauscht sind, drehen die ehemals Oppositionellen sich mit einem Mal um die eigene Achse und geben Erklärungen derselben Art ab wie die vorherige Regierung. Die Wichtigkeit von Attributionsprozessen in der Politik zeigt sich auch daran, daß Regierungsparteien bei Wahlen oft Stimmen verlieren. Nicht die Umstände, sondern die Partei wird für Entwicklungen verantwortlich gemacht, über die der Wähler unzufrieden ist.

Beijk (1982) bringt hübsche Beispiele für Verzeichnungen infolge unrichtiger Attributionen. Der Spieler an einem Geldautomaten gesteht sich eine kausale Rolle zu, wenn er gewinnt, nicht jedoch, wenn er verliert. Fußballfans sagen, »wir« hätten gewonnen und »sie« verloren. Gute Studenten meinen, ihre Noten gäben ihre intellektuellen Fähigkeiten angemessen wieder; schlechte Studenten meinen dies nicht. Wissenschaftler sind mit großem Interesse hinter Daten her, die zu ihren Theorien passen, und vernachlässigen oder leugnen Fakten, die nicht dazu passen. Es ließen sich noch weitere Beispiele anführen. Diese selektive Selbstüberschätzung kann skurrile Formen annehmen. So denken 80 Prozent der Autofahrer, sie führen besser als der Durchschnitt.

Das Traurige ist, daß ausgerechnet depressive (kranke) Menschen ein gutes Bild von sich selbst haben sowie von dem, was die Zukunft erwarten läßt. Schon Freud wußte von diesen Phänomenen, obwohl er in der Sozialpsychologie selten zitiert wird. Er sprach von der *Verblendung des Intellekts*; das Ausmaß, in dem dies geschieht, hat ihm zufolge etwas Erstaunliches, etwas »Ungeahntes«.

Die mäßigen Fortschritte, die die Persönlichkeitslehre gemacht hat, könnten möglicherweise aus dem Attributionsfehler resultieren. Auch ein Psychologe ist nur ein Mensch, der sich auf die Suche nach Eigenschaften in anderen Individuen macht. Wahrscheinlich wird das Verhalten von Menschen in starkem Maß vom Druck der äußeren Situation beeinflußt, welcher nichts mit dem »Charakter« zu tun hat. Hieraus folgt nicht, daß Menschen immer ein Spielball von Situationen wären; wir konstatieren lediglich, daß die Persönlichkeit weniger zu bedeuten hat, als in der Regel unterstellt wird. Persönlichkeitsmerkmale sind zu einem Teil eine praktische »Erfindung«, die uns davor behütet, allzusehr mit dem Entwirren äußerst komplizierter Situationen konfrontiert zu werden.

Ebenso wie bei den bemerkenswerten Heuristiken, die Denkprozesse charakterisieren, läßt sich vor dem Hintergrund der Evolutionsgeschichte etwas von den Attributionsprozessen verstehen. Begriffsschnelligkeit und schnelles Entscheiden sind von großer Bedeutung. Der Agierende steht in direktem Kontakt mit der Situation und macht diese für seinen Erfolg und vor allem für sein Scheitern verantwortlich. Der Zuschauer hat keine Zeit, sich in die Situation des Handelnden zu vertiefen, und beurteilt Personen gegen einen schwierig sichtbar zu machenden Hintergrund.

Diachronische Spaltung

Daß der Mensch auch durch seine Persönlichkeit oder ein System von Dispositionen seinem Verhalten Form verleiht, bleibt jedoch nach wie vor gültig. Völlige Opportunisten sind wir nun auch wieder nicht. Die Art, in der die Persönlichkeit funktioniert, kann pathologische Formen annehmen, die sich in einen Zusammenhang mit der Diskussion über die Einheit des menschlichen Geistes stellen lassen. Ein Beispiel ist die multiple Persönlichkeit, die vor allem bei Frauen vorkommen soll. Zur Illustration seien fünf Charaktere einer Zwanzigjährigen zitiert: eine energische, fröhliche junge Frau; eine unerwachsene Pubertierende, die allerlei lockere und aussichtslose Beziehungen mit Männern anknüpft; ein etwa vierjähriges Kind, das Daumen lutscht und zusammengerollt in einer Ecke sitzt; ein verbittertes, aggressives Wesen und zuletzt eine tief religiöse Frau, die den ganzen Tag betet und ihren Frieden mit Gott sucht.

Jemand mit einer multiplen Persönlichkeit organisiert sein Verhalten auf mehrfache Arten (der Weltrekord liegt bei sechzehn). Die Veränderungen können sich von einem Tag auf den anderen vollziehen und beinhalten, daß man sich anders kleidet und zurechtmacht, anders spricht, schreibt und andere moralische Normen pflegt. Sogar physiologische Variablen wie die Struktur des Elektroencephalogramms können von Persönlichkeit zu Persönlichkeit wechseln. Wichtig ist auch die Tatsache, daß die eine Persönlichkeit oder Organisation sich oft nicht an dasjenige erinnert, was die andere getan hat. Dadurch entstehen sowohl für den Patienten als auch für dessen Umgebung verwirrende Situationen.

Man weiß nicht sicher, wie eine multiple Persönlichkeit zustande kommt, jedoch gibt es Vermutungen. Wenn Eltern ein Kind in einem Augenblick überraschend belohnen und es im nächsten Augenblick ebenso überraschend bestrafen, kann das Kind sich keine stabile Vorstellung von der Welt machen. Die einzige Art, sich geistig aufrecht zu halten, ist dann, die Umgebung gewissermaßen in getrennte Abteilungen zu untergliedern, indem man sich eine Phantasiewelt erschafft. Diese Überlebensstrategie kann effizient sein, sich jedoch später in einer multiplen Persönlichkeit rächen.

Vor kurzem brachte dieses Phänomen Richter in Schwierigkeiten. Oft glauben Richter (und Psychiater) implizit an Descartes' Einheit des Geistes. Was, wenn Persönlichkeit A ein Verbrechen begangen hat und jemand als Persönlichkeit B vor dem Richter steht und sich an nichts erinnert? Manche Beschuldigten sagen, ein Verbrechen sei nicht von ihnen selbst begangen worden, sondern von »Peter in meiner Brust«. Richter nennen jemanden dann oft »unzurechnungsfähig«, was (in diesem Fall) auf einem kritikwürdigen Menschenbild basiert. In der amerikanischen Justiz wird seit einigen Jahren vielfach von dieser Möglichkeit (oder juristischen Konstruktion) Gebrauch gemacht.

Das Bild des Menschen als einer zusammenhängenden Struktur ist zu idealistisch. Ein Autor, der diese Vorstellung extrem bekämpft hat, ist Butler (1878). In einem faszinierenden Buch über Evolutionsbiologie sagt er, der Mensch sei eine *compound creature*. Innerer Kampf und Zweifel beruhen seiner Meinung nach auf tierischen Resten sowie auf Äußerungen und Eingebungen von Ahnen, die Teil unserer Persönlichkeit seien. Butler zufolge ist Leben »Materie mit Erinnerungen«. Im Menschen manifestierten sich sowohl primitive Tiere als auch eine Prozession von Ahnen (bzw. deren Erinnerungen).

Wie auch immer, die multiple Persönlichkeit demonstriert, daß die Erlebniswelt verschiedene Organisationsformen nebeneinander besitzen kann, was im Widerspruch zu der Vorstellung steht, mentale Prozesse bildeten eine Einheit. Das ist ganz gewiß so in den Fällen, bei denen unterschiedliche Persönlichkeiten nahezu gleichzeitig operieren.

Auch mit dem Gedächtnis und mit dem Denkvermögen

kann diachronisch alles mögliche schiefgehen (Loftus & Loftus, 1976). Im Februar 1978 betrieb der Student Steven Kupacki Ski-Langlauf auf dem Michigansee. Daran erinnert er sich noch. Das nächste, was er weiß, ist, daß er in einem anderen Zustand auf dem Boden liegt. Er trug andere Kleidung am Körper und Dinge, die er nicht wiedererkannte. Wie sich später herausstellte, war es inzwischen Mai 1979. Niemand weiß, was in der Zwischenzeit mit Kupacki geschehen ist. Er muß regulär funktioniert haben, jedoch ist ein Loch in seinem Gedächtnis. Auf diesem Gebiet machen unzählige Geschichten die Runde. So lieh sich ein gewisser Pastor Bourne Geld bei einer Bank in Rhode Island. Viel später fand er sich in einer ihm fremden Umgebung im Staat Pennsylvania wieder. Wie sich zeigte, hatte er dort unter dem Namen A. J. Brown einen kleinen Laden betrieben, und niemandem war etwas aufgefallen.

Manche Phänomene, die mit künstlerischem Schaffen zu tun haben, erinnern an eine multiple Persönlichkeit und/oder verwandte Formen des Gedächtnisverlustes. Es kommt oft vor, daß ein Künstler nicht weiß, wie er zu einer bestimmten Leistung gekommen ist. Der Dichter Milton gab vor, eine himmlische Patronin diktiere ihm »unpremeditated verse«; Rilke behauptete, einige seiner besten Sonette seien als Halluzinationen über ihn gekommen; Goethe hat gesagt, nicht er mache Gedichte, sondern die Gedichte ihn; und Tschaikowski hörte Melodien »aus der Erde kommen«. Auch bei wissenschaftlichen Entdeckungen geht es mitunter so vor sich, daß jemand sich den Kopf über eine bestimmte Frage zerbricht, um dann dösend oder träumend deren Lösung zu finden. Kekulé starrte ins Kaminfeuer, verfiel ins Träumen und sah eine Art Schlange, die er als den Benzolring interpretierte, eine wesentliche Struktur in der organischen Chemie. Mendelejew hat das periodische System der Elemente gar komplett geträumt.

Diachronische Spaltung psychischer Prozesse kommt in verschiedenen Formen vor. Unsere mentale Organisation kann insgesamt oder teilweise in der Zeit wechseln. Ein (cartesianisches) Gefühl der Einheit hat nichts mit dem tatsächlichen Vorhandensein von Einheit zu tun.

Synchronische Spaltung

Unter synchronischer Spaltung verstehen wir, daß im gleichen Augenblick verschiedene Gefüge von psychischen Prozessen am Werk sind, wobei die betreffende Person aus dem einen Zustand heraus den anderen nicht wünscht oder versteht.

Im Jahr 1885 beschrieb der Neurologe Georges Gilles de la Tourette ein eigenartiges Leiden. Es kommt in schwächerer Ausprägung oft bei Kindern vor und kann bei Erwachsenen spektakuläre Formen annehmen. Der von diesem Syndrom Betroffene vollführt bewußt, aber ungewollt stereotype Bewegungen. Er zeigt nervöse Zuckungen im Gesicht, verrichtet Zwangshandlungen (wie das viermalige Anzünden einer Zigarette) oder verfällt gar in obszöne oder gotteslästerliche Sprache, oft mit verdrehter Stimme. Weiter kommen Räuspern, Husten, Schmatzen, Schnaufen, Spucken, sich selbst Wiederholen und beherztes Fluchen vor. Über die Ursache der Störung ist so gut wie nichts bekannt, und die Behandlung besteht aus dem Unterdrücken der Symptome (mit Medikamenten).

Es ist begreiflich, daß man das Tourette-Syndrom oft mit Dämonen in Zusammenhang gebracht hat. Noch im Jahr 1978 wurde in Deutschland ein Prozeß gegen einige Priester geführt, die den Teufel aus Anneliese Michel zu vertreiben gesucht hatten. Diese Theologiestudentin stieß mit einer Männerstimme im Namen Hitlers, des Teufels und eines gefallenen Engels die gräßlichsten Worte hervor. Das Wesentliche am Tourette-Syndrom ist, daß der Mensch offenbar in zwei Zuständen gleichzeitig verkehren kann, von denen er einen überhaupt nicht will.

Ein anderes Beispiel synchronischer Spaltung ist Hypnose (Hilgard, 1977). Was bei Hypnose genau vor sich geht, weiß niemand mit Gewißheit. Schon lange streitet man sich um eine prinzipielle Frage: Manche halten Hypnose für einen außergewöhnlichen Zustand, andere meinen, Hypnose beruhe auf dem Spielen von Rollen (eine Diskussion, die im Zusammenhang mit der Frage steht, inwieweit wir eine Persönlichkeit haben oder unter dem Einfluß des Drucks der äußeren Situation handeln). In jedem Fall ergeben sich unter Hypnose manchmal bemerkenswerte Phänomene. So gelang es im letzten Jahrhundert, Hypnotisierte mit der einen Gesichtshälfte fröhlich dreinblicken zu lassen und mit der anderen Hälfte traurig (derartige Unterschiede kamen auch oft bei Geisteskranken vor; siehe Harrington, 1987).

Unter Hypnose werden Gedächtnis und Phantasie gleichermaßen angeregt. Einmal soll es gelungen sein, auf diese Art Autokennzeichen herauszufinden. Aber auch und vor allem das Hinzufabulieren (die Phantasie) nimmt stark zu. Auch außergewöhnliche Beispiele von Hypnose sind bis zu einem gewissen Grad erklärbar. Im täglichen Leben stellen wir strenge Anforderungen an unser Gedächtnis. Es muß ein Gefühl von Sicherheit da sein, um sagen zu können, etwas habe sich ereignet oder nicht. Dieses Kriterium wird unter Hypnose verschoben. Die Person äußert alles, was in ihr aufkommt. Das Ergebnis ist ein Gewirr aus Fakten und Fiktion. Die Erlebnisse können jemanden so überraschen, daß er fortan an Reinkarnation glaubt (manche sogenannten Regressionstherapeuten arbeiten auf diese Weise). Hypnose macht auf viele Menschen Eindruck, weil die Erinnerungen und die Einfälle sehr lebendig wirken.

Wichtig im Zusammenhang mit Hypnose und der Einheit psychischer Prozesse ist der *hidden observer*. Hilgard hat Experimente durchgeführt, bei denen die Hand der hypnotisierten Versuchsperson in Eiswasser getaucht wurde. Das tut nach einer Weile weh. Als gefragt wurde, ob die Person Schmerzen habe, verneinte sie dies, schrieb aber gleichzeitig mit der anderen Hand, der Schmerz sei enorm. Nach der Sitzung zeigte sich der Hypnotisierte bestürzt über diesen Widerspruch.

Noch ein Beispiel für den *hidden observer* ist ein Experiment über hypnotische Taubheit. Der Versuchsperson wird suggeriert, sie könne nichts mehr hören. Demzufolge reagiert sie auch auf nichts mehr. Der Versuchsleiter teilt der Versuchsperson mit, sie sei zwar taub, aber ein bestimmter Prozeß könne ihr vielleicht doch noch ermöglichen, seine Stimme zu hören. Die Versuchsperson wird gebeten, durch

Anheben des rechten Zeigefingers anzugeben, ob dies so sei. Das geschieht, und gleichzeitig äußert die Versuchsperson, sie verstehe überhaupt nicht, weshalb sie ihren Zeigefinger bewege. Sie macht den Versuchsleiter hierfür verantwortlich und bittet ihn, ihr Gehör wiederkehren zu lassen, damit man über diese merkwürdige Situation reden könne. Van Heerden (1982), dessen Buch dieses Beispiel entliehen ist, faßt dies folgendermaßen zusammen:

»*Eine Versuchsperson, die in Trance auf lautes Knallen nicht reagiert, ersucht um Aufhebung der Hypnose, nachdem sie gebeten wurde, gegebenenfalls in einer wohlumschriebenen Weise anzugeben, ob sie nicht doch dem zuhöre, was sie hört, wenn sie etwas hört.*«

Aus derartigen Phänomenen hat man geschlossen, daß psychische Prozesse in ein und demselben Augenblick in Teilgefüge gespalten sein können, die wenig oder gar keinen Kontakt miteinander haben. Im Gegensatz zur multiplen Persönlichkeit ist das Bewußtsein oder unser Geist dann im gleichen Augenblick in getrennte Abteilungen untergliedert.

Das Unbewußte

Die Existenz unterschiedlicher psychischer Organisationen neben- oder nacheinander kann in Beziehung mit dem Begriff des *Unbewußten* gesetzt werden. Dieser Terminus wird in der Regel in der freudianischen Bedeutung benutzt: Menschen würden von Impulsen und Prozessen angetrieben, deren Existenz ihnen nicht bewußt sei. Das ist jedoch nur die halbe Wahrheit. Abgesehen vom affektiven Unbewußten (Freud) besitzen wir ein kognitives Unbewußtes, das sich auf alle Prozesse bezieht, die sich abspielen, ehe wir uns überhaupt einer Sache bewußt werden können. Daß Sie imstande sind, diesen Satz zu lesen, kommt daher, daß dem fraglichen Bewußtsein unzählige Prozesse vorangehen, von denen Sie nichts wissen. Die Unterschiede zwischen den beiden Typen unbewußter Prozesse sind wie folgt:

Das affektive Unbewußte hat mit Trieb zu tun, das kognitive Unbewußte mit Wahrnehmung, Denken, Sprechen, Erinnerung, Lernen usw. Die Affekte führen gemäß Freud und seinen Nachfolgern und Anhängern zum Teil ein Eigenleben. Das kognitive Unbewußte dagegen kann als eine Vorphase bewußter Prozesse betrachtet werden. Es geht hierbei nicht um ein eigenständiges Gefüge von Prozessen. Das Bewußtsein ist ein Endterminus einer Reihe von Ereignissen auf unbewußter Ebene. Das affektive Unbewußte dagegen funktioniert mehr oder weniger selbständig.

Der zweite Unterschied ist, daß das affektive Unbewußte durch eine Psychoanalyse mit viel Mühe bewußt gemacht werden kann. Das kognitive Unbewußte ist prinzipiell unzugänglich: Niemand wird jemals verstehen, wie er oder sie liest oder spricht. Das wäre auch eine Katastrophe: Man würde sich dann nicht mehr auf seine Gedanken (Endprodukte) und auf die Außenwelt konzentrieren können.

Weiter bereitet uns das affektive Unbewußte »Schwierigkeiten« (wie unangebrachte sexuelle Impulse und Aggression, so Freud) und der kognitive Gegenpol, wie gesagt, nur Annehmlichkeit.

Schließlich gibt es einen Unterschied in der Flußrichtung der Information. Beim affektiven Unbewußten werden wir aus einem dunklen Pool von Trieben und verdrängten Emotionen beeinflußt. Das affektive Unbewußte kennt einen Zweirichtungsverkehr. Beim kognitiven Unbewußten hat der Informationsstrom nur eine Richtung, nämlich hin zum Bewußtsein. (Wir lassen hier außer Betracht, daß das bewußte Training von Fertigkeiten nach einer bestimmten Zeit zum kognitiven Unbewußten gehört, was in gewisser Weise auch eine Form der Verdrängung bedeutet.)

Das einzige Gemeinsame zwischen beiden Typen des Unbewußten ist, daß sie nicht für das Individuum spezifisch sind. Freud betrachtet das *Es* als ein Gefüge von Impulsen, welche bei jedem Menschen bei der Geburt gleich sind. Angesichts des kognitiven Unbewußten dichten Linguisten wie Chomsky uns eine allgemeine Kenntnis sprachlicher Regeln an. Das gleiche gilt für viele Wahrnehmungs- und Gedächtnismechanismen, die bei jedem Menschen auf etwa die gleiche Weise funktionieren.

Diese unbewußten Prozesse implizieren, daß sehr viel von unserer »mentalen Existenz« sich im Verborgenen abspielt. Wir könnten das Bewußtsein als die Titelseite einer Zeitung oder den Klappentext eines Buches umschreiben: Was uns bewußt wird, ist lediglich ein kleiner Teil oder ein Endterminus von Prozessen, die (prinzipiell oder nicht) unzugänglich sind (Gregory, 1981). Unser Geist ist geteilt und außerdem alles andere als transparent, das heißt, er ist in vielerlei Hinsicht unzugänglich für Introspektion.

Vernunft, Gefühl und Bewußtsein

Bis einschließlich zum Zeitalter der Aufklärung (18. Jahrhundert) lag die Betonung deutlich auf der Vernunft des Menschen und deren Einheit. Während der Romantik (19. Jahrhundert) entwickelte man dem Gefühlsleben gegenüber ein großes Interesse. Auch diesem wurde eine Einheit unterstellt. Beide Vorstellungen über das »Wesentliche« im Menschen sind einseitig: Wir sind sowohl im Besitz eines Gefühls als auch eines Verstandes, und die Organisation des Gesamten ist wirr.

Ein Mensch ist außerdem alles mögliche gleichzeitig. Er ist sowohl gut als auch böse. Wir können sagen, daß er manchmal sogar mehr umfaßt als eine einzige Person in der klassischen Bedeutung des Wortes. Es ist passender, den Menschen als eine Koalition von Prozessen zu umschreiben, die mitunter entgegengesetzten Interessen dienen, denn als eine Einheit. Unser Geist gleicht einer Collage von Möglichkeiten, die Tiere zum Teil auch haben; es gibt Hinweise, daß wir ein evolutionsbedingtes Sediment divergierender Mechanismen und Belange in uns tragen. Wenn Descartes sagt, das *Bewußtsein* sei unteilbar, hat er unrecht. Bei Hypnose und dem Tourette-Syndrom gibt es unterschiedliche Bewußtseinsorganisationen zur gleichen Zeit. Wenn wir von der Einheit des *Geistes* sprechen, scheint die Situation seinen Gedankengang ebenso wenig zu bestätigen: Unterschiedliche mentale Organisationen und Möglichkeiten können neben- und nacheinander vorkommen.

Nicht nur der Körper ist teilbar, auch unser Geist ist in getrennte Abteilungen untergliedert. Es müssen verschiedene Prozeßtypen voneinander unterschieden werden. Denken ist etwas anderes als das Haben von Gefühlen, Konditionierung ist anders aufgebaut als höhere Lernformen, Phobien sind manchen zufolge aus evolutionsgeschichtlicher Perspektive erklärbar, die Welt des Wortes hat nicht allzuviel zu tun mit der Welt der Tat, Wahrnehmung findet sowohl bewußt als auch unbewußt statt, wir kommunizieren anhand zweier Regelwerke (diskursiv und analog) usw.

Anders ausgedrückt: Wir haben verschiedene Formen psychischer Gespaltenheit besprochen. Eine grobe Kategorisierung, die in der Folge Anwendung finden wird, besteht aus dem Trio: Instinkte, Emotionen und Denkprozesse. Für diese Einteilung werden sowohl biologische als auch psychologische Argumente angeführt werden. Der Verstand ist in der Lage, unzählige Objekte zu benennen oder zu beschreiben. Zu Emotionen haben wir vom Verstand und von unserem Urteilsvermögen her jedoch einen viel geringeren Zugang, und noch weniger wissen wir über Instinkte. Daß wir konditioniert werden, bemerken wir nur anhand zufälliger Beobachtungen (z.B. wenn uns unwillkürlich das Wasser im Mund zusammenläuft). Die Konditionierung selbst ist, wie man sagt, kognitiv nicht penetrabel und auch nicht mit »bewußtem Widerstand« aufzuhalten.

Eine behavioristische Einteilung

Die wichtigsten Strömungen in der Psychologie sind momentan der Behaviorismus, die kognitive Psychologie und die Psychoanalyse. Andere Richtungen wie die Phänomenologie, die humanistische Psychologie und die sogenannte transpersonelle Psychologie haben eine sehr spezielle Anhänger-schaft.

Ein wichtiges Prinzip des Behaviorismus ist, daß viele Verhaltensaspekte von Mensch und Tier auf der Wahrnehmung der *Konsequenzen* beruhen, die das Verhalten hat oder gehabt hat. Einige Passagen aus Crombag (1981) illustrieren diese Sichtweise:

»Wer seine Hand ins Feuer streckt, verbrennt sich und empfindet Schmerz. (...) So funktioniert die physikalische Welt. Wer seine Mitmenschen lieblos behandelt, wird seinerseits nicht besser behandelt werden oder die Gesellschaft anderer entbehren müssen. (...) So funktioniert die soziale Welt. Wer die Welt kennt, weiß, wie er handeln muß, um unangenehme Folgen zu vermeiden und angenehme hervorzurufen. Das ist das, was Menschen tun, und das ist auch gut so, weil sie sonst nicht lange überleben würden.«

Der Mensch hat demnach erfahren, wie die Welt funktioniert, und er stellt sich darauf ein.

Der Behaviorismus ermöglicht Einsichten sowohl in psychische Prozesse (Verhalten) und deren Aufteilung als auch in die Beziehung zwischen unserem Funktionieren und dem von Tieren; dies alles aus evolutionsgeschichtlicher Perspektive (Skinner, 1974; Staddon, 1983). Eine zentrale Stellung nehmen das Lernvermögen ein sowie die Vorstellung, Mensch und Tier seien bei der Geburt mehr oder weniger eine *tabula rasa*.

Dem Behaviorismus zufolge wird das Überleben von Tier und Mensch durch drei Prinzipien oder Reaktionsweisen ermöglicht: Instinkte, operantes Verhalten und intelligentes Verhalten. Instinkte seien primitive, phylogenetisch alte Mechanismen. Sie sorgten dafür, daß Organismen zu essen und zu trinken bekämen, einen Unterschlupf fänden und ähnliches. Es handele sich hier um Verhaltensweisen, die fast als eine Kette von Reflexen betrachtet werden könnten. Ein Reiz aus der Umgebung oder dem eigenen Körper zwinge zum Zeigen eingeschliffener, mechanischer Handlungen, die das gewünschte Resultat erbrächten.

Manchmal kann man die physiologische Basis dafür aufspüren. Bei Fischen sind die Netzhäute der Augen mit Flossen an derselben oder der gegenüberliegenden Körperseite verbunden. Ein Lichtreiz führt dazu, daß eine bestimmte Flosse in Bewegung gerät. Das Resultat ist, daß der Fisch automatisch auf das Licht zuschwimmt bzw. umgekehrt von ihm wegflüchtet. Man nennt derartige starre Verhaltensweisen *Tropismen* (in diesem Beispiel handelt es sich um positive bzw. negative Phototropismen). Solche Mechanismen sind zwingend. Bienen fliegen aus ihrem dunklen Stock zum Licht. Das ist verständlich: Licht kommt in der Regel aus der Außenwelt, wo sich die Nahrung befindet. Man kann die Öffnung eines Bienenstocks mit einer Glasplatte verschließen und an der dunklen Seite eine neue Öffnung machen. Die Bienen werden sich dann gegen die Glasplatte zu Tode fliegen, statt zu bemerken, daß ihr Fluchtweg gerade an der dunklen Seite liegt. Ein Instinkt oder Tropismus sorgt für Anpassung an die Umgebung, paßt sich selbst jedoch nicht an. Ein Instinkt hat kein Lernvermögen. Man kann es auch anders sagen: Instinkte und Tropismen sind nicht sensibel für die Konsequenzen, die das Verhalten hat; die Folgen der Handlungen verändern die Art des Instinkts nicht. Die Natur rechnet gewissermaßen darauf, daß ein Instinkt als festes »Programm« das Überleben fördert. Oft ist das auch so.

Bei höheren Tieren, deren Umgebung hohe Ansprüche an sie stellt, sind Instinkte zur Arterhaltung nicht ausreichend. Das Tier muß imstande sein zu lernen, das heißt, es muß bemerken, daß bestimmtes Verhalten nützliche Konsequenzen hat und anderes nicht. Ein solches Tier wird in erheblichem Maß von den Folgen seines Verhaltens beeinflußt. Sein Organismus muß imstande sein, den Zusammenhang zwischen Verhalten und Folgewirkung in irgendeiner Weise zu erfassen und zu »behalten« (»Verhalten wird gebildet und aufrechterhalten durch die Folgen, die es hat«, so Skinner; seine Abneigung gegen »mentalistische Begriffe« geht so weit, daß er sogar den Terminus »Gedächtnis« für überflüssig hält).

Diese *operante* oder *instrumentelle* Form des Lernens (oder der Konditionierung) ist recht sensibel gegenüber dem Quantum an Zeit, das zwischen dem Verhalten und der Wahrnehmung von dessen Folgen verstreicht. Wenn diese Periode zu lang ist, stellt das Tier keinen Zusammenhang her und lernt demnach auch nichts. Aus diesem Grund wird operantes Verhalten auch als »kurzsichtig« bezeichnet. Es ist auf Veränderungen ausgerichtet, die dem Überleben kurzfristig förderlich sind. Welche Folgen das Verhalten langfristig hat, wird dem Tier nicht bewußt. Vielleicht sind im Lauf der Zeit viele Tierarten (wie Riesenreptilien) ausgestorben, weil sie lediglich über Instinkte verfügten.

Langfristiges Überleben setzt voraus, daß der Organismus nicht nur bemerkt, was die (nahezu) unmittelbaren Konsequenzen eines Verhaltens sind, sondern auch, welche Folgen sich auf Dauer daraus ergeben werden. Crombag nennt dies *intelligentes Verhalten* oder *intelligentes Lernen*. Es beruhe auf Imitation, Instruktion und Argumentation. Intelligentes Verhalten gehe, im Gegensatz zu instinktivem und operantem Verhalten, oft mit bewußten Erwägungen einher. Für einen Behavioristen ergibt sich daraus jedoch nicht, daß intelligentes Verhalten völlig bewußt wäre. Man könne sprechen und sich seines Sprechens bewußt sein, aber daraus folge nicht, daß die Sprache auf regelgeführte Art und Weise gelernt wurde. (Den diesbezüglichen schleppenden Konflikt mit den kognitiven Psychologen lassen wir, um den Faden der Erörterung nicht zu verlieren, außer Betracht.) Gewarnt werden muß vor dem möglichen Mißverständnis, operantes Verhalten sei »dumm« und intelligentes Verhalten »gescheit«. Es geht um zwei unterschiedliche Arten der Problemlösung. Der Unterschied liegt hauptsächlich im Zeitpunkt der Lösung. Diese Spaltung oder schizoide Struktur unseres Verhaltens und verschiedener Lernformen ermöglicht es, eine Reihe von Phänomenen zu verstehen, die in diesem Kapitel beschrieben wurden.

Das Interessante an Menschen und vielleicht auch an einigen Affenarten, denen intelligentes Verhalten vorbehalten zu sein scheint, ist, daß die Kenntnis von Regeln nicht immer bedeutet, daß sie auch befolgt werden. Diese Tatsache paßt zu den Diskussionen über den Zusammenhang zwischen Attitüden und Verhaltensweisen und zwischen Motiv und Tat. Jeder weiß, daß übermäßiger Alkoholkonsum der Gesundheit schadet, aber nichtsdestoweniger wird Alkohol im Überfluß getrunken. Analog dazu gibt es eine große Zahl gesetzlicher Regeln, deren Richtigkeit jedermann einsieht, die aber oft nicht befolgt werden.

Die Diskrepanz zwischen Wissen und Tun wird dem Behaviorismus zufolge dadurch hervorgerufen, daß intelligentes Verhalten der operanten Komponente gegenüber oft »den kürzeren zieht«. Es sei nicht attraktiv, sich in diesem Augenblick den Genuß eines Gläschens zu versagen, weil dadurch in dreißig Jahren die Wahrscheinlichkeit, eine Krankheit zu bekommen, etwas höher ist. Intelligentes Verhalten sei auf die (ferne) Zukunft gerichtet. Der Streit werde oft von dem Lernvermögen gewonnen, das an einer kurzfristigen Belohnung interessiert sei.

Dieser Konflikt äußert sich im täglichen Leben in unzähligen Verhaltensweisen: ohne Schürze kochen und backen, mit vollen Händen treppauf und treppab gehen, losfahren und danach erst die Autobeleuchtung anschalten usw. Ein bedeutsames Beispiel ist auch die Euthanasie. Viele Ärzte haben keine Einwände gegen passive Euthanasie, wobei dem Patienten Nahrung und Flüssigkeit vorenthalten werden. Der Tod durch Aushungern, vornehmlich jedoch durch Verdurstenlassen, tritt dann erst nach Tagen oder sogar Wochen ein. Es sind Fälle von Menschen bekannt, die doch noch aus einem derartigen Koma erwachten und von den scheußlichsten Erfahrungen berichteten (Mitteilung von Prof. B. Smalhout). Aktive Euthanasie dagegen führt direkt zum Tod. Der Zusammenhang zwischen dem Verhalten des Arztes und dem Sterben ist bei passiver Euthanasie undeutlicher. Aus psychologischer Sicht ist passive Euthanasie für den Arzt eine »attraktivere« Situation; er wird sagen, die Natur habe nach einiger Zeit »das Ihre getan«.

Der Konflikt zwischen operantem Lernen und intelligentem Verhalten kann auch in anderen Worten ausgedrückt werden. Ein Mensch lebt in zwei Welten: Er spricht und er verhält sich. Das Sprechen hat mit intelligentem Verhalten zu tun; was wir dagegen tun, beruht oft auf operantem Verhalten. Beispiele des möglichen Konflikts zwischen diesen Verhaltensformen sind nicht nur das Rauchen, das Trinken von Alkohol und die Justiz; man kann auch an die auffallenden

Entscheidungsheuristiken denken, über die wir schon früher in diesem Kapitel einige Bemerkungen machten. Die »unglaubliche Schludrigkeit in der Benutzung verfügbarer und wichtiger Information«, sagt Kalma (1989), ermögliche schnelles Entscheiden, was im Zeichen operanten Verhaltens stehe. Faszinierend jedoch ist, daß diese Strategie, so Kalma, auch dann befolgt wird, wenn überhaupt kein Zeitdruck vorliegt. Selbst wenn uns ausreichend viel Zeit zum Zeigen intelligenten Verhaltens zur Verfügung stehe, mache die operante Komponente oft das Rennen. Die einzige bisherige Erklärung hierfür ist, daß wir dominiert oder sogar beherrscht werden von phylogenetisch alten, in uns erhalten gebliebenen Mechanismen.

Behavioristen sagen, Instinkte, operantes und intelligentes Verhalten seien evolutionsgeschichtlich aufeinanderfolgend entstanden. Sie betrachten den Menschen insoweit als ein »gestapeltes« Wesen, als sich in uns gewissermaßen drei Typen von Organismen befänden: Reptilien, Säugetiere und Primaten. Worte und Taten, Attitüden und Verhaltensweisen paßten oft nicht zusammen, weil sie auf unterschiedlichen Formen des Lernens beruhten, die unterschiedlichen Gesetzen gehorchten. Daß Milgrams Versuchspersonen sagten, sie würden nicht gehorsam sein, könne man nachempfinden. Die »intelligente Komponente« sagte, man solle an solchen Folterversuchen nicht teilnehmen. Die Umsetzung von Worten in Verhaltensweisen bedeute jedoch eine Grenzüberschreitung: Operantes Verhalten sei auf andere Wirkungen ausgerichtet als intelligentes (und moralisch zu verantwortendes) Verhalten.

Diese behavioristische Sicht ist nicht unattraktiv. Ein gutes Beispiel dafür ist die Justiz. Die Gesetzesbücher stehen voll von Regeln, die zum großen Teil auf den Inhalt des Gewissens eines jeden zurückgeführt werden können. Man ist sich darüber einig, daß man nicht stehlen und töten soll. Wenn der Mensch ein intelligentes Wesen wäre, wäre es gar nicht erst notwendig, solche Gesetzestexte schriftlich festzuhalten. Im schlechtesten Fall jedoch müßte die Niederschrift dieser Regeln ausreichend sein. Statt dessen jedoch sind an die Bestimmungen Strafmaße gekoppelt. Offenbar haben rationale und moralische Erwägungen also zu wenig Einfluß auf das Verhalten.

Operante Mechanismen verführen uns zum Übertreten von Regeln, und zur Aufrechterhaltung des Rechtssystems bedarf es der Strafe (einer operanten Technik, also am besten in der Form *schnell* vollzogenen Rechts). Daß das Rechtssystem noch immer wenig von der Psychologie gelernt hat – während die Justiz doch im Wesen nichts anderes ist als angewandte Psychologie oder aber ein System der Verhaltenskontrolle –, zeigt sich an der alten Regel, die noch immer Anwendung findet: »Man ist der Tat nicht schuldig, wenn man keinen schuldigen Geist hat« (siehe Crombag, 1983, 1989b). Dieser Satz verweist auf Begriffe wie Absicht und Schuld. Wer im Augenblick einer Tat an einer »krankhaften Gestörtheit seiner Geistesfähigkeit« litt, wird unzurechnungsfähig genannt und von Strafe im strengen Sinn des Wortes freigestellt. Man kann sich schwerlich dem Eindruck entziehen, daß Psychiater und Richter mitunter etwas rasch die Existenz einer »krankhaften Gestörtheit« beschließen. So ist bei dem Beschuldigten in einem bekannten Entführungsprozeß, der mit Mord endete, eine Dissoziation zwischen Gefühl und Verstand festgestellt worden. Aus diesem Grund wurde der Täter für unzurechnungsfähig erklärt. Eine derartige Spaltung wird gewiß vorgelegen haben. Es ist schwierig, sich vorzustellen, daß man einen Mitmenschen ohne eine derartige Spaltung kaltblütig ermordet, aber das ist noch kein Grund zur Aberkennung der Zurechnungsfähigkeit.

Die juristische und die psychiatrische Welt scheinen die Bedeutung von Rationalität und Bewußtsein zu überschätzen. Das in diesen Kreisen gepflegte (cartesianische) Menschenbild bewertet die Rolle des Bewußtseins und die Macht intelligenten Verhaltens zu stark. Man scheint von der unrichtigen Vorstellung auszugehen, unser Geist bilde eine Einheit und Verhalten werde hauptsächlich von der Bewußtheit weit in der Zukunft gelegener Konsequenzen beherrscht.

Zu allem Unglück plädieren manche Juristen und Politiker auch noch dafür, Strafen abzuschaffen: Die Menschheit würde in sittlicher Hinsicht zu großen Höhen gelangen können, indem man eine »Mentalitätsveränderung« predige. Das ist Unsinn. Wir sind nicht imstande, einen Großteil unseres Gehirns außer Kraft zu setzen oder die Geschwindigkeit der Evolution zu beeinflussen. Eine Mentalitätsveränderung würde implizieren, daß das intelligente Verhalten das operante Verhalten beherrscht. Das wird vorläufig nicht so sein. Außerdem funktionieren Strafen ausgezeichnet, wenn sie nur *schnell* verabreicht werden. Das kurzsichtige operante System ist dadurch stark zu beeindrucken.

Das Schöne an der behavioristischen Denkungsart ist die Klassifizierung des Verhaltens in verschiedene Formen des Lernens sowie die These, daß drei Typen von Verhaltensweisen ein phylogenetisch unterschiedliches Alter hätten.

Das bringt uns zu der Frage, wie sich die Evolution vollzieht, wie unser Gehirn gebaut ist und was seine wichtigsten Funktionen sind.

4. Evolution und Zentralnervensystem

Bereits Aristoteles hat die Menschen sowohl anatomisch als auch bezüglich ihres Verhaltens mit Tieren verglichen, jedoch keine Schlußfolgerungen hinsichtlich einer eventuellen evolutionsgeschichtlichen Verwandtschaft gezogen. Nach Aristoteles ist die Seele des Menschen dreigegliedert, und zwar in Stoffwechsel, in Bewegung sowie in Wahrnehmung und Denken. Tiere können nicht denken. Sie unterscheiden sich wesentlich vom Menschen, weil es bei ihnen, so Aristoteles, keine Kontinuität in der Entwicklung der Aspekte der Seele gebe.

Diese sogenannte *Homologie* begann mit der Anatomie; viel später wurde dieser dann die vergleichende Physiologie hinzugefügt. Anfänglich beschäftigte man sich vornehmlich mit dem Knochenbau. Die Gebeine des Menschen sind denen vieler Tiere ähnlich. Der Entwurf des Skeletts erscheint universal: Wir unterscheiden eine Wirbelsäule, Rippen, Schädel, Zehen und Finger. Alle Wirbeltiere sind Variationen desselben Themas.

Buffon wies in seiner *National History* aus dem Jahr 1797 auf Übereinstimmungen zwischen dem Menschen und dem Pferd hin. Er schreibt:

»Der Körper eines Pferdes beispielsweise unterscheidet sich auf den ersten Blick stark vom menschlichen Körper. Wenn wir jedoch Teil für Teil miteinander vergleichen, überrascht nicht die Unterschiedlichkeit, sondern es ergibt sich eine erstaunliche Übereinstimmung. Man nehme das Skelett eines Menschen, beuge das Becken nach unten, verkürze die Kno-

chen von Armen und Beinen, verlängere die der Hände und Füße, setze die Knöchel der Hand und die des Fußes gegeneinander, mache die Kiefer und die Wirbelsäule länger, und das Skelett gleicht nicht mehr dem eines Menschen, sondern dem eines Pferdes.«

Das Anstellen derartiger Vergleiche bedeutet jedoch nicht, daß man auch weiß, auf welche Weise man sich die eventuellen historischen Verwandtschaftsbeziehungen zwischen Mensch und Tier vorzustellen hat.

Veränderungen

Der weitverbreitete Glaube an den Unterschied zwischen Materie und Geist (Plato, das Christentum und Descartes) hat dafür gesorgt, daß das Ziehen von mehr als oberflächlichen Parallelen zwischen Mensch und Tier lange Zeit hindurch als verderbt galt. Tiere durften vom 17. Jahrhundert an als Maschinen betrachtet werden (dies geschah auf Betreiben von Descartes), der Mensch dagegen hatte eine immaterielle Seele, die den Kern seines Wesens bildete und die ihm eine Stellung außerhalb des Tierreiches gab.

Als die katholische Kirche Machtmittel wie die Inquisition endgültig verloren hatte und auch die calvinistischen Geistlichen sich nicht mehr jedermann gefügig machen konnten, bekamen Andersdenkende freie Hand. In der Materie-Geist-Diskussion wurden extreme Standpunkte entwickelt, und zwar der materialistische und der idealistische Monismus (Kapitel 1). Nach Auffassung der Materialisten funktioniert nicht bloß der Körper mechanisch, dasselbe gilt bei ihnen auch für psychische Prozesse. Unser »Seelenleben« wurde als ein Produkt des Gehirns aufgefaßt, dem kein eigener Status zukam. Andere stellten den Begriff *Geist* in den Mittelpunkt. Dabei ergibt sich ein feiner Unterschied zwischen dem psychischen Monismus und dem Idealismus. Dem psychischen Monismus zufolge ist die Wirklichkeit im wesentlichen geistiger Art. Diese Auffassung kann gegebenenfalls zu einem statischen Weltbild führen: Nur Geist gebe es und habe es gegeben, und dieser verändere sich nicht. Der Idealismus sieht ebenfalls das Primat des Geistes. Dieser drücke sich nicht allein in Materie aus, sondern wachse zugleich und strebe nach Perfektion. Der Idealismus kann bis zu einem gewissen Grad als »dynamischer« psychischer Monismus aufgefaßt werden. Ein wichtiger Unterschied zwischen Materialismus, Idealismus und Evolutionstheorien einerseits und dem christlichen Denken andererseits ist, daß sich Bibelinterpretationen zufolge seit der Schöpfung angeblich nichts mehr mit Pflanzen, Tieren und Menschen ereignet hat.

Die wichtigste Veränderung um das Jahr 1800 ist gewesen, daß die statische »große Kette des Seins« (ein platonischer Begriff) und die *scala naturae* (die Leiter der Natur; Aristoteles) durch die Vorstellung ersetzt wurden, daß die Natur nicht dieselbe bleibe. Lebensformen glichen einander nicht nur, sie hätten auch in historischer Perspektive miteinander zu tun. Zusammengefaßt läßt sich sagen: Das Vergleichen von Formen, das Aufkommen der Paläontologie und der schwindende Einfluß des christlichen Denkens führten zu Hypothesen über Verwandtschaft zwischen Tieren untereinander sowie zwischen Mensch und Tier.

Das Wort »Biologie« als Umschreibung des Studiums des Lebens im allgemeinen wurde erst 1800 zum ersten Mal verwendet (Coleman, 1984). Vor 1800 beschäftigte man sich in der Hauptsache mit dem Bau der Pflanzen. Der deutsche Naturalist Treviranus umschrieb die Biologie 1802 als das Studium des Entstehens von Lebensphänomenen. Man hatte davor zwar Vorstellungen über Evolution (entsprechende Äußerungen sind bereits von Empedokles bekannt), aber ausgearbeitete Hypothesen über den die Evolution beherrschenden *Mechanismus* kamen erst gegen Ende des 18. Jahrhunderts und im 19. Jahrhundert auf (einige Namen sind Buffon, Lamarck, Hering, Häckel, Butler, Darwin und Semon). Hierbei hat auch die Sprachwissenschaft eine Rolle gespielt. Im Jahr 1786 schrieb der Orientalist William Jones, daß das Sanskrit, das Griechische und das Lateinische gemeinsamer Abstammung sein müßten. Derartige Vorstellungen über Verwandtschaft haben auch die Biologie beeinflußt.

141

Wenn der Begriff Natur weit gefaßt wird – und das tat man sowohl unter dem Einfluß des materialistischen als auch des idealistischen Denken –, darf es keinen prinzipiellen Unterschied zwischen belebter und unbelebter Materie geben. Ein wichtiger Einschnitt ist das Jahr 1828 gewesen, als es gelang, den organischen Stoff Urea aus anorganischem Material zu gewinnen. Hieraus schien sich zu ergeben, daß belebte Materie prinzipiell aus unbelebter Materie entstehen kann.

Zwei Traditionen

Im Zusammenhang mit Meinungen und Diskussionen über die Herkunft des Menschen müssen wir noch einmal kurz auf das Aufkommen des Materialismus im 18. Jahrhundert zurückkommen. Die Situation ist nämlich kompliziert. Zwei Denktraditionen gilt es dabei zu unterscheiden: den Materialismus als allgemeine Philosophie und die Neigung, den menschlichen Geist mechanistisch zu beschreiben (Thyssen, 1982). Materialismus und Mechanizismus sind jedoch nicht dasselbe.

Für manche Denker war der Dualismus von Materie und Geist mit dem Gedanken vereinbar, daß es an mechanische oder chemische Gesetze erinnernde Assoziationsgesetze gebe. Psychische Prozesse seien »geistig«, *funktionierten* jedoch vergleichbar den Gesetzen in der unbelebten Natur, etwa denen der Mechanik. Manche dualistischen Denker scheuten naturwissenschaftliche Parallelen somit nicht. Dem steht gegenüber, daß es Materialisten gegeben hat, die keine mechanistischen Modelle psychischer Prozesse konstruierten. Wir können die folgende grobe Einteilung vornehmen:

Die englische Tradition faßte psychische Prozesse analog zur Physik und Chemie auf. So wie die materielle Wirklichkeit aus Atomen aufgebaut sei, die einander nach mechanischen Gesetzen anzögen und abstießen, so bestünde unser Geist aus Elementen (*ideas*), die im Gegensatz zueinander stünden (stehen könnten) oder einander anzögen. Man nennt diese Bewegung die *mentale Mechanik*. Später folgte die *mentale Chemie*. Die Elemente der Erlebenswelt verschmölzen oft zu komplexeren Ganzen mit Eigenschaften, die nicht aus ihren Bausteinen hergeleitet werden könnten (so wie Wasser etwas anderes sei als 2H + O).

Wir müssen hierbei beachten, daß es einen großen Unterschied gibt zwischen einem *Modell* des psychischen Funktionierens und der These, der menschliche Geist *sei* materiell und bestehe aus »Atomen« (*ideas*). Die materialistische Sicht erregte natürlich großen Zorn bei den Theologen. So erstattete Kaplan Richard Bentley 1692 Bericht von einer »unsinnigen Meinung der Gottesabtrünnigen, mit der sie behaupten, daß die leblosen und mit keinem Gefühl begabten Unteile [Atome, P.V.] dergestalt gegeneinanderstoßen könnten, daß sie dadurch Leben und Vernunft untereinander erweckten« (in: Bentley, 1741).

Die französische Tradition dachte nicht so sehr in naturwissenschaftlichen Begriffen, sondern ließ sich vor allem von der Technologie jener Zeit inspirieren. Viele waren von Puppen und Robotern beeindruckt, die durch die Kraft von Dampf und Luft schreiben, musizieren und ähnliches konnten. Es zeigte sich, daß unbelebte Materie Leistungen erbringen konnte, die von menschlichem Verhalten kaum zu unterscheiden waren. Man sah deshalb keinen Grund (mehr) anzunehmen, daß der Mensch zur Äußerung von Verhalten einen unstofflichen Geist benötige.

Die Folge war, daß der Mensch sowohl körperlich (Descartes) als auch geistig als Materie aufgefaßt wurde, welche nach mechanischen Prinzipien funktionierte. Descartes' *bête-machine*-Doktrin wurde ersetzt durch die *l'homme-machine*-Doktrin von u.a. Lamettrie (der sich selbst übrigens widerspricht, aber darauf gehen wir hier nicht weiter ein; siehe Verbeek, 1988). Jedenfalls war die französische Denkungsart in sich konsequent.

In der deutschen Denktradition sind Goethe und Häckel (1984) einflußreiche Autoren gewesen. Vor allem Häckel war sehr bekannt. Sein philosophischer Hintergrund bestand aus einer Mischung von Spinozismus und Idealismus. Spinoza zufolge gehören Materie und Geist nicht zu getrennten Welten. Es sind zwei Aspekte oder Attribute ein und derselben Substanz (*deus sive natura*; Gott beziehungsweise die Natur). Häckel war gleichzeitig vom Idealismus beeinflußt. Die Natur sei dynamisch und fortwährend in Entwicklung begriffen. Sie ist Häckel zufolge Bestandteil eines »alles umfassenden göttlichen Weltwesens«. Was die Evolution angeht, meinte Häckel, daß Lamarck »den einzigen Weg für eine richtige Lösung« aufgezeigt habe.

Diese Perspektivwechsel (Materialismus und Idealismus) machten Vergleiche zwischen Mensch und Tier naheliegend. Die Evolutionstheorien führten naturgemäß zum Entstehen der vergleichenden Psychologie, das heißt der Frage, was man vom menschlichen Verhalten verstehen kann, indem man das Verhalten von Tieren zum Ausgangspunkt nimmt.

Evolutionstheorien

Das Wort Evolution bedeutet, daß die (belebte) Natur sich entwickelt. Das widerspricht dem christlichen Standpunkt, daß alle Lebensformen seit Anbeginn der Schöpfung unverändert bestehen. Verschiedene weit verbreitete Mißverständnisse müssen hier aus dem Weg geräumt werden.

Evolution impliziert nicht von vorneherein, daß man einem materialistischen Standpunkt anhängt. Man kann die Evolution als eine Entwicklung von »Geist« sehen. Aus dem Begriff folgt auch nicht, daß Tiere voneinander abstammen und daß der Mensch von tierischer Herkunft ist.

Darwins Theorie wurde vor allem von seinen Nachfolgern materialistisch interpretiert (dies in einem Ausmaß, das Darwin selbst nicht gerecht wurde). Die Evolution sei blind und kenne kein Ziel. Die Lehrbehauptungen von Darwins Vorgänger Lamarck waren mehr mit dem Idealismus verwandt: Die Evolution sei zielgerichtet und entwickle sich nach einem bestimmten, kontinuierlichen Grundmuster weiter. Hieraus ergebe sich, daß unterschiedliche Lebensformen zum Teil eine gemeinsame Geschichte hätten.

Weiter kann Evolution als ein in Sprüngen verlaufender

oder aber als kontinuierlicher Prozeß aufgefaßt werden. Das ist eine unbequeme Fragestellung, weil es kein einhelliges Kriterium gibt, anhand dessen zwischen diesen Möglichkeiten entschieden werden könnte. Schließlich steht nicht fest, wann eine Veränderung als Sprung bezeichnet werden muß und wann nicht.

Eine dritte Frage ist, ob die Evolution integrierte Produkte hervorbringt oder ob Strukturen und Funktionen mehr oder weniger übereilt aufeinander»gestapelt« werden. Letzteres könnte bedeuten, daß, abgesehen von primitiven Strukturen, auch primitives Verhalten erhalten bleibt und an höhere Tiere und den Menschen weitergegeben wird.

Schließlich beruhen alle Evolutionstheorien auf einer Interpretation der paläontologischen Geschichte. Auf der Basis von Experimenten ist es noch nie gelungen, endgültig zu entscheiden, welches Modell am besten zur Wirklichkeit paßt. Dieses Problem wird u. a. von Linschoten (1964) in Nachfolge des Biologen G. G. Simpson aufgegriffen.

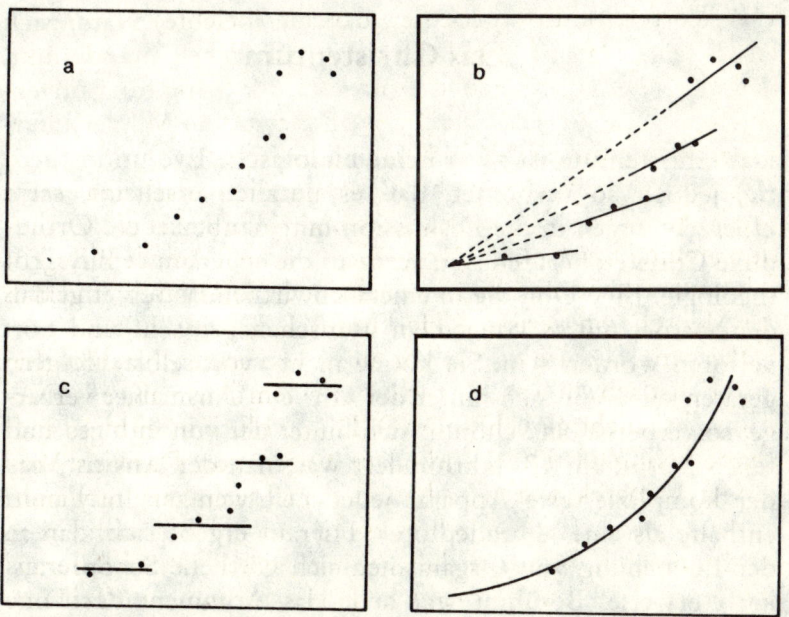

Abbildung 3. Ein einziger Sachverhalt und drei Evolutionstheorien (Linschoten, 1964).

In Abbildung 3 a bedeutet die horizontale Achse die Zeit, auf der vertikalen Achse steht die Größe von Fossilien. Die Punktewolke ist nicht ungeordnet, aber in welcher Weise muß man die Fakten interpretieren? Abbildung b ist eine Wiedergabe der Theorie, daß Evolutionsprozesse geradlinig verlaufen. Die Ansammlung von Fossilien habe einen gemeinsamen Hintergrund, doch entwickelten sich die Tiere anschließend in gesonderte Richtungen. Abbildung c symbolisiert sprunghafte Veränderung: Nachdem Lebensformen eine bestimmte Zeit hindurch auf eine bestimmte Weise und auf einer bestimmten Ebene funktioniert hätten, erfolge ein »Quantensprung«. Abbildung d zuletzt verdeutlicht, daß die Fakten auch in die Vorstellung passen, die Evolution steuere in einer Exponentialfunktion auf die Bildung immer komplizierterer Wesen zu. Für alle Interpretationen in diesem Beispiel lassen sich Argumente anführen. Demnach herrscht auch in der theoretischen Biologie keine Einstimmigkeit.

Das Christentum

Das Christentum ist zwar keine biologische Evolutionstheorie, jedoch so verbreitet, daß es nützlich erscheint, seine Überzeugungen in die Diskussion miteinzubeziehen. Orthodoxe Christen berufen sich gern auf die sogenannte Physikotheologie. Eine Uhr, die in einem unwirtlichen Gebiet gefunden werde, müsse von einem Menschen gemacht und dort verloren worden sein. Sie könne nicht »von selbst« dorthin geraten sein. Wie sich hinter der Uhr ein Uhrmacher verberge, so verberge ein Schöpfer sich hinter der von ihm geschaffenen Natur. Im 17. Jahrhundert war man der Ansicht, daß der komplizierteste Apparat jener Zeit weniger Intelligenz enthalte als eine »Hundepfote«. Hieraus ergebe sich, daß an der Entstehung von Organismen sich göttliche Schöpfungskraft erweise. Berühmt war auch das Argument der Fortpflanzung. Ein gewisser Thomas Brown hat hierüber Passagen verfaßt, deren Tendenz man heutzutage in Diskussionen über die Vergleichbarkeit von Menschen mit Computersystemen wiederfindet.

»Sie behaupten, Tiere seien nicht weniger Maschinen als Uhren. Dann wage ich dafür zu halten, daß, wenn Sie eine gewisse Maschine, genannt Rüde, und eine andere Maschine, genannt Hündin, in ein und dasselbe Zimmer lassen, ein drittes Maschinchen aus ihrem Beisammensein hervorgehen wird; dagegen mögen Sie zwei Uhren so lange beieinanderhalten, wie Sie leben, ja, wenn Sie möchten, bis zum Tag des Jüngsten Gerichts, und sie werden nie zusammen eine dritte Uhr hervorbringen.«

Nach christlicher Auffassung teilt der Mensch mit dem Tier Emotionen und Instinkte, doch habe Gott uns »etwas darüber hinaus« gegeben, und zwar in Form einer Seele. Evolution gebe es nicht. Die Wirklichkeit sei irgendwann erschaffen worden, danach seien keine neuen Arten mehr entstanden.

In der Biologie findet man diese Denkungsart unter anderem in der monumentalen Inventarisierung *Systema Naturae* von Linné aus dem Jahr 1735 wieder. Abgesehen vom Menschen besteht laut Linné die Natur aus zwei Reichen, und zwar dem der Pflanzen und dem der Tiere. Diese Reiche dürften nicht miteinander in Beziehung gebracht werden, weil Tiere ein Wahrnehmungsvermögen besäßen und Pflanzen nicht. Das ist ein Argument derselben Art, wie Aristoteles es bereits anführte (vgl. den Anfang dieses Kapitels).

Manche christlichen Wissenschaftler behaupten, physische Konstanten entsprächen nicht »einfach so« bestimmten Werten, die »zufälligerweise« Leben ermöglichten, sondern diese Konstanten seien genau auf das Leben zugeschnitten. Der Kosmos als Ganzes sei gemacht, damit auf der Erde Leben möglich sei. Ein Beispiel seien die Eigenschaften des Wassers. Die Oberflächenspannung des Wassers sei hoch, und seine maximale Dichte liege bei vier Grad Celsius. Warum wohl? Dank der hohen Oberflächenspannung habe Wasser kapillare Kräfte, wodurch der Boden, der für das Leben zu Lande wesentlich sei, Früchte trage und bewohnbar werde.

Daß Wasser seine größte Dichte bei vier Grad habe, widerspiegele ebenfalls einen tiefsinnigen Gedanken des Schöpfers.

Wenn die größte Dichte bei null Grad läge, würden Flüsse und Seen bis auf den Boden gefrieren. Die Konsequenz wäre, daß kein Leben entstehen könnte. Vielerorts in der Welt wäre alles Leben dann innerhalb eines Jahres tiefgefroren und getötet. Die maximale Dichte bei einer relativ hohen Temperatur dagegen sorge dafür, daß Wasser von vier Grad zu Boden sinke. Dadurch gefröre nur die Oberfläche und würden Lebensformen zwar vorübergehend mit einer Eisschicht bedeckt, jedoch nicht vernichtet. (Man umschreibt Gedanken dieser Art gegenwärtig als »Gaia-Theorie«.)

Lamarck und dessen Erben

Dem aristotelischen (und christlichen) Denken zufolge besteht die Wirklichkeit aus einer *scala naturae*, die sich von den Mineralien über die Pflanzen, die Tiere und den Menschen bis hin zu den Engeln und letztendlich zu Gott selbst erstrecke. Lamarck goß diese Vorstellung in eine Evolutionstheorie. Man kann sein Evolutionsmodell als ein System von Linien beschreiben. Das Leben beginnt in der Form von Einzellern. Alle Lebensprozesse spielen sich in einer einzigen Zelle ab. In der Folge teilt sich der Organismus. Spezialisierte Aufgaben werden von eigenen Zellen und Zellgruppen verrichtet. Auf die Dauer entstehen Lebern, Herzen, Nieren usw.

Die Kommunikation im System verläuft in erster Instanz auf chemischem Wege (Hormone) und/oder wird von einem diffusen, primitiven und oft leiterförmigen Nervensystem versorgt, das sich durch den gesamten Körper erstreckt. Bei höheren (und späteren) Tieren spezialisiert sich das Nervensystem in gesonderte Strukturen, ausgehend von der Differenzierung des Kopfes (Gehirn) und Schwanzes (Rückenmark). Im allgemeinen werden, je komplexer ein Wesen ist, immer mehr Aufgaben und Funktionen lokal ausgeführt.

Lamarcks Vorstellungen stimmen in groben Zügen mit Abbildung 3 d überein. Ein Organismus hätte demnach die vorhergegangenen evolutionären Stadien in sich aufgenommen, theoretisch bis einschließlich zu den Einzellern. Hieraus würde folgen, daß Menschen mit allen Lebensformen in der Fauna in Beziehung stehen. Wir wären dann zusammengepackte Natur oder Wesen, die eine lange Vorgeschichte in sich tragen.

Die Evolution geht nach Lamarck immer weiter. Ihm zufolge gibt es eine Linie, die gegenwärtig beim Menschen endet, aber sowohl vor als auch nach dem Augenblick, an dem der Anfang »unserer« Linie entstand, habe sich Leben entwickelt. Ein Hund sitze gewissermaßen irgendwo auf einer Linie, die auch bei Einzellern begonnen habe und die zur Zeit mit dem »Hund« ende. Auch diese Linie werde sich weiterentwickeln oder fortsetzen. Ein wichtiges Merkmal dieser Linien sei, daß alte Information bis zu einem gewissen Grad erhalten bleibe. Das gelte sowohl für die Anatomie als auch für das Verhalten.

Lamarcks Auffassungen lassen sich aus der idealistischen Naturphilosophie zu Beginn des 19. Jahrhunderts sehr gut verstehen. Lehrmeinungen von Philosophen wie Schelling, Fichte und vor allem Hegel zufolge ist das Materie-Geist-Problem insofern lösbar, als der Geist das Primat habe. Materie sei »verdichteter Geist«. Der universelle Geist entfalte sich langsam, aber sicher zu einer großen Zahl aufeinanderfolgender Lebensformen. Jeder Organismus sei eine »Idee« des sich entwickelnden Geistes. Weil dieser »Weltgeist« eins sei, seien die aufeinanderfolgenden Ideen miteinander verbunden: In der belebten Natur herrsche Kontinuität. Was existiere, werde zu gegebener Zeit in eine komplexere Organisation aufgenommen werden. Auf biologischer Ebene folgt hieraus, daß (erworbene) Eigenschaften und Merkmale irgendwie erhalten bleiben und weitergegeben werden.

Der Lamarckismus beruht auf einer antropomorphen Argumentation: So wie das Gehirn durch sinnliche Erfahrung lerne, so verändere sich auf Grund von Erfahrungen und Bestrebungen auch die genetische Ausrüstung. Mentale Prozesse werden also auf biologische Gesetze projiziert (Jacob, 1982). Wenn wir Lamarck beim Wort nehmen, ist es nicht so, daß erworbene Merkmale ohne weiteres erblich werden. Lamarcks Argumentation war subtiler. Ein Tier wünsche oder hoffe, in den Besitz eines neuen Organs zu kommen, und dieses *Streben* führe dann zu einer biologischen Veränderung, die anschließend weitergegeben werde. Im 19. Jahrhundert ist diese Auffassung auch bei Butler (1878) und Häckel (1984) zu finden. Heutige Vorstellungen von Teilhard de Chardin (1965) sind ebenfalls hiermit verwandt.

Auf anatomischem Gebiet wurde bereits auf Phänomene hingewiesen, die Lamarcks Ansatz entgegenkommen. Wir geben Beispiele phylogenetisch alter Strukturen im menschlichen Körper.

Im Hals befindet sich Kiemengewebe, das sich mitunter teilt und dann zur Bildung gutartiger Geschwulste (*branchiogener Zysten*) führt. Zwischen den Schneidezähnen und der Nasenhöhle verläuft eine dünne Röhre (*Canalis incisivus*), welche die Mundhöhle mit dem Riechorgan verbindet. Bei niederen Tieren ist diese Röhre besser entwickelt; sie sorgt dafür, daß das Tier während des Essens riechen kann. Zwischen der Schilddrüse und der Mundhöhle befindet sich eine weitere beim Menschen funktionslose Röhre (*Ductus thyreoglossus*). Die Frau hat im Embryonalstadium eine Milchleiste, die die Entwicklung von sechs Brüsten ermöglichen könnte. In der Hand befindet sich oft eine Sehne, die nur an einer Seite festgewachsen ist (*Musculus palmaris longus*). Bei Affen dagegen hat diese Sehne noch eine Funktion. Dasselbe gilt für eine Sehne in der Ferse, ganz in der Nähe der Achillessehne (*Musculus plantaris*), und für eine Schlagader auf dem Fußrücken, die nicht mehr alle Menschen besitzen (*Arteria dorsalis pedis*). Der Appendix und das Steißbein haben überhaupt keinen Sinn, und so ließe sich fortfahren. Beim Bau einer neuen Art bleiben gut funktionierende Systeme erhalten, aber das Procedere insgesamt ist in gewisser Weise nachlässig. Die Anatomie wird bei großen Veränderungen nicht gut »bereinigt«.

Anatomische Veränderungen haben oft auch Auswirkungen auf die Funktion anderer Körperteile, jedoch verläuft die eine Veränderung längst nicht immer parallel mit der anderen. Wir geben einige Beispiele ruckweiser Entwicklungen in der Anatomie des Menschen.

Aus unbekannten Ursachen schrumpft der menschliche Unterkiefer. Die dazugehörige zahlenmäßige Verringerung der Zähne hält mit diesem Prozeß jedoch nicht Schritt; daher die Not, die viele Menschen mit ihren Weisheitszähnen haben, für die nur mehr unzureichend Platz zur Verfügung steht.

Faszinierend sind auch das Gehen und das Stehen. Irgendwann versetzte der Neocortex uns in die Lage, aufrecht zu gehen. Dank des aufrechten Ganges haben wir buchstäblich und im übertragenen Sinne freie Hand bekommen zur Manipulation von Objekten und zur Herstellung von Artefakten wie Kleidung, Gerätschaften und Behausungen. Unser Körper war zu der Zeit noch nicht recht für diese Art der Fortbewegung ausgerüstet. Das ist noch immer der Fall, was sich an einer großen Zahl entsprechender Phänomene und Defekte erweist.

Die Wirbel des untersten Teils des Rückens werden zu schwer belastet. Das führt auf Dauer zu »Verschleiß« und Schmerzen, wie sie vielen Menschen nur allzu gut bekannt sind. Auch der Oberschenkelhals ist von einer Konstruktion, die besser zu einem Vierfüßler paßt. Dieser relativ dünne, den Oberschenkelschaft mit dem Oberschenkelkopf verbindende Knochen ist zu schwach entwickelt, was sich anhand vielfach auftretender Brüche bei alten Menschen zeigt (solche Frakturen werden oft fälschlicherweise als »gebrochene Hüfte« bezeichnet). Auch unsere niedersten Untertanen sind dem Stehen und dem aufrechten Gang nicht recht gewachsen (Plattfüße).

Weiterhin ist allgemein bekannt, daß vor allem Schwangere oft Probleme mit Krampfadern bekommen. Das kommt, weil die Frucht, die Fruchtblase und das Fruchtwasser neun Monate lang Druck auf die im Becken liegenden Blutgefäße ausüben, welche das Blut aus den Beinen abführen. Druckerhöhung in den Blutgefäßen der Beine ist die Folge, was zu Ausstülpungen (Krampfadern) führt. Anatomisch gesprochen müßte, genau wie bei anderen Säugetieren, die Frucht sich auf die Bauchwand stützen, was beim Gehen auf Händen und Füßen der Fall wäre (man denke auch an Affen).

Auch unser Kopf kann an dieser Stelle miteinbezogen wer-

151

den. Entzündungen in den Schädelhöhlen werden von der Tatsache begünstigt, daß das Drainagesystem auf eine horizontale Kopfhaltung berechnet ist. Schließlich ist bekannt, daß die Todesursache für viele (ältere) Menschen ein Riß der *Arteria basilaris* im Gehirn ist. Man hat festgestellt, daß der Blutdruck in dieser Arterie wegen des aufrechten Ganges viel höher ist als der Druck, auf den die Wandung des Blutgefäßes ausgelegt ist.

Welche Schlußfolgerungen dürfen aus dem Vorhandensein phylogenetischer Reste gezogen werden? Anatomische Rudimente können in jedem Fall als ein Indiz dafür betrachtet werden, daß die Natur beim Bau von etwas Neuem auf bereits vorhandenes Material zurückgreift. Das ist eine allgemein akzeptierte Vorstellung. Solcherart gelangen Reste nicht mehr existierender Wesen oder anderer Tiere unter anderem in den Menschen.

Eine ganz andere Frage ist jedoch, ob – abgesehen von der völligen oder teilweisen »Weitergabe« von Strukturen – auch Gesetze und *Informationen* erhalten bleiben. Letzteres berührt die Theorie von Lamarck. Seine Hypothese, daß Informationen weitergegeben werden bzw. daß die Natur ein Gedächtnis hat, steht nicht in Übereinstimmung mit dem Neodarwinismus.

Im vergangenen Jahrhundert hatte Lamarck recht viele Mitstreiter. Ein Teil seiner Vorstellungen findet sich wieder im Werk des Physiologen und Psychologen Ewald Hering, bei Ernst Häckel und in den Schriften von Samuel Butler, der ziemlich viel Einfluß auf die englische Evolutionsbiologie um 1900 hatte. Ein gekürztes Zitat aus einem seiner Werke spricht Bände:

»Das einzige, dessen ich mir sicher bin, ist, daß der Unterschied zwischen der organischen und der anorganischen Welt arbiträr ist, daß es (...) vernünftiger ist, jedes Molekül als ein Lebewesen aufzufassen. (...) Was wir die anorganische Welt nennen, muß als etwas betrachtet werden, das bis zu einem gewissen Grad lebt, das eine Form von Bewußtsein hat, einen Willen und eine Fähigkeit zu handeln« (Butler, 1880).

Dies ist ein Höhepunkt idealistisch-lamarckianischen Denkens. Derartige Vorstellungen hatten auch Einfluß auf die Entwicklungspsychologie. Am Ende des 19. Jahrhunderts meinte J. M. Baldwin, daß die Erfahrungen, die das Individuum sammle, die Entwicklung der Art mitbestimmten. Auch der heutige Entwicklungspsychologe Jean Piaget gehört in etwa zu dieser Tradition (Nossent, 1986). Der Untergang des Lamarckismus erklärt sich unter anderem daraus, daß es sich hierbei um organizistisches Denken handelt (siehe Kapitel 1), eine Basismetapher, die vom Mechanizismus überflügelt wurde.

Darwin

Darwins Evolutionstheorie ist natürlich die wichtigste. Darwin kam auf seine Vorstellungen, indem er künstliche Selektion zum Beispiel nahm. Pflanzen werden von alters her gezüchtet und gekreuzt, indem man sich bestimmte von Natur aus auftretende Unterschiede zunutze macht. Darwins Theorie ist von solchen agronomischen Eingriffen inspiriert.

Ein Unterschied zwischen Darwin und Lamarck ist, daß Darwin einen etwas materialistischeren Einschlag hatte. Abgesehen davon glaubte er, daß viele Veränderungen in der belebten Natur vom Zufall bestimmt würden. Die Natur ist seiner Meinung nach nicht auf dem Weg zu einem erhabenen Endpunkt, sondern entwickelt sich einfach drauflos. Man müsse sich die Evolution nicht als ein System von Linien vorstellen, welche in eine bestimmte Richtung gingen, sondern als einen grillenhaft verästelten Baum. Irgendein Seitenzweig an dessen Spitze symbolisiere den Menschen. Hieraus ergebe sich, daß man nicht so ohne weiteres etwas über unsere Herkunft sagen könne. Außerdem könne von einer Weitergabe von Wissen oder Erfahrung auf biologischem Wege nicht die Rede sein.

Veränderungen in der Umgebung werde durch Variation und Selektion begegnet. Die Variation sei blind; die Natur selektiere die am besten angepaßten Exemplare. Das Endergebnis, das heißt die einer Art eigene Ausstattung an Eigenschaften, werde von der Frage bestimmt, inwieweit die Variation den durch die Umgebung gestellten Anforderungen habe entsprechen können. Dieser Prozeß insgesamt habe keine Richtung.

Arten hätten insofern einen gemeinsamen Hintergrund, als Verhaltensweisen, die eine Art mit anderen Arten teile, zu Beginn der Evolution zustande gekommen und seither erhalten geblieben seien. Einzigartiges Verhalten dagegen sei kennzeichnend für eine Art, die sich von ihren Vorgängern abgesondert habe. Hierbei könne an die menschliche Sprache gedacht werden. Eine punktuelle Übereinstimmung zwischen Lamarck und Darwin ist, daß beide die Evolution als einen allmählichen Prozeß betrachten, der sich in jeweils kleinen Schritten vollzieht.

Jedoch muß gesagt werden, daß die Neodarwinisten sich mehr von Lamarck unterscheiden als Darwin selbst. Das zeigt sich an folgendem Zitat aus Darwin (in: Butler, 1878).

»Wir dürfen sicher sein, daß in jedem lebenden Wesen eine große Zahl alter Eigenschaften ruht, die unter bestimmten Umständen wieder zutage treten werden. Was haben wir uns (...) unter der Kraft vorzustellen, die dafür sorgt, daß diese alten Merkmale erneut zum Leben erwachen?«

Butler fragt sich, ob Darwin anstelle von »Merkmalen« nicht besser von »Erinnerungen« hätte sprechen sollen. Vielleicht hat er das auch gemeint. Weiter wird gesagt, daß Darwin gegen Ende seines Lebens mehr von Lamarck hielt als zu der Zeit, als er sein Hauptwerk schrieb; darin wird *acquirement by habit* in jedem Fall verworfen.

Wie bereits angedeutet, ist ein Problem aller Evolutionstheorien, daß sie auf Geschichtsschreibung beruhen. Experimentelle Forschungen bezüglich der lamarckschen Vorstellungen haben wenig erbracht, oder sie sind umstritten. Auch in bezug auf Darwins Theorie ist es selten gelungen zu zeigen, daß Variation und Selektion die Evolution bestimmen. Man kann zwar Variationen durch genetische Manipulation schaffen, aber daraus folgt nicht, daß die Evolution ebenfalls auf diese Art verläuft. Man denke hierbei auch an die von uns genannten Beispiele aus der Psychologie: Die Konditionierbarkeit von Verhalten bedeutet nicht, daß dieses Verhalten auch tatsächlich konditioniert ist; eine Summe kann auf verschiedenerlei Weise ausgerechnet werden, usw. Die wichtigste empirische Grundlage ist die Paläontologie. Die Beobachtungen auf diesem Gebiet sind jedoch manchmal in ihrer Deutbarkeit strittig (siehe Abbildung 3). Auch von Darwins Theorie inspirierte Experimente erlauben zum Teil mehr als nur eine Interpretation.

Obwohl die Diskussion über Darwin andauert, gibt es Hinweise für die Rolle, die Variation und Selektion in der Natur spielen. In England lebt eine Mottenart, von der es ursprünglich nur eine helle Variante gab. Die Tierchen hielten sich oft auf Bäumen auf. Als infolge der Luftverschmutzung die Rinde vieler Bäume immer dunkler wurde, entstanden zwei Mottenarten, und zwar neben der relativ hellen eine relativ dunkle (Tarnung). Im Lauf der Zeit verschwanden die hellen Insekten. Sie wurden von Vögeln gefressen. Den Kampf ums Dasein gewannen die dunkler gefärbten Artgenossen. Die Farbunterschiede hatten über einen Eingriff des Menschen (Industrialisierung) zu Selektion geführt, das heißt zum Aussterben eines Teils der Art.

Was Lernprozesse angeht, hielt Darwin Verhaltensweisen wie Nestbau und Fortpflanzung bei niederen Tieren für instinktiv bestimmt: Das Tier erlerne dies nicht. Dem steht gegenüber, daß viele Verhaltensweisen höherer Tiere in der freien Natur erlernt sind und daß sie sich gleichzeitig über die Art verbreiten können. Man nennt das *kulturelle Vererbung*. Das hat man bei japanischen Makaken, einer Affenart, beobachtet. Ein weibliches Exemplar ging irgendwann dazu über, die Nahrung zu waschen. Dieses Tun wurde von anderen Affen imitiert und gehörte schon bald zum Verhaltensrepertoire der Gruppe. Ob eine solche Form des Lernens genetisch verankert wird (was in die Lamarcksche Evolutionstheorie passen würde), ist (noch) nicht bekannt. Um das zu untersuchen, müßte man die Jungen Nahrung waschender Affen direkt nach der Geburt von ihren Eltern trennen und anderenorts aufwachsen lassen.

Ein weiteres Beispiel ist ein bemerkenswerter Vorfall, der sich in England zugetragen hat. In den dreißiger Jahren begannen Vögel, die Deckel von Milchflaschen aufzureißen und sich an deren Inhalt gütlich zu tun. Dieses Verhalten wurde von Artgenossen imitiert.

Kulturelle Vererbung spielt auch eine Rolle bei dem Gesang von Vögeln. Machmal fangen Vögel nur dann an zu singen, wenn sie Artgenossen nachahmen können (Keele, 1973). Verhalten kann demnach auf genetischer Steuerung beruhen. Es ist jedoch auch möglich, daß ein Tier etwas entdeckt und sein Verhalten dann von Artgenossen imitiert wird.

Es ist klar, daß eine eventuelle genetische Transmission von Phänomenen dieser Art für die Kontroverse zwischen Anhängern Lamarcks und Darwins entscheidend sein kann. Was im Rahmen des Darwinismus kulturelle Vererbung heißt, wird von Lamarck schließlich auf eine genetisch-biologische Ebene gezogen. Vereinzelte Indizien für den lamarckschen Standpunkt sind von Koestler (1971) beschrieben worden. Andere und neuere Indizien sind die folgenden: Rekombinationsexperimente haben gezeigt, daß die DNA verändert werden kann, indem man eine Zelle mit einem Virus konfrontiert, das seine eigene DNA oder Teile derselben in die Zelle »einbaut«. Diese »Erfahrung« einer Zelle ist zwar keine Erfahrung im psychologischen Sinn, aber auf Grund dieser Versuche scheint doch klar zu sein, daß das genetische Substrat sich auch kurzfristig verändern kann. Letzteres behaupten die Neodarwinisten ebenfalls, doch beruhen ihnen zufolge die Veränderungen lediglich auf *zufälligen* Mutationen. Auf dem Gebiet von Erblichkeit und Verhalten gibt es jedoch noch wesentlich mehr zu beobachten.

Der Schwarzkopf ist ein vielerorts in Europa vorkommender Vogel. Die deutschen Schwarzköpfe ziehen im Herbst nach Südwesten. Sie fliegen um die Alpen herum und verbringen den Winter im westlichen Mittelmeergebiet. Man kann dieses Verhalten als eine Form genetischer Steuerung betrachten. Österreichische Schwarzköpfe umfliegen die Alpen ebenfalls; sie ziehen jedoch nach Südosten und setzen ihren Weg in südliche Richtung gen Afrika fort. Auf der Höhe der Türkei vollziehen sie eine Kursänderung von ungefähr fünfzig Grad.

Auch dieses Verhalten kann auf genetischer Steuerung beruhen, obwohl es nicht einfach zu erklären ist, woher die Vögel »wissen«, daß sie an einem bestimmten Punkt fünfzig Grad vom Kurs abweichen müssen. Und was geschieht, wenn man deutsche und österreichische Schwarzköpfe kreuzt? Dann scheint eine Art Vermischung aufzutreten: Die Vögel wählen eine »Kompromißroute«.

Hieraus folgt nicht, daß Verhalten auf überlieferter Erfahrung beruht, wohl aber, daß Information, die mit Erfahrung und der Herausbildung von Gewohnheiten zu tun hat, auf die Nachkommenschaft übertragen werden kann.

Verwandtschaft

Den Auffassungen Lamarcks, Darwins und des Christentums zufolge gibt es eine gewisse Beziehung zwischen Mensch und Tier und zwischen Tierarten untereinander, sei es auch in unterschiedlichen Bedeutungen. Bei historischer Verwandtschaft kann in Begriffen von *Integration* oder von *Stapeln* gedacht werden. Integration bedeutet, daß phylogenetisch alte Strukturen irgendwann zu einem integrierenden Bestandteil phylogenetisch jüngerer Strukturen werden. Sie werden in eine spätere und höhere (tierische) Organisationsform aufgenommen. Man könnte sagen, daß die Evolution bei jedem neuen Schritt bis zu einem gewissen Grad von vorn beginnt; bereits Vorhandenes wird für etwas Neues verwendet. Mit Integration ist eine sich hauptsächlich auf die Anatomie beziehende Verwandtschaft gemeint; die *Funktion* einer Struktur ist in einem späteren und höheren Organismus jedoch anders. Die Strategie des Stapelns bedeutet, daß phylogenetisch alte Strukturen und Funktionen als relativ selbständige Einheiten fortbestehen und von neuen Strukturen »überwuchert« werden. Anders gesagt: »Alte Bestandteile« werden bei der Konstruktion eines neuen Systems mitbenutzt. Wenn dieser Stapelungsprozeß buchstäblich aufzufassen ist, dürfen wir vermuten, daß nicht nur Strukturen, sondern auch damit verbundene Funktionen erhalten bleiben. Diese wichtige Frage wird noch wiederholt auftauchen. Wie bereits früher bemerkt, stehen das Stapeln und das Integrieren nicht direkt im Zusammenhang mit der Frage, ob die Natur Sprünge macht oder nicht. Die allgemein verbreitete Vorstellung der »kleinen Schritte« läßt jedoch eher an Integration als an Stapeln denken.

Eine weitreichende Form evolutionsgeschichtlicher Integration würde, wie gesagt, wahrscheinlich bedeuten, daß phylogenetisch alte Funktionen oder Mechanismen nicht direkt im menschlichen Verhalten aufgespürt werden können. Schließlich sind sie Bestandteil einer höheren, anderen Gesetzen gehorchenden Organisationsform. Die in Kapitel 2 und zum Teil in Kapitel 3 besprochenen Sachverhalte sind leichter mit der Strategie des Stapelns in Zusammenhang zu bringen als mit Integration, aber das ist in dieser wichtigen Frage natürlich kein Beweis. Manche Tierversuche können Licht in diese Sache bringen. Eine Erörterung derselben setzt einen Vergleich verschiedener Traditionen in der Tierforschung voraus.

Behaviorismus und Ethologie

Die Evolutionstheorien hatten Konsequenzen für Humanwissenschaften wie die Kulturanthropologie, die Soziologie und die Psychologie. Wir können folgendes nennen:

Beim Studium von Tieren war das Augenmerk auf Unterschiede zwischen Tieren derselben Art und verschiedener Arten gerichtet. Weiterhin zeigte sich, daß soziales Verhalten, das heißt ein Zusammenspiel von Wettbewerb und Kooperation, vielfach überlebensnotwendig ist. Zuletzt wurde auch entdeckt, daß Lernprozesse in der Evolution von großer Wichtigkeit waren. Diese Beobachtungen trugen jeweils zur Entstehung der Differentialpsychologie (und Testpsychologie), der Sozialpsychologie und der Lernpsychologie bei.

Obwohl ein Tier in der freien Natur manchmal äußerst erfinderisch ist und auch in einem Labor oder Zirkus zu bizarren Verhaltensweisen gebracht werden kann, unterliegt die Lernfähigkeit Beschränkungen, die vor dem Hintergrund der Evolution und des Kampfes ums Dasein verständlich werden. Lebensweise und Lernprozesse sind nicht voneinander zu trennen. So ist es möglich, Ratten durch Elektroschocks (Schmerz) beizubringen, Licht oder Geräusche zu vermeiden. Das geht jedoch nicht so leicht, wenn Licht oder Geräusch an einen bestimmten Geschmacksstoff gekoppelt werden, der dem Futter der Tiere oder ihrem Trinkwasser beigemischt wurde. Man kann eine Ratte mit Leichtigkeit lehren, einen Geschmack zu vermeiden, der sie einmal krank gemacht hat (Gift), aber es ist viel schwieriger, das Tier zu lehren, einem Geräusch oder Licht auszuweichen, das mit der Verabreichung eines giftigen Stoffes assoziiert ist.

Derartige Regeln sind einfach zu verstehen. In der freien Natur hat Gift mit Nahrung zu tun, während Schmerz, genau wie Licht und Geräusch, in der Regel von außen kommt. Aus diesem Grund vermeidet eine Ratte einen Schmerz, den sie mit Licht oder Geräuschen assoziieren kann, und bringt sie Geschmäcker in Zusammenhang mit Krankwerden. Daß hier wichtige Mechanismen am Werk sind, erweist sich an der Tatsache, daß die »Lernkopplungen« nicht bei jeder Tierart dieselben sind.

Im Gegensatz zu einer Ratte kann eine Wachtel mit Leichtigkeit lernen, visuelle Stimulanzien mit Krankheit zu verbinden. Wie kommt dies? Eine Ratte sieht schlecht und frißt viele Arten von Nahrung mit unterschiedlichen Geschmäckern. Die Wachtel dagegen sieht ausgezeichnet und ernährt sich nahezu ausschließlich von Getreide, welches sie als ganze Körner hinunterschluckt. Bei der Wachtel ist die Sehfähigkeit viel wichtiger als der Geschmackssinn. Wenn die Wachtel auf Grund des Geschmackssinns giftige von ungiftiger Nahrung hätte unterscheiden müssen, gäbe es schon längst keine Wachteln mehr (siehe Rachlin, 1976; Staddon, 1983).

Die Lernfähigkeit von Tieren (und Menschen) ist zwar groß, unterliegt jedoch auch Einschränkungen, die vor dem Hintergrund des Axioms, daß Lernen oft etwas mit der Vergrößerung der Überlebenschancen zu tun hat, verständlich werden. Strenggenommen sind auch Zirkustricks hier keine

Ausnahme: Das Tier erhält Nahrung, wenn es etwas Bizarres geleistet hat, und Nahrung ist lebensnotwendig.

Auf lernpsychologischem Gebiet gibt es zwei Strömungen, die einen Zusammenhang zwischen Mensch und Tier herstellen, und zwar den Behaviorismus und die Ethologie.

Der Behaviorismus sagt, Gegenstand der Psychologie müsse das Verhalten sein oder das, was an einem Organismus wahrnehmbar ist (Skinner, 1974). Prozesse wie das Denken zählen dazu nicht: Man sieht wenig Ereignisvolles, wenn jemand dasitzt und vor sich hindenkt. Man kann bestenfalls behaupten, daß Denken mit Sprechen zu tun habe und als *subvocal speech* zu betrachten sei (dies ist natürlich insofern angreifbar, als wir mitunter auch in Bildern denken).

Wie bereits in Kapitel 3 gesagt, beruht das Verhalten von Mensch und Tier den Behavioristen zufolge zum Teil auf Instinkten. In der Hauptsache werde das Verhalten jedoch von Lernprozessen bestimmt und geprägt (Konditionierung). Weil sie von der Kombination einiger weniger angeborener Größen oder Prozesse mit einer stark entwickelten Lernfähigkeit ausgehen, halten die Behavioristen die Erblichkeitslehre nicht für wesentlich, wenn es darum geht, Verhalten zu verstehen (und zu verändern). Was man lediglich wissen müsse, sei, welche (evolutionsbedingten) Einschränkungen es für tierisches und menschliches Lernen gebe (man denke an das Beispiel der Konditionierung von Ratten und Wachteln).

Ein Zusammenhang zwischen der Darwinschen Evolutionstheorie und dem Behaviorismus ist, daß Lernen auch dort eine wichtige Rolle spielt, wo Selektion auf Grund von Verhaltensresultaten stattfindet. Schließlich wird die Selektion zum Teil von der sich anhand der Lernprozesse erweisenden Anpassungsfähigkeit bestimmt. Dieser Standpunkt hat Gemeinsamkeiten mit der Ethologie, jedoch gibt es auch Unterschiede. Die vorherrschende Meinung in der Ethologie ist nicht nur, daß der Bau eines Tiers genetisch festliegt, sondern auch, daß viele Verhaltensweisen (Instinkte) angeboren sind. Weiter studiert die Ethologie Tiere bevorzugt in ihrer natürlichen Umgebung und nicht, wie die Behavioristen das meistens tun, in Labors. Infolgedessen achten Ethologen nicht so sehr auf Konditionierung.

Diese Betonung der Instinkte als Determinanten des Verhaltens ist zumindest eine Akzentverlagerung gegenüber dem Behaviorismus. Den Behavioristen zufolge liegen die Gemeinsamkeiten zwischen Mensch und Tier vor allem auf der Ebene des Lernens und Erfahrens, wogegen die Ethologen in erster Linie Beziehungen auf der Ebene genetisch festgelegter Verhaltensmuster sehen. Vor dem Hintergrund gemeinschaftlicher Vorstellungen hinsichtlich der Vergleichbarkeit von Mensch und Tier unterscheiden Behaviorismus und Ethologie sich also in zwei Punkten voneinander: in dem unterstellten Maß, in dem das Verhalten von Instinkten und der genetischen Ausrüstung im allgemeinen gesteuert wird, und in dem Wert, den man der Konditionierung beimißt (siehe auch von Cranach u. a., 1979). Beide Ansätze haben jedoch die Diskussion um einiges Material bereichert.

Wir werden jetzt etwas über die Entwicklung, den Bau und das Funktionieren des Gehirns sagen.

Das Gehirn

Unser Verhalten wird zu einem großen Teil vom Gehirn bestimmt. Das hormonale System gehört strenggenommen zu diesem dazu. Hormone sind chemische Botschafter. Außerdem hat das Gehirn einen direkten Einfluß auf die Hypophyse, eine der wichtigsten endokrinen, hormonerzeugenden Drüsen. Verschiedene Hormone beeinflussen ihrerseits Aktivität und Stoffwechsel in großen Teilen des Gehirns.

Zum Regelsystem gehört auch eine große Zahl von Zelltypen, die die körpereigene Abwehr bestimmen und sich überall im Körper befinden (Immunsystem). Beim Sport werden wahrscheinlich Stoffe im Gehirn produziert, die Einfluß auf bestimmte Zellen des Abwehrsystems haben. Das Betreiben von Sport könnte direkt und indirekt Auswirkungen auf beispielsweise die Wahrscheinlichkeit haben, irgendwann an chronischen Leiden oder an Krebs zu erkranken. Genau wie die Hormone hat das Immunsystem Einfluß auf unser Gehirn. Das erschließt sich aus der Beobachtung, daß psychischen Abweichungen des öfteren eine Virusinfektion vorausgeht. Man spricht diesbezüglich von einem *postviralen Syndrom* (Straus, 1988). Eine aktivierte und in irgendeiner Weise erschütterte Abwehr hat einen negativen Einfluß auf das Gehirn, was möglicherweise bedeutet, daß unter anderem bestimmte Depressionen durch eine Virusinfektion verursacht sein können. Eine Fortführung der Analogie zwischen körpereigener Abwehr und Gehirn ist die Behauptung, unterschiedlichste Zellen, welche Eindringlinge und Krebszellen bekämpften, hätten ein »Erinnerungsvermögen« und ein »Gedächtnis« (Feenstra, 1986; Ornstein & Sobel, 1987; Wiegant, 1988). Vereinzelt wurde das Abwehrsystem sogar mit »umherstreunenden kleinen Gehirnen« verglichen. Wir beschränken die Diskussion jedoch auf das Gehirn im engeren Sinn.

Man balle die Hände zu Fäusten und lege die mittleren Fingerglieder gegeneinander. Man lege die Daumen ebenfalls gegeneinander und krümme die Daumenspitzen über die unteren Glieder der Zeigefinger. Man betrachte das Ganze von allen Seiten, und man hat ein grobes Bild des Großhirns. An der Oberseite verläuft über die volle Länge ein Spalt. Dieser markiert die beiden Gehirnhälften oder -hemisphären. An der Wurzel des Mittelfingers (Innenseite) liegt ein Gebiet, das mit körperlichen Wahrnehmungen (wie Haut- und Muskelempfindung) und mit der Feinmotorik zu tun hat. Der Teil beim Ballen des kleinen Fingers beherbergt die Sehfähigkeit. Zentren für Gehör und Sprache befinden sich auf dem Handrücken in Höhe des Mittel- und Ringfingers. Wenn Sie linkshändig sind, wird Ihre linke Faust wahrscheinlich etwas größer sein als die rechte. Das deckt sich insoweit mit dem Gehirn, als die linke Hemisphäre sowohl bei Rechts- als auch bei Linkshändigen meistens etwas stärker entwickelt ist.

Drehen Sie jetzt die Hände ein kleines Stück nach außen, doch achten Sie darauf, daß die kleinen Finger sich noch berühren. Die Innenseite der Finger und der Daumenballen repräsentieren in etwa das limbische System, das eine wichtige Rolle bei Emotionen und Gefühlen spielt. Die Signale des Geruchssinns kommen größtenteils hier an. Beim Handgelenk liegt der Hirnstamm, der unter anderem Körperfunktionen wie Atmung und Herzschlag regelt. Die Außenseite der Finger zuletzt stehen für die Frontallappen des Gehirns. Sie sind wichtig für das Denken und das Plänemachen.

Die Außenseite der Fäuste entspricht der Hirnrinde. Evolutionsgeschichtlich betrachtet besteht die Hirnrinde aus unterschiedlichen Teilen. Anatomische und biochemische Forschungen haben ergeben, daß die Hirnrinde aus drei Teilen unterschiedlichen phylogenetischen Alters besteht, und zwar dem Palaeocortex, dem Mesocortex und dem Neocortex. Der erste kommt (in sehr geringem Maß) bereits bei niederen Tieren vor. Palaeocortex und Mesocortex findet man bei Säugetieren. Höhere Tiere, der Affe und vor allem der Mensch besitzen eine große Menge des erst vor relativ kurzer Zeit entstandenen Neocortex (der Neocortex besteht aus sechs Schichten, die älteren Teile der Hirnrinde haben weniger Schichten). Von den niederen Tieren bis hin zum Menschen sehen wir im Groben einen, zwei oder drei Typen Hirnrinde.

Das Gehirn umfaßt durchschnittlich ein oder zwei Prozent des Körpergewichts, doch verbraucht es zwanzig Prozent des zur Verfügung stehenden Sauerstoffs. Es ist demnach eine recht anspruchsvolle Maschinerie. Nach dem embryonalen Wachstum, bei dem eine Viertelmillion Nervenzellen (Neuronen) pro Minute entstehen, zählt das Gehirn bei Erwachsenen ungefähr hundert Milliarden Zellen, ebensoviel, wie die Milchstraße Sterne hat. Hierbei muß jedoch bemerkt werden, daß die Schätzungen um einen Faktor zehn voneinander divergieren. Nichtsdestoweniger ist die Zahl der Gehirnzellen enorm, was den berühmten Forscher Charles Sherrington zu der nachfolgenden überschwenglichen Erklärung veranlaßte:

»Das menschliche Gehirn ist ein zauberhafter Webstuhl, auf dem Millionen blitzschneller Schußspulen ein ineinander überfließendes Muster weben; ein Muster, das zwar immer von Wichtigkeit ist, jedoch nie von Dauer. Es scheint, als habe die Milchstraße sich auf eine Art kosmischen Tanz eingelassen« (in: Loye, 1986).

Bei der Geburt sind ungefähr achtzig Prozent der Gehirnzellen bereits vorhanden. Die übrigen entstehen während der ersten beiden Lebensjahre. Wichtig in dieser Phase ist auch, daß die Zahl der Zellausläufer enorm zunimmt. Irgendwann kann eine Zelle Kontakt mit an die tausend anderen aufnehmen. Das Ergebnis ist ein elektronischer Schaltkreis unvorstellbaren Ausmaßes: Man hat berechnet, daß die theoretisch mögliche Zahl der Schaltungen in unserem Gehirn größer ist als die Zahl der Atome im Universum. Bei einem derartigen Überfluß wird das eine oder andere vermutlich auch entbehrlich sein. Erwachsene verlieren schätzungsweise zehntausend Zellen pro Tag, was durch Rauchen und Alkoholkonsum noch gesteigert wird. Dieser Verlust beruht vor allem auf der starken Reduzierung der Zellausläufer.

Statistisch gesehen hängen das Gewicht des Gehirns und/oder die Zahl der Hirnzellen nicht eng mit umfassenden Merkmalen wie Intelligenz oder der Persönlichkeitsstruktur zusammen. Die Vorstellung, daß intelligente Menschen einen großen Schädel und ein schweres Gehirn besäßen, ist ein Märchen. Die nachfolgende, Oakley & Plotkin (1979) entliehene Liste illustriert dies.

Durchschnittswert	1440 Gramm
Turgenjew	2012 Gramm
Cuvier	1830 Gramm
Schiller	1785 Gramm
Kant	1600 Gramm
Gauss	1492 Gramm
Liebig	1352 Gramm
Gambetta	1246 Gramm
Haussmann	1226 Gramm
Anatole France	1017 Gramm

Vereinzelt wurde ein Zusammenhang zwischen der Zahl der Windungen in der Großhirnrinde und der Intelligenz einer Person unterstellt, aber auch das ist wahrscheinlich unrichtig (Mecacci, 1986). Das Anwachsen des Gehirns wird viel mehr von Sinnesreizen in jungem Alter bestimmt als durch spezifisch intellektuelle Arbeit, ganz gleich, in welchem Lebensabschnitt.

Die embryonale Entwicklung

Bei Betrachtungen über die Entwicklung des Zentralnervensystems spielt die Rekapitulationstheorie des Biologen Häckel aus dem 19. Jahrhundert noch immer eine große Rolle. Diese Theorie besagt, daß die Entwicklung des Individuums ein beschleunigter Film der Entwicklung der gesamten Art sei. Häckel ist auf dieses Gesetz gekommen, indem er die embryonale Entwicklung bei Mensch und Tier miteinander verglich. Bekannt war, daß es im Bau des Gehirns (von Wirbeltieren) auffällige Übereinstimmungen gibt: Ihnen ist mehr gemein, als sie trennt. Nach Häckels Gesetz ist das Heranwachsen des menschlichen Gehirns eine beschleunigte Wiederholung der Evolutionsgeschichte. Das erste Stadium der embryonalen Entwicklung des Gehirns müßte also der Situation bei primitiven Tieren ähneln, die ein leiterförmiges, sich durch den gesamten Körper ziehendes Nervensystem haben.

Tatsächlich beginnt die Entwicklung des Nervensystems mit einer röhrenförmigen Struktur. Nach kurzer Zeit entstehen darin Schwellungen, die später der Hirnrinde (siehe Abbildung 4), dem Mittelhirn, dem Hinterhirn (zu dem auch das Kleinhirn zählt) und dem Rückenmark entsprechen. Die Röhrenstruktur bleibt insofern erhalten, als sich im ausgewachsenen Gehirn »Löcher« (*Ventrikel*) befinden, die miteinander verbunden sind und eine Flüssigkeit enthalten (*liquor cerebrospinalis*). Die Abbildung zeigt, daß das Gehirn bis zur Ebene der Hirnrinde relativ schnell entsteht: Alte Teile der Blaupause sind schon früh fertig. Der Endspurt umfaßt eine enorme Entwicklung des phylogenetisch jüngsten Teils. Je tiefer auf der Evolutionsleiter Tiere stehen, desto mehr von den »höheren« Systemen fehlt ihnen; daher auch der Zusammenhang zwischen der Entwicklung des Nervensystems und Häckels Gesetz. Niedere Tiere haben lediglich eine unserem Rückenmark vergleichbare Struktur. Die verschiedenen Komponenten in ihren wechselseitigen Verhältnissen (Abbildung 4) sind typisch für die Säugetiere, insbesondere den Affen und den Menschen. Über diese Konstruktion läßt sich grob folgendes sagen:

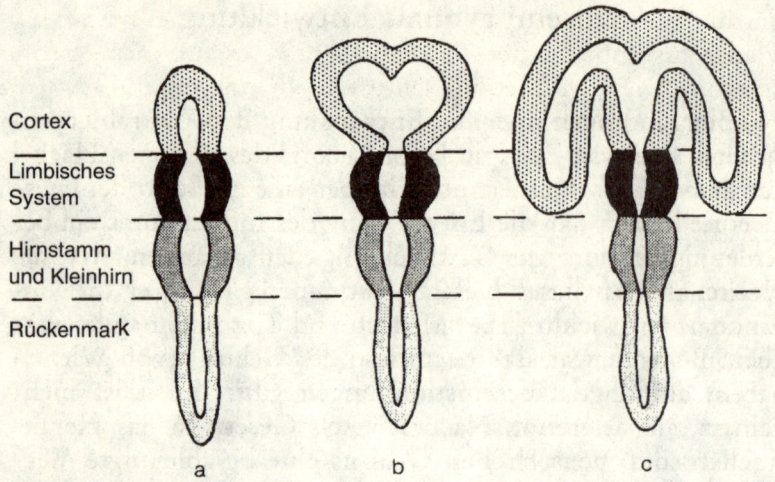

Cortex

Limbisches
System

Hirnstamm
und Kleinhirn

Rückenmark

a   b   c

Abbildung 4. Schematische Darstellung der Entwicklung des Zentralnerven-
systems (Oakley u. a., 1979).

Das System als Ganzes gleicht dem Werk eines Glasbläsers.
Die Röhre ist das Rückenmark. Die erste Schwellung besteht
aus dem Kleinhirn und aus Systemen, welche die Atmung,
Hunger, Durst, sexuelles Verhalten und die Verdauung ganz
oder größtenteils beherrschen. Die zweite Schwellung umfaßt
unter anderem für Emotionen und Gefühle wichtige Strukturen, und die dritte, größte Ausstülpung ist die Trägerin höherer psychischer Prozesse wie des Gedächtnisses, des Denkens
und des Sprachgebrauchs.

Evolutionsgeschichtlich gesehen hat sich die Entwicklung
des Gehirns recht langsam vollzogen. So war der Bau des
Delphingehirns vor 20 Millionen Jahren vermutlich gleich
dem heutigen; auch der Hai sah vor Millionen Jahren schon
so aus wie gegenwärtig. Bei unseren menschhaften Vorgängern dagegen haben sich recht spät verschiedene »Wachs-
tumsschübe« ereignet, und zwar in Form von »Explosionen«
der Hirnrinde (Eldredge, 1985).

Vor 30.000 Jahren soll erneut eine wichtige biologische
Veränderung stattgefunden haben. Aus unbekannter Ursache
sind fast alle Menschen überwiegend rechtshändig. Linkshändige sind evolutionsgeschichtlich insofern benachteiligt, als

166

sie durchschnittlich öfter krank sind. Ihr Gehirn reagiert – wieder aus unbekannten Gründen – heftiger auf körperfremde Stoffe wie viele Medikamente, jedoch weiß man nicht, ob zwischen beidem ein Zusammenhang vorliegt. Jedenfalls geht Rechtshändigkeit in der Regel mit einer etwas schwereren linken Hirnrinde einher (die Verbindungen zwischen dem Gehirn und den Körperhälften verlaufen größtenteils über Kreuz). Vermutungen über den Zeitpunkt, in dem diese Asymmetrie entstand, beruhen auf der Beobachtung, daß die Einkerbungen in der Hirnrinde an der Innenseite des Schädels Spuren hinterlassen. An alten Schädeln will man gesehen haben, daß die Unterschiede zwischen den beiden Gehirnhälften oder Hemisphären erst vor etwa 30.000 Jahren entstanden sind. Wir gehen im Verlauf dieses Kapitels auf diese mögliche Veränderung ein.

Der Stoffwechsel des Gehirns ist äußerst kompliziert. Eine wichtige Rolle spielen Dutzende von Übertragungsstoffen (*Neurotransmittern*), die den Transport von Reizen von der einen Nervenzelle zur andern fördern oder hemmen. Wichtige Neurotransmitter sind Azetylcholin, Noradrenalin, Serotonin, Dopamin und Gamma-Amino-Buttersäure. Ein Mangel oder ein Überschuß an Neurotransmittern, welche in verschiedenen Gehirnteilen in unterschiedlichen Verhältnissen vorkommen, kann zu ernsthaften Störungen führen. So gibt es Hinweise, daß Dopamin bei Schizophrenie und bei der Parkinsonschen Krankheit eine Rolle spielt. Serotonin ist unter anderem schmerzdämpfend, spielt bei Migräne eine Rolle und kann die Stimmung beeinflussen. Depressive Menschen haben vielleicht zu wenig Serotonin. Ein Heilmittel für sie könnte körperliche Anstrengung sein, wodurch die Serotoninproduktion angeregt wird (der Grundstoff für Serotonin wird dabei in großen Mengen zum Gehirn geschickt). Die Produktion von Neurotransmittern wird unter anderem durch die Ernährung beeinflußt. So soll der Verzehr von wenig Fleisch und viel Kohlehydraten besser für den Serotoninspiegel sein als die entgegengesetzte Ernährung.

Das Vorhandensein eines Neurotransmitters in einem bestimmten Gehirnteil sagt natürlich noch nichts über dessen Funktion aus. Außerdem läßt sich auf Grund des Vorkommens unterschiedlicher Konzentrationen in verschiedenen Gebieten des Gehirns nur wenig über die Entwicklung des Gehirns in evolutionsgeschichtlicher Perspektive sagen. Doch gibt es seit kurzem eine Technik, etwas hierüber zu erfahren. Diazepam, ein bekanntes Beruhigungsmittel, wurde Menschen in radioaktiv geladener Form verabreicht. Es stellte sich heraus, daß dieser Stoff sich in recht jungen Teilen des Gehirns einnistet. Im Prinzip ist es vielleicht möglich, Neurotransmitter und Evolution durch vergleichende biochemische Forschung miteinander in Beziehung zu setzen. Neuere Resultate derartiger Forschungen deuten darauf hin, daß in unserem Gehirn eine Reihe von Systemen phylogenetisch unterschiedlichen Alters unterschieden werden können.

Schlafen und Wachen

Traditionsgemäß werden drei Allgemeinzustände unterschieden, in denen Mensch und Tier verkehren: Schlafen, Wachen und Träumen. Diese Einteilung ist sehr grob. Wenn man die Gehirnaktivität zum Ausgangspunkt nimmt, ergibt sich (beim Menschen) folgendes Kontinuum: Koma, Bewußtlosigkeit, Tiefschlaf, aktiver Schlaf (einschließlich des Träumens), entspannter Zustand, Wachen, gespannte Aufmerksamkeit, Angst und, einschlägiger Literatur zufolge, ein »mystischer Krampf«, bei dem die Bewegungsfähigkeit eingebüßt wird und der Kontakt mit der »normalen« Welt verlorengeht. Nichtsdestoweniger bietet die Einteilung in Schlafen, Wachen und Träumen Anknüpfungspunkte, um Evolution und Verhalten miteinander in Beziehung zu setzen.

Es ist ein Mißverständnis, zu meinen, daß während des Schlafs alle mentale Aktivität aufhört. Manchmal haben wir beim Aufwachen das Gefühl, die ganze Nacht hindurch nachgedacht zu haben. Das kann tatsächlich der Fall sein. Der Schlaf ist unter anderem für die Verarbeitung und das Festlegen gemachter Erfahrungen wichtig. Abgesehen davon wird viel Zeit auf das Träumen verwendet. Nicht nur Menschen träumen; Tiere tun das auch. Während des Traums vollführen die Augen in der Regel schnelle Bewegungen, und auch die Motorik insgesamt ist recht unruhig. Interessant ist, daß die geträumten Bewegungen in gewisser Weise auch vollzogen werden: Wenn jemand träumt, daß er eine Treppe hinaufgeht, entspricht die Aktivität seiner Beinmuskulatur weitgehend einer solchen Handlung. Es wäre natürlich gefährlich, wenn alle Traumhandlungen auch tatsächlich zur Ausführung gelangten. Vermutlich gibt es deshalb die Schlaflähmung. Diese sorgt dafür, daß die Skelettmuskulatur während des Träumens vom Gehirn aus gebremst wird. Bisweilen kann man diese Schlaflähmung noch feststellen: Beim Erwachen unmittelbar nach einem Traum kann sich für einige Sekunden die Empfindung einstellen, daß der Körper sich nicht bewegen läßt.

Der Mensch kennt etwa fünf Schlafstadien oder -typen. Während des aktiven Schlafs gleicht das Elektroenzephalogramm (EEG) dem im Wachzustand. Während des aktiven Schlafs träumt man häufig und ist bis zu einem gewissen Grad für Informationen von außen zugänglich. Diese führen zum Erwachen, oder sie werden in den sich gerade abspielenden Traum eingebettet. Über Nutzen und Inhalte von Träumen ist viel geschrieben worden, jedoch hält nicht eine Traumtheorie einer kritischen Überprüfung stand. Fest steht lediglich, daß Träume auch dazu dienen, Erfahrungen des Tages im Gedächtnis festzulegen, aber auf die Frage, ob sie selbst eine Bedeutung haben, gibt es genauso viele Antworten wie Träume selbst.

Eine neuere und noch schlecht dokumentierte Beobachtung ist, daß ein bestimmter Traumtyp einen in gewisser Weise vorhersagenden Wert haben kann. Menschen, die vom Tod oder von der Trennung von ihrem Partner träumen, sollen angeblich ein größeres Risiko laufen, einer Kalamität wie einem Herzinfarkt zu erliegen. Eine Erklärung hierfür könnte sein, daß ihr Herz (während des Schlafs) nicht gut arbeitet und daß eine relativ schlechte Blutzirkulation das Gehirn negativ beeinflußt.

Eine weitere Frage ist, weshalb Menschen und Tiere überhaupt schlafen. Eigenschaften des Schlafs sind relative Unbeweglichkeit und ein ruhigerer Stoffwechsel. Noch nie wurde jedoch festgestellt, daß während des Schlafs etwas Besonderes mit dem Stoffwechsel geschieht. Wir werden müde und legen uns schlafen, aber niemand hat bisher aufzeigen können, daß sich dann eindeutige Regenerierungsprozesse vollzögen. Es ist nicht viel mehr bekannt, als daß das Wachstumshormon und die männlichen und weiblichen Geschlechtshormone hauptsächlich während des Schlafs abgesondert werden. Die Theorie, daß der Schlaf der »Regeneration« diene, steht auf schwachen Füßen.

Die relative Unbeweglichkeit des Körpers während des Schlafs ist mit der Vermeidung von Gefahr in Verbindung gebracht worden. Aus der Wahrnehmungspsychologie gibt es dafür eine Erklärung. Wahrnehmung ist nämlich vor allem auf Veränderung gerichtet (siehe Cornsweet, 1970). Was gleichbleibt, wird von Mensch und Tier kaum mehr bemerkt. Man nehme ein Blatt Papier, zeichne in die Mitte ein Sternchen und male um dieses herum eine Reihe von Punkten. Wenn man auf das Sternchen starrt, werden nach ungefähr einer halben Minute einige der umliegenden Punkte verschwinden (man nennt dies das Troxler-Phänomen). Veränderung ist für einen Organismus interessanter als das, was gleichbleibt. Tiere und Menschen nehmen vor allem den *Anfang* und das *Ende* von etwas wahr. Wenn es keine Veränderung gibt, wird diese vom Organismus gewissermaßen geschaffen.

Sogenannte stabilisierte Bilder demonstrieren dies. Auf die Hornhaut wird ein kleiner, mit einer Linse versehener Köcher aufgesetzt, der ein beleuchtetes Dia trägt. Die Versuchsperson sieht eine Abbildung, die sich mit jeder Augenbewegung auf der Netzhaut verschiebt. Nach einiger Zeit entstehen Löcher im Bild, und noch später sieht man die gesamte Abbildung nicht mehr. Diese Neigung, hauptsächlich Veränderung wahrzunehmen, ist auch aus dem täglichen Leben von Mensch und Tier geläufig. Ein sich bewegendes Objekt wird rascher bemerkt als ein stillstehendes. Ein hübsches Beispiel sind Raubvögel wie Eulen. Diese setzen sich auf einen soliden Zweig, nehmen die Umgebung in Augenschein und halten im Gegensatz zum Menschen und zu vielen anderen Tieren ihre Augen unbeweglich in den Höhlen. Dieses Verhalten hat wahrscheinlich zur Folge, daß die statische Umgebung wegfällt und daß nur noch eine sich bewegende Beute gesehen wird. Auf Grund gewisser Wahrnehmungsprinzipien könnten wir also sagen, daß Unbeweglichkeit während des Schlafs die Überlebenschancen steigert, weil man dann weniger auffällt.

Wenn man Tierarten miteinander vergleicht, gibt es enorme Unterschiede bezüglich des Tagesanteils, der schlafend verbracht wird. Einige Extreme sind das Opossum (gut 19 Stunden pro Tag) und das Pferd (durchschnittlich drei Stunden). Dieses Verhältnis soll angeblich mit der Lebensweise der Tiere zusammenhängen. Grasfresser schlafen durch die Bank genommen wenig, möglicherweise, weil sie einen Großteil des Tages benötigen, um an Nahrung zu kommen. Viele Fleischfresser jagen nur kurze Zeit am Tag und haben dadurch reichlich Gelegenheit zum Schlaf. Noch ein Unterschied zwischen Tieren ist die Ratio zwischen einfachem und aktivem Schlaf. Es gibt eine Tendenz, um so mehr Zeit in der Phase des aktiven Schlafs zu verbringen, je größer die Wahrscheinlichkeit ist, von einem Raubtier angegriffen zu werden. Tiere, auf die Jagd gemacht wird, haben ein Interesse an oftmaligem Kontakt mit der Umgebung. Daß es eine Beziehung zwischen aktivem Schlaf und Gefahr gibt, zeigt sich auch an der Tatsache, daß dieser Schlaf bei Tieren wie beim Menschen abnimmt, sobald der Organismus verstärkt unter Spannung (*Streß*) steht. Extremer Streß kann eine zusätzliche Belastung sein, der vielleicht nur dadurch zu begegnen ist, daß man sich zeitweilig von der Umgebung abwendet.

Ein letzter Hinweis auf die Beziehung zwischen aktivem Schlaf und Gefahr ist vielleicht, daß die sehr verletzlichen Säuglinge einen sehr großen Prozentsatz der Schlafzeit hindurch träumen. Hierzu gibt es jedoch auch eine andere Hypothese. Manche Forscher meinen, Säuglinge träumten deshalb viel, um wegen des Mangels an ausreichender Variation in ihrer Umgebung das Gehirn durch »Eigenstimulation« zu dem genannten enormen Wachstum der Nervenzellausläufer zu bringen. Unbekannt ist natürlich, was Säuglinge träumen, und dasselbe gilt auch für Tiere.

Lernen

»Das vergleichende Studium von Lernprozessen bei unterschiedlichen Tierarten deutet darauf hin, daß die Evolution nichts an dem Tempo verändert hat, in welchem einfache Gewohnheiten entstehen. Andererseits sehen wir, daß die Grenzen des Lernbaren und die Möglichkeit, komplizierte Verhaltensweisen zu zeigen, sich verschieben und zunehmen, je höher eine Tierart auf der phylogenetischen Leiter steht«, so der Psychologe Lashley (1929), der viele Forschungen über die Beziehungen zwischen Lernprozessen und der Hirnrinde vornehmlich bei Tieren angestellt hat.

Lashley meint, daß Organismen über verschiedene Lernfähigkeiten verfügen. Evolutionsgeschichtlich seien diese in Schichten angeordnet. Höhere Tiere hätten mehr Möglichkeiten als niedere, und höhere Prozesse stützten sich auf bereits bestehende, ältere, primitivere Formen des Lernens. Kurz: Lashley meint, daß es eine Lernhierarchie gibt, eine Art Stapelung von Prozessen.

Razran (1971) ist der gleichen Meinung. Er unterscheidet vier Gefüge von Lernprozessen: Reagieren (zum Beispiel Habituation, Gewöhnung), Verbinden (Konditionierung), Integrieren (Wahrnehmen) und Symbolisieren (Sprache, Denken). Was den elementaren Lernprozeß der Gewöhnung betrifft, sagt Razran genau wie Lashley, daß »dessen grundlegende Mechanismen in der Evolution weitgehend unverändert geblieben sind«. Lashley und Razran werden in ihrer Auffassung über die schichtweise Anordnung und die relative Selbständigkeit von Lernprozessen von den Behavioristen unterstützt.

Jeder weiß, daß höhere Tiere mehr lernen können als niedere. Bekannt ist auch, daß höhere Tiere einen größeren zerebralen Cortex besitzen. Auf den ersten Blick könnte man also sagen, die Lernfähigkeit sei vor allem in der Hirnrinde angesiedelt. Das wäre jedoch eine voreilige Schlußfolgerung. Fische, Amphibien, Reptilien haben keinen oder weitgehend keinen Cortex (Thompson, 1969), und doch sind diese Tiere imstande zu lernen. Sogar der Besitz eines Skeletts ist keine notwendige Voraussetzung. Oktopusse und Einzeller können lernen. Ganz einfache Lernformen scheinen sich sogar in der Pflanze *Mimosa Pudica* abzuspielen (Sanberg, 1976; siehe auch die bemerkenswerte, aber doch recht unwahrscheinliche Erörterung von Tompkins & Bird, 1989). Auf der Grenze zwischen Pflanze und Tier befinden sich fleischfressende Pflanzen, die recht schnelle, aber nicht intelligente Reflexe zeigen.

Aus der These oder der Vermutung, daß die Evolution nicht gern etwas wegwirft, könnte gefolgert werden, daß unterschiedliche Lernformen auf Strukturen unterschiedlichen phylogenetischen Alters beruhen. Habituation oder Gewöhnung an ständig wiederholte Reize tritt bereits in sehr primitiven Organismen auf. Diese Fähigkeit bleibt bei allen Tieren einschließlich des Menschen erhalten, und die Gesetze, denen sie gehorcht, sind immer dieselben.

Wichtig ist weiterhin Konditionierung (siehe Kapitel 3). Bei der klassischen Konditionierung, die vornehmlich von Pawlow entdeckt und beschrieben wurde, wird eine bereits bestehende, natürliche Reaktion an einen neuen, zuvor »neutralen« Reiz gekoppelt. Wenn ein Hund Futter bekommt und dabei immer eine Glocke hört, wird er nach einiger Zeit auch dann Speichel absondern, wenn lediglich der Glockenton erklingt. Ein anderes Beispiel ist das Blinzeln, wenn man einem Tier oder Menschen in die Augen bläst. Geht mit diesem Blasen ein Lichtsignal einher, so wird die Versuchsperson nach einiger Zeit auch dann blinzeln, wenn nicht geblasen wird, sondern lediglich der Lichtreiz erscheint.

Über die Frage, ob klassische Konditionierung dasselbe wie Lernen ist, läßt sich streiten. Ein Reiz, der dem Organismus eine bestimmte Reaktion entlockt, wird lediglich durch einen anderen Reiz ersetzt. Wohl läßt sich sagen, daß ein Organismus durch klassische Konditionierung zu antizipieren lernt. Wenn jedoch die Definition die ist, daß Lernen eine Erweiterung des Verhaltensrepertoires bedeutet, ist klassische Konditionierung kein Lernen.

Die Wichtigkeit dieses Antizipierens darf jedoch nicht unterschätzt werden. Klassische Konditionierung dient dazu, die Umgebung bis zu einem gewissen Grad vorhersagbar zu machen, was überlebensnotwendig ist. Es hat sich gezeigt, daß der Körper mittels dieses Lernprozesses bestimmte Veränderungen innerhalb gewisser Grenzen zu halten versucht. So führen wiederholte Injektionen mit Adrenalin dazu, daß ein Tier mit der Reduktion des Herzschlags reagiert, sobald es den Forscher mit der Injektionsspritze wahrnimmt. Mittels dieser Reduktion versucht das Tier, die (störende) Wirkung des Adrenalins gewissermaßen zu begrenzen.

Ein anderes Beispiel dieses Mechanismus ist, daß soziale Trinker relativ schnell betrunken werden, wenn sie allein sind. Die Abwesenheit anderer sorgt dafür, daß ihr Körper nicht entgegengesetzt oder bremsend auf die Wirkungen des Alkohols reagiert. Die Toleranz gegenüber Alkohol (und gegenüber Drogen und Medikamenten) wird in starkem Maß von der Umgebung mitbestimmt. So ist die Wahrscheinlichkeit, an einer Überdosis Heroin zu sterben, in einer unbekannten Umgebung viel größer als in einer vertrauten.

Seit kurzem wird nach Möglichkeiten gesucht, Süchte mit Hilfe klassischer Konditionierung abzutrainieren (Jansen und van den Hout, 1989).

Bei instrumenteller Konditionierung bekommt ein Tier (oder ein Mensch) eine Belohnung in Form von Nahrung, Wasser oder irgend etwas sonst, und zwar in dem Augenblick, in dem das vom Versuchsleiter gewünschte Verhalten gezeigt wird. Der Organismus bringt dieses Verhalten allmählich in Zusammenhang mit der Befriedigung von Hunger und Durst. Die Wahrscheinlichkeit, mit der dieses Verhalten auftritt, wird durch die Befriedigung des Bedürfnisses vergrößert. Niedere Tiere können klassisch konditioniert werden. Wenn man bei Säugetieren die Hirnrinde entfernt, bleibt diese Fähigkeit erhalten. Klassische Konditionierung beruht offenbar auf alten, primitiven Strukturen im Zentralnervensystem. Razran (1971) zeigt, daß sogar ein intaktes Rückenmark noch als Voraussetzung für klassische Konditionierung ausreicht.

Bei operanter Konditionierung sind die Versuchsergebnisse widersprüchlich. Der Haupttenor ist, daß diese Fähigkeit erhalten bleibt, wenn das Tier keine Hirnrinde mehr hat, wenn auch nur noch in geringerem Maß (Oakley & Plotkin, 1979).

Ist es möglich, jeden Einzelbereich des Gehirns einem bestimmten Lernprozeß zuzuordnen? Auf der Ebene des Mittelhirns und des Rückenmarks ist klassische Konditionierung möglich. Operante Konditionierung setzt jedoch das Vorhandensein zumindest des Palaeocortex voraus. Konditionierung besteht also aus zwei Formen des Lernens, die auf phylogenetisch alten bis sehr alten Strukturen zu beruhen scheinen. Hierbei ist dem Neocortex keine besondere Rolle vorbehalten.

Was geschieht jedoch, wenn die Lernaufgabe erschwert wird? Gesetzt, ein Tier findet Nahrung, indem es immer durch eine rote Klapptür geht und eine grüne vermeidet. Irgendwann aber wird die Nahrung hinter die grüne Tür gestellt. Das führt zu Verwirrung, und das Tier macht Fehler. Der Korrekturprozeß nimmt einige Zeit in Anspruch. Wenn wir den Versuch mit seinen Vertauschungen lange genug durchführen, durchschaut das Tier jedoch immer schneller, daß gewechselt wird. Eine derartige Aufgabe läßt große Unterschiede zwischen Tieren erkennen. Fische sind hierzu fast überhaupt nicht imstande, und Säugetiere, die man ihrer Hirnrinde beraubt hat, erbringen gleich schlechte Leistungen wie Fische. Offenbar ist der Neocortex für diese Art von Lernprozessen von großer Wichtigkeit. Doch ergibt sich ein Problem. Die beschriebenen Situationen kämen in der Natur wahrscheinlich nur selten vor, lautet ein Einwand von Ethologen gegen die diese Art von Experimenten durchführenden Behavioristen. Wozu genau dient somit die Hirnrinde? Niedere Strukturen im Gehirn scheinen hinreichend dafür sorgen zu können, daß der Organismus sich an eine relativ stabile Umgebung anpassen kann. Die Konditionierung bietet in ausreichendem Maß Überlebensmöglichkeiten.

Man vermutet, daß die wichtigste Funktion des Neocortex auf dem Gebiet intelligenten Verhaltens wie Imitation und dem Unterhalten sozialer Kontakte liegt. Viele höhere Tiere leben in Gruppen. In einer solchen Gruppe arbeiten die Tiere häufig zusammen, und sie warnen sich bei Gefahr. Derartige Situationen stellen vor allem an die Kommunikation zusätzliche Anforderungen. Wahrscheinlich hat die Entwicklung einer Großhirnrinde Tieren diese Möglichkeiten eröffnet.

Eine weitere Funktion der Hirnrinde ist die Wahrnehmung. Bei niederen Tieren liegen die Teile des Gehirns, in welche die verschiedenen Sinnesorgane ihre Eindrücke projizieren, weit auseinander. Das könnte bedeuten, daß bei diesen die Zusammenarbeit zwischen den Sinnesorganen schlecht ist, jedenfalls im Vergleich mit Säugetieren, bei denen die sinnliche Information sämtlich im Cortex ankommt. Zwar liegen die Gebiete, in die die Sinnesorgane münden, auch hier ein Stück auseinander, doch gibt es viele Verbindungen innerhalb der Hirnrinde, und außerdem wird alle Information noch einmal auf eine etwas niederer gelegene Ebene, den Thalamus, »geschaltet«. Dies könnte bedeuten, daß die Fähigkeit, ein selbes Muster mit verschiedenen Sinnesorganen wahrzunehmen, bei Säugetieren besser entwickelt ist als bei niederen Tieren.

Diese Hypothese kann untersucht werden, indem man einen Affen ein Objekt in Form eines Kubus betasten läßt und dem Tier anschließend allerlei Formen zeigt, oder umgekehrt. In der Tat erweist sich, daß es bei höheren Tieren eine wechselseitige Übertragung zwischen Tastsinn und Sehvermögen gibt: Was sich wie ein Kubus anfühlt, wird auch als ein Kubus gesehen. Vermutlich ist für eine derartige Zusammenarbeit zwischen den Sinnesorganen ein gut entwickelter Neocortex Voraussetzung. Affen verlieren diese Fähigkeit schon schnell, wenn ihre Hirnrinde beschädigt ist, und kleine Kinder mit einem noch nicht ausgewachsenen Zentralnervensystem sind nicht zu derartigen Leistungen imstande.

Die Fähigkeit, Informationen aus den verschiedenen Sinnesorganen miteinander in Beziehung zu setzen (*intermodale Perzeption*), ergibt ein besseres und kohärenteres Bild von der Außenwelt. Eine primitivere Art der Wahrnehmung bleibt jedoch erhalten. In Kapitel 2 nannten wir die bemerkenswerten Phänomene *blind sight* und *blind touch*. Menschen können trotz der Tatsache, daß sie blind sind bzw. die Empfindung in Gliedmaßen verloren haben, über die Wahrscheinlichkeit gut raten, wenn es um das Sehen oder eine berührte Körperstelle geht. Offenbar spielt sich die Wahrnehmung zum Teil in Strukturen ab, mit denen das Bewußtsein keinerlei Kontakt hat. Dasselbe gilt für Konditionierung: Wenn man sich während eines derartigen Versuchs bewußt und stark widersetzt, tut das der Geschwindigkeit, mit der (klassische) Konditionierung zustande kommt, keinen Abbruch. Außerdem ist es nicht einmal von Belang, ob man sich an das Experiment erinnert oder nicht: Menschen, die ihr Gedächtnis verloren haben, können noch immer konditioniert werden.

Ein anderer Aspekt des Lernens, der so gut wie sicher mit dem Neocortex zu tun hat, liegt auf dem Feld der Phantasie oder des Bildens »interner Modelle« einer Situation. Ein Tier bekommt sein Futter immer auf einen bestimmten Platz gestellt. Bei Hunger wird das Tier diese Stelle aufsuchen. Anschließend legt man die Nahrung zeitweilig an einen anderen Ort. Nachdem das Tier sich an die neue Situation gewöhnt hat, wird wieder zum urspünglichen Platz gewechselt. Wenn das Tier sich dann ziemlich bald wieder dem ersten Futterplatz zuwendet, darf angenommen werden, daß sich in seinem Gedächtnis ein »internes Modell« der Umgebung gebildet hat. Diese Gedächtnisfähigkeit umfaßt bei Fischen nur wenige Sekunden, Reptilien erinnern sich über einen Zeitraum von drei Minuten hinweg, Vögel einige Tage, Kaninchen eine Woche, Katze und Hund einen Monat und der Affe einige Monate lang. Es gibt einen statistischen Zusammenhang zwischen der Menge an Hirnrinde und der Zeit, die dieses Gedächtnis umspannt: Je mehr Cortex, desto besser oder dauerhafter die Entwicklung »interner Modelle« der Außenwelt. Das zeigt sich auch daran, daß diese Fähigkeit bei höheren Tieren nach der Entfernung des Cortex fast gänzlich verlorengeht. Solche Tiere verhalten sich dann wie Fische oder Reptilien.

Neocortex

Zum Schluß einige ergänzende Bemerkungen über die Rolle des phylogenetisch jüngsten Teils des Cortex, der Stirnlappen. Im Jahr 1848 war der amerikanische Arbeiter Phineas Gage mit Tätigkeiten bei der Anlegung einer Bahnlinie betraut. Er bohrte ein Loch in einen Felsen, gab dort Schießpulver hinein und stampfte dieses mit einer Eisenstange fest. Das Pulver explodierte vorzeitig. Die Stange bohrte sich durch seine linke Wange und flog oben an der Vorderseite des Schädels wieder hinaus. Zum Erstaunen aller erhob sich Gage und begab sich auf die Suche nach der Stange. Dem behandelnden Arzt zufolge veränderte sich anschließend sein Verhalten jedoch um einiges. Vor dem Unfall war Gage reserviert, zuverlässig und bescheiden gewesen. Nach dem Unfall wurde er launisch, unberechenbar, verfiel in gotteslästerliche Sprache, war unsicher, hörte nicht auf die Ratschläge anderer und zeigte quasi vor niemandem mehr Respekt.

Während des Ersten Weltkriegs und danach haben der Arzt Goldstein und der Psychologe Gelb viele derartiger Beobachtungen bei Armeeangehörigen mit Hirnschäden gemacht (siehe Linschoten, 1964). Hatte man davor noch den Eindruck, daß die Frontallappen quasi überflüssig seien, so stellten Gelb und Goldstein fest, daß sie der Ort sind, an dem sich unser Abstraktionsvermögen befindet. Diese Schlußfolgerung wurde jedoch nicht ohne weiteres zum Gemeingut.

Der amerikanische Neurochirurg Wilder Penfield hatte einen sechzehnjährigen Jungen mit einem Schädelbruch behandelt. Der Junge entwickelte eine ernste Epilepsie, und sein IQ war niedrig. Penfield entfernte einen Teil der Frontallappen, woraufhin der IQ des Jungen beachtlich anstieg und sein Sozialverhalten sich normalisierte. iDieser Sachverhalt wurde publiziert und trug zum Untergang der Theorie bei, daß Intelligenz in den Frontallappen angesiedelt sei (Loye, 1986). In den sechziger Jahren wurde die alte Theorie von dem russischen Neuropsychologen Lurija (1982) erneut vorgebracht. Er machte (abermals) glaubwürdig, daß komplexe Handlungen von Tieren und Menschen auf Planung beruhen sowie der

Einschätzung etwaiger Folgen und daß die Frontallappen hierfür wesentlich sind. Einen noch dramatischeren und neueren Fall als den von Penfield und Phineas Gage beschreibt Lurija (1991).

Ein trauriges Intermezzo in dieser Geschichte ist, daß man auf Grund von Penfields Arbeit vermutete, daß eine Beschädigung des Frontalhirns vielleicht auch wünschenswerte Wirkungen haben könnte. Ein zweiter Anlaß für diese Auffassung war, daß Emotionen bei Schimpansen gedämpft werden konnten, wenn man die Frontallappen beschädigte (van Olst, Kok & Orlebeke, 1980). Der Portugiese Antonio Egaz Moniz (der später von einem ehemaligen Patienten erschossen werden sollte), entwickelte den »transorbitalen Ansatz«. Man steckt einen vereisten Pfriem zwischen den Augapfel und das obere Augenlid. Nach einigem Gehämmer auf den Griff des Instruments erreicht man das Gehirn, und der Pfriem wird ein bißchen hin und her bewegt. Die Folge ist, daß eine große Zahl von Fasern zwischen der frontalen Hirnrinde und dem übrigen Gehirn durchschnitten wird, was mitunter, aber nicht immer, mit einer Verwüstung des Cortex selbst einhergeht (Lobektomie bzw. Lobotomie). Dieser schändliche Eingriff ist bei ungefähr 40.000 Menschen vorgenommen worden. Eine der Folgen ist, daß das Gefühlsleben flach wird und abstumpft. Außerdem fangen Gefühle an, sich rasch und zufällig abzuwechseln. Oft wird auch das Normenbewußtsein in Mitleidenschaft gezogen. Man wird enthemmt und interessiert sich auch nicht mehr für Schmerz; das heißt, heftige, chronische Schmerzen werden zwar noch empfunden, aber dem Patienten ist es gleich, daß er Schmerzen hat.

Forschungen haben gezeigt, daß noch mehr geschieht, wenn die Stirnlappen beschädigt werden (Loye, 1986). Handlungen werden sinnlos wiederholt: Man zündet sich eine Zigarette sechsmal an oder ist beim Holzhacken erst dann zufrieden, wenn zum Schluß nur noch Splitter in Streichholzgröße übrigbleiben. Ein Patient wird gebeten, eine Kerze anzuzünden. Er nimmt die Kerze, steckt sie sich in den Mund und hält ein Feuerzeug an den Docht. Der Patient tut, als sei die Kerze eine Zigarette. Beim Abschaben eines Brettes machte ein anderer Patient genau so lange weiter, bis nichts mehr von dem Brett übrig war, woraufhin er daranging, die Bank abzuschaben. Hieran zeigt sich, daß die Beschädigung der Frontallappen keinen Einfluß auf Automatismen selbst hat, doch wird der Automatismus in einem falschen Kontext an den Tag gelegt.

Derartige Patienten haben auch große Schwierigkeiten, die Abänderung von Regeln wahrzunehmen. Man beauftragt sie, einen Stapel Spielkarten nach Farbe, Form oder nach der Zahl der Abbildungen zu ordnen. Zuvor wird nicht gesagt, worum es geht, doch teilt der Versuchsleiter jedesmal mit, ob die Wahl richtig oder falsch war. Nach einiger Zeit entdeckt der Patient die Regel, aber wenn der Forscher die Regeln während des Experiments verändert, gerät der Patient für viel längere Zeit in Verwirrung als ein gesunder Mensch.

Man betrachtet die Frontallappen als eine Art »graue Eminenz«. Vielfältige motivierende und regulierende Prozesse werden von diesem System aus gewissermaßen kontrolliert. Es ist auch für das Denken und den Sprachgebrauch wesentlich. Man könnte das Frontalhirn mit einer vorausschauenden Regierung vergleichen.

Grob läßt sich sagen, daß das Nervensystem von unten nach oben gehend Träger ist von instinktivem Verhalten (das keine oder so gut wie keine Lernfähigkeit hat), klassischer Konditionierung, operanter Konditionierung und intelligentem Verhalten. Wichtiger als diese Benennungen ist natürlich das Prinzip. In seinem Buch über vergleichende Lernpsychologie zieht Razran (1971) nachstehende Schlußfolgerungen:

Die Natur weise eine Lernhierarchie auf; ein Schluß, zu dem auch Lashley bereits gekommen war. Razran unterscheidet ganze elf Lernformen. Die Gesetze höherer Ebenen weichen seiner Meinung nach von den die niederen Ebenen beherrschenden Gesetzen ab. Oft wirkten niedere Lernformen an höheren Lernprozessen mit. Lernen könne somit auf der Interaktion oder Zusammenarbeit zwischen Mechanismen und Gesetzen unterschiedlichen Typs beruhen. Razran sagt auch, daß Lernen auf hoher Ebene einen gewissen kontrollierenden Einfluß auf niedere Prozesse haben müßte. In vielen Fällen sei das jedoch nicht so. In einer bestimmten Situation könnten Lernprozesse unterschiedlichen Typs gleichzeitig ablaufen und gegeneinander gerichtet sein. Selbstverständlich ist diese Feststellung ein Argument für die These, daß das Gehirn »schichtweise« aufgebaut ist.

Bewußtsein

Abgesehen davon, daß sich im Menschen Lernprozesse unterschiedlichen Typs abspielen, haben wir auch ein Bewußtsein. Was ist das genau? Das Umschreiben von Bewußtsein ist insofern nicht möglich, als wir zu diesem Zweck Abstand vom Bewußtsein nehmen müßten, und das ist naturgemäß ausgeschlossen (Kouwer, 1973).

Wir kommen nicht viel weiter als bis zu der wenig aufregenden Mitteilung, daß Bewußtsein fragmentiert sein kann und daß es sich um ein Wort für die Gewahrwerdung seiner selbst und der Umgebung handelt. Menschen unterstellen sich gegenseitig ein Bewußtsein. Sie tun dies auf Grund verbaler Berichterstattung. Wir glauben uns das Vorhandensein eines Bewußtseins, weil wir *sagen,* wir hätten eines. Ein Tier behauptet so etwas nicht, aber daraus darf nicht geschlossen werden, daß Tiere kein Bewußtsein besäßen. Es wird gewiß einen Zusammenhang geben zwischen Nervenzellen und der Gewahrwerdung der eigenen Person und der Welt. Wir wissen jedoch nicht oder nicht genau, um welche Zellen oder Gebiete im Gehirn es dabei geht. Auf Grund dessen können wir auch nicht sagen, Tiere gingen bewußtlos durchs Leben.

Jacob (1982) setzt die Funktion des Bewußtseins in Beziehung mit der Phantasie. Bewußtsein und Selbstbewußtheit ermöglichten es, sich klar zu machen, daß es eine Vergangenheit gegeben habe und eine Zukunft geben werde, auf die wir uns richteten. Bewußtsein sei der Übergang von *actual* zu *possible.* Die Evolution finde auf der Basis von *tinkering* (Pfuscherei, Amateurismus) statt; auf psychischer und bewußter Ebene tue der Mensch dies hinsichtlich seiner Vergangenheit und seiner Zukunft.

Schon früher wurde gesagt, daß komplizierte (Lern-) Prozesse auf höheren Strukturen im Gehirn beruhen. Weiter wissen wir, daß die Kommunikation und der Gebrauch von Symbolen um so stärker beeinträchtigt sind, je größer der beschädigte Teil der Hirnrinde ist. Auf Grund dessen kann vermutet werden, daß Bewußtsein keine Frage des alles oder nichts ist, sondern daß die Gewahrwerdung unser selbst und der Welt graduelle Unterschiede kennt. Höhere Tiere besitzen möglicherweise eine Form von Bewußtsein. Im vorigen Jahrhundert hat Butler in einer Utopie dasselbe gesagt. »Wo beginnt das Bewußtsein und wo endet es? Wer kann die Grenze bestimmen? Wer kann überhaupt eine Grenze bestimmen?« (Butler, 1872).

Bei Diskussionen über das Bewußtsein von Tieren haben Experimente mit Affen, insbesondere mit Schimpansen, eine wichtige Rolle gespielt (siehe Suarez & Gallup, 1981; Gallup, 1985). Das Erbmaterial von Schimpansen gleicht dem unseren verblüffend; der Bau unseres Gehirns weist ebenfalls eine weitgehende Ähnlichkeit mit dem des Schimpansen auf. Schimpansen können, wenn auch nur mit viel Mühe, eine Gebärdensprache erlernen. Diese Affen benutzen in der Wildnis mitunter Werkzeuge, sie gehen zusammen auf die Suche nach Nahrung und verteilen diese anschließend. Interessant ist, daß Zeichensysteme, die taub geborene Kinder von Natur aus entwickeln, um miteinander kommunizieren zu können, den Sprachgebärden der Schimpansen gleichen. Kurz: Das Verhalten des Schimpansen und das des Menschen haben einiges gemeinsam. Wie kommt man dahinter, ob ein Schimpanse ein Bewußtsein und/oder Selbstbewußtheit hat?

Wenn ein Tier vor einen Spiegel gestellt wird, erblickt es sich selbst bzw. ein Tier, das es noch nie zuvor gesehen hat. Das Bild könnte das eines unbekannten Artgenossen sein. Tiere reagieren auch dementsprechend, indem sie zu schnuppern anfangen oder sich aggressiv verhalten. In einem Spiegelbild begegnet man letztlich niemandem, doch Tiere durchschauen das nicht. Beim Menschen ist das prinzipiell genauso. Kinder zeigen erst dann, daß sie sich selbst im Spiegel erkennen, wenn sie gut ein Jahr alt sind. Bis zu diesem Alter verhalten sie sich vor einem Spiegel genauso wie Tiere.

Man hat Schimpansen in Käfige mit verspiegelten Wänden gesteckt. Nach einiger Zeit veränderte sich ihr Verhalten: Sie schienen zu durchschauen, daß die Bilder sich auf sie selbst bezogen und nicht auf einen anderen Affen. Anschließend narkotisierte man die Affen und bemalte ihre Gesichter, woraufhin sie wieder in den verspiegelten Käfig gesperrt wurden. Die Schimpansen gingen jetzt wie besessen daran, ihre Gesichter zu betasten. Das deutet auf die Gewahrwerdung hin, daß etwas mit ihrem Gesicht geschehen war. Derartige Experimente sind auch mit anderen Affenarten durchgeführt worden, haben jedoch weniger deutliche Resultate erbracht. Selbstbewußtheit kommt lediglich bei Schimpansen vor (vielleicht noch bei Orang-Utans und Gorillas).

Ist Selbstbewußtsein erlernt oder angeboren, oder entsteht es durch Wachstum und Reifung von selbst? Säuglinge zeigen, wie gesagt, erst nach einiger Zeit Zeichen einer Gewahrwerdung ihrer selbst. Dies besagt jedoch noch nichts; Selbstbewußtheit kann sowohl durch Reifung als auch durch Lernen entstanden sein. Man hat Versuche angestellt, dies zu ergründen, indem man Schimpansen gemeinschaftlich oder isoliert großzog. Es manifestieren sich dann große Unterschiede in der Entwicklung. Nicht bemalte Affen, die allein aufwachsen, lernen nicht, sich selbst zu erkennen, und »bemalte« einsame Affen zeigen bei der Spiegelprobe keinerlei Zeichen des Wiedererkennens oder Erstaunens (was natürlich nicht so verwunderlich ist, weil diese Tiere keine Vergleichsmöglichkeiten haben). Zeichen, die auf Selbstbewußtheit hindeuten, finden sich jedoch wohl bei Affen, die gemeinschaftlich großgezogen und anschließend bemalt wurden. Schließlich läßt ein Schimpanse, der kein Bewußtsein seiner selbst entwickelt hat, weil er in Isolation aufgewachsen ist, doch noch Anzeichen dieser Fähigkeit erkennen, wenn er eine Zeitlang mit Artgenossen in Kontakt gewesen ist. Diese Versuche deuten darauf hin, daß sozialer Kontakt (bei Tieren) und Kommunikation mit anderen für das Entstehen von Selbstbewußtheit wichtig sind.

Die neueren Teile der Hirnrinde sind für höhere Lernprozesse, den Gebrauch von Sprache und das Machen von Plänen wesentlich. Die Kombination dieser Prozesse und Fertigkeiten im sozialen Zusammenhang führen wahrscheinlich zu Bewußtsein und Selbstbewußtheit.

Zwei Gehirne

Im Bau des Gehirns kann, ausgehend von primitiven Prozessen in den niederen Gebieten bis hin zu einem Bewußtsein in den höchsten Regionen, eine Hierarchie erblickt werden. Abgesehen davon besteht das Großhirn aus zwei durch drei Querverbindungen miteinander zusammenhängenden Hälften. Es gibt Hinweise, daß diese Hälften mit recht unterschiedlichen Prozeßtypen im Zusammenhang stehen (siehe z.B. Harrington, 1987; Springer & Deutsch, 1990, und eine hervorragende Übersicht von Joseph, 1988). Doch zunächst noch eine aus dem Ärger geborene Feststellung.

Fast alle Handbücher und Artikel zu diesem Thema besagen, daß diesbezügliche (graduelle) Unterschiede erst in den fünfziger oder sechziger Jahren entdeckt worden seien. Das stimmt nicht. Der französische Arzt Marc Dax hat bereits 1836 einen Vortrag zu diesem Thema gehalten, und man findet sogar in der Antike Bemerkungen über die Unterschiede zwischen den Gehirnhälften oder Hemisphären (Diokles von Karystos). Das historische Bewußtsein der Psychologie ist nicht besonders gut entwickelt.

Nicht nur das menschliche Gehirn besteht aus zwei Hälften. Das ist auch bei vielen Tieren so, primitive Tiere wie Frösche und Fische eingeschlossen. Bei Vögeln ist die Situation insofern verwirrend, als bei einer Reihe von Arten eine Verdopplung mit spezifischen Funktionen vorliegt und bei anderen nicht. So ist im Gehirn mancher Singvögel lediglich eine Hälfte für das Singen verantwortlich. Die Lage bei höheren Tieren ist ebenfalls kompliziert. Manche Ratten (mit einem zweigeteilten Gehirn) haben eine »bevorzugte Pfote«, andere nicht. Bei Affen beginnt die Situation menschenähnlich zu werden: Ihre linke Gehirnhälfte ist, genau wie bei uns, in der Regel etwas größer als die rechte.

Man weiß nicht, weshalb viele Tiere und der Mensch zwei Gehirnhemisphären haben. Die Zahl der Organe im Körper scheint recht willkürlich zu sein: Wir haben zwei Lungen und zwei Nieren, jedoch nur eine Leber und eine Bauchspeicheldrüse. Über die Verdopplung des Gehirns ist viel spekuliert worden, doch niemand hat hierfür eine plausible Erklärung gefunden. Ein weiteres rätselhaftes Phänomen ist, daß das Gehirn in bezug auf den übrigen Körper gewissermaßen um einen halben Schlag gedreht ist. Unsere rechte Körperseite wird von der linken Gehirnhälfte gesteuert und umgekehrt. Die gleiche Kreuzung liegt beim Tastsinn und bei Muskelempfindungen vor. Zurück jedoch zum eigentlichen Problem.

Es gibt Unterschiede zwischen psychischen Prozessen in der rechten und linken Gehirnhälfte. Diese Aufgabenverteilung entsteht nach und nach und ist erst dann vollendet, wenn ein Mensch ungefähr zehn Jahre alt ist. Außerdem funktionieren die Querverbindungen bei kleineren Kindern noch kaum. Die Unterschiede zwischen den Funktionen beider Hälften sind bei Frauen durchschnittlich etwas weniger akzentuiert als bei Männern. Dasselbe gilt für Linkshändige (Ursachen unbekannt). Die Querverbindungen dagegen sind bei Frauen besser entwickelt als bei Männern. Die Zusammenarbeit zwischen den sich in beiden Hemisphären abspielenden Prozessen ist bei Frauen daher durchschnittlich etwas ausgeprägter. Das soll sich unter anderem daran zeigen, daß Frauen besser als Männer imstande sind, Gefühle in Worte zu fassen. Zu dieser Problematik siehe Moir & Jessel (1990).

In diesem Zusammenhang gibt es auch Intelligenzunterschiede. Die Entwicklung der verbalen Intelligenz vollzieht sich bei Mädchen etwas rascher als bei Jungen, und der verbale IQ bei Frauen ist durchschnittlich auch etwas höher. Dem steht gegenüber, daß Jungen und Männer im Durchschnitt ein etwas besseres räumliches Orientierungsvermögen haben. In Kapitel 2 haben wir dies anhand der Lokalisation von Programmen für die Grob- und Feinmotorik erklärt, welche möglicherweise auch zum Entstehen einer Rollenverteilung zwischen den Geschlechtern beigetragen haben.

Die Unterschiede zwischen den Hemisphären sind durch eine große Zahl – mitunter unethischer – Methoden herausgearbeitet worden, die wir hier nicht ausführlich besprechen werden. Eine aufsehenerregende Technik war, daß man vor einigen Jahrzehnten versuchte, ernste Formen von Epilepsie zu bekämpfen, indem man die größte der drei Querverbindungen durchtrennte (*split brain*-Operation). Man hoffte, die Epilepsie würde sich dann auf eine Hemisphäre beschränken. Das Ergebnis des Eingriffs war ein Unterbleiben der Epilepsie aus unbekannten Ursachen.

Split-brain-Patienten sind natürlich geeignet, eventuelle Unterschiede zwischen beiden Gehirnhälften zu untersuchen. Die linke Hirnrinde scheint vor allem eine Funktion beim Verstehen und Produzieren gesprochener und geschriebener Sprache zu haben. Die rechte Rinde besitzt diese Fähigkeit lediglich in geringem Maß. Einen Unterschied gleicher Art macht das Erleben von Zeit. Zeitschätzungen, bei denen vor allem die linke Gehirnhälfte miteinbezogen ist, sind relativ zuverlässig (Vroon, Timmers & Tempelaars, 1977). Die rechte Gehirnhälfte ist auf räumliche Orientierung spezialisiert. Weiter spielt diese Hemisphäre eine wichtige Rolle bei der Würdigung von Musik und bei haptischer (den Tastsinn betreffender) Wahrnehmung. Man sagt allerdings, daß die linke Hirnrinde Informationen hauptsächlich in zeitlicher Folge (seriell) verarbeitet, die rechte dagegen auf der Basis paralleler Verarbeitung aus vielen gleichzeitigen Quellen funktioniert. Dann sind da noch die Emotionen: Angenehme Emotionen haben hauptsächlich mit dem linken Cortex zu tun, unangenehme wie Kummer und Angst mit der rechten Gehirnhälfte. Allgemein gesagt sind jedoch sowohl angenehme wie unangenehme *Träume* eine Spezialität der rechten Hemisphäre.

Diese funktionalen Unterschiede erweisen sich klar bei den genannten Split-brain-Patienten. Diese können einen Gegenstand in ihrer linken Hand nicht benennen, wenn sie ihn nicht auch sehen. Die rechte Gehirnhälfte kann zwar ein Muster erkennen, doch wird diese Information nicht an die »sprechende« linke Hälfte weitergegeben. Daß angenehme Emotionen sich hauptsächlich in der linken Gehirnhälfte abspielen, zeigt sich daran, wie diese Patienten sprechen. Sie legen oft eine unnatürliche Aufgewecktheit an den Tag.

Eine unbequeme Frage ist, was diese Unterschiede für das Bewußtsein und für das Eigenerleben von Patienten mit durchtrennten Querverbindungen bedeutet. Haben wir es in diesen Fällen mit einer oder mit zwei Persönlichkeiten zu tun? Beim Entfernen einer Gehirnhälfte (was in manchen Fällen geschehen ist) fühlen die Patienten sich nicht als »halbe Menschen«. Auch mit der Kontinuität ihres Bewußtseins scheint alles in Ordnung zu sein. Wenn das Bewußtsein auf einer großen Zahl über weite Teile des Gehirns verteilter Prozesse beruht und wenn Bewußtsein mit *all diesen Prozessen* zu tun hat, können wir die Situation mit einer Symphonie vergleichen, die sich auch mit der Hälfte der vorgesehenen Streicher immer noch aufführen läßt.

Diese Analogie scheint geeignet, verständlich zu machen, was geschieht, wenn eine Gehirnhälfte entfernt wird; für den Patienten mit durchtrennter Querverbindung geht sie jedoch nicht auf. Man hat beobachtet, daß solche Menschen gewissermaßen mit sich selbst im Streit liegen (Joseph, 1988). Beim Aufstehen ziehen sie mit einer Hand ein Kleidungsstück an und mit der anderen wieder aus, oder sie schließen mit der einen Hand eine Tür und versuchen sie mit der anderen zu öffnen. Ein Patient schlug seine Frau unvermittelt mit der Linken, sehr zur Überraschung seiner linken Gehirnhemisphäre. Es kommt vor, daß ein Patient versucht, sich selbst mit der linken Hand zu verwunden, und daß die rechte Hand verhindert, daß ein Schaden entsteht. Es ist sogar möglich, daß das eine Bein zu »gehen« anfängt und das andere stehenbleiben »will«. Oft sagen Patienten, sie hätten das Gefühl, daß ihr »Selbst« mit der rechten Hand verbunden und die linke die eines Fremden sei (oder: »my little sister«).

Bizarr sind auch Phänomene beim Aufwachen. Manchmal erwacht ein Patient dadurch, daß er sich mit der linken Hand schlägt. Die rechte Gehirnhemisphäre ist gewissermaßen wach geworden, bringt die linke Hand in Bewegung, und diese weckt ihrerseits die linke Hemisphäre durch einen Schmerzreiz. Diese Beobachtungen scheinen zu bedeuten, daß Selbstbewußtheit in erster Linie zu den Funktionen des linken Gehirns gehört, in dem gleichzeitig die wichtigsten Sprachzentren angesiedelt sind. (Natürlich folgt hieraus nicht, daß Taubstumme ohne Bewußtsein wären; solche Menschen entwickeln spontan eine Zeichensprache oder erlernen eine solche. Es geht nicht um die Art der Sprache, sondern um die Frage, ob überhaupt Sprache verwendet wird.)

Abgesehen von der »Ich-Bewußtheit« und der Sprache beruht auch das Wollen mehr auf dem linken als auf dem rechten Gehirn. Beim Kochen legt man mitunter die linke Hand auf eine heiße Platte und zieht diese nicht rechtzeitig fort. Die Hand wird erst von der rechten Hand entfernt. Der Schmerz führt offenbar nicht zu einem Reflex. Die linke Gehirnhälfte braucht gewissermaßen Zeit, um zu entscheiden, daß Teile des Körpers gerade verbrennen und daß es besser ist, weiterem Ungemach zuvorzukommen.

Ein weiterer Hinweis auf die Kopplung von Bewußtsein und Sprache ist, daß Menschen sich höchst selten an etwas aus der Zeit erinnern, bevor sie einigermaßen sprechen konnten. Gegen eine Kopplung von Sprache und Selbstbewußtheit spricht jedoch die zuvor genannte Tatsache, daß kleine Kinder sich bereits im Alter von gut einem Jahr im Spiegel erkennen. Zu dieser Zeit sprechen sie noch kaum. Außerdem gibt es Menschen, die ganz klare und verbürgte Erinnerungen an ihre sehr frühe Jugend bewahrt haben, bis einschließlich der unangenehmen Empfindungen, die mit dem Geborenwerden einhergehen (störendes Licht, Lärm, unangenehmer Druck auf den Körper beim Liegen, usw.). Das ist nach dem heutigen Stand der Gedächtnispsychologie unmöglich. Demnach beruht Erinnern auf Begreifen; ein Säugling hätte somit kein nennenswertes Begriffsvermögen. Andererseits haben neuere Forschungen gezeigt, daß intellektuelle Funktionen und Sprachfunktionen bei Säuglingen viel schneller entstehen bzw. in einem viel unverkennbareren Maß vorhanden sind, als man früher vermutete (Elbers, 1988).

Sprechen und schreiben

Wir bemerkten bereits, daß die linke Hemisphäre meistens größer ist als die rechte und daß damit zwei Phänomene korrespondieren. Bei fast allen Menschen befindet sich das Sprachzentrum im linken Gehirnteil. Dasselbe gilt für Strukturen, die feine Bewegungen wie das Schreiben ermöglichen.

Es ist nicht klar, weshalb wir lediglich ein Gebiet für die

Feinmotorik im Gehirn haben, weshalb es nur ein Sprachzentrum gibt und weshalb das Sprachzentrum direkt neben dem Bewegungszentrum liegt. Über diese Fragen ist natürlich spekuliert worden. Rechtshändigkeit wurde mit Kampfsituationen in Zusammenhang gebracht. Wenn mit dem rechten Arm gehauen und gestochen werde, könne man mit dem linken das Herz beschützen. Das ist eine recht törichte Vorstellung, denn das Herz liegt fast in der Mitte des Brustkorbs (Menschen deuten zu Unrecht viel zu sehr nach links, wenn sie die Stelle meinen, an der ihr Herz liegt).

Eine ganz andere Hypothese ist die folgende: Wie gesagt, steht die linke Hemisphäre hauptsächlich mit angenehmen Gefühlen in Beziehung und die rechte mit unangenehmen wie Wut und Angst. Die motorischen Programme, die für die Bewegung des Körpers insgesamt sorgen, sind, wie ebenfalls schon bemerkt, in erster Linie in der rechten Hemisphäre angesiedelt. Bei Wut und Angst gibt es eine direkte Verbindung zwischen der Emotion und dem erforderlichen Verhalten: angreifen oder davonlaufen. Angenehme Emotionen dagegen stellen häufig Anforderungen an die Feinmotorik. Wer etwas Wohlschmeckendes und Nahrhaftes findet, begibt sich auf die Suche nach mehr – was schwerfallen dürfte, wenn lediglich die Grobmotorik funktioniert.

Diese Asymmetrie erklärt vielleicht auch, weshalb Linkshändige durchschnittlich etwas kürzer leben und öfter an Autoimmunkrankheiten leiden. Linkshändigkeit beinhaltet per definitionem eine häufige Aktivität der rechten Hemisphäre. Womöglich ist diese Aktivität diffus, was zur Folge haben kann, daß diese Menschen durchschnittlich etwas bedrückter sind als Rechtshändige (man denke an die negativen Emotionen in der rechten Hemisphäre). Eine zum Düsteren neigende Stimmung hat keinen guten Einfluß auf das Abwehrsystem, was zu einer kürzeren Lebenserwartung führt.

Ebensowenig ist mit Sicherheit bekannt, weshalb wir nur ein Sprachzentrum haben. Sprechen sieht einfach aus, ist jedoch ein unerhört komplizierter Prozeß. Wir produzieren durchschnittlich vierzehn Sprachklänge pro Sekunde. Beim Sprechen sind ungefähr einhundert Muskeln in Brust, Kehlkopf, Hals, Gesicht, Mundhöhle und Zunge miteinbezogen.

Ordnungsgemäßes Sprechen setzt voraus, daß wenigstens 1400 Kommandos pro Sekunde in perfekter Harmonie erteilt werden (Povel, 1978). Wenn dies von zwei Gehirnzentren aus geschehen würde, wäre eine mangelnde »Synchronizität« der Signale wahrscheinlich, was ein schlechtes oder stotterndes Sprechen zum Ergebnis hätte. Die Komplexität der Sprache hat vielleicht zu einer »Lösung« in Form eines einziges Zentrums geführt. Das hat sich (indirekt) aus Untersuchungen an Stotterern ergeben. Ein kleiner Prozentsatz der Stotterer hat zwei Sprachzentren. Manchmal hat man die Behinderung erfolgreich beseitigen können, indem man eines dieser Zentren chirurgisch entfernte.

Die Entstehung des Selbstbewußtseins

Behauptet wird, daß die Asymmetrie unseres Großhirns vor ungefähr 30.000 Jahren entstanden sei. Was könnte die Ursache gewesen sein?

Jaynes (1988) und Vroon (1978) haben hierzu Vermutungen geäußert. Tiere (und womöglich auch sogenannte primitive Stämme), die in Gruppen leben, geben sich gegenseitig durch Körperhaltungen und Schreie Signale. Die Größe der Gruppen wird durch diese Kommunikationsmöglichkeiten bestimmt. Ein Schrei trägt in der Regel nicht kilometerweit. Dem steht gegenüber, daß die Gruppe in einer Savanne, woher der Mensch vermutlich stammt, recht umfangreich sein kann, weil es dort möglich ist, sich über ziemlich große Entfernungen hinweg zu sehen und mittels Körperhaltungen und grober Gebärden miteinander zu kommunizieren. Vielleicht lebte der einstige Mensch in derartigen Gruppen von einigen Dutzend Individuen. Was könnte sich in der Folge ereignet haben?

Migration in nördliche oder südliche Gegenden brachte auf Grund anderer Landschaftsstrukturen eine Sichtverschlechterung mit sich. Außerdem kann die Kälte es unmöglich gemacht haben, sich immer draußen aufzuhalten. Ein Leben in

Grotten und Höhlen bedeutete, daß auditive Signale wichtiger wurden als visuelle. Kommunizieren durch Geräusche wurde vielleicht immer überlebenswichtiger. Die Natur kam dem entgegen, indem sie Menschen mit dieser Fähigkeit, um mit Darwin zu sprechen, im Kampf ums Dasein selektierte. Wenn der unterstellte Zusammenhang zwischen Sprache und Selbstbewußtheit nicht unsinnig ist, ist der Mensch vor dieser Zeit gewissermaßen bewußtlos umhergelaufen. Daß ein Gefühl persönlicher Identität fehlte, könnte aus der Tatsache hervorgehen, daß man die Toten noch nicht begrub, sondern liegenließ. Die Sprachentwicklung kann auch vom Ackerbau gefördert worden sein (oder umgekehrt). Ackerbau macht Kommunikation noch notwendiger; außerdem setzt er ein Zeitbewußtsein voraus und die Fähigkeit zu planen. Ausgrabungen haben gezeigt, daß derartige primitive, agrarische Lebensgemeinschaften aus ungefähr 200 Menschen bestanden, das heißt einer Gruppe, die für Kommunikation in Form von Schreien und Gebärden zu groß ist. Vielleicht haben Migration und/oder der Ackerbau den Anstoß sowohl zur Sprachentwicklung als auch zur Ich-Bewußtheit gegeben.

Andere und noch riskantere Spekulationen beziehen sich auf die Geschichte zwischen etwa 3000 v. Chr. und dem Beginn unserer Zeitrechnung. Es gibt Hinweise, daß die Menschen ihre Gedanken häufig irgendwelchen Hausbildnissen zuschrieben (wie den syrischen Atsabim), oder gar den Köpfen verstorbener Familienmitglieder, die bisweilen in Honigtöpfen aufbewahrt wurden. Man denke auch an die heilige Eiche von Dodona, die durch das Rauschen ihrer Krone dem Odysseus Rat erteilte. Gedanken wurden gewissermaßen als von außen kommende Eingebungen erfahren. Diese Periode ging zu Ende, als man anfing, die Sprache in abstrakter, phonetischer Weise zu schreiben (also nicht in Form von Piktogrammen). Diese Entwicklung ist möglicherweise mit einer Veränderung der Funktionsweise der Hirnrinde einhergegangen. In der Hirnrinde entstand eine »zentrale Kontrolleinheit«, die die Koordination zahlreicher psychischer Prozesse übernahm (Wittrock, 1980), und zugleich entstand allmählich eine zusammenhängende Selbstbewußtheit bzw. ein Selbstbewußtsein. In der vorangegangenen Periode ist der Mensch sich seiner selbst womöglich kaum bewußt gewesen. Denn schließlich ist es denkbar, daß man alles mögliche bewußt erlebt, ohne daß diese Erlebnisse auf die eigene Person als ein organisiertes Ganzes bezogen werden (siehe Snell, 1955, Onians, 1951).

Wir haben in diesem Kapitel versucht, akzeptabel zu machen, daß das Gehirn in Strukturen phylogenetisch unterschiedlichen Alters unterteilt werden kann und daß diese Strukturen mit Funktionen unterschiedlichen Typs in Beziehung stehen. Jetzt wird eine Präzisierung in Form eines Triptychons erfolgen, bestehend aus einem Reptilien-, einem Säugetier- und einem Menschenhirn.

5. Drei Gehirne

Wir werden drei Größen zueinander in Beziehung setzen. In der Psychologie gibt es eine Reihe allgemeiner Theorien oder Standpunkte, die jeweils für sich auf unterschiedliche *Verhaltensweisen* oder psychische Prozesse ausgerichtet sind. Diese Prozesse beruhen größtenteils auf recht unterschiedlichen Strukturen im *Gehirn*. Um die Beziehungen zwischen diesen dreien geht es hier.

Es gibt momentan drei einflußreiche Hauptströmungen, und zwar den Behaviorismus, die psychoanalytische Tradition und die kognitive Psychologie. Es ist jedoch nicht so, daß man jeden Psychologen haargenau in eine dieser drei Gruppen einteilen könnte. In den letzten Jahren sind viele Fachkollegen etwas »eklektizistisch« geworden. Nichtsdestoweniger werden wir dieses gemeinhin bekannte Trio zum Ausgangspunkt nehmen (siehe z. B. Flanagan, 1984).

Hauptströmungen versuchen, die Erklärung unseres Verhaltens zu monopolisieren. Monopolisierung kann zweierlei bedeuten: erstens, daß man bestimmte Prozesse oder Verhaltensweisen für viel wichtiger hält als andere. Diese unterschiedliche Interessengewichtung bewirkt, daß Theorien sich häufig nicht in die Quere kommen. Was die eine für sehr wichtig hält, steht für die andere im Hintergrund. Die psychoanalytische Tradition zum Beispiel findet Gefühle wesentlicher als rationale Prozesse, auf welche die kognitive Psychologie sich in erster Linie bezieht. Kognitive Psychologen wissen wenig oder nichts zu Emotionen oder Konditionierung zu sagen. Derartige Phänomene überlassen sie Analytikern und Behavioristen, weil sie sie für unwichtig erachten. Durch diese »Gütertrennung« gibt es wenig Streit.

Die zweite Bedeutung von Monopolisierung ist, daß eine Strömung auf der Grundlage eines begrenzten Systems von Ausgangspunkten und Gesetzmäßigkeiten *so viel wie möglich* von einem Verhalten und/oder von psychischen Prozessen erklären will. Dies bedeutet, daß man innerhalb des menschlichen Funktionierens ein großes Maß von Einheit sieht. Man hält eine bescheidene Zahl von Prinzipien zum Verständnis einer Vielheit von Prozessen für ausreichend. Der Behaviorist unterscheidet lediglich drei Typen von Verhaltensweisen, die unser Handeln angeblich größtenteils umfassen. Ähnliches gilt auch für die psychoanalytische Tradition. Diese Art von Imperialismus berührt die Problematik, die wir uns gestellt haben, nämlich die Art und Weise, in der der Mensch psychisch organisiert ist.

Auch in der Psychotherapie findet Monopolisierung in ausgeprägter Weise statt. Manche meinen, das Vorhandensein von »Einsicht« sei zur Beeinflussung »niederer« Prozesse ausreichend. Das ist jedoch die Frage. Vielleicht täte man bei bestimmten Störungen besser, »von unten her« zu arbeiten und ein Verhalten zu ändern, in der (eventuellen) Hoffnung, daß die »Einsicht« folgen wird.

Es gibt auch eine Reihe von Phänomenen, für die unterschiedliche Strömungen Interesse zeigen. Die Erklärungen für diese Phänomene fallen widersprüchlich aus, was dann auch zu Streit führt. Sehr viele Diskussionen handeln von solchen »Schwachpunkten« in der erklärenden Kraft der jeweils anderen Strömung. Was die Sprache angeht, widersetzt die kognitive Psychologie sich in der Nachfolge Chomskys der behaviouristischen Vorstellung, daß Sprachentwicklung gänzlich erlernt sei. Ihre These wiederum wird von den Behavioristen, angeführt von B.F. Skinner, wütend bekämpft.

Wir werden uns der Uneinigkeit zwischen Behaviorismus, kognitiver Psychologie und Psychoanalyse aus einer ungebräuchlichen Perspektive nähern. Unsere Darlegung wird sich zum Teil auf Untersuchungen tierischen Verhaltens stützen. Abgesehen von Debatten zwischen Behavioristen und Ethologen (siehe Kapitel 4) gibt es in der Psychologie unterschiedliche Betrachtungsweisen bereits in bezug auf tierisches Verhalten. Dies bedarf einiger Worte. Die Vorstellung, daß das Gehirn aus relativ autonomen Systemen besteht, die für jeweils unterschiedliche Prozeßtypen primär verantwortlich sind, beruht nämlich zum Teil auf der Erforschung von Tieren.

Intelligenz bei Tieren

Man ist sich mehr oder weniger einig über die (behavioristische) These, daß viele Verhaltensweisen von Mensch und Tier sich in Instinkte, operantes und intelligentes Verhalten unterteilen lassen. Die entsprechenden Verhaltens- und Lernformen sind, so will es der Behaviorismus, in bestimmter Weise über das Tierreich verteilt. Diese Sichtweise bringt es mit sich, daß viele Tiere als wenig intelligent in der alltäglichen Bedeutung des Wortes dargestellt werden. Läßt sich diese Auffassung verteidigen?

Ich war im Besitz eines Zwergpapageis, der den starken Eindruck erweckte, bestimmte Wörter und Ausdrücke (wie »Käfig« und »Brot mit Butter und Zucker«) zu verstehen. Außerdem gelang es dem Tier regelmäßig, mich in die Irre zu führen. Mit Geschichten dieser Art kann fast jeder Haustierbesitzer aufwarten. Inwieweit betrügen wir uns hier selbst?

Man hat Filmaufnahmen von einem hungrigen Oktopus gemacht, der mit einer Garnele in einem verschlossenen Schraubglas konfrontiert wurde. Der Oktopus versucht vergeblich, die Garnele zu erreichen, und verfärbt sich dabei vor Wut. Irgendwann begibt er sich wieder zu dem Glas, schraubt den Deckel ab und verzehrt seine Beute (Mitteilung von Rendel de Jong).

Nach dem derzeitigen Stand der behavioristischen Tierpsychologie muß ein derartiges Verhalten auf Zufall beruhen. Der wütende Oktopus wickelt sich um das Glas, wodurch sich zufällig der Deckel löst. Das Nervensystem eines Oktopus ist so gebaut, daß intelligente Problemlösungen unmöglich sind. Niedere Tiere verhalten sich instinktiv, doch *ähneln* Instinkte mitunter intelligentem Verhalten. In Kapitel 3 kam das Verhalten von Bienen zur Sprache, die sich gegen eine Glasplatte zu Tode flogen und nicht wahrnahmen, daß es an der dunklen Seite eine Öffnung gab. Ein weiteres derartiges Beispiel liefern bestimmte Wespenarten. Diese schleppen ihre Beute, nachdem sie sie betäubt haben, zu einem Erdloch. Bevor sich die Wespe dann in das Loch begibt, legt sie die Beute an dessen Rand und wirft erst einen Blick hinein. Das sieht nach Vernunft aus, denn in dem Loch könnte sich ja ein anderes Tier befinden. Von intelligentem Verhalten kann jedoch nicht die Rede sein. Verschiebt man nämlich die Beute in dem Augenblick, in dem die Wespe sich in dem Loch befindet, um ein kleines Stück, wird sie diese erneut an den Rand des Unterschlupfs legen und diesen ein zweites Mal inspizieren. Dieses Verhalten wiederholt sich gegebenenfalls ohne Ende.

Wahrscheinlich ist die behavioristische Sicht auf instinktives Verhalten sowie die Vorstellung, daß Konditionierung einfachen Gesetzen gehorcht, eine späte Auswirkung der Descarteschen *bête-machine*-Doktrin: Tiere seien Maschinen (siehe Bem, 1985). Das muß aber nicht gleich deshalb stimmen, weil Descartes es gesagt hat. Weiterhin verweist der Behaviorismus oft auf Darwins Evolutionstheorie, doch wurden Darwins Auffassungen dabei nur zum Teil übernommen. In seinem Buch über den Ausdruck von Emotionen bei Mensch und Tier äußert Darwin (1872) sich alles andere als mechanistisch. Nicht nur sagt er, daß Emotionen universal seien, sondern er verkündet auch einen lamarckianisch-idealistischen Standpunkt. »Handlungen, die zunächst willentlich waren, werden bald zur Gewohnheit und zuletzt *erblich* und können dann sogar entgegen dem eigenen Willen vollbracht werden« (Kursivierung von mir).

Woraus ist die behavioristische Sicht hervorgegangen? Romanes (1883) hatte Darwins Werk auf dem Gebiet der vergleichenden Psychologie fortgesetzt. Er war das Problem gründlich angegangen, indem er bei den geistigen Fähigkeiten von Einzellern begann und bei den Affen endete. Romanes sammelte auch unzählige Anekdoten. Er kam zu der Schlußfolgerung, daß viele Tiere über ansehnliche »Verstandesfähigkeiten« verfügten. Romanes' Material ist jedoch so ungesichert und kasuistisch, daß es sich nur bedingt für Schlußfolgerungen eignet. Romanes wußte das auch, jedoch warnte er davor, allzu kritisch zu sein. Seiner Meinung nach würden zuviel Kritik und das Leugnen von »Geist« bei Tieren zum Exorzismus des Geistes beim Menschen führen. Das war genau das, was die Behavioristen später tun sollten.

Rund um die Jahrhundertwende versuchte vor allem die amerikanische Psychologie, sich durch die Entwicklung vieler Statistiken und die Durchführung zahlreicher Messungen und Laborexperimente einen naturwissenschaftlichen Anstrich zu geben. Thorndike (1911) sperrte Hunde und Katzen in einen Käfig. Entkommen konnten sie nur, indem sie einen Hebel umlegten. Wenn ihnen das gelang, bekamen die Tiere Futter. Thorndike entdeckte zwei Gesetze: Das *Gesetz der Übung* und das *Gesetz des Effekts*. Übung mache auf Dauer den Meister, und die Belohnung führe dazu, daß die Tiere das gefragte Kunststück immer schneller vollführten. Dieses *Gesetz des Effekts* wurde später zum Modell für operante Konditionierung.

Gegen die Art der Thorndikeschen Experimente ist heftig protestiert worden. Mills (1904) drückte es so aus: »Thorndike steckte Katzen in einen Käfig von lediglich 20 mal 15 Inches und erwartete, daß sie sich dort auf natürliche Weise verhielten. Man sperre einen Menschen in einen Sarg, lasse ihn gegen seinen Willen in die Erde hinab und versuche, aus seinem Verhalten normale psychologische Gesetze abzuleiten.« Weil die Arbeitsweise der Behavioristen sich nach Thorndike nicht wesentlich verändert hat, hören wir derartige Einwände heutzutage unter anderem aus der Ecke der Ethologie. Ethologen sind der Meinung, Tiere seien viel schlauer, als Behavioristen denken, und sie zeigten gleichzeitig zahlreiche Verhaltensweisen, für die die Behavioristen keine Erklärung hätten.

Jacob (1982) legt dar, daß Lernen ein »Programm« unterstellt, das besagt, *was* gelernt werden kann, und daß ein Tier, im Gegensatz zur klassischen behavioristischen Sicht, gewiß keine *tabula rasa* ist (siehe auch Kapitel 4). Razran (1971) zufolge kann man einem Hund mittels Konditionierung sehr leicht beibringen, eine Vorderpfote zu heben, nicht jedoch eine Hinterpfote. Barash (1980) bringt folgendes Beispiel: Ein Hund wird mit dem äußersten Ende eines Seils an einen Pfahl gebunden. Anschließend wird das Seil um einen zweiten Pfahl geführt. In einem Winkel von neunzig Grad dazu steht ein Napf mit Futter. Wenn das Seil zu kurz ist, wird der Hund vergeblich daran zerren. Ein Eichhörnchen jedoch läuft unter derartigen Umständen zurück. Es geht um den zweiten Pfahl herum, so daß das Seil so lang wird, daß es das Futter erreichen kann.

Dieser Unterschied in der Fähigkeit, Probleme zu lösen, ist bemerkenswert auch angesichts der Tatsache, daß das Gehirn von Hunden größer ist als das von Eichhörnchen und daß man Hunde als die intelligenteren Tiere betrachtet. Barash sagt, Hunde lebten in einer »zweidimensionalen Welt«. Eichhörnchen dagegen müßten eine gute räumliche Sicht haben. So gebe es einen großen Unterschied in der *grundlegenden* Lernfähigkeit von Hund und Eichhörnchen. Dieser Unterschied lasse sich evolutionsgeschichtlich begründen (sagen die Ethologen) und entspreche nicht der behavioristischen Lehrmeinung, daß das Lernen bei Tier und Mensch eine alles überragende Position einnimmt (siehe auch Wilson, 1975).

Aktuell ist diese Argumentation von Barash übrigens nicht mehr. Viele Behavioristen sehen inzwischen ein, daß Lernen Beschränkungen unterworfen ist. Barash hat zwar insofern recht, als der Behaviorismus jahrzehntelang einem extrem empiristischen Standpunkt anhing, das heißt der Vorstellung, so gut wie alles Wissen und Verhalten beruhe auf Lernen. Einwände gegen diesen Standpunkt kamen nicht nur aus dem Lager der Ethologie. In den sechziger Jahren zeigten Schüler Skinners, daß man Tieren längst nicht so viel beibringen konnte, wie Skinner meinte. Außerdem machte Garcia (1966) ein Experiment, das mit den Gesetzen der Konditionierung nicht in Übereinstimmung zu bringen war. Daß Wissenschaft und Ideologie sich mitunter gleichen, zeigt sich daran, daß Garcias sorgfältig aufgebaute Studie jahrelang eine Publikation verweigert wurde (Leahay, 1987).

Daraus, daß der Behaviorismus bestimmte Phänomene vernünftig erklärt, folgt nicht, daß diese Strömung sämtliche Weisheit gepachtet hätte. Skinner ist in bezug auf die Lernfähigkeit von Mensch und Tier viel zu optimistisch. Ernst zu nehmen ist auch, daß die Replizierung einer Reihe wichtiger Skinnerscher Experimente oft nicht gelungen sein soll. Kritiker des Behaviorismus behaupten, hauptsächlich die Skinnerschen Tauben und Ratten verhielten sich in der von Skinner beobachteten Art und Weise.

Hier liegt also eine Kontroverse vor. Wir jedoch treffen eine Wahl und stützen uns in der Folge, wenn es um Tiere geht, auf psychologische, das heißt überwiegend behavioristische Literatur.

Schizophysiologie

Die Evolution bringt längst nicht immer Organismen mit einem guten Anpassungsvermögen hervor. Zu überleben ist sogar die Ausnahme. Zur Zeit gibt es ungefähr eine Million Tierarten. Schätzungsweise hat es 500 Millionen gegeben. Auszusterben ist demnach die Regel. Die Riesenreptilien sind zu gegebener Zeit verschwunden. Dem Behaviorismus zufolge wird das Verhalten von Reptilien zu einem großen Teil von Instinkten gesteuert. Vielleicht machten Veränderungen in der Umgebung es erforderlich, daß diese Tiere operantes Verhalten entwickelten, was größtenteils fehlgeschlagen sein kann. (Eine Hypothese bezüglich des Aussterbens dieser Tiere und zahlreicher anderer Arten ist, daß die Erde damals von einem großen Meteoriten getroffen wurde, der unter anderem eine schnelle und tiefgreifende Klimaveränderung verursachte.)

Es gibt zwei Wege, unter veränderten Umständen zu überleben. Ein Problem kann einmal mit Hilfe einer (neuen) Lernfähigkeit gelöst werden. Eine zweite Möglichkeit ist, daß eine bereits vorhandene große *Variationsbreite* im Verhaltensrepertoire genutzt wird. Eine Ratte kann ein angenehmes Haustier sein, aber auch gänzlich anders in einem Kanalisationsrohr leben. Die Verhaltensmöglichkeiten einer Ratte sind flexibel. Es ist vorstellbar, daß *viele* Instinkte innerhalb einer Art, die unter verschiedenen Umständen in unterschiedlichen Kombinationen zutage treten, gleichfalls für das Überleben der Art sorgen. Vielleicht hat sich aus diesem Grund noch eine große Zahl von Reptilienarten erhalten.

Abgesehen davon, daß das Aussterben einer Art die Regel ist, kommt es in der Evolution regelmäßig zu Konstruktionsfehlern. Für den Menschen haben wir bereits entsprechende

Beispiele angeführt: Die Wirbelsäule und das Hüftgelenk sind schlecht auf den aufrechten Gang berechnet, der Bau der Nasen- und Mundhöhle ist unpraktisch, usw. Bei Tieren gilt manchmal Entsprechendes. Das Gehirn von Skorpionen ist derartig um den Verdauungskanal herumgewachsen, daß dieser Kanal allmählich »stranguliert« wird. Die Folge ist, daß Skorpione sich gegenwärtig nur noch von Blut ernähren. Wie lange sie auf dieser Grundlage überleben werden, ist die Frage.

Über die merkwürdige Konstruktion des menschlichen Nervensystems hat der Neurophysiologe Paul D. MacLean viel veröffentlicht. (Weil MacLean sich oft wiederholt, ist in der Bibliographie lediglich eine Auswahl seines Werks aufgenommen; siehe auch eine zusammenfassende Erörterung in MacLean & Guyot, 1990.) Seine Vorstellungen sind übrigens alt; sie werden in vielen Lehrbüchern genannt, doch die genauen Quellen herauszufinden erweist sich als schwierig. MacLeans Standpunkt ist, daß unser Verhalten und unser Erleben auf drei biologischen Computern in Form eines Reptilien-, eines Säugetier- und eines Menschenhirns beruhen. Die Integration dieser Systeme sei dabei nur mäßig vorangekommen.

Unterbaut wird diese These jedoch kaum. Ornstein & Sobel (1987) versäumen dies ebenfalls, doch dafür führen sie eine schöne Metapher ins Feld. Unser Gehirn gleiche einem alten Haus, das einmal für eine kleine Familie gebaut worden sei. Es sei später renoviert und vergrößert worden, aber das sei in recht unkoordinierter Weise geschehen. Das Gebäude bestehe jetzt aus alten und neuen Räumen, die völlig unterschiedlich aussähen und auch keinen rechten Zusammenhang ergäben. Razran (1971) schließlich unterteilt den Menschen genau wie MacLean in drei unterschiedliche Bereiche: Minerva (Denken), Eros (Gefühl) und den Roboter (Instinkte, primitive Lernprozesse).

Für welche Metapher oder Einteilung man sich auch entscheidet, der Kern dieser Auffassung ist, daß wir sowohl physiologisch als auch psychologisch gespalten sind. MacLean spricht von *Schizophysiologie* und *Schizopsychologie*. Seiner Meinung nach liegt die wichtigste Ursache dafür in der zu rasch verlaufenen Evolution des menschlichen Neocortex; dieser sei gewuchert wie ein Tumor. Der Neocortex übe nur unvollkommen Kontrolle über andersgeartete psychische Prozesse aus. Man könne sogar sagen, daß der Reiter (der Neocortex) ab und an vom Pferd fällt und daß dann die anderen, tierischen Teile im Gehirn mit uns durchgehen.

Einheit im Unsinn

Die Hauptströmungen in der Psychologie können mit der Schizophysiologie in Beziehung gesetzt werden. Diese allgemeinen Theorien kombinieren jeweils einen brauchbaren Gedanken mit einer zu kritisierenden Vorstellung. Der brauchbare Gedanke ist naturgemäß, daß die entdeckten Gesetze etwas über menschliches Verhalten aussagen. Die zu kritisierende Vorstellung ist, daß die unterschiedlichen Ansätze den Menschen als ein zusammenhängendes Wesen sehen und dabei auch noch ihre eigenen Ausgangspunkte verabsolutieren. Kognitive Psychologen, Psychoanalytiker und Behavioristen haben einen fruchtbaren Ansatz, doch zielt dieser oft auf psychische Prozesse unterschiedlicher Art ab sowie auf unterschiedliche Organisationsebenen in unserem Verhalten und in unserem Gehirn. Es gibt keine Konditionierung innerhalb der kognitiven Psychologie, weder Konditionierung noch Informationsverarbeitung innerhalb der Psychoanalyse und kaum kognitive und Wahrnehmungsprozesse innerhalb des Behaviorismus.

Razran (1971) macht hierzu eine wichtige Bemerkung. Anläßlich von Wirkungsstudien über Psychotherapien sagt er:

»*Verhaltenstherapie, eher gefühlsmäßige Therapien und rationale Therapien haben ihren jeweiligen Wert, aber es ist monopolistisch und unrichtig, sie bei allen Störungen und bei allen Menschen gleichermaßen anzuwenden.*«

Es ist möglich, eine Verhaltensstörung auf der Ebene des Verhaltens und eine Denkstörung auf der Ebene des Denkens zu behandeln. Es steht jedoch nicht fest, ob eine Verhaltensänderung immer zur Veränderung kognitiver Prozesse führt. Umgekehrt kann man zwar sein Denken in mancherlei Beziehung ändern, doch folgt daraus nicht, daß sich auch das Verhalten ändert. Ein Beispiel ist ein Raucher oder jemand mit Übergewicht, der durchaus weiß, daß er sich ungesund verhält, und der zudem darunter leidet.

Unsere These ist, daß die Hauptströmungen jeweils in erster Linie auf eines der drei genannten Systeme im Gehirn abzielen. Diese drei Systeme sind jedoch für unterschiedlich geartete Verhaltensweisen und Prozesse verantwortlich, welche jeweils spezifischen Gesetzen gehorchen, zum Teil eigenen Interessen nachstreben, ihr eigenes Gedächtnis haben und nur mäßig miteinander zusammenarbeiten. Was wir bestreiten, ist die Auffassung, der Mensch (und sein Gehirn) bildeten ein zusammenhängendes, integriertes Ganzes. Scherzhaft ausgedrückt ist eine »Einheit im Unsinn« eine gute Metapher zur Charakterisierung des Menschen. Eine solche Charakterisierung ist jedoch nicht ganz einfach. Es tauchen dabei einige Probleme auf.

Das erste Problem ist, daß wir ein Gefühl der Kontinuität in unserem Dasein haben. Das scheint ganz normal zu sein, ist es aber nicht. Auf atomarer und molekularer Ebene werden alle Zellen im Körper in rascher Folge erneuert. Die Information bleibt einige Zeit hindurch erhalten, die Inkarnation dagegen strömt gewissermaßen durch uns hindurch. Offenbar kann Materie Erinnerungen bewahren, welche sie Materie entleiht, die ihrerseits nicht mehr zu unseren Bestandteilen zählt. Wenn Erinnerungen ein materielles Substrat haben – was keine abwegige Unterstellung ist –, dann werden diese Erinnerungen bei der Ersetzung des Substrats offenbar auf neue Materie übertragen. Dieser Unterschied zwischen *Inkarnation* (Verkörperung) und *Information* wird in irgendeiner Weise erklärt werden müssen. Die Psychologie unterläßt dies schon ein ganzes Jahrhundert lang, was jedoch kein Grund ist, die Frage nicht weiterhin zu stellen.

Das zweite Problem besteht darin, daß die Literatur über die Gehirnfunktionen sowie über die Verbindungen zwischen den für unser Problem relevanten anatomischen Strukturen leider kompliziert und verwirrend ist (Frijda, 1988).

Zusammengefaßt ist der Kern unseres Modells folgender: Das Nervensystem des Menschen kann als eine »Aufeinanderstapelung« dreier Systeme gesehen werden, wie sie bei Reptilien, bei Säugetieren und bei uns Menschen vorkommen. Anders gesagt: Unser Gehirn bildet keine Einheit. In unserem Kopf hat nicht ein Präsident seinen Sitz, sondern ein Parlament, dessen Vertreter die unterschiedlichsten Interessen verfolgen. Das Gehirn besteht aus:

> *unterschiedlichen Systemen* von
> *unterschiedlichem Alter*, die
> *unterschiedliche Interessen* verfolgen,
> *unterschiedlichen Gesetzen* gehorchen und die
> *nicht gut miteinander zusammenarbeiten.*

Diese mäßige Zusammenarbeit darf gewiß nicht als »Konstruktionsfehler« abgetan werden. Vernünftiger ist es, von einer Aufgabenteilung zu sprechen. Aus der Informatik ist bekannt, daß connectionistische, das heißt schön zusammenhängende Programme viel langsamer arbeiten und viel sensibler gegenüber Beschädigungen sind als modular organisierte Programme. Aufgabenverteilung ist praktisch: Sie fördert die Schnelligkeit und Stabilität des Systems insgesamt. Die gleiche Erfahrung hat man mit Robotern gemacht. Ein Roboter ist viel zu träge, wenn bei jeder Bewegung das gesamte Programm angesprochen wird, und außerdem legt dann schon die kleinste Beschädigung des Programms den ganzen Roboter lahm.

Glasbläserei

Über die Entwicklung des Gehirns haben wir in Kapitel 4 einiges gesagt. Die neurale Röhre beginnt während der embryonalen Entwicklung drei Einschnürungen aufzuweisen. Diese markieren grob drei Systeme: den Hirnstamm und das Kleinhirn, das limbische System (das für Gefühle und Emotionen wesentlich ist) und den Neocortex. Das Kleinhirn lassen wir außer Betracht. Dies hat als nahezu einzige Aufgabe die Regulierung der Motorik. Wichtige zum limbischen System gehörende Strukturen befinden sich ungefähr in der Mitte des Gehirns. Ein Teil des Cortex (Palaeocortex, Mesocortex) gehört hierzu und ist ebenfalls phylogenetisch alt. Das limbische System ist also kein scharf umrissenes Gefüge von Strukturen.

Wenn wir Abbildung 4 in Kapitel 4 von links nach rechts betrachten, sehen wir grob gesagt das Gehirn eines Reptils, das eines niederen Säugetiers und das eines höheren Säugetiers, einschließlich des Menschen. Die Evolution scheint in (unserem) Gehirn wenig weggeworfen zu haben. Auf der Ebene globaler Strukturen ist altes Material erhalten geblieben, wurde jedoch von einer großen Menge Neocortex überwuchert. Diese Konservierung phylogenetisch alter Konstruktionen ist auch in Abbildung 5 zu sehen.

Wiedergegeben sind die wichtigsten Strukturen des limbischen Systems bei drei Tierarten. Abgebildet sind die Seitenansichten des Kaninchen-, des Katzen- und des Affenhirns. Der jeweils eingeschwärzte Teil ist das limbische System. Wenn wir diese Tiere einordnen, sehen wir, daß die Größe des Gehirns stark zunimmt. Dies gilt jedoch kaum für das limbische System. Dessen Strukturen scheinen sich selbst kopiert zu haben. Für den Hirnstamm gilt dasselbe. Thompson (1969) sagt hierzu folgendes:

»Das verlängerte Mark und das Mittelhirn haben sich während einer frühen Evolutionsphase entwickelt. Ihre Struktur und Organisation ist vom Fisch bis zum Menschen erstaunlich gleichförmig.«

Der Neocortex dagegen wächst stark, je höher auf der Evolutionsleiter das Tier steht. Beim Menschen kann man von einem explosiven Wachstum reden.

Das stark unterschiedliche phylogenetische Alter der unterschiedenen Teile scheint sich auch in der Stabilität der Konstruktion auszudrücken. Bei Gehirnblutungen und -infarkten ist der Hirnstamm oft nicht mitbetroffen. Eine Person, die psychisch kaum mehr funktioniert, »vegetiert« dagegen immer noch dahin. Man kann dieses Phänomen bis zu

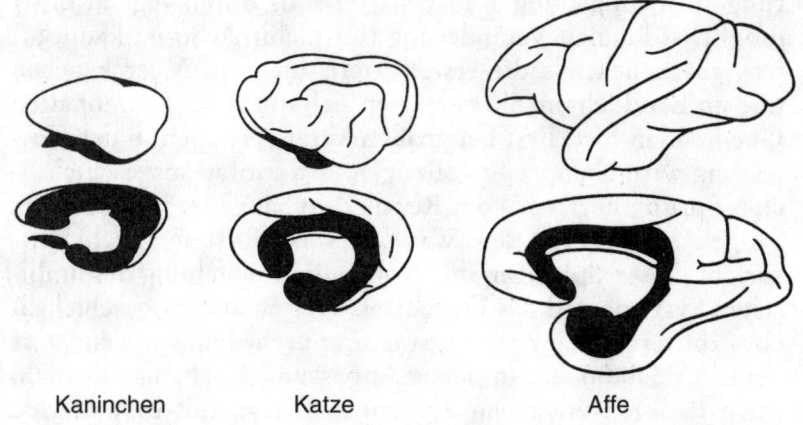

Kaninchen   Katze   Affe

Abbildung 5. Das limbische System bei Kaninchen, Katze und Affen (Akert, 1963).

einem gewissen Grad mit einem Haus vergleichen, das unter Beschuß gestanden hat: Das Fundament wird keinen Schaden genommen haben. Der Hirnstamm ist nicht nur alt, sondern auch durch und durch »ausgetestet«.

Wichtige Bemerkungen hierzu sind in Jerison (1973) zu finden. Ein gut funktionierendes Nervensystem ist, genau wie ein Computer, hierarchisch geordnet. Es braucht allgemeine Programme, Routinen und Subroutinen, um Daten gut und schnell verarbeiten zu können. Auf Grund dessen sagt er (ebenso wie Jacob, 1982, und Koestler, 1967; siehe Kapitel 2), daß das Gehirn höherer Tiere in Schichten aufgebaut ist und auch so funktioniert. Für eine hierarchische Konstruktion spricht außerdem die Tatsache, daß die Evolution konservativ ist. Beim Bau eines neuen Organismus werden bestimmte Aufgaben so weit wie möglich bereits bestehenden Systemen überlassen, die in den neuen Organismus »eingebaut« werden.

Bei vielen Tierarten gibt es eine recht direkte Beziehung zwischen der Gehirnmasse und der Masse des Körpers. Diese wird in dem *Enzephalisationsindex* ausgedrückt. Aus vergleichenden anatomischen Forschungen und aus der Analyse von Fossilien hat sich ergeben, daß diese Beziehung innerhalb der Gattung der Reptilien dieselbe geblieben ist. Eine Veränderung der Umgebung führt, so Jerison, durchweg zu einer möglichst kleinen Veränderung (im Gehirn). So ist kaum etwas geschehen, als die ersten Tiere aus dem Meer krochen und an Land lebten. Sie bewegten sich quasi auf flossenhaften Gliedmaßen fort. Erst bei großen Veränderungen in der Umgebung wird ein *Sprung* vollzogen. Ein evolutionsgeschichtlicher Sprung liegt vor vom Reptil zum Säugetier und von den Säugetieren zu Primaten. Was das Nervensystem angeht, entspricht diesen Sprüngen im Groben die Entstehung des limbischen Systems und des Neocortex. Der evolutionsgeschichtliche Konservatismus wird erst dann durchbrochen, wenn eine neue Aufgabe oder ein neuer Anpassungsmechanismus nicht mehr dadurch entstehen können, daß man mit bestehenden Strukturen weiterwirtschaftet. Auch diese Argumentation spricht für die Vorstellung, daß psychische Prozesse schichtweise angeordnet sind.

Das neurale Chassis

Ein Reptil funktioniert auf der Grundlage eines »neuralen Chassis«. Eine Reihe reptilhafter Strukturen und Merkmale finden sich auch im Säugetier- und Menschenhirn wieder. Genau wie bei einem Auto liegt das Chassis, das Fahrgestell, weit unten im Zentralnervensystem, und es ist stabil, das heißt relativ beständig gegen Krankheiten. Über diese Strukturen werden unter anderem zahlreiche Körperfunktionen geregelt. Das Chassis läßt sich jedoch mit einem Auto ohne Chauffeur vergleichen: Die Motorik wird von höher gelegenen Teilen des Nervensystems besorgt.

Natürlich ist unser »Reptilienhirn« dem eines Krokodils nicht genau gleich, ebensowenig wie ein heutiges Auto mit einem vor einem halben Jahrhundert entwickelten Motor ausgestattet ist. Die *Prinzipien* des Verbrennungsmotors werden beibehalten, nur die jeweilige Ausführung hat sich etwas geändert.

Das Nervensystem von Reptilien ist vor allem auf primäre

Lebensbedürfnisse und Funktionen ausgerichtet wie Atmung, Schlafen, Wachen, Essen, Trinken, Jagd, sexuelle Aktivität, das Abgrenzen und Verteidigen des eigenen Territoriums und das Auffinden eines Unterschlupfes. Kennzeichnend für dieses primitive Gehirn ist, daß es, soweit wir wissen, von Instinkten beherrscht wird, das heißt von festen Verhaltensprogrammen, die keine Lernfähigkeit besitzen (daher sieht man auch keine Reptilien, die in Zirkussen irgendwelche Kunststückchen zum besten geben). Die ein Verhalten evozierenden Reize entstammen der Umgebung oder dem eigenen Körper (Hormone u. ä.).

Die Beziehungen zwischen dem Neocortex, dem limbischen System und dem neuralen Chassis sind sehr kompliziert (siehe Cotman & McGaugh, 1980; Frijda, 1988; Grossberg, 1987; van Olst, Kok & Orlebeke, 1980; Thompson, 1969). Generell läßt sich folgendes sagen:

Die ursprüngliche neurale Röhre besteht bei uns noch in Form des Rückenmarks. Deren oberster Teil ist ausgestülpt und bildet den Hirnstamm (*Medulla*). Dieser ist wesentlich für die Regelung folgender Körperfunktionen: Temperatur, Atmung, Herzschlag und Verdauung, Speichelabsonderung, den körperlichen Ausdruck von Emotionen (also nicht des »Gefühls«), den Gesichtsausdruck und das Augenblinzeln, soweit dieses dazu dient, den Augapfel zu befeuchten. Ein Teil unseres emotionalen Ausdrucks beruht also auf phylogenetisch sehr alten Strukturen. Durch den Hirnstamm läuft der Netzkörper (*Formatio reticularis*). Absteigende Bahnen dieses Systems hemmen Muskelbewegungen, aufsteigende Bahnen sind wesentlich für die Wachsamkeit.

Der etwas über dem Hirnstamm gelegene Hypothalamus bildet den untersten Teil des Thalamus. Über den Thalamus ist relativ wenig bekannt. Eine der Funktionen dieser Struktur ist, daß sinnliche Informationen von hier aus zum Cortex weitergeschaltet werden und gleichzeitig zum niedriger gelegenen Hypothalamus.

Der Hypothalamus stimuliert die Hypophyse und ist indirekt für die Produktion des Streßhormons ACTH verantwortlich, das wiederum die Nebennierenrinde anregt, und für die Produktion der das Sexualverhalten beeinflussenden Hormone. Weiterhin beherrscht der Hypothalamus das vegetative Nervensystem (hauptsächlich den Symphaticus). In dieser Weise regelt er die Funktion vieler Organe. Der Hypothalamus enthält zugleich Kerne, die die Nahrungsaufnahme bestimmen (ein »Hungerzentrum« und ein »Sättigungszentrum«), dazu Kerne zur Regelung der Flüssigkeitsaufnahme sowie des Schlafs.

Beschädigungen des Hypothalamus (bei Tieren) führen dazu, daß kein Sexualverhalten zustandekommt, auch nicht, wenn die entsprechenden Hormonspiegel in Ordnung sind. Für sexuelle Aktivität sind offenbar höher gelegene Strukturen unentbehrlich; doch findet der Orgasmus seinen Ursprung wahrscheinlich im Hypothalamus. Ein wichtiges Merkmal des Hypothalamus und noch niedriger gelegener Teile im Nervensystem, wie dem Hirnstamm, ist, daß sie klassisch konditioniert werden können. Experimente mit Tieren haben dies gezeigt. Dasselbe kann bis zu einem gewissen Grad auch für das Rückenmark gelten (Razran, 1971).

Hieraus folgt, daß der Hypothalamus nicht ausschließlich der Sitz für Lernprozesse unzugänglicher Instinkte ist. Es ist möglich, daß bestimmte körperliche Reaktionen auf der Ebene des Hypothalamus über klassische Konditionierung beeinflußt werden. Über Instinkte wird in der Biologie zwar gesagt, daß diese während einer frühen Lebensphase des Organismus entstünden und in dieser Zeit auch veränderbar seien. Wir gehen jedoch von ausgewachsenen Tieren aus, bei denen Instinkte ganz oder so gut wie ganz festliegen.

Stimulation des Hirnstamms führt zum Zeigen von *Fragmenten* emotionalen Verhaltens wie Kratzen und der Produktion von Tönen. Van Olst, Kok & Orlebeke (1980) und Thompson (1969) sagen, daß bei einer Reizung des Hypothalamus Emotionen *als Ganzes* aufgerufen werden können. Bei einer ernsthaften Beschädigung des Hypothalamus gerät das Verhalten aus der Spur: Eine Katze beispielsweise fährt dann ihre Krallen aus und schnurrt zugleich. Auch eine Reizung des limbischen Systems führt zu vollwertigen Emotionen, zu denen beim Menschen auch Gefühle gehören.

Nach Frijda (1988) sind Hirnstamm und Hypothalamus für artenspezifisches Verhalten verantwortlich, das heißt für

Verhalten, das direkt im Dienst des Überlebens (der Art) steht. Ornstein & Sobel (1987) behaupten, daß diese Verhaltensweisen wenig Unterschiede zwischen Individuen aufwiesen und als Äußerungen der »Weisheit der Art« zu betrachten seien. Auf die sowohl evolutionsbiologisch als auch psychologisch wichtige Frage, inwieweit Verhalten auf das Überleben der Art oder des Individuums ausgerichtet ist, kommen wir im Verlauf dieses Kapitels zurück.

Wenn bei Hunden und Katzen die Verbindungen zwischen dem Hypothalamus und höher gelegenen Strukturen im Gehirn durchtrennt werden, verfallen die Tiere bei jeder Form des Reizes in blinde Raserei (*sham rage*). Diese Wutanfälle dauern genau so lang, wie der Reiz verabreicht wird. Man kann sie als eine Art Reflexe betrachten. Beim Menschen tritt bei der Reizung niedriger gelegener Strukturen manchmal auch zwanghaftes Lachen oder Weinen auf. Diese Phänomene gehen jedoch nicht mit dem *Empfinden* einer Emotion einher.

Wir können Hirnstamm und Hypothalamus als Stukturen betrachten, die für emotionales *Verhalten* verantwortlich sind. Bei niederen Tieren, die sozusagen kein limbisches System besitzen, sind diese Teile von vornherein auch der Ursprung aller Emotionen. Bei höheren Tieren übernimmt das limbische System zum Teil diese Rolle. Dieses System funktioniert als ein Ganzes, das Emotionen koordiniert zum Ausdruck bringt. Das limbische System kann wahrscheinlich auch hemmend auf »grundlegende« emotionale Prozesse in noch tiefer gelegenen Teilen des Gehirns einwirken. Der Neocortex schließlich reguliert das limbische System, läßt sich in der Äußerung von Emotionen jedoch unter anderem von sozial bestimmten oder verabredeten Regeln beeinflussen.

Diese funktionale »Hierarchie« bei der Entstehung und der Regulation von Emotionen zeigt sich schlichtweg an folgendem: *Sham rage* tritt nicht bei Beschädigungen der Hirnrinde auf. Offenbar hat der Cortex auf den Hypothalamus keinen nennenswerten Einfluß. Ein anderes Beispiel: In einer Situation nicht rot werden zu *wollen* verhindert dies zumeist nicht. Blinde Wut dagegen äußert sich auch bei einer Beschädigung des limbischen Systems. Hirnstamm und Hypothalamus sind somit wesentlich für den körperlichen, emotionalen Ausdruck; das limbische System koordiniert emotionales Verhalten und ist imstande, die am niedrigsten gelegenen Strukturen zu »hemmen«.

Die meisten Reaktionen, für die der Hypothalamus verantwortlich ist, sind nach Frijda (1988) nicht erlernt. Ihm zufolge enthalten diese niederen Hirnteile elementare Verhaltensprogramme mit »einem sehr beschränkten Maß an Organisation«. Diese Programme scheinen eigenen Gesetzmäßigkeiten zu unterliegen. Das zeigt sich daran, daß körperliche Reaktionen, die die Folge einer Konfrontation mit großer Gefahr sind, noch lange Zeit andauern können, nachdem die Gefahr gewichen ist. Die Lösung eines Problems und das Bewußtsein, daß man sich nicht länger aufzuregen braucht, müssen nicht notwendigerweise einen Einfluß auf diese Prozesse haben, was wiederum ein Beispiel der relativen Autonomie unterschiedlicher Strukturen und Lernprozesse im Gehirn ist.

Limbisches System

Das limbische System (siehe Abbildung 5) ist als *le grand lobe limbique* zum ersten Mal im Jahr 1878 von Broca beschrieben worden. Limbisch ist abgeleitet von *limbus*, »Streifen« oder »Band«. Broca meinte damit einen Gürtel, der zum Teil um den Hirnstamm herum liegt und das niedere Gehirn vom höheren trennt. Das limbische System wird mitunter auch *Rhinencephalon* oder »Riechhirn« genannt, weil der Geruchssinn hierbei eine wichtige Rolle spielt. Der Terminus »limbisches System« stammt jedoch von MacLean. Die wichtigsten Teile bilden einen fast geschlossenen Kreis von sechs Strukturen: *Hippocampus, Indusium griseum, Area entorhinalis, Gyrus cinguli, Nucleus amygdalae und Area septalis.*

Das limbische System hat hauptsächlich Verbindungen zum Hirnstamm und zum Hypothalamus. Zugleich bildet es den sogenannten Papezschen Kreis (positive Rückkopplung).

Nervenimpulse können hierin »herumsingen«. Ein Reizzustand in diesem Kreis kann lange Zeit anhalten, sich selbst verstärken und mit starken Ängsten verbunden sein. Zuletzt gibt es Verbindungen zwischen dem limbischen System und der Struktur, die unsere Hirnrinde »wachhält«, nämlich der Netzformation (*Formatio reticularis*). Wir schlafen, weil dieses Netzwerk gebremst wird. Reize von innerhalb und außerhalb des Organismus erreichen die Hirnrinde dann kaum mehr. Daß wir bei Nervosität und Spannungen nicht schlafen können, ist nachvollziehbar. Ein ruheloses limbisches System und eine aktive Netzformation halten die Hirnrinde wach.

Gefühle können in basale, spezifische und allgemeine Gefühle unterschieden werden. Basale Gefühle und Triebe haben mit dem Hirnstamm zu tun (Hunger, Durst u. ä.). Spezifische Gefühle sind von kurzer Dauer und werden durch einen bestimmten Reiz hervorgerufen. Wir bemerken, daß etwas stinkt, und reagieren darauf, oder wir empfinden Schmerz und versuchen, etwas dagegen zu tun. Allgemeine Emotionen wie Liebe, Haß, Angst, Freude, Kummer und Wut können sich auf eine Person, eine Gruppe oder eine Situation richten. Derartige Emotionen sind in der Regel nicht an den Augenblick gebunden. Wer böse auf jemanden ist, hat darunter auch bei Abwesenheit der fraglichen Person zu leiden. Dasselbe gilt für Angst, Kummer usw.

Bei höheren Tieren ist das limbische System, wie gesagt, für die Äußerung vollwertiger Emotionen wesentlich. Das hat sich aus Versuchen mit Affen ergeben. Eine Reizung des limbischen Systems führt zu einer Emotion, deren Art jedoch durch Umgebungsfaktoren mitbestimmt wird. Der Affe wird aggressiv, wenn er von Artgenossen umringt ist, die in der Gruppenhierarchie unter ihm stehen, und unterwürfig, wenn er von Affen umgeben ist, die mehr Macht haben als er.

Wir werden die Diskussion über die drei unterschiedenen Hirnsysteme anhand des sogenannten Reptilien-, des Säugetier- und des Menschenhirns fortsetzen. Einige Gedanken bezüglich der relativen Autonomie dieser Systeme kamen bereits in Kapitel 4 zur Sprache. In bezug auf Lernprozesse zeigt das Nervensystem eine deutliche Schichtung (Razran,

1971). Wir kommen darauf nicht weiter zurück; jetzt sind andere Aspekte an der Reihe.

Wir beginnen mit der Beschreibung eines Phänomens, anhand dessen die Dreiteilung in groben Zügen demonstriert wird.

Panik

Gorman u. a. (1989) fragen sich, was bei Panik geschieht. Ein Anfall von Panik geht mit körperlicher Erregung einher. Diese beruht auf einer Hyperaktivität des sympathischen Teils des unwillkürlichen Nervensystems. Zugleich liegt ein Gefühl der Bedrohung vor. Meistens bleibt es dabei, und die fragliche Person funktioniert nach einer Zeit wieder normal. Andere Menschen dagegen fürchten sich vor einer Wiederholung der Phänomene. Ein Teil der beobachteten Gruppe entwickelt, so die Autoren, eine Phobie (woraus übrigens nicht umgekehrt folgt, daß jede Phobie ihren Ursprung in Panik hätte). Diese Menschen vermeiden Situationen, von denen sie fürchten, daß sie zu einem Anfall von Panik führen könnten.

Es gibt also drei Phänomene: ein Gefühl der Bedrohung, eine Emotion und eine »Vorstellung«. Bei einer Reihe von Phobien habe zunächst ein Anfall »primitiver«, panischer Gefühle vorgelegen. Diese könnten zu Angst führen. Beim Entstehen einer Phobie sei die Reihenfolge der Ereignisse wie folgt: organische Phänomene, Angstgefühle und eine Unterstellung bezüglich der Ursache von alledem. Diese Sequenz läßt sich zu der Dreiteilung des Gehirns in Beziehung setzen.

Die Autoren sagen, daß die erste Phase eines Panikanfalls auf einer Überreizung des Hirnstamms beruht. Daher rührten auch die große Aktivität des autonomen Nervensystems mit Hyperventilation, Herzklopfen und ähnlichem. Im Gegensatz zu »wirklicher« Angst würden die Sensationen in körperbezogenen Begriffen beschrieben. Ein Anfall von Panik begänne demnach im Hirnstamm. Dafür werden folgende Argumente angeführt: Kognitiver Streß wie das Lösen schwieriger Puzzles führe zwar zu unangenehmen Gefühlen, nicht je-

212

doch zu Panik (eine Examenssituation mitunter ausgenommen). Weiter hat körperliche Anstrengung ebenfalls eine stark erhöhte sympathische Aktivität zur Folge, jedoch keine Panik; auch nicht bei Menschen, die häufig unter Anfällen von Panik leiden. Ein weiteres Argument für den »primitiven« Ursprung von Panik ist, daß die Anfälle von spezifisch auf den Hirnstamm einwirkenden Substanzen hervorgerufen werden können. Substanzen, die diese Strukturen hemmen, können einen Anfall von Panik abkürzen. Zuletzt ist es möglich, bei Tieren panische Reaktionen hervorzurufen, indem man bestimmte Teile des Hirnstamms elektrischen Reizen aussetzt.

In der zweiten Phase des Prozesses wird das limbische System vom Hirnstamm her leicht gereizt, wodurch sich die Angst einstellt, einen Anfall zu bekommen. Woran zeigt sich das? Beruhigungsmittel, die zur Gruppe der Benzodiazepin-Derivate gehören, beeinflussen vornehmlich das limbische System. Sie sind nicht imstande, einen Anfall von Panik zu verhüten oder zu beenden. Wohl hemmen diese Stoffe das limbische System insoweit, daß die Angst vor Panik nicht über zum Hirnstamm absteigende Bahnen zu tatsächlicher Panik führt. (Das limbische System kann einen Reizzustand auf den Hirnstamm übertragen.) Die Autoren sagen also, daß der Anfall, das heißt das panische Verhalten im engeren Sinne sowie die Angst, auf der Aktivität in zwei Systemen des Gehirns beruhen.

Die dritte mögliche Phase ist, wie gesagt, phobisches Vermeidungsverhalten. Aus experimentell erzeugten Ängsten oder Phobien bei Tieren ergibt sich, daß die Dauer des Vermeidungsverhaltens im engen Zusammenhang mit der Menge an Hirnrinde steht, die das Tier hat. Daß der Mensch eine umfangreiche Hirnrinde besitzt, macht nachvollziehbar, daß einmal entstandene Phobien bei uns lange fortdauern können.

Diese Theorie paßt zum dreiteiligen Gehirn und kann auf verschiedene Weise überprüft werden. Zu erwarten ist, daß (mit Verhaltenstherapie) behandelte Platzangst-Patienten nach einiger Zeit nicht mehr unter ihrer Phobie leiden werden. Sie werden zwar ab und an noch einen Anfall von Panik bekommen, aber diesem wird nicht erneut phobisches Vermeidungsverhalten folgen. Die Therapie hat höhere Zentren, die bei Panik involviert sind, in ihrem Funktionieren verändert, nicht jedoch den Hirnstamm. Ein spiegelbildliches Beispiel nennt Schagen (1983). Die Verabreichung von Antidepressiva an Phobiker führt mitunter zur Verhütung eines konkreten Panik*anfalls*. Dies hat nach Schagen zur Folge, daß die Antizipationsangst allmählich nachläßt.

Auf Grund dieses Gedankengangs kommen wir auf ein Problem zurück, welches bereits in Kapitel 2 zur Sprache kam, nämlich den Hintergrund von Phobien. Die phylogenetische Grundlage von Phobien *kann* sehr alt sein. Eine instinktive Reaktion oder Aktion wird bei höheren Tieren auf das limbische System ausgedehnt und eventuell auch auf den Neocortex. Eine Verbindung mit etwas in der Umgebung Vorfallendem wird hergestellt, und phobisches Verhalten ist das Ergebnis. Das kann bereits nach einem einzigen Mal geschehen: Man denke an *superstitious learning* bei Tauben und die Entstehung von Aberglauben bei Spitzensportlern (Kapitel 2).

Dies würde bedeuten, daß der Behaviorismus mit der These, Phobien beruhten gänzlich auf Lernprozessen, unrecht hat. Zugleich scheint es gute Neuigkeiten für Seligmans Theorie über die evolutionsgeschichtliche Herkunft von Phobien zu geben: Der Hirnstamm kann klassisch konditioniert werden. Man könnte also behaupten, daß Phobien aus »alten« konditionierten Reaktionen hervorgehen oder auf solchen beruhen. Diese fänden ihren Ursprung im Hirnstamm und gehörten zu Ausrüstung der Art. Wenn das wahr ist, sind die Experimente Merckelbachs (1989) über die Konditionierbarkeit von Furcht von beschränkter Wichtigkeit. Wir können aber zwei Einwände anführen. Wie bereits in Kapitel 2 bemerkt, ist das Gehirn in vielerlei Hinsicht konditionierbar. Hieraus folgt jedoch nicht, daß eine Phobie auf der von Merckelbach *bewerkstelligten* Konditionierung beruht. Die Simulation eines Verhaltens (durch Konditionierung) muß nicht bedeuten, daß ein Verhalten sich tatsächlich auf diese Weise herausgebildet hat. Man denke auch an das Beispiel vom Kopfrechnen und von der Benutzung einer Rechenmaschine.

Zweitens hat Merckelbach zwar gezeigt, daß Angstreaktionen konditionierbar sind, jedoch nicht, daß diese Prozesse in den Hirnstamm eingreifen. Es ist denkbar, daß seine Versuche sich auf die Konditionierung des limbischen Systems bezogen.

Das Reptilienhirn: Instinkte

Es ist selbstverständlich nicht möglich, einen direkten Vergleich zwischen Menschen und Reptilien zu ziehen. Dafür müßte man den Menschen des größten Teils seines Gehirns berauben. Dezerebrationen kommen nach Hirnblutungen und Unfällen zwar vor, doch haben diese Patienten durchweg auch eine beschädigte Formatio reticularis, wodurch sie sich im Koma befinden und kein Verhalten mehr zeigen. Auch ein höchstgradig Schwachsinniger hat kein »Reptilienhirn«. Wir sind deshalb auf Analogien angewiesen.

Beispiele von Reptilien sind Krokodile, Eidechsen und Schlangen. Das Gehirn eines Reptils hat starke anatomische Ähnlichkeit mit unserem Hirnstamm. Dieser besitzt lediglich eine geringe Lernfähigkeit und enthält Programme für basale, überlebensnotwendige Verrichtungen wie Essen, Trinken, Atmen und (teilweise) sexuelle Aktivität (siehe Jacob, 1982). Es gibt tatsächlich wenig Hinweise, daß Reptilien viel lernen. Viele Reptilienarten leben solitär und spielen auch nicht mit Artgenossen. Ihr Dasein wird von Routine und Instinkt beherrscht. Das Verhaltensrepertoire eines Reptils ist beschränkt. Das Tier lebt in einem eigenen Territorium und verteidigt dieses nötigenfalls. Es hat das Bedürfnis nach einem Unterschlupf, es jagt, pflanzt sich fort und migriert, wenn dies unvermeidlich ist. Eine Ausnahme ist bis zu einem gewissen Grad das Krokodil. Diese Tiere leben oft in Gruppen mit einer gewissen Hierarchie. Manche behaupten, Krokodile würden mitunter bei der Jagd zusammenarbeiten, aber ob derartige Beobachtungen auf dem Zufall beruhen oder nicht, ist nicht bekannt.

Wie wir bereits bemerkten, sind Hirnstamm und Hypothalamus eng involviert, wenn Emotionen sich in körperlichen Veränderungen ausdrücken, nicht jedoch bei einer Emotion als Empfindung oder »Gefühl«. Die Wut eines Krokodils ist vermutlich eine blinde, »bewußtlose« Wut. Der Hirnstamm denkt nicht voraus, er reagiert oder agiert wie ein Automat, antizipiert im besten Falle (klassische Konditionierung), zeigt jedoch kein operantes Verhalten. Wenn höhere Tiere ihres Gehirns beraubt werden, verhalten sie sich ebenfalls wie Automaten und haben so gut wie keine Lernfähigkeit mehr.

Das Reptilienhirn funktioniert wahrscheinlich auf der Grundlage ziemlich einfacher Regelkreise. Diese halten die Temperatur, den Flüssigkeitsgehalt und das Gewicht des Organismus innerhalb gewisser Grenzen aufrecht. Auch beim Menschen werden basale Bedürfnisse von derartigen Regelkreisen beherrscht. Hunger hängt mit tief im Gehirn gelegenen Rezeptoren zusammen, die unter anderem sensibel für die im Blut vorkommende Menge an Glukose sind. Bei Hunger essen wir genug, um unser Gewicht zu halten. Dabei ist das Bestimmende nicht die verzehrte Nahrungsmenge, sondern die Zahl der Kalorien. Wenn Nahrung verdünnt wird, essen wir nämlich mehr. Die Regelung der Nahrungsaufnahme funktioniert sogar ohne Mitwirkung des Magens und nimmt zudem keine Rücksicht auf Sättigungsgefühle. Wer sich selbst unter experimentellen Umständen mit Hilfe von Injektionen ernähren muß, nimmt genau so viel Nahrung zu sich, wie für die Aufrechterhaltung des (eingestellten) Gewichts nötig ist.

Im Hypothalamus befinden sich ein Hungerzentrum und ein Sättigungszentrum. Beschädigungen derselben führen zu Aphagie (Nahrungsverweigerung) oder zu Hyperphagie (Freßsucht). Das geschieht automatisch, wie aus dem Verhalten von Menschen mit Tumoren in dieser Hirnregion hervorgegangen ist. Solche Verhaltensänderungen sind zwingend: Die Ratio kommt hier gar nicht erst oder nur kaum zum Zug. Wenn man bestimmte Rezeptoren beschädigt, ist eine ungehemmte Nahrungsaufnahme das Ergebnis, auch wenn man weiß, daß dies zu einer Gewichtszunahme führen wird.

Solche Regelkreise funktionieren schon bei kleinen Kindern, die ansonsten noch sehr wenig können. Sie sind auch verantwortlich für Reflexe wie das Saugen. Der Saugreflex ist anfangs so stark, daß ein Kind alles trinkt, auch giftige Nahrung mit einem unangenehmen Geschmack. Schon bald jedoch entwickelt sich bei Kindern ein Widerwille gegen Bitteres und eine Vorliebe für Süßes. Aus evolutionsgeschichtlicher Perspektive erklärt sich dies dadurch, daß Süßes meistens mit dem Nährstoff Glukose zu tun hat. Bitter dagegen ist in der freien Natur oft der Geschmack giftiger Pflanzen. Vielleicht hängt auch die sich etwas später entwickelnde Neophobie (Angst vor Neuem) hiermit zusammen. Sowohl Tiere als auch Menschen müssen lernen, ungewohnte Nahrung zu mögen. Dies ist ein Hintergrund für kulinarischen Konservatismus.

Der Zwang, der auch durch »gesunde« Regelmechanismen in Hirnstamm und Hypothalamus ausgeübt wird, zeigt sich anhand des geringen Erfolgs von Abmagerungskuren. Grundlegende körperliche Prozesse sind von höheren Zentren aus kaum zu verändern. Im allgemeinen kann man sagen, daß wir um so weniger Einfluß auf einen Prozeß ausüben können, je tiefer in unserem Gehirn dieser sich abspielt und je phylogenetisch älter er ist. Derartige Mechanismen sind nicht »kognitiv penetrabel« in dem Sinne, daß wir eine Möglichkeit hätten, ihren Verlauf zu steuern. Gewiß: Wir durchschauen auch nicht, wie wir denken, aber wenn wir uns entschließen, über etwas nachzudenken, geschieht dies auch.

Manche Phänomene erklären sich auf Grund derartiger Regelkreise und evolutionsgeschichtlich alter Mechanismen oder »Verhaltensreste«. Die sogenannte Winterdepression geht oft mit Freßsucht einher (Wurtman & Wurtman, 1989). Das Ausmaß, in dem Winterdepressionen vorkommen, hängt statistisch mit der Lichtmenge und der Anzahl der Stunden pro Tag zusammen, in denen es hell ist. Ungefähr ein Viertel der Menschen im nördlichen Norwegen hat im Winter unter depressiven Gefühlen zu leiden. Der Prozentsatz in sonnigen amerikanischen Gegenden wie Texas und Florida ist dagegen minimal. Die Symptome sind Übelgelauntheit, Schläfrigkeit und eine starke Neigung, große Mengen hauptsächlich an Kohlehydraten zu essen. Die Folge ist natürlich die Bildung von Körperspeck, der während der Sommermonate wieder gänzlich oder teilweise abgebaut wird. Essen und Stimmung stehen miteinander in direktem Zusammenhang: Die Kohlehydrate sorgen dafür, daß die üble Stimmung rasch verschwindet, jedoch nur für begrenzte Zeit. Die Beziehung zwischen dem einen und dem anderen zeigt sich auch anhand von Tests: Diese Menschen sind vor dem Essen viel depressiver als anschließend mit vollem Magen.

Eine weitere Beobachtung oder ein zusätzlicher statistischer Zusammenhang ist, daß die Verabreichung von Licht Depressionen dieser Art entgegenwirken und zugleich die Freßsucht unterdrücken soll. Sehr viel Licht braucht es dazu nicht einmal: 2.500 Lux für ein paar Stunden täglich erbringen bereits recht gute Resultate. Zum Vergleich: Bei einem Winterurlaub unter wolkenlosem Himmel sind wir schon rasch 100.000 Lux und mehr ausgesetzt. Es gibt also einen Zusammenhang zwischen Stimmung, Kohlehydraten und Licht. Man stellt sich das folgendermaßen vor:

Licht hat Einfluß auf das Maß, in dem das Hormon Melatonin durch die Epiphyse (das »Scheitelauge«) produziert wird. Je mehr Licht, desto weniger Melatonin. Viel Melatonin macht uns schläfrig. Vielleicht ist das der Grund, weshalb wir abends zu Bett gehen. Den Winter über ist die Dunkelheit für die Produktion einer großen Menge dieses Hormons und für besagte Schläfrigkeit verantwortlich. Die düstere Stimmung, von der die Rede war, beruht wahrscheinlich auf einem Mangel an dem Übertragungsstoff Serotonin. Stoffe, die die Serotoninproduktion anregen, führen oft zum Rückgang von Depressionen. Der Konsum von kohlehydratreicher Nahrung sorgt dafür, daß der Grundstoff für die Serotoninproduktion reichlich zur Verfügung steht.

Somit scheint der Kreis geschlossen: Eine starke Melatoninproduktion während des Winters hat einen negativen Einfluß auf die Produktion von Serotonin. Das führt zu einem depressiven Zustand, welchen wir dadurch bekämpfen, daß wir im Verhältnis zur Eiweißmenge viele Kohlehydrate zu uns nehmen. Sobald es Sommer wird, nimmt die Freßsucht ab. Man braucht dann nicht mehr so viele Kohlehydrate, um die Stimmung auf einem erträglichen Niveau zu halten.

Diese »Selbstheilung« über die Ernährung wird »spezifischer Hunger« genannt. Es gibt Hinweise, daß etwa Hunde und Katzen diese Fähigkeiten sehr ausgeprägt besitzen und sie unter anderem auch bei Krankheiten einsetzen.

Als Mittel der Wahl gegen sowohl diese Form von Fettsucht als auch Winterdepressionen läßt sich an Licht, Kohlehydrate, an Antidepressiva und an Sport denken. Die Lichttherapie ist billig, kann selbst durchgeführt werden und wirkt rasch. Große Mengen an Kohlehydraten sind keine anziehende Alternative. Antidepressiva (die die Serotoninsynthese ebenfalls ankurbeln) wirken zwar auch, doch sollte man sich darauf wegen der Nebenwirkungen gar nicht erst einlassen. Es gibt Hinweise, daß die Serotoninproduktion auch durch sportliche Betätigung angeregt wird.

Wurtman & Wurtman erklären die Winterdepression aus evolutionsgeschichtlicher Perspektive. Die genetisch-physiologische Struktur des Menschen sei wahrscheinlich schon Zehntausende von Jahren hindurch dieselbe, aber unsere Lebensweise habe sich umfassend verändert. Wir hielten uns nicht so oft draußen auf wie unsere frühen Vorfahren, und innerhalb des Hauses fingen wir relativ wenig Licht auf. Das habe Konsequenzen. Winterdepressionen und die damit in vielen Fällen einhergehende Fettsucht beruhten auf Deregulationen von Hormonspiegeln und Transmitterkonzentrationen in bestimmten Gehirnteilen. Der Regelkreis versuche sich selbst auszugleichen, indem er den Organismus zum übermäßigen Konsum von Kohlehydraten anreize. Unserer Vernunft und unserer Vernünftigkeit bliebe nichts anderes, als ohnmächtig das Ergebnis auf der Waage mitanzusehen. Die Winterdepression erinnert uns obendrein an so manche Gemeinsamkeit mit Tieren: Die Schläfrigkeit, die viele Menschen im Winter überfällt, findet sich bei Tieren oft in Form von Inaktivität, einer geringen Stoffwechselgeschwindigkeit und/ oder des Winterschlafs.

Dies ist ein willkürlich gewähltes Beispiel. Viel von unserem Verhalten steht unter dem Einfluß bewußter Erwägungen und Regeln, aber gleichzeitig wird unser Handeln von phylogenetisch alten Mechanismen beherrscht, auf die wir kaum einen Einfluß haben.

Obwohl nichts dagegen spricht, Hinweise für eine These aufzuführen, sind an dieser Stelle doch einige Anmerkungen und Fragezeichen fällig. Es ist möglich, daß die Winterdepression eine Folge von Lichtmangel ist. Denkbar ist jedoch auch, daß Licht einen Einfluß auf ganz andere Faktoren wie den winterbedingten Arbeitsmangel und eine kleinere Zahl von Sozialkontakten hat oder mit diesen zusammenhängt. Auch solche Faktoren können eine Depression begünstigen. Zweitens ist nicht sicher, daß der Mensch von einst viel mehr Licht auffing als wir, und zudem wissen wir nichts über eventuelle Winterdepressionen aus dieser Zeit. Schließlich stellt sich die Frage, ob der Erfolg der Lichttherapie dem Licht oder einem Placebo-Effekt zuzuschreiben ist. Ein Doppelblindversuch (mit geöffneten Augen) ist nicht möglich, und die genannten 2.500 Lux über kurze Zeit sind eine im Verhältnis doch sehr kleine Intensität. Vielleicht also haben Wurtman & Wurtman in dieser Angelegenheit nicht das letzte Wort gesprochen.

Schon früher in diesem Kapitel sagten wir, daß bei Tieren *sham rage* auftritt, wenn man ihren Hirnstamm reizt. Auch beim Menschen führt eine derartige Reizung zu blinder, reflexartiger Wut oder zu Phänomenen wie zwanghaftem Weinen oder Lachen. Vielleicht könnte man auch noch an ganz andere Parallelen mit tierischem Verhalten denken, etwa das Abgrenzen eines Territoriums. Man rücke in einem Lokal langsam, aber sicher in die Richtung eines benachbarten Gastes. Dieser wird sich rasch unwohl fühlen und womöglich sogar entfernen. Auf die lächerlichen Methoden, mit denen Menschen ihre Häuser von denen der Nachbarn und zur Straße hin abgrenzen, braucht hier nicht näher eingegangen zu werden.

Noch eine Analogie zwischen Reptilien und Menschen könnte sein, daß auch wir vielerlei Formen von Routine und blindem Gehorsam kennen. Das zuvor beschriebene Experiment von Stanley Milgram (Kapitel 3) zeigte, daß »vernünftige« Menschen in einer hierarchischen Laborsituation oft bereit sind, einem Mitmenschen Schaden zuzufügen. Der Versuchsleiter ist ein Führer, und wir tun in Blindheit und wider selbstbekundetes Erwarten das, was der Führer sagt.

Natürlich zeigen Eidechsen und Krokodile ein solches Verhalten nicht; es geht jedoch um Übereinstimmungen auf der Ebene von Verhaltens*typen*. Die entsprechenden Versuche deuten darauf hin, daß Menschen manchmal auf ritualistische Weise gehorsam sind, und zwar wider ihr eigenes besseres Wissen. Ihr Verhalten weicht von ihren eigenen Normen ab. Auf der Ebene des *Verhaltens* ist es denkbar, daß ein evolutionsgeschichtlich altes Sediment hier seinen Einfluß geltend macht.

Das Buch von Staal (1989) knüpft in gewisser Weise hier an. Staal meint, daß Rituale dazu dienen, die Vielförmigkeit und Unsicherheit von Wahrnehmung und Erlebnis vorübergehend außer Kraft zu setzen. Ihm zufolge ist ein Ritual eine *Regressionserscheinung*, ein Versuch, der komplizierten und unsicheren Menschenwelt zeitweise zu entfliehen und sich mit festen, aber auch sinnleeren Mustern zu umgeben, die in längst vergangenen Abschnitten der Evolutionsgeschichte entstanden sind. Jacob (1982) hat etwas Ähnliches gesagt:

»Eine der wichtigsten Funktionen von Mythen hat immer in der Erklärung der erschütternden und unbedeutenden Stellung gelegen, die der Mensch im Universum einnimmt. Mythen sind darauf ausgerichtet, unser Vertrauen in das Leben zu erhalten, allem Leid, Unglück und Elend zum Trotz.«

Abgesehen von Ritualen und Mythen ist unser Dasein von Regeln und Routine durchzogen. Oft ist nicht bekannt, wozu diese Regeln gut sind. Vielleicht geht es gar nicht um den eventuellen »Sinn« der Regel, sondern um die »Sicherheit«, die offenbar als angenehm erfahren wird.

Wir geben an dieser Stelle eine kurze, stichpunktartige Aufzählung menschlicher Verhaltensweisen, die man auch im Reptilienreich antrifft.

Tropismen: Dies sind mechanisch verlaufende, durch Reize aus der Umgebung evozierte Verhaltensweisen. Tropismen spielen bei Reptilien eine wichtige Rolle. Eine bestimmte Hautfarbe etwa sorgt dafür, daß ein Artgenosse in sexueller Absicht besprungen oder aber davongejagt wird. Verhalten, das an Tropismen erinnert, kommt beim Menschen in er-

221

ster Linie in Gruppenzusammenhängen vor. Eine Masse zieht uns an, und ehe wir es recht wissen, machen wir blindlings mit.

Isopraxie: Dieser Begriff bedeutet »das gleiche tun« oder imitieren. Beim Menschen wäre, wenigstens im Sinn einer Analogie, an Kultphänomene und an die Mode zu denken.

Routine: Das Verhalten eines Reptils ist auf »Subroutinen« aufgebaut, die nahezu überhaupt nicht anpassungsfähig oder veränderbar sind. Der Mensch sucht Routine in Ritualen. Wir können auch an die festgelegte Reihenfolge aller möglichen häuslichen Verrichtungen denken oder daran, daß viele Leute bei einer Versammlung nervös werden, wenn es keine Tagesordnung gibt. Kinder gehen oder radeln vorzugsweise immer denselben Weg zur Schule, usw. MacLean vermutet, daß viel »Urlaubselend« sich darauf zurückführen läßt, daß es eine Tagesroutine in der herkömmlichen Form nicht mehr gibt.

Perseveration: Das ist die Wiederholung eines Verhaltens auch dann, wenn das keinen Sinn ergibt. Reptilien senden andauernd Signale aus, die die Dominanz in der Gruppe angeben. Beim Menschen ließe sich an psychopathische Phänomene wie Zwangshandlungen denken (etwa übertrieben häufiges Händewaschen).

Mimik: Der *Ausdruck* von Emotionen kommt in tiefgelegenen Gehirnstrukturen zustande. Bei der Parkinsonschen Krankheit verliert der Mensch die Möglichkeit, spontane emotionale Ausdrucksweisen an den Tag zu legen; er muß jeden Gesichtsausdruck bewußt und zur Emotion passend »nachspielen«.

Territorium: Daß der Mensch eines Territoriums bedarf und dieses (zumindest auf nationaler Ebene) bewacht, ist bekannt. Dieses Patrouillieren sieht man auch beim Reptil.

Ein wichtiges Detail ist, daß das neurale Chassis *keine Sprache versteht.* Es hat also wenig Sinn, jemandem zu sagen, er oder sie solle nicht so viel rauchen oder trinken. Das weiß die Person selbst auch, doch ihren Hirnstamm beeindruckt das weiter nicht. Es bedarf regelrechter »Tricks«, um das neurale Chassis zu einem anderen Verhalten zu bringen wie die Verunmöglichung eines Verhaltens oder Gegenkonditionierung. Etwas zu wissen oder einzusehen ist in der Regel nicht ausreichend.

Wir können die sich hier abspielenden Prozesse am besten als Instinkte oder konditionierte Reaktionen umschreiben. Instinkte sind mechanisch ablaufende Verhaltensprogramme, die sich durch Lernen nicht verändern. Die konditionierten Reaktionen sind in starkem Maß für Eßprobleme (zuviel oder gerade zu wenig), für Süchte usw. verantwortlich.

Wenn man Verhalten, das viel mit dem neuralen Chassis zu tun hat, beeinflussen will, geschieht das am besten, indem man (wortlos) ein »angenehmes Gefühl« erweckt, und nicht, indem man Menschen in rationaler Manier aufklärt. Der Hirnstamm versteht schließlich keine Sprache, und der menschliche »Wille« ist gemeinhin nicht einflußreich genug, ein anderes Verhalten hervorzurufen. Auch zwischenmenschliche Kommunikation ist auf der Ebene des Hirnstamms nicht möglich. Die Funktionen des Hirnstamms mit Hilfe von Belohnung oder Strafe zu verändern oder zu beeinflussen ist ebensowenig möglich, weil der Stamm – von klassischer Konditionierung einmal abgesehen – nichts lernt.

Das Säugetiergehirn: Emotionen

Der Zusammenhang zwischen dem limbischen System und Emotionen ist eine feststehende Tatsache. Daß Hirnstamm, Neocortex und limbisches System auf pathologisch-biochemischer Ebene eine relativ selbständige Position einnehmen, wird dadurch nahegelegt, daß viele Gehirnkrankheiten und Viren sich vornehmlich in einem dieser Bereiche einnisten. Das Virus, das Tollwut (*Rabies*) verursacht, greift hauptsächlich das limbische System an, was zu emotionalen Ausbrüchen und wüstem Verhalten führt. Etwas Gleichartiges gilt für Territorien anderer Viren und Bakterien. Natürlich ergibt sich hieraus auf psychologisch-funktionaler Ebene nichts. Biochemisch jedoch scheint eine gewisse Systemtrennung vorzuliegen. Auch das limbische System ist phylogenetisch alt. Seine Strukturen bringen artentypische Merkmale von Emotionen zum Ausdruck. Es gibt kulturübergreifend eine weitgehende Übereinstimmung in den emotionalen Äußerungen, und der Ausdruck vieler Emotionen ähnelt stark dem vieler Tiere.

Es gibt keine guten Gründe zu behaupten, die Grundformen von Emotionen seien erlernt. Kleine Kinder zeigen fast von Anfang an Emotionen. Aus manchen Beobachtungen ergibt sich, daß diese nicht auf Imitation beruhen. Blinde Säuglinge lächeln nach ungefähr sechs Wochen, genau wie sehende Kinder. Auch Reaktionen wie erschrecken und bei Wut mit den Füßen aufstampfen sind nicht erlernt. Noch ein Hinweis auf den artenspezifischen oder allgemein menschlichen Charakter von Emotionen ist das Verhalten des *Homo ferus*. Diese »wilden Menschen« wurden von Tieren aufgezogen oder haben durch andere Ursachen keine herkömmliche Erziehung erfahren. Der *Homo ferus* zeigt »menschliche« Züge bei Emotionen, doch seine kognitiven Prozesse funktionieren auf völlig andere Art und Weise. Zuletzt unterscheiden sich Emotionen, genau wie Instinkte, insoweit von vielen kognitiven Prozessen, daß sie relativ unkontrollierbar sind. »Emotionen können sich einschleichen wie Diebe in der Nacht, wobei die Nacht dann der Schlaf des Dämons wäre«, sagt Frijda (1988, S. 352).

Unterschiedlichste Funktionen und Verhaltensprogramme liegen im limbischen System gewissermaßen in enger Nachbarschaft beieinander. Im Gegensatz zur Hirnrinde führen die Signale der verschiedenen Sinnesorgane in direkt benachbarte Gebiete. Vielleicht dürfen wir sagen, daß im limbischen System eine diffuse oder grobe Repräsentation der Wirklichkeit gebildet wird, wobei außerdem verschiedene Typen von Verhaltensweisen mit Leichtigkeit ineinander übergehen. Zu denken wäre an sexuelle Aktivität, Aggression und Mundbewegungen.

Sexualverhalten geht in der Regel mit oraler Stimulation einher, und es gibt auch strikt orale Versionen sexuellen Verhaltens. Ein gewisser Zusammenhang zwischen Aggression und sexueller Aktivität zeigt sich auch darin, daß bei Fischen und Vögeln aggressive Haltungen oft kaum von sexuellen Haltungen zu unterscheiden sind. Daß Sexualverhalten von phylogenetisch alten Mechanismen beherrscht wird, soll sich, so MacLean, unter anderem anhand der Tatsache erwiesen haben, daß man unter Narkose eine Erektion bekommen kann, wenn ein bestimmtes Gebiet des limbischen Systems elektrisch stimuliert wird.

Abgesehen von identischen Haltungen bei Aggression und sexueller Aktivität kann die eine emotionale Verhaltensweise leicht in die andere übergehen oder mit einer anderen Emotion zusammenhängen. Tiere kämpfen oft miteinander, ehe sie den Geschlechtsakt vollziehen, Jungen bekommen beim Balgen Erektionen, und Säuglinge scheinen mit der Mutterbrust zu kämpfen, ehe sie daraus trinken (was als Kopplung von Aggression und Hunger oder als Übergang zwischen diesen gesehen werden könnte). Bei den Sinnesorganen gibt es hauptsächlich einen Zusammenhang zwischen Emotionen und dem Riechorgan. Das sogenannte Riechhirn deckt sich größtenteils mit dem limbischen System. Hamster kämpfen nicht, noch kopulieren sie, wenn sie ihren Geruchssinn eingebüßt haben.

Beziehungen zwischen sexueller Aktivität und Aggression sind aus evolutionsgeschichtlicher Sicht einigermaßen verständlich. Aggressives Verhalten dient dazu, rivalisierende Männchen zu verjagen, so daß das stärkste (oder das schlaueste) die Gelegenheit erhält, die Weibchen zu monopolisieren. Weibchen ihrerseits geben Evolutionsbiologen zufolge aus Gründen der besseren genetischen Anpassung der Paarung mit solchen Männchen den Vorzug (siehe hierzu Dunbar, 1988). Affen, die in einer Kolonie viel Macht haben, drücken ihren Einfluß oft dadurch aus, daß sie ihren erigierten Penis gegen das Gesicht eines anderen Affen oder gegen deren Scrotum drücken. Affen haben außerdem die Gewohnheit, ihre Erektionen zur Schau zu stellen. Dieses Verhalten ist jedoch sozialen Regeln unterworfen. Es wird selten von Affen gezeigt, die in der Hierarchie weit unten stehen. Bei Affen dient sexuelle Aktivität auch als Tranquilizer: Nervöse Affen werden von Artgenossen spornstreichs masturbiert. Es gibt sogar einen Bibeltext, der an ähnliches erinnert. Genesis 24,2 und 3 berichten von Abraham, der einen Diener beschwört, daß ein jungfräuliches Weib gesucht werden müsse. Abraham bekräftigt seinen Befehl mit den Worten: »Lege deine Hand unter meine Hüfte!« Hüfte ist hier eine etwas euphemistische Übersetzung von Scrotum.

Ein weiterer Hinweis auf das »Zerfließen« von Funktionen und Verhaltensweisen im limbischen System ist vielleicht, daß Menschen bei Unfrieden oder persönlichen Zwistigkeiten viel oder gerade sehr wenig essen. Eine der Erklärungen für *Anorexia nervosa* (Magersucht) ist hiermit verwandt. Viel essen oder gerade fasten löst ein Beziehungsproblem nicht. Dennoch reagieren viele Menschen auf derartige Probleme, indem sie essen, oder sie »bestrafen« sich selbst durch Fasten. Zwischen Sozialkontakten und Eßverhalten scheint es einen Zusammenhang zu geben. In der Entwicklungspsychologie weist man auch darauf hin, daß ein Hang zu Süßigkeiten bei Kindern gegebenenfalls auf einem Mangel an elterlicher Liebe beruht.

Das »Ineinanderfließen« von Funktionen und Verhaltensweisen sowie in die grobe Repräsentation, die das limbische System von der Wirklichkeit zu haben scheint, läßt sich nachvollziehen, wenn man sich Emotionen als allgemeine Verhaltensprogramme vorstellt. Sie geben globale Kommandos wie »weitermachen«, »aufhören«, »gut« und »schlecht«. Anders gesagt: Emotionen sorgen dafür, daß ein bestimmtes Verhalten eine gewisse Zeit hindurch *aufrechterhalten* bleibt (Ornstein & Sobel, 1987). Die genannten Übergänge in Verhaltensweisen, wie etwa auf dem Gebiet von Aggression, Dominanz und sexueller Aktivität, werden von Moir & Jessel (1990) dahingehend erklärt, daß sie dem Hormon Testosteron im limbischen System eine wichtige Rolle beimessen. Dieses Hormon sei der »Motor« vieler Verhaltensweisen. Weil Männer viel mehr Testosteron in ihrem Gehirn hätten als Frauen, würden die genannten Phänomene hauptsächlich bei Männern und männlichen Tieren vorkommen.

Die meisten (Sprach-)Laute, die der Mensch von sich gibt, beruhen auf der Aktivität des Neocortex. Wenn Gefühle mit im Spiel sind, kann das limbische System vielleicht auch Laute hervorbringen. Die Schreie und das Weinen bei Säuglingen, die von ihrer Mutter verlassen werden, sind bei Menschen und Affen so gut wie identisch. Daß derartige Laute subcorticaler Herkunft sind, läßt sich vielleicht aus der Tatsache schließen, daß Affen nicht sprechen lernen.

Es gibt einige Hinweise, daß das limbische System eine eigene Lernfähigkeit besitzt. Wenn eine Katze kurze Zeit nach einem akustischen Signal einen elektrischen Schlag erhält, wird sie Versuche unternehmen, diesen zu vermeiden. Das Tier ist dazu jedoch nicht imstande, wenn akustisches Signal und elektrischer Schlag durch eine lange Pause getrennt sind. Das Verhalten verändert sich unter diesen Umständen nicht, weil das Tier eine derartige Periode nicht »überblicken« kann. Bemerkenswert ist jedoch, daß gewisse Körperfunktionen davon quasi unbeeindruckt bleiben. Jedesmal wenn das Signal zu Gehör gebracht wird, weisen Herzschlag und Atmung der Katze darauf hin, daß ihr Organismus die mögliche Gefahr erkennt. Es gibt also einen Unterschied zwischen dem gezeigten Verhalten und körperlichen Reaktionen, die vom vegetativen Nervensystem her erweckt werden: Das Herz reagiert auch da, wo die Motorik versagt. Bei Hunden ist ähnliches beobachtet worden. Motorische Reaktionen erlöschen recht bald, aber die damit einhergehende erhöhte Pulsfrequenz kann noch über längere Zeit gemessen werden. Es scheint, daß das limbische System eine eigene, körperbezogene Lernfähigkeit besitzt, die nicht direkt mit der Ausführung von Bewegungen zusammenhängt.

Über die Frage, ob dieses Verhalten auf Lernen hindeutet oder ob es sich hier um die sogenannte Orientierungsreaktion handelt, die bei Mensch und Tier dann auftritt, wenn ein neuer Reiz verabreicht wird, läßt sich streiten. Letztere Interpretation ist nicht unwahrscheinlich. Tiere werden zu einem sehr großen Teil von »kurzsichtigem«, operantem Verhalten beherrscht (Kapitel 3). Es ist schwer vorstellbar, daß neuere Teile des Cortex kurzsichtig funktionieren und das limbische System nicht. Manchen Stimmen zufolge sind die Effekte bei der Orientierungsreaktion tatsächlich dieselben. Daß das limbische System über organische Reaktionen lernen *kann*, ist jedoch nicht neu (Razran, 1971). Vielleicht muß beim Lernen und Erinnern zwischen Verhalten, das vornehmlich vom

Neocortex bestimmt wird, und körperlichen, vom limbischen System verursachten Veränderungen unterschieden werden.

Dieser Punkt ist nicht gänzlich geklärt. Beide Formen der Konditionierung haben »kurzsichtige« Merkmale. Auf Grund dieses gemeinschaftlichen Nenners ist es schwierig, sich vorzustellen, daß operante Reaktionen (Bewegungen) nicht zustande kommen, klassische konditionierte Reaktionen (körperliche Veränderungen) dagegen doch. Eine Möglichkeit ist, daß klassische Konditionierung im Gegensatz zu der operanten Form oft bereits nach lediglich einer einzigen Kombination eines unkonditionierten und eines konditionierten Reizes eintritt. Dieser Unterschied könnte erklären, weshalb Tiere in den beschriebenen Situationen nach einigen Versuchen noch keine Zeichen operanter Konditionierung erkennen lassen, wohl aber solche klassischer Konditionierung.

Aus krankhaften und mehr oder weniger pathologischen Phänomenen bei Emotionen läßt sich ebenfalls einiges ersehen (siehe z.B. Mandler, 1984). Bei heftigen Wutanfällen, die nicht auf eine bestimmte Person gerichtet sind (Amok, Mata glap), kann das Gefühl einer Spaltung entstehen. Es scheint dann eine Dissoziation von Gefühl und Verstand vorzuliegen: Die Emotion wird erfahren, aber wir wissen nicht, woher sie kommt, und womöglich kämpfen wir vergeblich gegen sie an. Abgesehen von derartigen Gefühlen der Spaltung ist es möglich, daß starke Emotionen die Hirnrinde hemmen. Bei Schreck können wir erlahmen, möglicherweise ist unsere Wahrnehmung weitgehend beeinträchtigt, und auch das Denken setzt aus. Aus evolutionsgeschichtlicher Perspektive könnte der Hintergrund dessen sein, daß Schrecken mit dem Anblick eines lebensbedrohlichen Raubtiers einhergeht. Oft ist es dann vernünftig, sich nicht zu bewegen, in der Hoffnung, nicht gesehen zu werden. Derartige Phänomene passen natürlich gut zu der Sichtweise, daß Emotionen allgemeine Verhaltensprogramme sind.

Spektakuläre Phänomene treten bei Epilepsie des limbischen Systems zutage (Akert & Hummel, 1963; Harrison, 1983). Die Denkfähigkeit kann ausfallen, und die Person kämpft, beißt und knurrt wie ein Tier. Außerdem stellt sich oft eine sexuelle Hyperaktivität ein. Diese Form der Epilepsie geht mit merkwürdigen körperlichen Empfindungen einher. Kummer oder eine andere Emotion kann in einem bestimmten Körperteil empfunden werden (man vergleiche den Ausdruck: »Mir bricht das Herz«). Diese Übersetzung in körperliche Sensationen und Organe tritt nicht bei Epilepsieformen zutage, bei denen der Neocortex betroffen ist.

Ein besonderer Epilepsietyp kann sich im Hippocampus abspielen. Die Anfälle dehnen sich nicht auf die motorischen Gebiete aus, so daß die Person auch weiterhin koordinierte Bewegungen ausführen kann. Das ist in gewisser Weise problematisch, denn ein derartiger Anfall ist nicht selten mit Wutausbrüchen verbunden, oder der Betroffene begeht ein (Sittlichkeits-)Delikt, an das er sich später kaum mehr erinnern kann. Das Verhalten ist »geordnet«, jedoch größtenteils *automatisiert*. Es wird nicht von Bewußtseinsprozessen geführt oder gesteuert. In ernsten Fällen kommt es zum Absterben des Hippocampus, was zu Gedächtnisverlust und zur Enthemmung oralen Verhaltens führt: Die Betroffenen »besabbeln« alles wie Säuglinge. Bei Sexualität und sexuellen Störungen spielen die Mandelkerne (*Nucleus amygdalae*) als Bestandteil des limbischen Systems oft eine wichtige Rolle. Eine Beschädigung derselben verursacht bei Tieren pervertiertes Verhalten. Es gibt Hinweise, daß dies auch beim Menschen der Fall sein kann.

Frontallappen und Gedächtnis

Welche Rolle spielt der Neocortex bei Emotionen? Beschädigung der Frontallappen führt bei Tier und Mensch zu recht enthemmten Zuständen, zu gestörter Aufmerksamkeit und zu Planungsunfähigkeit. In diesem Fall gibt es (beim Menschen) auch weniger Angstphänomene. Das erscheint paradoxer, als es vielleicht ist: Im Gegensatz zur Furcht (Phobien) bezieht sich Angst oft auf die Zukunft. Dazu gehören Planung und Zeitbewußtsein. Die neuen Teile der Hirnrinde sind nicht nur Träger von Fähigkeiten wie dem Sprachgebrauch, sondern sie beschützen den Organismus auch vor den Konsequenzen von Handlungen, auch und vor allem, wenn diese in der fernen Zukunft liegen (man denke an intelligentes versus operantes Verhalten).

Bei Emotionen gibt es ein Zusammenspiel zwischen den beiden Gehirnhälften. Dieses umfaßt mehr als die Tatsache, daß negative Emotionen (vielleicht im Zusammenhang mit den grobmotorischen Programmen) in erster Linie mit der rechten Hemisphäre und angenehme mit der linke Hemisphäre verbunden sind (siehe Kapitel 4). Die emotionale Entwicklung eines Kindes setzt die Bindung an einen Elternteil oder Versorger voraus. Wenn diese Bindung nicht entsteht, besteht für das Kind die Gefahr emotionaler Störungen (siehe Kapitel 2).

Die zwischen den beiden Hemisphären vorhandenen Unterschiede führen dazu, daß viele Informationen auf zweierlei Weise codiert und in verschiedenen Teilen des Gehirns sowohl gespeichert als auch wieder aufgesucht werden müssen. Die linke Gehirnhälfte hält vor allem verbale Aspekte von Ereignissen fest, die rechte hat ein gutes Gedächtnis für unter anderem räumliche Informationen und emotionale Erfahrungen. Viele Ereignisse werden mit Hilfe doppelter Codierung festgehalten: Von einer Begegnung behalten wir sowohl ein visuelles Bild als auch Gesprächsfetzen im Gedächtnis. Oft können wir uns an das Ereignis insgesamt erinnern, weil bei dem Erinnerungsvorgang beide Hemisphären aktiv sind und zusammenarbeiten. Angesichts der Funktionsspezialisierung ist es jedoch möglich, daß Erfahrungen hauptsächlich in einer Hemisphäre landen. Wenn diese Erfahrungen auf nonverbaler Ebene liegen, muß die linke Hemisphäre über die Querverbindungen irgendwie Zugang zur rechten Hälfte erlangen und deren Information »übersetzen«.

Versuche mit Affen haben gezeigt, daß dies tatsächlich geschieht. Man bringt einem Affen eine Aufgabe bei, welche die Fähigkeiten einer Hemisphäre beansprucht. Aus dem Verhalten des Tieres, das heißt dem Gebrauch der Körperhälften, geht hervor, daß beide Hemisphären »wissen«, was erwartet wird. In einer anderen Versuchsanordnung lernt die rechte Hemisphäre eine bestimmte Aufgabe. Anschließend durchtrennt man die Querverbindungen. In diesem Fall kann die Aufgabe lediglich von der linken Körperhälfte ausgeführt werden. Die linke Hemisphäre und die damit korrespondierende rechte Körperhälfte erweisen sich als nicht imstande, das Gelernte aufzuspüren.

Derartige Experimente sind auch mit Menschen durchgeführt worden. Man setzt eine Hemisphäre vorübergehend mit einem Betäubungsmittel außer Kraft und vermittelt der anderen eine Erfahrung. Die Resultate sind gleich denen der Affenversuche: Wenn die Betäubung abgeklungen ist, »weiß« die betäubte Gehirnhälfte »von nichts«. Die Wichtigkeit dieser Beobachtung wird klar sein: Es ist möglich, daß Menschen Erfahrungen gemacht haben, die sie auf verbaler Ebene nicht mehr so recht erreichen können, unter deren Einfluß sie aber dennoch stehen. Hierbei kann an das Unbewußte bei Freuds Psychoanalyse gedacht werden, in dem Sinne, daß die Information nicht »absichtlich« verdrängt worden sein muß.

Wir können vor dem Hintergrund dieses Mechanismus mehr von Emotionen verstehen sowie von Phänomenen auf dem Gebiet der (Kinder-)Psychopathologie. Kleine Kinder sind noch nicht imstande, Erfahrungen in Form von Sprache zu speichern. Das ist zugleich die wichtigste Ursache dafür, daß Jugenderinnerungen selten oder nie bis vor das dritte Lebensjahr zurückreichen. Bis zu diesem Zeitpunkt haben die Kinder sowohl angenehme als auch unangenehme Situationen erlebt. Diese sind, so Joseph (1988), im limbischen System und in der rechten Gehirnhälfte gespeichert. Von der linken Hemisphäre aus sind derartige Erinnerungen nicht zugänglich. Diese Hemisphäre kann die Sprache schließlich noch nicht oder kaum als Code verwenden. Außerdem sind die Querverbindungen bei Kindern lange Zeit hindurch noch schlecht entwickelt. Die linke Hemisphäre eines Kleinkindes hat also aus zwei Gründen kaum Zugang zu der in der rechten Gehirnhälfte gespeicherten Information. Joseph sagt, daß diese Erfahrungen in späterem Alter nicht nachträglich von der »sprechenden« Hemisphäre aus aufgerufen werden können. Die Folge ist, daß Jugenderfahrungen jemanden ein Leben lang verfolgen können, ohne daß der Betreffende dahinterkommt, was damals vorgefallen ist.

Auch bei etwas älteren Kindern kann noch sehr viel schiefgehen. Joseph bringt das Beispiel einer geschiedenen Frau mit einem etwa vierjährigen Kind. Die Frau liebt ihr Kind und sagt das auch. Andererseits erfährt die Frau das Kind als eine Last. Das Kind schränkt ihre Freiheit ein und trägt zu ihren finanziellen Problemen bei. Die Kommunikation mit dem Kind kann dergestalt sein, daß die Mutter den Satz »Ich liebe dich« in einer Art und Weise ausspricht, die bedeutet: »Ich will dich nicht.« Sowohl die digitale als auch die analoge Komponente der Nachricht (Inhalt versus Intonation) werden von dem Kind aufgenommen und festgehalten. Die linke Hemisphäre behält die Worte, die rechte deren Klang. Die Bedeutungen beider Botschaften widersprechen sich gegenseitig. Dadurch ist es möglich, daß das Kind erstarrt, sobald seine Mutter ihm – in dieser Weise – liebevoll zuspricht: Eine Situation ist entstanden, die man als *Double bind* (Doppelbindung) beschreibt.

Was geschieht später? Denkbar ist, daß diese Person als erwachsener Mensch beim Hören des Satzes »Ich liebe dich« gewissermaßen mit seiner linken Hemisphäre Liebe vernimmt und mit seiner rechten emotionale Ablehnung. Es entsteht dann ein Konflikt (»Man kann Frauen/Männern nicht trauen«), doch der Person ist nicht bewußt, was in ihr geschieht. Die Worte rufen erneut zwei Bedeutungen in ihr auf, sie fühlt sich dadurch verwirrt, ist jedoch bezüglich des Hintergrundes ihrer Probleme völlig ahnungslos. Man nennt dies auch den »Simson-Effekt«, nach einer Gestalt aus der Bibel.

Ist dieser Mangel an interner Kommunikation ein Emotionsfehler? Wahrscheinlich nicht. Die relativ starke Trennung der Hemisphären bei Kindern nimmt bei Erwachsenen oft die Form einer notwendigen, funktionalen Spaltung an. Dies bedeutet, daß die eine Hemisphäre die andere in bestimmten Augenblicken hemmen kann, so daß sie nicht mit bestimmten Informationen überflutet wird, welche sie nicht verarbeiten könnte.

Aus dem täglichen Leben sind uns allen diese im buchstäblichen und übertragenen Sinne intrapsychischen Konflikte bekannt. Manchmal fühlen wir uns schwermütig, vergnügt oder depressiv, ohne zu wissen, weshalb. Möglicherweise erfährt die rechte Hemisphäre unter diesen Umständen etwas oder reagiert auf etwas, ohne daß die linke Hemisphäre einen Zugang zu diesen Prozessen erhält. Die linke Gehirnhälfte kann die Information nicht »finden«, oder sie wird durch ihren Nachbarn blockiert. Störungen auf emotionalem Gebiet, das »Überfallenwerden« von Emotionen und Stimmungen sowie bestimmte Konflikte können von einer Dissoziation des limbischen Systems und des (Neo-)Cortex verursacht werden und/oder durch die funktionale Trennung der Gehirnhälften.

Wenn Emotionen umschlagen

In der Nachfolge von Frijda (1988) und Ornstein & Sobel (1987) umschreiben wir Emotionen als allgemeine Verhaltensprogramme. Wut ist nicht nur ein mentaler Zustand, Wut führt auch und in erster Linie zu einer Reihe von Handlungen, die nötig sind, um etwas zu erreichen. Dasselbe gilt für Angst. Die Wichtigkeit einer Emotion ist jedoch nicht immer einfach zu ersehen. Wut kann geeignet sein, uns selbst, unsere Verwandtschaft oder Nachkommenschaft gegen Angreifer zu verteidigen. Auf Angst beruhende Verhaltensweisen machen oft ebenfalls Sinn. Hoffnung kann die Lebenskraft stärken, Liebe ist eine Emotion, die soziale Kontakte aufrechterhält, ein Mensch könnte Niedergeschlagenheit als einen körperliche oder geistige Erholungsprozesse begleitenden Zustand betrachten. Haß schließlich kann als eine Emotion angesehen werden, die aufgerufen wird, sobald jemand uns Schaden zugefügt hat. Der Haß dient dazu, eine Wiederholung zu vermeiden: Man geht einer erneuten Konfrontation mit einer solchen Person aus dem Weg.

Viel weniger klar ist jedoch die Wichtigkeit von Freude und Kummer. Weshalb sollte ein Mensch oder ein Tier froh sein? Was wird damit erreicht? Was löst der Kummer über einen Verlust aus? Man könnte Kummer als Niedergeschlagenheit betrachten. Diese müßte dann wiederum als ein einen Er-

233

holungsprozeß begleitendes Phänomen betrachtet werden. Übermäßig klar sind derartige »Deutungen« jedoch nicht.

Dem Kummer verwandt ist das Weinen. Die Funktion des Weinens ist unbekannt. Wir lassen einige Vorstellungen an uns vorüberziehen.

Tränenflüssigkeit ist alles andere als »Wasser«, sondern es handelt sich hierbei um eine kompliziert zusammengesetzte Flüssigkeit. Außerdem verändert sich während eines Augenblinzelns die Zusammensetzung dieser Substanz, was unter anderem zur Folge hat, daß das Auge für kurze Zeit mit einem Schutzfilm bedeckt ist. Überdies hängen Art und Zusammenstellung der Tränenflüssigkeit mit unserem Allgemeinzustand zusammen. Beim Weinen verlieren wir mit den Tränen angeblich Schadstoffe wie Schwermetalle und bestimmte Hormone (Prolactin). Weil die Frau mehr Prolactin im Körper hat als der Mann, soll sie durch die Bank genommen angeblich auch öfter weinen. Diese Argumentation steht jedoch auf außergewöhnlich schwachen Füßen, denn die auf diese Weise aus dem Körper gebrachte Menge an Schadstoffen ist minimal. Ein zweiter Gedanke:

Vor langer Zeit seien bei Abschiedsritualen und Begräbnissen große Feuer entzündet worden. Der Rauch habe zur Ausscheidung von Tränenflüssigkeit geführt. Zugleich hätten wir unter derartigen Umständen Kummer gehabt. Kummer und Tränen seien durch Konditionierung miteinander gekoppelt worden, daher weinten wir, wenn wir einen persönlichen Verlust erlitten. Auch diesen Gedankengang kann man nicht ernst nehmen. Schließlich brechen wir nicht in Tränen aus, wenn das Kaminfeuer entfacht wird. Eine weitere Spekulation:

Beutetiere könnten sich gegen Angreifer schützen, indem sie sich versteckten oder schnell davonliefen. Im letzten Fall gerate der Augapfel in Gefahr auszutrocknen. Dem werde durch eine reichhaltige Ausscheidung von Tränenflüssigkeit begegnet. Der Mensch besitze noch eine Reihe von Merkmalen, die er mit Beutetieren teile. Angesichts unserer körperlichen Ausstattung sei Davonlaufen im Falle von Bedrohung zwar ein ziemlich sinnloses Verhalten, dennoch führten infolge »eingebauter« Konditionierungsreaktionen bestimmte

Emotionen auch bei uns zur Bildung von Tränen. Auch dies ist keine plausible Erklärung. Die Tränenflüssigkeit beim Laufen ist schließlich eine *Folge* des Winddrucks auf das Auge; der Organismus »entschließt« sich nicht, erst Tränenflüssigkeit zu produzieren und daraufhin davonzulaufen.

Eine letzte Annahme: Der neugeborene Mensch sei hilflos und in starkem Maß auf andere angewiesen. Angestrebt werde deshalb, Mitmenschen jederzeit zu Hilfe rufen zu können. Dieses Ziel werde dadurch erreicht, daß der Mensch regelmäßig zu weinen anfange. Auch in fortgeschrittenem Alter spiele dieses »auf sich aufmerksam machen« noch immer eine Rolle: Das Gesicht eines weinenden Erwachsenen sei gewissermaßen mit zärtlich stimmendem Fruchtwasser bedeckt. Der Gesichtsausdruck gleiche obendrein dem eines in Schwierigkeiten geratenen Babys, und die Atmung erinnere an unsere ersten Atmungsversuche. Menschen, die weinen, können sich dieser Argumentation zufolge mit größerer Wahrscheinlichkeit fortpflanzen als andere. Auch diese Erklärung ist unbefriedigend. Menschen weinen vorzugsweise, wenn sie *nicht* von anderen gesehen werden. Zweitens ist das Selektionsargument schwach. Auf diese Art ließe sich letztlich alles erklären. Letzteres ist, wie sich schon öfter herausstellte, leider eine Eigenheit von Evolutionstheorien, den Neodarwinismus eingeschlossen.

Was wir dagegen wohl mit Bestimmtheit wissen, ist, daß unser Gefühlsleben ein bemerkenswertes Muster aufweist. Wir haben gesagt, daß viele sich im limbischen System abspielende Prozesse in dem Sinne nahe beieinanderliegen, als das eine Verhalten mit dem anderen einhergehen kann und es eigenartige Übergänge zwischen Verhaltensweisen gibt. Das ist auch bei Emotionen so. Jemand kämpft mit aller Kraft für eine Sache und setzt sich anschließend weinend in eine Ecke. Entsprechend kann nach einer Zeit der Freude Melancholie entstehen. Was könnte die Ursache dessen sein? Wir referieren eine durch eine Motivationstheorie von Solomon (1980) inspirierte Hypothese (siehe auch Merckelbach u. a., 1991).

Ein wichtiger Mechanismus in der Wahrnehmung ist Habituation oder Gewöhnung. Für einen Organismus sind Veränderungen wichtiger als Dinge, die gleichbleiben. Reize, die sich nicht verändern, werden im Verlauf der Zeit nicht mehr wahrgenommen. Habituationsprozesse sind ein Hinweis, daß ein Organismus einen konstanten Reiz »überpinselt«. Ein solcher Korrekturprozeß bleibt oft noch für kurze Zeit erhalten, nachdem der Reiz selbst aufgehört hat. Bei Emotionen könnte der folgende Mechanismus am Werk sein (Abbildung 6). Die horizontale Linie stellt die Zeit dar. Gesetzt, ir-

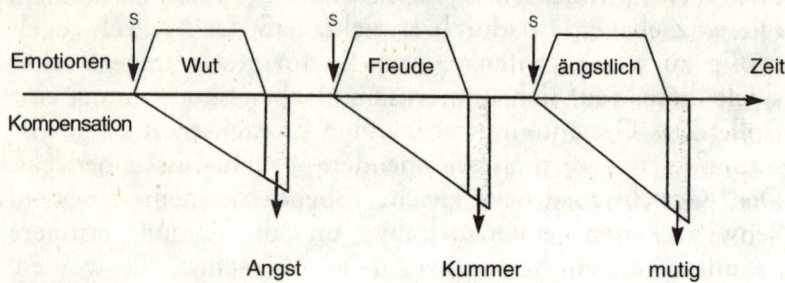

Abbildung 6. Ein emotionales Kompensationsmodell.

gendwann stellt sich eine Situation (S) ein, die Anlaß zum Empfinden und Äußern von Wut gibt. Ein derartiges Verhalten kann funktional sein, jedoch führt ein lang anhaltender Zustand der Wut zu körperlicher und geistiger Erschöpfung. Es ist denkbar, daß kurz nach dem Entstehen der Wut ein entgegengesetzter Prozeß in Gang kommt, den Ärger zu hemmen. Irgendwann gelingt das, doch der hemmende Prozeß, der auf eine entgegengesetzte Emotion hinarbeitet, hält noch einen Augenblick lang an. Eine solche kompensierende Emotion kann Angst sein. Nach dem Wutanfall folgt dann eine Periode (grundloser) Angst. Ebenso ist denkbar, daß Freude nach einiger Zeit in Melancholie umschlägt – man denke an Trauer nach einer Periode intensiven Vergnügens. Das Umgekehrte ist ebenfalls möglich. Bei einer anderen Situation (S) entsteht Angst, die als Gegenpol Kampfeslust hat. Jemand kann eine höllische Angst haben, etwas zu tun, und dennoch irgendwann zur Tat schreiten.

Diese Phänomene scheinen zu bedeuten, daß wir den Regulationsprozeß von Emotionen teilweise mit dem Thermostat einer Zentralheizung vergleichen können. Ein solches Gerät hält die Temperatur nicht genau auf 20 Grad, sondern in Schwankungen um diesen Bereich. Sobald die Temperatur unter den eingestellten Wert sinkt, schaltet der Thermostat die Heizung ein. Diese geht aus, kurz bevor der gewünschte Temperaturwert erreicht ist, doch sorgen die heißen Radiatoren dafür, daß die Temperatur noch etwas ansteigt. Derartige sogenannte proportionale Regler verursachen Schwankungen. Bei verfeinerten Systemen (Integral- und Differentialreglern) sind die Ausschläge kleiner. Unsere Gefühlsschwankungen lassen sich vielleicht verstehen, wenn wir dem limbischen System an ein proportionales Regelsystem erinnernde Eigenschaften unterstellen. Das Prinzip ist leicht nachvollziehbar. Eine Emotion ist ein allgemeines Verhaltensprogramm, aber kein einziges Programm kann und darf *über sehr lange Zeit hinweg* aufrechterhalten werden. Aus diesem Grund schwanken die Emotionen (Programme) um eine Grundlinie, die unerwünschte *In*aktivität symbolisiert.

Auch pathologische Phänomene können auf diese Weise beschrieben werden. Wie ein Thermostat defekt werden kann, geht mitunter auch etwas mit der Regelung von Emotionen daneben. Wenn die entgegengesetzte Emotion zu langsam aufgebaut wird, verbleibt jemand möglicherweise in einem lang andauernden Extremzustand, um anschließend monatelang niedergeschlagen oder im Gegenteil außergewöhnlich fröhlich zu sein (manisch depressive Psychose oder bipolare Depression). Möglich ist auch, daß der Kompensationsmechanismus überhaupt nicht funktioniert. Das könnte eine Erklärung für eine unipolare Depression sein.

In Begriffen der Meß- und Regeltechnik paßt das Kompensationsmodell zu der Hypothese, daß unterschiedliche Verhaltensprogramme auf funktionaler Ebene ineinander überfließen. Das limbische System hat wahrscheinlich ein »grobes« Bild der Wirklichkeit und des eigenen Verhaltens. Grobe Modelle stehen möglicherweise im Zusammenhang mit groben Regelmechanismen (wie proportionalen Reglern), die Oszillation oder Schwankungen herbeiführen (siehe auch Hassenstein, 1988).

Wir haben Emotionen als »Programme« beschrieben, die das allgemeine Verhalten eines Organismus diktieren. Diese Programme sind äußerst unterschiedlich. Auf Grund dessen ist zu vermuten, daß einander widersprechende Emotionen merkwürdige Effekte hervorrufen werden. Ornstein & Sobel (1987) geben ein entsprechendes Beispiel: Herzinfarkte werden durch Beschädigungen des Herzmuskels und/oder durch eine Verengung der Kranzgefäße verursacht. Bekanntermaßen begünstigen bestimmte psychische Prozesse und Persönlichkeitsmerkmale derartige anatomische Veränderungen. Plötzlicher Herztod kommt jedoch auch bei gesunden Erwachsenen und sogar bei Kindern vor. Der Grund ist dann oft eine schockierende Situation, in der die Person sich keinen Rat weiß. Hierbei geht also in erster Linie etwas im Gehirn und nicht im Herzen schief. Die Person wird von Schrecken und Verzweiflung überfallen. Sie kann nicht entscheiden, was zu tun ist. Diese Unsicherheit führt zu einer Aktivierung sowohl des sympathischen als auch des parasympathischen Nervensystems. Der eine Reiz aktiviert das Herz, der andere hemmt es in seiner Tätigkeit. Das Resultat ist ein Herzstillstand. Ornstein & Sobel beschreiben das Verhalten eines Mädchens, das seinen kleinen Bruder plötzlich während eines Wettkampfs sterben sah: Sie weinte, brach in Schweiß aus, lachte, fiel hin, stand auf und starb.

Geruchssinn und Emotionen

Wenn Menschen gefragt werden, welches Sinnesorgan sie gegebenenfalls am ehesten missen möchten, steht die Sehfähigkeit an letzter Stelle und der Geruchssinn an erster. Das rührt daher, daß wir uns nicht klarmachen, wie wichtig der Geruchssinn ist. Dieses sogenannte chemische Sinnesorgan ist phylogenetisch sehr alt. Es funktioniert weitgehend unbewußt, und der Geruchssinn ist das Sinnesorgan, welches wie kein anderes mit Gefühlen in Beziehung steht. Deshalb empfiehlt sich hier eine gesonderte Behandlung des Geruchssinns.

Sinnesorgane sind Apparate, die durch Nerven mit dem Gehirn verbunden sind. So geben Auge und Ohr ihre Informationen über einen langen Weg an diverse Teile des Gehirns weiter. Beim Geruchssinn ist das nicht so (siehe z. B. Corbin, 1991; Köster, 1978, 1986; Tisserand, 1991). Der Geruchssinn ist eine Ausstülpung des Gehirns. Man muß sich vorstellen, daß ein Stückchen des Gehirns bis in den oberen Teil der Nase herabgesunken ist. Ein weiterer Unterschied zwischen dem Geruchssinn und anderen Sinnesorganen ist, daß die Information auf zweierlei Weise in den Körper eindringt. Ein kleiner Teil der Geruchsstoffe gelangt über die Nase ins Blut, der größte Teil jedoch wird in Nervenimpulse kodiert. Diese Signale gelangen vornehmlich in das phylogenetisch alte limbische System.

Geruchsreize sind von großer Wichtigkeit. Das zeigt sich unter anderem, wenn nach einem Schlag gegen den Kopf oder infolge bestimmter Virusinfektionen der Geruchssinn verlorengeht. Solcherart beeinträchtigte Menschen schmecken nicht nur wenig (ein großer Teil des Geschmacks beruht auf Geruchswahrnehmungen), sondern sind auch Gefahren ausgesetzt, weil sie verdorbenes Essen nicht riechen, verschüttetes Benzin nicht bemerken und gegebenenfalls erst relativ spät entdecken, daß ihre Küche lichterloh brennt. Wichtig ist, daß das limbische System gewissermaßen seine »Eingaben« vermißt, was oft zu Depressionen und zum Verlust an sexuellem Interesse führt. Diese Depressionen bedeuten nicht nur unangenehme Empfindungen, sie bedrohen auch die Gesundheit. Wenn ein Zustand der Niedergeschlagenheit lange andauert, hemmt das die körpereigene Abwehr und bringt ein erhöhtes Krankheitsrisiko mit sich (siehe Weiss, Herd & Fox, 1981; Wiegant, 1988).

Daß der Geruchssinn ein ganz anderes Sinnesorgan ist als beispielsweise Auge und Ohr, zeigt sich auch anhand weiterer Beobachtungen. Wir sind imstande, unzählige Formen zu benennen und zu beschreiben. Für die Hunderttausende von Gerüchen, die wir voneinander unterscheiden können, haben wir dagegen nur eine sehr begrenzte Anzahl von Wörtern. Zudem beziehen diese sich oft lediglich auf die Geruchsstoffe selbst oder auf deren Herkunft (»Benzingestank«, »Rosenduft« u. ä.). In vielen Fällen müssen wir uns sogar mit Andeutungen wie »angenehm« oder »unangenehm« zufrieden geben, oder mit vagen Analogien (»Dieser Geruch erinnert mich an ...«). Für den Geschmackssinn gilt dies ebenfalls. Der Geschmack beruht weitgehend auf einem intakten Riechvermögen. Wenn wir stark erkältet sind, empfinden wir eine Mahlzeit als geschmacksneutral.

Auch mit der Intensität von Gerüchen hat es eine merkwürdige Bewandtnis. Beim Sehen von rotem oder grünem Licht macht es kaum einen Unterschied, wie groß die Energiemenge ist: Die Wahrnehmungsschwelle für Licht unterschiedlicher Frequenzen unterscheidet sich nur wenig voneinander. Bei Gerüchen ist das anders: Für manche Gerüche kann die Sensibilität tausendmal so hoch sein wie für andere. Woran das liegt, ist unbekannt. Wohl wissen wir, daß ein Geruch im allgemeinen schneller bemerkt wird, je gefährlicher er ist (eine Ausnahme ist das geruchlose Kohlenmonoxid). Dieser Zusammenhang zwischen Schwellenintensität und Gefahr weist darauf hin, daß der Geruchssinn direkt mit dem Überleben zu tun hat.

Die Beziehungen zwischen Geruchssinn und Emotionen sind interessant und vielförmig. Kennzeichnend für diesen Zusammenhang ist, daß uns in der Regel nicht bewußt ist, wie sehr Emotionen von Gerüchen beeinflußt werden. Viele Menschen atmen der Einfachheit halber durch den Mund, wodurch sie wenig riechen. Physiologisch hat die Mundatmung vielfältige Nachteile, wie etwa eine mangelhafte Auslastung der Lungen. Psychologen haben festgestellt, daß Kinder, die durch den Mund atmen, vergleichsweise weniger gut in der Schule sind und daß ihre emotionale Entwicklung ein wenig zurückbleibt. Vielleicht verbessert sich sowohl das eine wie auch das andere, wenn man Kindern beibringt, möglichst viel durch die Nase zu atmen. Das limbische System wird dann besser stimuliert. Diese Atmung hat wahrscheinlich nicht nur Einfluß auf das Gefühlsleben. Es ist auch denkbar, daß schulische Leistungen sich dadurch verbessern: Vor allem bei Kindern hängen Verstand und emotionale Prozesse eng miteinander zusammen.

Eine der vielen Emotionen, die Mensch und Tier gemeinsam haben, ist sexuelle Erregung und das anschließende Verhalten. Hier spielt der Geruchssinn eine wesentliche Rolle. Wenn Lachse in der Paarungszeit landeinwärts schwimmen, folgen sie Geruchssensationen; Schmetterlinge ziehen sich gegenseitig über große Distanzen hinweg durch die Produktion und Wahrnehmung bestimmter Geruchsstoffe an, und eine Sau findet dann Gefallen an einem Eber, wenn dieser einen bestimmten Geruch produziert. In den Vereinigten Staaten hat man diesen Geruch künstlich hergestellt und in Spraydosen verpackt (*boar mate*). Ein Bauer oder Tierarzt kann sich leicht von der emotionalen Befindlichkeit seiner Säue überzeugen, nachdem er mit der Spraydose herumgegangen ist. Er braucht nur ihr Verhalten zu beobachten.

Gerüche, die mit sexuellem Verhalten zu tun haben, werden Pheromone oder Copuline genannt. Beispiele sind Androstenediol, das in den Achselhöhlen von Männern produziert wird, eine ähnliche Substanz in der weiblichen Vagina und Moschus, ein Produkt der Moschusratte. Wenn derartige Stoffe auf den Körper gebracht werden, scheint sich bei vielen Menschen die sexuelle Aktivität zu steigern. Pheromone haben jedoch auch subtile Wirkungen. Frauen beurteilen Männer bei einem Bewerbungsgespräch positiver, wenn zuvor heimlich ein Pheromon im Zimmer verbreitet wurde (ob das auch umgekehrt gilt, ist mir nicht bekannt).

Es ist selbstverständlich, daß die Parfümwelt sich Pheromone und Copuline zunutze macht. Viele Parfüms enthalten Moschus und sogar eine winzige Menge des Geruchs von Exkrementen. Das erscheint merkwürdiger, als es ist. Menschen haben gar nicht einen solchen Ekel vor dem Geruch von (den eigenen) Exkrementen. Kinder beschmieren sich oft mit derartigen Substanzen, und auch Erwachsene sitzen häufig länger auf der Toilette als notwendig. Wenig bekannt ist, daß Beziehungen auf Grund miteinander quasi unvereinbarer Körpergerüche scheitern können. Manche Soziobiologen behaupten oder spekulieren, der Körpergeruch sei ein genetisch bestimmter Faktor, der allerdings durch die Ernährung weitgehend beeinflußt werden könne. Inkompatible Körpergerüche seien zugleich ein Hinweis auf eine genetisch unerwünschte Kopplung, so daß es besser sei, wenn die Beziehung nicht zustande käme. Evolutionsgeschichtlich gesehen ist dies äußerst interessant. Wenn es tatsächlich einen Zusammenhang zwischen (miteinander unvereinbaren) Körpergerüchen und genetischen Mechanismen gibt, würde hieraus folgen, daß Gerüche indirekt imstande wären, die Qualität der Art aufrechtzuerhalten. Was in jedem Fall in diesen Rahmen paßt, ist die Tatsache, daß Frauen um den Zeitpunkt des Eisprungs herum die größte Geruchssensibilität haben. In diesem Moment sind sie biologisch gesehen am besten ausgerüstet, um zu entscheiden, ob ein Sexualpartner ihnen liegt oder nicht.

Selbst der weibliche Hormonhaushalt kann von Gerüchen beeinflußt werden. Wenn Frauen zusammenziehen, menstruieren sie nach einiger Zeit synchron. Daß dies eine Frage des Geruchssinns ist, zeigt sich anhand eines Experiments, bei dem man nicht miteinander zusammenwohnenden Frauen den Körpergerüchen der jeweils anderen aussetzte. Nach einiger Zeit verliefen die Menstruationen ebenfalls parallel.

Für die emotionale Entwicklung des Menschen ist es wesentlich, daß das Kind die Mutter von Anfang an riechen kann. Die Unterscheidungsfähigkeit von Kindern ist in dieser Hinsicht enorm: Ein Säugling reagiert mit mehr »Affektion« auf ein von der Mutter getragenes T-Shirt als auf ein Kleidungsstück einer anderen Frau. Diese Fähigkeit, Menschen anhand von Gerüchen zu erkennen, bleibt auch später erhalten, wie Versuche mit Kleidungsstücken gezeigt haben. Auffallend ist, daß vor allem das Geschlecht des Trägers fehlerlos benannt wird. Offenbar gibt es, von Parfüms einmal abgesehen, jeweils einen typischen Männer- und Frauengeruch.

Der Geruchssinn hängt in verschiedener Weise mit dem Gedächtnis zusammen. Heimweh bei Kindern wird durch unvertraute Gerüche verstärkt. Ein Mittel zur Verhinderung von Heimweh scheint zu sein, dem Kind ein Schmusetier mit dem vertrauten »Hausgeruch« mitzugeben. Ein hiermit verwandtes Phänomen ist, daß Astronauten sich während langer Reisen auf Grund fehlender Geruchsempfindungen oft unwohl fühlen. Man hat einen Ausgleich geschaffen, indem man ihnen Fläschchen mit angenehmen, vertrauten Gerüchen mitgab, an denen sie ab und an riechen konnten.

Manche dieser Effekte sind physiologisch nachweisbar. Die *stereochemische Theorie* besagt, daß bei der Empfindung von

Gerüchen die chemischen Eigenschaften des Moleküls (die zwar wichtig sind, weil die Stoffe, wie gesagt, auch in die Blutbahn gelangen) weniger eine Rolle spielen, sondern daß eine Geruchsempfindung in erster Linie durch die Form des Moleküls hervorgerufen werde. Das Geruchsepithel ist mit unzähligen kleinen Öffnungen unterschiedlichen Typs versehen, in die die unterschiedlichsten Molekülformen passen. Es gibt Spekulationen, daß die Wirkung mancher Beruhigungsmittel weniger auf ihrer chemischen Zusammensetzung beruht als auf der Form ihrer Moleküle, daß sie also letztlich über die Nase wirken.

Es gibt auch explizite Beziehungen zwischen Geruchssinn und Erinnerung. Man kann Menschen eine Aufgabe vorlegen, an der sie scheitern, und sie gleichzeitig einem ungewohnten Duft aussetzen. Wenn der Versuchsperson danach etwas »ganz Normales« aufgetragen wird, wird ihr das, sofern nur dieser Duft erneut verbreitet wird, ebenfalls kaum gelingen. Der Duft ist durch Konditionierung zu sehr mit »Scheitern« verknüpft. Man könnte dies nutzen. Säuglinge wirken anrührend. Was würde geschehen, wenn man Telefonzellen mit Babyölbehältern bestücken würde? Könnte das den üblichen Vandalismus eindämmen? Wäre es vielleicht auch möglich, Gebrauchtwagen rascher und zu einem höheren Preis zu verkaufen, wenn man deren Inneres mit dem merkwürdigen Geruch besprühen würde, der Neuwagen eigen ist? Versucht wird dies jedenfalls.

Jeder weiß, daß Gerüche Erinnerungen hervorrufen (was für jedes Sinnersorgan gilt) und daß Geruchsreize diesbezüglich besonders eindringlich sind. Es sind Fälle von Menschen bekannt, die sich an nichts mehr aus ihrer Kindergartenzeit erinnern konnten, bis sie wieder einmal in einem solchen Kindergarten den typischen »Kindergeruch« wahrnahmen. Weiter erwecken angenehme Gerüche angenehme Erinnerungen. Es ist sogar möglich, ein häßliches Interieur geschmackvoll erscheinen zu lassen, indem man es mit einem freudigen Geruch versieht. Daß derartige Prozesse unbewußt verlaufen, zeigt sich auch an folgender Beobachtung: Ein Patient, der lange Zeit hindurch im Koma gelegen hatte, war mit Jasminseife gewaschen worden, einer Seifenart, die er nicht kannte.

Als er wieder zu Bewußtsein gelangte, erkannte er den Geruch der Seife. Sinnliche Information kann zum (großen) Teil unbewußt verarbeitet und behalten werden. Dies gilt vor allem für den Geruchssinn. Dieses Sinnesorgan hat einen direkten Einfluß auf das limbische System, das, vom Bewußtsein her gesehen, größtenteils im Dunkeln operiert.

Emotionen und Wahrnehmung

Wir behaupten, daß das Gehirn »vertikal-modular« organisiert ist. Emotionale und kognitive Aspekte unseres Verhaltens sind in der Hauptsache auf das Reptilienhirn und das limbische System zurückzuführen sowie auf den Neocortex. Diese mehrfache Steuerung entspricht der Tatsache, daß Informationen, die uns über die Sinnesorgane erreichen, sowohl in den Neocortex als auch in das limbische System und in noch niederer gelegene Strukturen gelangen.

Das Überleben ist für eine Art wesentlich. Weil das limbische System allgemeine Verhaltensprogramme enthält, die im Dienst des Überlebens stehen, ist es denkbar, daß dieses System als ein Filter für evolutionsgeschichtlich *wichtige* Informationen dient. Früher hat man zu dieser Frage viel experimentiert (siehe Broadbent, 1971, und vor allem Dember, 1964). Das Thema geriet jedoch aus der Mode, als die kognitive Psychologie daranging, sich in großem Stil der Computermetapher zu bedienen (Vroon & Draaisma, 1986, versuchen diesen »Wissensverlust« zu erklären).

Daß Reize gefiltert oder selektiert werden müssen, ist klar. Es hat keinen Sinn und ist auch unmöglich, auf die unzähligen Signale zu achten, die uns von Auge, Ohr, Geruchs-, Geschmacks- und Tastsinn von Augenblick zu Augenblick erreichen. Dieser Selektionsprozeß findet oft auf einer hohen Ebene statt. Jemand, der konzentriert dasitzt und schreibt, läuft Gefahr, die Türklingel zu überhören. Dieser Prozeß spielt sich auf der Ebene des Neocortex ab. Die Situation ist jedoch komplizierter.

Manche Menschen wollen viel im Leben erreichen, andere haben weniger Ambitionen. Man hat Versuchspersonen für sehr kurze Zeit Wörter gezeigt, die mit Erfolg und Scheitern zu tun haben, und Wiedererkennungsschwellen bestimmt (das ist die Menge an Zeit, die jemand unter bestimmten Beleuchtungsumständen braucht, um ein Wort zu erkennen). Im allgemeinen scheinen Wörter, die mit persönlichen Fehlschlägen zu tun haben, mit einer relativ hohen Wiedererkennungsschwelle einherzugehen. Offenbar sehen wir derartige Begriffe lieber nicht. Dagegen sind Menschen, die stark auf das Erbringen von Leistungen ausgerichtet sind, gerade besonders sensibel für Wörter, die darauf hindeuten. Allgemein gesagt gibt es einen offensichtlichen Zusammenhang zwischen Motivation und Wahrnehmung.

Beispiele elementarer und wichtiger Bedürfnisse sind Hunger und Durst. Ausgehungerte und durstige Studenten legen eine große Sensibilität für Wörter an den Tag, die auf Essen und Trinken verweisen. Man wird entgegnen, daß dieser Unterschied darauf beruhe, daß Hungrige oft an Essen dächten. Sie entwickelten gewissermaßen eine Hypothese bezüglich der zu zeigenden Wörter, und ihre niedrigen Wiedererkennungsschwellen hätten damit zu tun, daß für diesen Zusammenhang relevante Wörter erwartet würden. Erfinderische Versuchsanordnungen haben jedoch gezeigt, daß dies nicht stimmt: Der »körperliche« Mangel beeinflußt höhere psychische Prozesse ganz direkt. Das läßt sich nachvollziehen: Wem körperlich etwas fehlt, der muß alles an die Befriedigung des entsprechenden Bedürfnisses setzen.

Interessant sind auch Experimente über die Wiedererkennung angstauslösender Begriffe. Diese sind mit hohen Wiedererkennungsschwellen verbunden. Offenbar versucht der Mensch, sich gegen Informationen abzuschirmen, die mit Angst zu tun haben. Es ist nicht nur so, daß die Wahrnehmungsschwellen bei derartigen Begriffen höher liegen. Wenn Wörter gezeigt werden, die mit Angst zu tun haben, sinkt der elektrische Hautwiderstand bereits, ehe die Person das auf die Leinwand Projizierte lesen kann. (Dieser Widerstand ist ein Maß für allgemeine Aktivität.) Offenbar gehen körperliche Veränderungen der bewußten Wahrnehmung eines bestimmten Wortes voran. Man könnte sagen, daß das limbische System bereits reagiert, bevor höhere kognitive Prozesse einsetzen.

Es ist klar, daß diese Beobachtungen nicht leicht zu interpretieren sind. Der erste Einwand könnte lauten, daß Menschen keine Lust haben, mit Angstgefühlen verbundene Begriffe zu wiederholen, daß sie diese jedoch sehr wohl sehen. Doch auch das hat man widerlegen können. Man hat ein Experiment gemacht, bei dem sinnleere Silben in Kombination mit einem Elektroschock gezeigt wurden. Dieser Schock führt zu einem Absinken des Hautwiderstands. Andere sinnleere Silben waren mit dem Aufleuchten eines Lämpchens oder einem Ton gekoppelt. Nach einiger Zeit stellt sich Konditionierung ein, das heißt, die Versuchspersonen reagieren auf Silben aus der ersten Gruppe mit einem Absinken des Hautwiderstands. Wenn dann gebeten wird, möglichst viele der vorgekommenen Silben aufzuzählen, liegen beide Gruppen gleichauf.

Ein zweites Problem ist ernster. Es gibt Hinweise, daß auf einer relativ niedrigen Ebene des Gehirns, das heißt im limbischen System, Wörter erkannt werden. Wir haben jedoch auch gesagt, der emotionale Teil des Gehirns habe lediglich ein schematisches Bild der Wirklichkeit. Wie läßt sich das miteinander vereinbaren? Auf welche Art sollte ein primitiver Teil des Nervensystems imstande sein, Sprache zu erkennen?

Wir haben gesehen, daß das Erkennen von Mustern auch unterhalb der Ebene der Hirnrinde möglich ist. Das gilt sowohl für Tiere als auch für Menschen (*blind sight* und *blind touch*). Eine solche Wahrnehmungsfähigkeit ist Experimenten zufolge jedoch auf das Unterscheiden von Zeichen wie X und O sowie das Lokalisieren von Punkten auf einer Leinwand beschränkt. Die Wahrnehmung eines Unterschiedes zwischen einem X und einem O bedeutet nicht, daß diese Symbole als die Buchstaben X und O erkannt werden. Bei den soeben genannten Versuchen aber ging es nicht um die Wahrnehmung eines Unterschiedes zwischen Mustern, sondern um das Erkennen eines Bedeutungsunterschiedes. So stellt sich die Frage, wie ein System, das bis zu einem gewissen Grad Muster erkennen kann, das aber nicht direkt mit der Produktion und

Verarbeitung in Sprache verpackter Bedeutungen zu tun hat, trotzdem in der Lage sein kann, auf Sprache und Bedeutung zu reagieren.

Die Situation wird noch komplizierter durch Experimente auf dem Gebiet subliminaler Perzeption (Wahrnehmung unterhalb der Schwelle bewußter Wahrnehmung). Man läßt ein neutral und schematisch gezeichnetes Gesicht auf einem Bildschirm erscheinen und projiziert das Wort »froh« oder »böse« subliminal auf dessen Stirn. Wenn man die Versuchspersonen bittet, den Gesichtsausdruck zu beschreiben, zeigen diese sich von dem subliminal projizierten Wort beeinflußt. Es ist sogar so, daß subliminal dargebotene Reize im allgemeinen mehr Assoziationen hervorrufen als supraliminale. Reize unterhalb der Wahrnehmungsschwelle führen außerdem zu deutlichen Reaktionen im Gehirn. Nicht (mehr) sichtbare visuelle Reaktionen haben ebenfalls physiologisch meßbare Auswirkungen (binoculare Rivalität, stabilisierte Bilder; siehe Shevrin & Dickman, 1980). Wie geht das vor sich? Für eine Erklärung gibt es nur wenig Anknüpfungspunkte.

Derartige Effekte sowie die Phänomene, die wir bei der Erkennung von mit Angst verbundenen Wörtern genannt haben, gibt es vor allem bei emotionierenden Reizen. Man könnte die Bedeutung eines Reizes aufspalten in eine Komponente, die mit rationalen Aspekten zu tun hat, und in eine affektiv geladene Komponente. Die Bedeutung insgesamt kann als Ergebnis sämtlicher Verhaltensweisen und Erlebnisse betrachtet werden, die während und nach dem Lernen eines bestimmten Wortes in Erscheinung treten. Diese Verhaltensweisen teilen sich auf in Bedeutungsgebung und körperliche Reaktionen über das limbische System.

Eine solche Hypothese ist weniger spekulativ, als es den Anschein haben mag. Osgood, Suci & Tannenbaum (1957) haben mit Hilfe einer statistischen Technik (der Faktorenanalyse) für eine große Zahl von Wörtern errechnet, wie viele allgemeine Bedeutungen in ihnen enthalten sind. Dabei sind sie zu drei Dimensionen gelangt. Ein Wort hat einen Wert in den Dimensionen gut-schlecht, stark-schwach und aktiv-passiv. Diese drei Dimensionen haben den Autoren zufolge einen emotional-evolutionsgeschichtlichen Hintergrund. Ein Kaninchen sei für *mich* gut und ein Tiger sei schlecht, ein Tier sei in bezug auf *meine* Kraft stark oder schwach, ein Raubtier sei aktiv in bezug auf *mich*, doch könne ich ohne Gefahr einen (passiven) Sandhaufen überqueren. Die genannten Autoren sagen, die rationale oder verstandesmäßige Bedeutung von Wörtern sei bis zu einem gewissen Grad von überlebenswichtigen Emotionen und Situationen ausgehend programmiert. Phylogenetisch alte Prozesse hätten, ohne daß wir uns dessen bewußt seien, einen globalen Einfluß auf höhere kognitive Prozesse in Form der Sprache.

Es ist denkbar, daß die emotionale Ladung eines bestimmten Wortes bereits auf einer niedrigen Reizebene erfahren wird. Auf diese Weise ließe sich erklären, weshalb subliminale Reize wie die Wörter »froh« und »böse« uns bei der Beurteilung eines Gesichtsausdrucks manipulieren. Derartige Begriffe sagen etwas über den allgemeinen Zustand aus, in dem sich ein Mensch befindet. Vorstellbar ist, daß dieser Zustand auf Grund des Wiedererkennens globaler Muster im limbischen System »aufgerufen« wird und von da aus die Art, in der der Neocortex den Gesichtsausdruck interpretiert, beeinflußt.

Analog ließe sich begründen, daß Wörter, die mit Angst zu tun haben, nicht leicht erkannt werden. Die Informationsverarbeitung im Cortex wird hier womöglich vom limbischen System aus gehemmt. Aber weshalb sollte in dem Experiment mit den Gesichtern die Emotion Wut dann doch zum Cortex vordringen und die Interpretation des Gesichtsausdrucks bestimmen, während bei anderen Versuchsanordnungen ein auf Angst verweisendes Wort den Cortex zu hemmen scheint? Das erscheint widersprüchlich.

Man könnte an folgendes denken: Evolutionsgeschichtlich gesehen sind Wut und Angst zumeist gegensätzliche Emotionen. Bei Wut entsteht eine Neigung zum Angriff. Derartiges Verhalten setzt eine gut funktionierende Hirnrinde voraus. Wer einem Raubtier über den Weg läuft, wird besser daran tun, sich still zu verhalten. Das geht mit *In*aktivität des Cortex einher. Die Argumentation liefe demnach auf folgendes hinaus:

Wörter, die auf den Allgemeinzustand des Organismus ver-
weisen, werden vom limbischen System auf der Ebene der da-
mit verbundenen Basisemotionen erkannt. Das geschieht be-
reits bei schwachen Intensitäten. Wenn ein Wort sich auf eine
Emotion bezieht, die (evolutionsgeschichtlich gesehen) das
Vollführen koordinierter Bewegungen und intelligentes Ver-
halten wünschenswert macht, wird der Neocortex aktiviert.
Das geschieht bei Wut. Angst dagegen ist oft mit Selbsterhal-
tung in Form von Bewegungslosigkeit verbunden. In diesem
Fall ist es besser, wenn der Neocortex »von nichts weiß«.

Daß höhere, kognitive Prozesse und primitive Prozesse wie
niedere Formen des Lernens mitunter einen Zusammenhang
aufweisen, ist übrigens schon seit langem bekannt. Razran
zeigte bereits in den vierziger Jahren, daß es möglich ist, die
Speichelabsonderung beim Menschen auf das Wort »Hund«
zu konditionieren (Razran, 1971). Derartige Versuche sind in
vielerlei Variationen wiederholt worden (Davies, 1974, 1976;
Davies, Davies & Bennett, 1982; persönliche Mitteilung von
P. Davies). Man projiziert auf einen Bildschirm Rechenaufgaben wie 2 + 6 = ?, 4 + 4 = ? usw., deren Ergebnis
immer 8 ist. Bei jeder Aufgabenstellung erhält die Versuchsperson einen leichten Elektroschock. Das führt zu einem
vorübergehenden Absinken des Hautwiderstandes. Diese Reaktion wird konditioniert: Nach einiger Zeit sinkt der Hautwiderstand bei jeder Rechenaufgabe, auch wenn kein Elektroschock mehr verabreicht wird.

Wenn man im Anschluß eine Zahl wie 6 oder 3 projiziert,
ereignet sich nichts. Bei Projektion der Ziffer 8, dem Ergebnis
der Rechenaufgaben, läßt sich jedoch ein Absinken des Hautwiderstandes feststellen. Das geschieht auch, wenn die Zahl in
römischen Ziffern oder in Buchstaben wiedergegeben wird.
Offenbar ist ein »hoher« kognitiver Prozeß wie das Rechnen
nicht immer losgelöst von Konditionierung: Das Wiederer-
kennen der Ziffer 8 ist offenbar an die Erinnerung an den
beim Zeigen der Rechenaufgabe verabreichten Elektroschock
gekoppelt.

Ein in gewissem Sinn noch krasseres Beispiel ist folgendes:
Man zeigt einer Versuchsperson ein grelles blaues Licht. Die-

se sieht anschließend für kurze Zeit ein Nachbild in der Komplementärfarbe Gelb. In diesem Augenblick sagt der Versuchsleiter »Katze«. Nach einer großen Zahl von Kopplungen ist das Wort »Katze« ausreichend, die Versuchsperson einen gelbfarbenen Flecken »sehen« zu lassen.

Derartige Experimente bereiten den Behavioristen Genugtuung, weil sie Konditionierung als ein universales Phänomen zu bestätigen scheinen. Solche Versuche bieten auch einen Anknüpfungspunkt zur Erklärung bestimmter tierischer Verhaltensweisen. Jeder Hunde- oder Katzenbesitzer weiß, daß er in Anwesenheit seines Haustieres auf seine Worte achten muß. Oft rennt ein Hund schon zur Tür, wenn sein Herrchen bloß vor sich hinmurmelt, demnächst außer Haus gehen zu wollen. Dieses »Verstehen« ist als Konditionierung aufzufassen. Das Wort oder der Klang »aus« sind in der Vergangenheit oft damit einhergegangen, daß das Tier ausgeführt wurde. Man wird entgegenhalten, daß Hunde und Katzen derartige assoziative Zusammenhänge herstellen könnten, weil sie über mehr als nur einen Hirnstamm und ein limbische System verfügten. Vögel ohne nennenswerte Hirnrinde sind hierzu jedoch auch imstande. Frei durch die Wohnung fliegende, zahme Papageien können nur unter größten Schwierigkeiten eingefangen werden, wenn man den Versuch, das Tier zu fassen, mit Bemerkungen über den Käfig begleitet. Vermutlich können auch niedere Teile des Gehirns bis zu einem gewissen Grad Klangmuster erkennen oder dies lernen. In der freien Natur ist dies außerdem eine Notwendigkeit.

Wie schon zu Beginn diese Abschnitts bemerkt, wird über Fragen dieser Art gegenwärtig nurmehr selten nachgedacht. Neisser (1979) begnügt sich in seinem Handbuch mit der Mitteilung, daß der Aufmerksamkeit *preattentive processes* vorangingen, welche grobe Wahrnehmungen analysierten. Am Ende seines Buches bemerkt er, daß das Studium kognitiver Prozesse »nicht für sich stehen« könne. Und dabei bleibt es. Forschungen auf diesem Gebiet verdienen jedoch Beachtung, weil sie zeigen können, in welcher Weise die »intellektuelle« und »emotionale« Informationsverarbeitung funktionieren und miteinander zusammenhängen.

Individuum und Art

Stehen Emotionen und das limbische System im Zeichen von Handlungen, die evolutionsgeschichtlich zum Überleben der *Art* notwendig sind oder dem des *Individuums*? Über diese wichtige Frage wird in der Biologie unterschiedlich geurteilt. Wenn die Art die Überlebenseinheit ist, stünde zu erwarten, daß die Unterschiede zwischen den Verhaltensmöglichkeiten des limbischen Systems beim Menschen relativ klein sind: Jeder strebte dann emotional im wesentlichen dasselbe an.

Laut Darwin ist das Individuum *the unit of selection*. Das Exemplar einer Art überlebe und reproduziere, falls es erfolgreich sei, schließlich sich selbst. Das Überleben der Art sei eine Folge dieses Selektionsmechanismus. Lorenz (1984) dagegen behauptete, die Selektionseinheit sei die Art. Ihm widerspricht Jacob (1982), der sagt, ein solcher Mechanismus sei logisch unmöglich. Wir müßten, so Jacob, mit Analogien vorsichtig sein. Aus der Tatsache, daß Mensch und Tier allgemeine Verhaltensmuster oder artspezifische Verhaltensweisen zeigten, folge nicht, daß die natürliche Selektion sich auf der Ebene der Art vollzöge.

Barash (1980) meint, Menschen hätten die Neigung, das Individuum den Belangen der Gemeinschaft oder der Gesellschaft unterzuordnen. Aus diesem Grund könne oft an Selektion auf Artebene gedacht werden. Er betrachtet diese Vorstellung jedoch nicht als eine rechte Wiedergabe der Art und Weise, in der sich Emotionsprozesse vollzögen. Unterstellungen hinsichtlich auf Artebene ausgerichteter Selektionsmechanismen sind seiner Meinung nach eine Folge sozialer Konventionen und der Sozialisation. Verhaltensweisen, die der Art zugute kommen, definiert er als »höchst zufällige Nebenprodukte der natürlichen Auslese«.

Was ist Weisheit? Die Tatsache, daß es jemandem gelungen ist, Kinder zu zeugen, kann als ein Beitrag zum Fortbestehen der Art betrachtet werden. Die genetische Transmission einer Person umfaßt jedoch individuelle und allgemeine Merkmale gleichermaßen (Instinkte und möglicherweise auch emotionale Funktionen). Man könnte sagen, daß bei einer Reproduktion zwei evolutionsgeschichtlich wichtige Informationsgefüge weitergegeben werden.

Auch die Psychologie ist nicht imstande, diese theoretisch-biologische Frage zu beantworten. Wohl entsteht der Eindruck, daß die Unterschiede zwischen den Merkmalen des limbischen Systems über eine Reihe von Menschen gesehen kleiner sind als eine Reihe von Unterschieden zwischen mehr auf dem Neocortex beruhenden Funktionen wie Intelligenz. Emotionales Verhalten ist relativ gleichförmig. Auch bei Problemen auf diesem Gebiet und bei persönlichen Verlusten reagieren Menschen viel weniger unterschiedlich, als es ihre intellektuellen Unterschiede erwarten ließen (van den Bout, 1986). Weiter äußern sich Störungen wie Depressionen auch bei intellektuell stark unterschiedlichen Gruppen in etwa gleich. Kindesmißhandlung, um dies noch weiterzuführen, scheint nichts mit Erziehung und Beruf zu tun zu haben. Zwar sieht man große Temperamentsunterschiede zwischen Menschen, doch lassen diese sich in einige wenige grobe Kategorien unterteilen. Auch die Wirkungen psychologisch ausgerichteter Therapien sind relativ unabhängig von Schulung und Bildung des Patienten.

Dies deutet darauf hin, daß Menschen Merkmale besitzen, die sowohl im Dienst des Individuums als auch des Überlebens der Art stehen. Angesichts der großen intellektuellen Unterschiede zwischen Menschen und den vermutlich viel kleineren emotionalen Unterschieden (was in der Psychologie übrigens bisher nicht systematisch untersucht worden ist) könnte man sagen, daß in unserem Zentralnervensystem sowohl ein *homunculus* (ein Menschlein) als auch ein *animunculus* (ein Tierchen) haust.

Typisch menschlich

Was am Menschen stellt sich als einzigartig dar? Was davon hat zentrale Bedeutung? Haben wir hauptsächlich persönliche Merkmale, oder sind wir zufällige, uninteressante Exemplare einer Art? Vom DNA-Code aus gesehen ist jede Ratte und jeder Mensch, eineiige Zwillinge ausgenommen, einzigartig. Biologische Einzigartigkeit ist auch notwendig. Wenn jeder einem gefährlichen Virus gegenüber im gleichen Maß anfällig wäre, wäre die Menschheit schon längst durch eine einzige Epidemie ausgelöscht worden.

Jedenfalls sind Menschen alles andere als gleich, was höhere psychische Prozesse angeht. Gerade mit diesen Größen wird der menschliche Geist traditionsgemäß gleichgesetzt. Wir seien vernünftig und sittlich, so lehren (fast alle) Philosophen. Weiter nennen sie das Bewußtsein und das Selbstbewußtsein als die Größen, in denen wir uns prinzipiell von Tieren unterschieden. Die Philosophie hat Emotionen durchweg als Fremdkörper im Menschen betrachtet. Plato sprach vom »Tier im Menschen«, das ab und zu befriedigt werden müsse, damit der Geist wieder eine Zeitlang Ruhe habe. Descartes betrachtete es als eine unserer wichtigsten Aufgaben, die *passion de l'âme* beherrschen zu lernen, und Hobbes meinte, es bedürfe einer Regierung, um einem Krieg »aller gegen alle« zuvorzukommen. In der Philosophie spielen Emotionen zwar eine Rolle, doch werden sie auch hier nicht zum Eigentlichen oder Wichtigsten des Menschen gerechnet. Im Denken vieler Philosophen wird das an Emotionen und Instinkten Befremdliche, schwer zu Benennende der Einfachheit halber in die Mitteilung umgesetzt, diese bildeten nicht den Kern der Existenz. Das ist ein einseitiger, kritikwürdiger Standpunkt.

Auch die Wissenschaft ist nach Meinung vieler Philosophen angeblich nicht nur typisch für den Menschen, sondern auch strikt rational. Das ist nicht wahr. Schon oft ist nachgewiesen worden, daß wissenschaftliche Theorien nicht auf Grund ihrer Unrichtigkeit verschwunden sind, sondern deshalb, weil ihre Erfinder und Anhänger starben. Nach Popper (1963) muß man eine Theorie aufgeben, wenn deren Vorhersagen nicht eintreffen. Kuhn (1976) sagt, daß dies nicht der Gang der Dinge ist und auch nicht sein muß. Wissenschaften rücken widersprüchlichen Fakten und Widerlegungen der eigenen Theorien lange Zeit mit Hilfshypothesen zu Leibe, die den Grundgedanken retten sollen. Erst wenn eine bessere allgemeine Theorie da ist, schlägt die Wissenschaft eventuell einen anderen Weg ein (Lakatos, 1974). Das kommt daher, daß eine wissenschaftliche Theorie neben der intellektuellen auch eine emotionale Bedeutung hat. Aus diesem Grund sind Anhänger unterschiedlicher Theorien nicht oder nur sehr schwer von der Richtigkeit der jeweils anderen Position zu überzeugen. Eine Theorie dient nicht nur dazu, vorhandenes Faktenmaterial zu ordnen, sondern man steht anderen Fakten und Ordnungsprinzipien auch emotional abweisend gegenüber. Vielleicht gibt es auch in der Wissenschaft Verbindungen zwischen den höchsten psychischen Funktionen und dem limbischen System. Die in der Welt angetroffene oder konstruierte Ordnung (Neocortex) funktioniert als ein Schema, von dem man nicht leicht abweicht. Wir werden hierauf in Kapitel 7 zurückkommen.

An früherer Stelle nannten wir das Buch von Staal (1989) über die Funktion von Ritualen. Mystik und Rituale (fern-)östlicher und anderer Herkunft werden von vielen Menschen als Äußerungen tiefer Weisheit betrachtet. Staal zieht dagegen eine Parallele mit den ziellosen Verhaltensmustern mancher Tiere. Wenn Tiere bei einer bestimmten, instinktgesteuerten Handlung gestört werden, fangen sie damit häufig wieder von vorn an. Der Gesang der Vögel und das Verhalten von Wespen sind Beispiele dafür. Staal unterstellt, der Mensch habe Rituale erst entwickelt, nachdem das Selbstbewußtsein entstanden sei. Selbstbewußtsein ging mit der Möglichkeit und der Bewußtheit einher, die Welt bis zu einem gewissen Grad beeinflussen und verändern zu können. Zu dieser Bewußtheit gesellten sich jedoch Gefühle von Unsicherheit, Unruhe und das Bedürfnis nach einem Halt und Anhaltspunkt. Ein Ritual wäre demnach nicht viel mehr als eine Oase der Vorhersagbarkeit inmitten einer Wüste von Unsicherheit und Zweifel, genau wie der Zwangsneurotiker sich mit Hilfe ständig wiederholter Handlungen gegen unvorhersehbare Ereignisse zu schützen versucht.

Ein Ritual ist laut Staal eine Beschwörungsformel, ein Versuch, Sicherheit, Ordnung und Regelmaß in der Wirklichkeit zu etablieren. Staal ist nicht der einzige, der, in unserer Terminologie, sagt, das Menschenhirn komme mit Hilfe des Rituals den in phylogenetisch alten Gehirnstrukturen eingeschlossenen »Sehnsüchten« entgegen. Gombrich (1972) hat dasselbe behauptet.

Zu Staals Darlegung paßt die Beobachtung, daß Menschen unter dem Einfluß von Emotionen anfangen, stark *regressiv* zu denken (Frijda, 1988). Bei Angst triumphiert der Aberglaube. In Zeiten sozialer Spannung und Unsicherheit nimmt die Länge astrologischer Rubriken in der Presse stark zu. Weiterhin finden beim Fällen von Entscheidungen nachlässige Heuristiken (siehe Kapitel 3) um so mehr Anwendung, je emotionalisierter Menschen sind. Anders ausgedrückt: Je mehr Emotion, desto weniger Rationalität im Verhalten. Dieses Phänomen zeigt sich auch bei körperlicher Erregung. Der bekannte amerikanische Wettlauf-Propagandist Jim Fixx warnte in einem viel beachteten Buch vor körperlichen Alarmsignalen, welche dringend geböten, die körperliche Anstrengung sofort zu beenden. Als er selbst wiederholt mit derartigen Signalen konfrontiert wurde, ließ er sie unbeachtet und brach schließlich tot zusammen. Emotionen und körperliche Erregung verdüstern die Vernunft.

Das geradezu emotionale Festhalten an einer Theorie, ritualistisches Verhalten und regressives Denken könnten vielleicht miteinander in Beziehung gesetzt werden. In Kapitel 1 umschrieben wir die Zielsetzung vieler Wissenschaften mit Hilfe des Trios Erklären, Vorhersagen und Beherrschen. Die Umgebung bis zu einem gewissen Grad vorhersagen und beherrschen zu wollen ist nicht nur eine Eigenheit der Wissenschaft. Vielmehr handelt es sich hier um eine *Notwendigkeit* für Mensch und Tier. In einer unvorhersagbaren Welt läßt sich nicht leben. Ein gut funktionierendes operantes Verhaltensprogramm führt zu einer bestimmten Form der Sicherheit gegenüber der Struktur der Welt. Weil Lernprozesse dieser Art sich zu einem großen Teil im limbischen System abspielen, ist es denkbar, daß Rituale und das krampfhafte Festhalten an allgemeingültigen Haltungen sich aus der Vielheit ableiten, die wir uns auf der Grundlage operanten Lernens erworben haben.

Auf bewußter Ebene stehen die höchsten psychischen Funktionen, vielleicht im Gegensatz zu denen des limbischen Systems, im Zeichen des Individuums und des persönlichen Fortbestehens. Wer ein Buch schreibt oder ein Gemälde produziert, hofft, daß man sich nach seinem Tod noch an ihn als jemanden erinnert, der etwas geleistet hat, was ihn von seinen Artgenossen unterschied. Wir haben jedoch keinen Einblick in sämtliche in uns und durch uns verfolgten Interessen. Schopenhauer sprach von einem blinden Lebenswillen, der die Individuen in seinen Klauen habe, ob sie das nun angenehm fänden oder nicht.

Im allgemeinen sind wir ein fragiles Gleichgewicht zwischen Verstand und Selbstbeherrschung auf der einen und Emotionen, Leidenschaften und Impulsen auf der anderen Seite. Weil die niederen Systeme unseres Gehirns zwar in gewisser Weise einen »Verstand« oder eine Fähigkeit zur Problemlösung haben, jedoch nicht über Sprache verfügen, ist der Neocortex sozusagen mit der Aufgabe betraut, wie ein Psychiater zu untersuchen und zu orten, was anderenorts im Gehirn geschieht. Während einer Psychoanalyse weint das Krokodil in uns, das Pferd versucht, etwas von den Emotionen zum Ausdruck zu bringen, und der menschliche Aspekt des Patienten hat die größte Mühe, dahinterzukommen, was eigentlich los ist.

Emotion und Kognition

»Wir verdienen unser Brot mit unseren Muskeln, aber wir erreichen oder verlieren unser Glück durch Verhalten, das seinen Ursprung in der glatten Muskulatur oder in den Organen hat«, definiert Watson (1928). Andere Behavioristen wie Mowrer (in: Razran, 1971) stimmen hierin mit ihm überein.

Alle Lernprozesse beruhten auf vier Emotionen und gingen aus diesen hervor: Angst, Hoffnung, Erleichterung und Enttäuschung.

Wir haben gesagt, daß in weiten Bereichen sowohl der Philosophie als auch der Psychologie rationale Prozesse für wichtiger erachtet wurden als emotionale. Dieser Standpunkt kennt zwei Abstufungen: Die erste ist, daß Emotionen als regelrechte »Störungen« betrachtet werden, die die Aufmerksamkeit des Psychologen lediglich vom Wesentlichen ablenkten. Eine zweite Meinung besagt, daß sich *zuerst* rational-kognitive Prozesse abspielen müßten, *bevor* Gefühle und Emotionen auftreten könnten.

Razran (1971) gehört zum ersten Lager. In seinem Buch über vergleichende Lernpsychologie etwas zu Emotionen zu sagen hält er für überflüssig, denn: »Die Grundgesetze des Lernens würden bei einem hypothetischen Marsbewohner, dem Emotionen etwas völlig Fremdes sind, nicht anders funktionieren.« Man findet diesen Standpunkt auch in der kognitiven Psychologie. Diese wird als das Studium aller Prozesse umschrieben, die mit der Aufnahme, der Speicherung und dem Wiederfinden von Information zu tun haben. Nähere Betrachtung lehrt jedoch, daß auf Emotionen und Gefühle wenig Aufmerksamkeit verwandt wird. Statt dessen bedient sich die kognitive Psychologie zur Nachzeichnung psychischer Prozesse des Analogons des emotionslosen Computers.

Zajonc (1980) dreht die Reihenfolge Kognition-Emotion um. Es sei nicht so, daß man etwas erst dann als unangenehm empfände, nachdem einem etwas klar würde. Seiner Meinung nach gibt es ein unmittelbar vorhandenes, unangenehmes Gefühl, das alle nachfolgenden Prozesse einfärbt. Man denke hierbei auch an die emotionalen Bedeutungen von Wörtern (Osgood u. a., 1957). Gefühle spielen bei sozialen Kontakten zwischen Menschen eine bedeutend wichtigere Rolle als viele rationale Prozesse und Erwägungen. Unsere Kommunikation verläuft hauptsächlich über emotionale Präferenzen und Werturteile. Dies geschieht sowohl mit Hilfe von Wörtern als auch über Mimik, Körperhaltung und Gebärden.

Im allgemeinen können wir sagen, daß das Gefühl vor der

Kognition das Rennen macht. Wenn man in einer Versuchssituation dafür sorgt, daß eine Person eine bestimmte Aufgabe nicht vollbringen kann, gerät diese in eine vergleichsweise düstere Stimmung. Auch wenn der Versuchsleiter daraufhin sagt, daß das Experiment auf einem Trick beruht, beendet dies nicht das bei der Versuchsperson zunächst hervorgerufene unangenehme Gefühl. Gefühle dominieren.

Das Primat von Gefühlen erweist sich auch anhand anderer Phänomene. Obwohl Menschen in der Regel nur einige wenige Sprachen beherrschen, können sie Emotionen bei anderen Kulturen oft gut und rasch erkennen. Offenbar gehört »emotionale Sprache« zu einer Welt, die Menschen mehr miteinander verbindet, als daß sie sie voneinander unterscheidet. Das gleiche gilt in gewissem Sinn auch für die Sprache selbst. Auch wenn jemand kein Griechisch versteht, kann er im allgemeinen doch dahinterkommen, welche emotionale Botschaft Griechen sich gegenseitig übermitteln. Wir hören das am Klang der Stimme. Etwas Ähnliches erweist sich anhand von Versuchen, bei denen Tonbandaufnahmen in einer den Versuchspersonen bekannten Sprache derart verstümmelt wurden, daß der Inhalt des Gesagten nicht mehr zu verstehen war. Der Tenor oder die emotionale Komponente der Botschaft wird unter diesen Umständen noch immer mit Leichtigkeit erkannt. Etwas Derartiges ist auch der Fall bei der Wahrnehmung von Dominanzverhältnissen. Kalma (1989) sagt, daß Menschen, die einen ohne Ton gezeigten Film über eine Gruppeninteraktion ansehen, einzig auf Grund nonverbaler Signale rasch und richtig ableiten können, wer »der Boß« ist. Schließlich haben wir oft die größte Mühe, Gefühle in Worte zu fassen, jedoch kommunizieren wir auf nonverbaler Ebene mühelos. Dies alles wird, so Zajonc (1980), dadurch verursacht, daß affektive Informationen auf eine eigene, gesonderte Art gespeichert und verarbeitet werden.

Zajonc sagt, Emotionen seien keine Ableitungen kognitiver Prozesse, sondern bildeten eine eigene Welt neben der des Verstandes oder der Vernunft. Diese Spaltung wird von den zuvor genannten Experimenten illustriert. Gefühlsbedingte Reaktionen werden schon dann aufgerufen, wenn man Zeichen und Wörter lediglich so kurz zeigt, daß sie bewußt noch nicht erkannt werden können. Schließlich, so Zajonc, ergibt sich die relative Selbständigkeit des Gefühlslebens auch noch hieraus, daß auf Emotionen viel mehr Muskelbewegungen verwandt werden als auf Denkprozesse. Das ist verständlich: In evolutionsgeschichtlicher Perspektive dienen Emotionen hauptsächlich dazu, (motorisches) Verhalten zustande zu bringen. Obwohl Zajonc das limbische System nicht nennt und kaum etwas über die anatomische »Lage« von Emotionen äußert, decken sich seine Analysen und Experimente mit unserer Darlegung der relativen Selbständigkeit kognitiver und emotionaler Prozesse. Zajonc sagt von sich, er denke »in the spirit of Freud«, aber das ist ein Understatement. Zajonc geht viel weiter als Freud: Er legt eine große Distanz zwischen emotionale und kognitive Prozesse.

Verteidigt Zajonc eine Trennung zwischen emotionalen und kognitiven Prozessen, so konzentriert Razran (1971) sich auf letztere. Auch seiner Darlegung können wir – indirekt – Hinweise auf Stratifikation entnehmen. Razran kommt zu folgenden Schlüssen. Es gebe elf Typen von Lernprozessen. Jeder Prozeß sei »prinzipiell neu«. Seine Merkmale ließen sich nicht aus primitiveren Lernformen herleiten. Je höher die Sprosse, die ein Organismus auf der Emotionsleiter einnimmt, desto mehr Lernprozesse seien wirksam. Die unterschiedlichen Mechanismen arbeiteten oft zusammen, jedoch gebe es auch Autonomie. Diese ließe sich zum Teil anatomisch erklären. Mit höheren Lernformen verbundene Prozesse beruhten auf Strukturen, welche »weniger tief verwurzelt« seien.

Ein Mädchen mit Mikrozephalie (kaum entwickeltem Gehirn) war nahezu überhaupt nicht lernfähig. Sie erreichte nicht im entferntesten das Niveau eines Affen, allerdings konnte sie im Lauf der Zeit mit viel mehr Wörtern (Begriffen) umgehen als ein trainierter Schimpanse. Pawlow sagte seinerzeit, durch den Gebrauch von Sprache sei ein »neues Prinzip neuralen Handelns eingeführt«. Das scheint tatsächlich der Fall zu sein: Das Mädchen war fast völlig lernunfähig, und doch verwendete es Sprache.

Manche Behavioristen haben gesagt, Sprache diene lediglich dazu, grundlegende, »tierische« Prozesse in uns schneller und reibungsloser verlaufen zu lassen. Razran ist mit dieser Auffassung nicht einverstanden. Seiner Meinung nach bildet die Sprache eine eigene, menschliche Welt.

Zum Abschluß dieses Paragraphen über die Beziehung zwischen emotionalen und kognitiven Prozessen noch einige Bemerkungen, die dazu gedacht sind, unvorhergesehenen Mißverständnissen vorzubeugen.

Nicht nur haben wir gesagt, daß Emotionen »umschlagen«; derartige Schwankungen sind überdies notwendig. Es ist weder nützlich noch notwendig, ein allgemeines Verhaltensprogramm über längere Zeit durchzuhalten. Ein extremes, aber dadurch sehr deutliches Beispiel solcher Schwankungen sind Phänomene, die sich bei sehr starker körperlicher Anstrengung zeigen; sei es als Begleiterscheinung einer Emotion oder nicht. Anstrengung führt zu einer gesteigerten Aktivität des sympathischen Nervensystems, das unter anderem für einen raschen Herzschlag und einen hohen Blutdruck sorgt. Bei übergroßer Anstrengung schlägt das unwillkürliche Nervensystem gewissermaßen um, und eine Dominanz der parasympathischen Komponente entsteht. Die Herzfrequenz fällt plötzlich stark ab, dementsprechend sinkt der Blutdruck. Diese plötzliche Veränderung weist eine Analogie mit dem Umschlagen von Emotionen im engeren Sinn auf (und sie ist lebensbedrohlich, weil der Körper sich dabei seiner Abfallstoffe nur unzureichend entledigen kann).

Weiterhin bedeutet das Unterscheiden von Emotion und Kognition nicht, daß das limbische System ausschließlich an Emotionen beteiligt wäre. Tiere ohne Neocortex zeigen nicht bloß Emotionen, sondern lösen auch gleichzeitig Probleme mit Hilfe operanten Lernens. Letzteres ist eine Form von Kognition. Beim Menschen ist das limbische System für Emotionen sowie bestimmte Kognitionen und Verhaltensweisen auf dem Gebiet analoger Kommunikation und operanten Lernens verantwortlich (siehe auch die Diskussion über Emotionen und Wahrnehmung). Das Unterscheiden in Emotion und Kognition bedeutet, behaviouristisch ausgedrückt, *ungefähr* eine Spaltung zwischen Emotionen und operantem Lernen einerseits sowie intelligentem Lernen andererseits.

Drittens ist das Funktionieren des Gedächtnisses informativ für das Verstehen der relativen Autonomie von Emotionen und höheren Formen der Kognition. Wir können uns an intellektuelle Aufgaben gut erinnern. Sich Emotionen ins Gedächtnis zu rufen, gelingt jedoch nicht. Uns kann zwar bewußt sein, daß wir zu einem bestimmten Zeitpunkt froh waren oder Kummer hatten, aber die Emotion *als solche* ist nicht Bestandteil der Erinnerung.

Das ist eine wichtige Beobachtung. Eine Emotion ist ein Programm, das allgemeine »Instruktionen« enthält. Wenn bei jeder Erinnerung zugleich die zur entsprechenden Situation gehörende Emotion mit aufgerufen würde, würden sich unsere Verhaltensweisen insgesamt in ungeordneter Weise abwechseln. Die relative Selbständigkeit von Emotionen äußert sich auch in dieser Einschränkung unseres Gedächtnisses.

Triumvirat und Psychotherapie

Bereits an früherer Stelle ist auch das Entstehen mancher Krankheiten mit unserem geteilten Hirn in Zusammenhang gebracht worden. Wir nannten Experimente, die nahelegen, daß das limbische System auf »organischer« Ebene lernen kann und daß es gleichzeitig ein gutes Gedächtnis hat. Es gibt Theorien, die besagen, daß Krankheiten auf derartigen Lernprozessen beruhen können. So soll der Hintergrund von Asthma in manchen Fällen sein, daß ein Kind krampfhaft weinte, als es irgendwann fühlte, wie das Band zu einem der Eltern riß. Weinen kann mit Atemnot einhergehen. Jahre später ziehen die Luftwege sich erneut zusammen, sobald die Person sich in einer Lage wiederfindet, welche sie, ohne daß ihr das bewußt ist, an die emotionierende Szene von damals erinnert. Ein anderes Beispiel derartiger Konditionierung ist eine Frau, die immer beim Anblick von Farbtöpfen einen Asthmaanfall bekam. Wie sich herausstellte, hatte ihr Ehemann das Haus ebenso unerwartet wie definitiv verlassen, als sie gerade dabei war, den Türen einen neuen Anstrich zu verpassen.

Die Spannung zwischen den unterschiedlichen Interessen, die in uns verfolgt werden, spiegelt sich vielleicht auch in Phänomenen wie (wissenschaftlicher) Kreativität wider. Kreativität bedeutet, daß etwas Neues erdacht wird. Eigentlich paßt das nicht zu den quasi ritualistischen Regeln der phylogenetisch alten Systeme. Zu vermuten wäre, daß eine Dissoziation des Neocortex und der niederen Teile die Kreativität fördert. Vielleicht hat ein solcher Dissoziationsprozeß mit der in Kapitel 3 genannten Beobachtung zu tun, daß viele wissenschaftliche Entdeckungen und künstlerische Ideen so oft in Bus, Bett oder Bad zustande gekommen sind, wie ein Aphorismus sagt, oder während eines ungewohnten mentalen Zustandes.

In Kapitel 3 besprachen wir auch die Beziehung zwischen Attitüden und Verhaltensweisen und die zwischen Motiv und Tat. Die Schlußfolgerung war, daß der Mensch, scherzhaft ausgedrückt, »nicht tut, was er sagt, und nicht sagt, was er tut«. Attitüden werden definiert als Haltungen oder Meinungen (verbale Äußerungen),das heißt Produkte des Neocortex. Verhaltensweisen dagegen beruhen zu einem großen Teil auf anderen anatomischen Strukturen und Mechanismen. Sie gehorchen anderen Gesetzen, die der Neocortex kaum erfassen und auf die er lediglich einen sehr beschränkten Einfluß ausüben kann.

In diesem Zusammenhang kam zugleich die Unterscheidung zwischen diskursiver oder digitaler Kommunikation (Sprache) und analoger Kommunikation (Körperhaltung, Mimik, Gebärden) zur Sprache. Digitale und analoge Kommunikation umfassen zwei unterschiedliche Gebiete: Wörter verweisen auf den Inhalt einer Nachricht, analoge Kommunikation richtet sich auf den Beziehungs- oder den emotionalen Aspekt einer Situation. Im Idealfall sind die Bedeutungen, die von beiden Systemen her übertragen werden, gleich: Wenn ich sage, daß ich jemanden liebe, soll mein Körper dieselbe Sprache sprechen. Es kommt jedoch häufig vor, daß wir ein »seltsames« Gefühl bekommen, wenn wir mit jemandem sprechen. Wir können das nicht in Worte fassen (man denke an den zuvor in diesem Kapitel erwähnten Artikel von Joseph [1988] über kleine Kinder). Digitale Kommunikation kommt ganz oder größtenteils bewußt zustande, analoge Kommunikation dagegen wird sowohl unbewußt produziert als auch verarbeitet. Beim Kommunizieren sind sowohl der Neocortex als auch das limbische System aktiv, aber jeweils auf die ihnen eigene Art.

Mit der Kommunikation verwandt sind die beschriebenen Phänomene auf dem Gebiet unbewußten Sehens und Fühlens. Um das zu erfahren, bedarf es keiner Gehirnschädigung. Man hat Menschen den Rauch von Zigaretten vieler unterschiedlicher Marken riechen lassen und sie gebeten, ihre Lieblingszigarette (die eigene Marke) anzugeben. Sogar routinierten Rauchern gelingt dies gar nicht oder nur kaum. Wenn sie jedoch darum gebeten werden, einfach zu *raten*, welcher Rauch der der eigenen Marke ist, tippen sie oft richtig. Offenbar ist es möglich, etwas zu fühlen, ohne zu wissen (Emotionen zu verstehen), und etwas zu wissen, ohne zu wissen, weshalb (den Rauch wiederzuerkennen).

Wir haben den Tenor dieses Buches in einer Metapher zusammengefaßt. Die Tränen sind die des Krokodils, das Pferd steuert das Gefühl bei, und der Neocortex denkt über den Kummer nach. Im täglichen Leben gibt es einen andauernden Wetteifer zwischen drei Systemen. Sie jagen ihren eigenen Interessen nach und unterhalten miteinander lediglich notdürftige Kontakte. Oft gibt es sogar Streit in der Familie in unserem Kopf. Wir werden von instinktiven Reaktionen und emotionalen Impulsen überfallen. Diese Bereiche unseres Funktionierens sind vom Neocortex aus nur schwer zu beherrschen. Sie haben selbst das Sagen.

Die von den höchsten Gehirnfunktionen ausgehende Kontrolle ist mangelhaft, und oft sind diese Funktionen nicht einmal imstande zu begreifen, was überhaupt vor sich geht. Auch wenn man nach viel Mühe etwas über bestimmte Gefühle erfahren hat, folgt daraus noch längst nicht, daß sich emotional gesehen auch wirklich etwas verändert. Der Neocortex hat die Botschaften des limbischen Systems oft einfach nur hinzunehmen, ohne selbst etwas ausrichten zu können. Diese Ohnmacht manifestiert sich noch ausdrücklicher bei Prozessen, welche sich noch tiefer im Gehirn abspielen, und zwar auf der Ebene der Instinkte. Man denke an Süchte, an sexuelle Impulse u. ä.

Berüchtigt in diesem Zusammenhang ist die Beziehungsproblematik. Oft ist Menschen längst klar, daß ihre Beziehung nicht standhalten kann und daß sie vernünftig daran täten, diese zu beenden. Ebenso bekannt jedoch ist, daß viele diesen Entschluß erst nach vielen Jahren fassen, mit der Folge, daß der emotionale Schaden für beide Seiten (und für die Kinder) unnötig vergrößert wird. Offenbar ist ein »Gefühl« sowie ein negatives Urteil über die Situation meist nicht ausreichend, eine Entscheidung zu treffen. Auch dieses Phänomen plädiert für die in diesem Buch verteidigte Aufteilung psychischer Prozesse in verschiedene Ebenen. Es illustriert gleichzeitig, daß der Mensch von seinem evolutionsgeschichtlichen Hintergrund her auf andere angewiesen ist; er setzt alles daran, emotionale Kontakte, wie schlecht diese auch sein mögen, so lange wie möglich zu erhalten.

Es wird klar sein, daß dieses Triumvirat in unserem Gehirn für die Psychotherapie von großer Wichtigkeit ist. Etwas einzusehen bedeutet nicht von vornherein, daß Verhalten oder Gefühle sich verändern. Bei einer Reihe von Problemen und/oder bestimmten Menschentypen ist es vielleicht vernünftiger, »umgekehrt« vorzugehen, indem man versucht, das Verhalten zu verändern, in der Hoffnung, daß die Ratio dann möglicherweise folgen wird. Nicht sicher jedoch ist, welche Strategie bei welchen Personen und Störungen die beste ist.

Schon früher in diesem Kapitel nannten wir die Beobachtung, daß Panikanfälle infolge des Konsums von Antidepressiva angeblich zurückgehen. Im Anschluß daran verringern sich Angstgefühle und Vermeidungsverhalten. Dies kann ein Beispiel (erfolgreicher) Stratifikation im therapeutischen Handeln sein. Wir rufen auch Razran (1971) in Erinnerung, der sagt, daß das Verabsolutieren einzelner psychotherapeutischer Gesichtspunkte oder Theorien verwerflich sei. Dies darf jedoch nicht als das Propagieren eines Eklektizismus aufgefaßt werden. Viele Therapeuten eignen sich eine Reihe von Techniken an und »probieren einfach aus«. Die Vorgehensweise sollte aber viel ordentlicher und durchdachter sein. Bei der Psychotherapie geht es um die Kunst, einen bestimmten

Störungs*typ* mit einem bestimmten Therapie*typ* zu koppeln, der vielleicht vornehmlich bei einer bestimmten *Schicht* in unserem Funktionieren ansetzen muß.

Es ist erstaunlich, wie wenig über diese so naheliegende Frage in der Literatur zu finden ist. Korchin (1976) zum Beispiel schweigt in seinem Übersichtswerk hierzu. Allerdings führt er einen Sachverhalt an, der möglicherweise von Belang ist. Menschen, die in Therapie gehen, unterscheiden sich in dem Maß ihres Unwohlseins. Oft wurde berichtet, daß diese Unterschiede im Anschluß an eine Therapie gar noch zunahmen. Bei manchen hat sich der Zustand verbessert, bei anderen verschlechtert. Vielleicht ist die Ursache der Verschlechterung, daß die Therapie mitunter nicht auf die »Schicht« gerichtet ist, in der das Problem gewissermaßen lokalisiert werden kann, und daß der Patient durch therapeutische Interventionen in einer anderen »Schicht« noch Probleme hinzubekommt.

Auch in anderen Quellen lassen sich wenig Anknüpfungspunkte finden. Soudijn (1982) analysiert vier allgemeine Probleme bei der Ausübung und der Auswertung von Psychotherapie, aber diese Frage nennt er nicht. Daß man sich dieses Problems oder dieser Möglichkeit wenig bewußt ist, unterstreicht die Äußerung Soudijns, daß viele Therapeuten meinen, eine Therapie sei als ein allgemeiner Entwicklungsprozeß aufzufassen. In gewisser Weise noch undurchdachter ist die Bemerkung, daß »das ganze System verändert werden muß«, wobei man sowohl an die Person als auch an deren direkte Umgebung oder gar die Gesellschaft denkt.

Schagen (1983) bringt dies ebensowenig systematisch zur Sprache. Allerdings erwähnt er einige Beobachtungen, die zu dem von uns vertretenen Ansatz und unseren Vorstellungen passen. Pharmakotherapie führe bei Depressionen hauptsächlich zu weniger Schlafstörungen und einem besseren Appetit, Psychotherapie habe vor allem Einfluß auf die Stimmung und auf Schuldgefühle. Unterschiedliche Aspekte einer Depression reagieren offenbar auf Eingriffe in unterschiedlichen Ebenen (in diesem Beispiel dem Trio Hirnstamm, limbisches System und Neocortex). Die Wirkung, die Antidepressiva ihm zufolge mitunter auf Panikanfälle haben, nannten wir soeben. Was Verhaltenstherapien bei Phobien betrifft, sagt Schagen, daß die Therapie in der Tat oft Einfluß auf das Verhalten hat. Jedoch fügt er hinzu, daß Patienten manchmal eine ergänzende Psychotherapie brauchten, die dafür zu sorgen habe, daß sie auch anders von sich selbst *dächten*. Auch dies demonstriert, daß (Psycho-)Therapie manchmal auf mehr als eine Ebene ausgerichtet sein muß.

Wir fassen zusammen: Es gibt Hinweise für die These, daß unser Geist eine Föderation ist, welche von unterschiedlichen Systemen gelenkt wird, verbunden mit unterschiedlichen Strukturen im Gehirn. Diese sind aufeinander angewiesen, doch sie bekämpfen sich auch.

Die theoretischen Strömungen in der Psychologie stehen hiermit im Zusammenhang. Ein Behaviourist hat die Neigung, phylogenetisch alte und primitive Konditionierungsgesetze in allen Systemen wiederzuerkennen. Die psychoanalytische Tradition beschäftigt sich in der Hauptsache mit Gefühlen und Emotionen, das heißt mit Prozessen, welche sich vornehmlich im limbischen System abspielen. Diese sind von einer anderen Ordnung als Instinkte und andere »rationale« Prozesse. Die kognitive Psychologie zuletzt richtet sich auf die Informationsverarbeitung im Neocortex und findet sowohl Emotionen als auch Konditionierung relativ unwichtig. Der Unterschied zwischen diesen Ansätzen besteht jedoch nicht nur aus einem unterschiedlich gewichteten Interesse. Man meint oft zu Unrecht, daß die Gesetze, die ein System beherrschen, auch in anderen Systemen Geltung hätten (man denke an Razrans Bemerkung über die emotionslosen Marsbewohner). Allgemeine Auffassungen ergänzen einander eher, als daß sie miteinander konkurrieren (müßten).

Die nächste Frage lautet, wie es möglich ist, daß phylogenetisch unterscheidbare Strukturen und Prozesse bis zu einem gewissen Grad im Gehirn erhalten geblieben sind. Wie geht die Natur beim Bau von Organismen vor?

266

6. Lebendige Vergangenheit

Wir haben versucht, die These zu belegen, daß das menschliche Gehirn »geschichtet« ist und aus Teilen besteht, die zu unterschiedlichen Perioden der phylogenetischen Geschichte gehören. Wie läßt sich das Entstehen einer derartigen Konstruktion erklären? Welche Mechanismen sorgen dafür, daß bestimmte anatomische Strukturen und Funktionen sich im Verlauf der Evolution bis zu einem gewissen Grad in verschiedenen Arten wiederholen?

Man ist sich darüber einig, *daß* und sogar *weshalb* dies geschieht (Jacob, 1982; Jerison, 1973), nicht aber, *wie* dieser Prozeß verläuft. Wir werden uns mit dieser Frage beschäftigen und dabei besonders auf das Werk des Biochemikers Sheldrake (1990, 1991) eingehen. Sheldrakes Vorstellungen halten etwa die Mitte zwischen denen Lamarcks und Darwins. Sie erinnern auch an den Organizismus (Kapitel 1) und die idealistisch-philosophische Tradition. An Glatteis herrscht also kein Mangel. Wir fassen die Diskussion, die in diesem Kapitel geführt wird, punktweise zusammen:

- Die belebte und die unbelebte Natur befinden sich in Evolution.
- Gesetze entstehen nach und nach. Die Stärke einer Tendenz hängt folglich mit der Häufigkeit zusammen, in der irgendein Ereignis oder ein bestimmter Effekt schon früher aufgetreten ist.
- Eine Gesetzmäßigkeit kann sich auf mehr als einer Organisationsebene ausdrücken. In der Wirklichkeit gibt es Zusammenhang. Gesetze, die Substrukturen (eines Organismus) beherrschen, sind Bestandteile von Gesetzen oder in Gesetze eingebettet, die sich auf das Verhalten ganzer Gefüge von Substrukturen beziehen.

– Die Eigenschaften organisierter Materie entspringen nicht der Materie allein, sondern beruhen auf einer Art Resonanz mit den entsprechenden Gesetzen. Materie und Gesetze gehören verschiedenen Bereichen an. Ein Gesetz ist nicht *Bestandteil* von Materie. Materie und Gesetze stehen in gegenseitiger Wechselwirkung; beide verändern sich im Lauf der Zeit.

Diese Aufzählung klingt vielleicht nicht sensationell. Das wird anders, sobald man sich klarmacht, was die Implikationen einer solchen Sichtweise sind.

Gedächtnis in der Natur

Am 30. Mai 1870 wurde in Wien ein Kongreß der Kaiserlichen Akademie der Wissenschaften abgehalten. Der Physiologe Ewald Hering hielt einen Vortrag mit dem Titel: »Über das Gedächtnis als allgemeine Eigenschaft organisierter Materie«. Der Tenor seiner Darlegung war, daß der Begriff »Gedächtnis« sich nicht nur auf Menschen und Tiere beziehe, sondern auf die Natur als Ganzes ausgeweitet werden müsse. Alle irgendwie organisierte Materie, sei sie nun belebt oder unbelebt, trage die Vergangenheit in sich.

Die gleiche These findet sich auch bei Samuel Butler (1878, 1880). Laut Butler fängt die Evolution nicht immer wieder von vorn an, sondern greift vielfach auf bereits verfügbares Material zurück. Hieraus ergebe sich, daß der Mensch (teilweise) aus Strukturen aufgebaut sei, die eine »Vergangenheit« hätten. Auch Darwin sagt: »Fast jedes Einzelteil eines jeglichen Lebewesens hat vermutlich bereits verschiedenen Zwecken gedient. Es war bereits am Verhalten der lebendigen Maschinerie vieler alter, voneinander zu unterscheidender Lebensformen beteiligt« (in: Jacob, 1982).

Der Erhalt von Strukturen bedeutet natürlich noch nicht die Übertragung von Information oder die Existenz eines universellen Gedächtnisses. Das ist jedoch teilweise eine Frage zu treffender Verabredungen. Wenn Erinnerung bedeutet, daß ein System nicht völlig losgelöst von dem früheren Zustand betrachtet werden kann, in dem es einmal verkehrte, haben Hering, Butler und Darwin natürlich recht. Man biege ein Stück Draht zwanzigmal, und es wird Jahre später, wenn Sie es zum einundzwanzigsten Mal biegen, wahrscheinlich genau an dieser Stelle brechen. Die Verformung hat eine Strukturveränderung bewerkstelligt, die nach dem Überschreiten einer bestimmten Grenze zum Bruch führt. In diesem Sinne hat Draht (und jedes andere belebte und unbelebte Objekt) ein Gedächtnis.

Ähnlich legt ein Baum sein Alter in Jahresringen fest. Auch nach langer Zeit kann man noch sehen, ob er irgendwann vom Blitz getroffen wurde. Es gibt jedoch wesentliche Unterschiede zum menschlichen Gedächtnis. Ein Baum kann nur eine sehr beschränkte Menge an Informationen speichern. Zweitens ist ein Baum nicht imstande, Erfahrungen in Verhalten zu übertragen. Ein Baum kann zwar »Erfahrungen« machen, doch kann er die Information nicht verwenden. Der Besitz einer bestimmten Struktur ist nicht dasselbe wie der Besitz eines für *Verhalten* verantwortlichen Gedächtnisses.

Jacob (1982) unterscheidet bei Mensch und Tier drei Gedächtnistypen. Das genetische Material sei das Gedächtnis der Art; es diktiere den Bau und, in groben Zügen, das Funktionieren eines Organismus. Ein zweites Gedächtnis sei mit dem Abwehr- oder Immunsystem verbunden. Der Körper erinnere durchlebte Infektionen und habe die Möglichkeit, Freund und Feind voneinander zu unterscheiden. Letzteres sei Verhalten, jedoch in einer sehr spezifischen Bedeutung des Wortes. Der dritte Gedächtnistyp habe mit dem Verhalten des Organismus *als Ganzem* zu tun.

In der Psychologie sind bezüglich des letzten zwei Definitionen im Umlauf. Nach der ersten und älteren Theorie beruht Vergessen auf dem Löschen von »Spuren«. Was vergessen sei, sei endgültig dahin. Die Strukturveränderung sei damit ungeschehen gemacht. Dasselbe gelte für damit eventuell zusammenhängendes Verhalten. Der zweite Ansatz sagt, daß vergessene Information häufig noch besteht, aber nicht mehr aufgerufen werden kann.

Der Unterschied zwischen beiden Umschreibungen ist folgender: Die »Löschtheorie« sagt, daß Erfahrungen verlorengehen können. Der »Aufspürungstheorie« zufolge ist es denkbar, daß die Person sich die entsprechende Information nicht mehr ins Bewußtsein rufen kann. Daraus folgt jedoch nicht, daß die Information verschwunden wäre. Zu einem anderen Zeitpunkt kann sie möglicherweise immer noch wiedergefunden werden. Diese Auffassung ist besser zur Erklärung bestimmter Phänomene geeignet als die Spurentheorie. Dies schließt die Vorstellung der Existenz von Gedächtnisspuren natürlich nicht aus; schließlich wird die Information irgendwo auf die eine oder andere Weise gespeichert sein müssen.

Es wird klar sein, daß Herings These ganz allgemein ziemlich viele Implikationen mit sich bringt. Wenn man Naturphänomenen eine Erinnerungsfähigkeit zuerkennt, folgt irgendwann daraus, daß Naturgesetze nicht von aller Ewigkeit her gegeben sind, sondern im Lauf der Zeit *entstehen* und sich verändern. Dies berührt das Werk des Biochemikers Sheldrake (1990, 1991). Auch er ist der Meinung, daß die Natur keine unveränderlichen Gesetze kennt. Ereignisse hinterließen Spuren in der Wirklichkeit. Gesetze müßten mit allmählich entstehenden Gewohnheiten der Natur verglichen werden. Etwas entstehe auch und vor allem, weil es bereits früher vorgekommen sei. Man kann das in etwa mit dem Entstehen von Süchten vergleichen: Ein Raucher raucht, weil er schon früher geraucht hat, und nicht, weil ein ewiges Gesetz ihm gebietet, den Drang zum Anzünden einer Zigarette zu empfinden. Das »Suchtgesetz« ist entstanden; es ist kein unvermeidlicher Sachverhalt, an dem wir selbst völlig unbeteiligt wären. Natürlich könnte man sagen, daß es bereits »Suchtgesetze« gab, bevor die Person süchtig wurde, oder daß es latente Fähigkeiten in der Natur und im Menschen gibt, die auf ihre Entdeckung oder Realisierung warten. Mit dieser Bemerkung hat man bereits in etwa Position innerhalb der Diskussion bezogen.

Im Verlauf dieses Kapitels werden wir vielfach auf Sheldrake zurückgreifen. Sheldrakes Theorie gemahnt nicht nur an den von Hering 1870 gehaltenen Vortrag; der Kern seiner

Darlegung ist außerdem kaum von Herings Zeitgenossen Butler (1878, 1880) zu unterscheiden. Wir geben dessen Position mit einigen Zitaten wieder:

»*Hieraus folgt, daß alle lebenden Tiere und Pflanzen (...) in Wirklichkeit eine Person sind, vereint, einen gemeinschaftlichen Körper zu bilden, dessen Existenz sie sich jedoch nicht bewußt sind. (...) Uns wachsen die Glieder, wie sie wachsen, wir besitzen die Instinkte, die wir besitzen, weil wir uns erinnern, daß uns unsere Glieder einst dergestalt gewachsen sind (...) als wir in den Personen unserer Vorväter waren, und jedes individuelle Leben (...) dem allgemeinen Gedächtnisvorrat einen kleinen Betrag an neuer Erfahrung hinzufügte*« (Butler, 1880, S. 52-53).

Butler behauptet, kurz gesagt, Mensch und Tier seien nicht nur allmählich entstanden, sondern die belebte Natur besitze darüber hinaus ein kumulatives Gedächtnis. Und was ist mit den Naturgesetzen?

Gesetze

Diskussionen über die Art von Naturgesetzen können in diesem Rahmen lediglich pauschal zur Sprache kommen (siehe Coleman, 1984; Kuhn, 1981, und Westfall, 1982). Im 19. Jahrhundert war es, im Gegensatz zur Antike, blasphemisch zu behaupten, die Erde nähme einen besonderen Platz ein. Die Erde steht nicht im Mittelpunkt des Weltalls. Sie dreht sich um die Sonne, und diese befindet sich ihrerseits in der Peripherie eines der unzähligen Sternensysteme. In der Physik dieser Zeit herrschte die Lehrmeinung vor, daß Materie ewigen, unveränderlichen Gesetzen gehorche. Der Kosmos wurde als eine gigantische Maschine betrachtet, die sich nicht wesentlich veränderte. Soweit sich neue Phänomene ergaben, waren diese das Resultat ewiger Gesetze. Ein Stern werde geboren, wachse und sterbe den Hitze- oder Kältetod. Das ereigne sich mit dem Regelmaß eines Uhrwerks. Strenggenommen gebe es nichts Neues unter der Sonne.

In der belebten Natur dagegen meinte man Veränderungen wahrzunehmen (Evolution). Was jetzt sei, habe es vor einer Million Jahren größtenteils nicht gegeben; es werde in einer weiteren Million von Jahren möglicherweise verschwunden und durch etwas anderes ersetzt worden sein. Physik und Biologie scheinen also auf einen Gegensatz hinzuweisen: Die belebte Natur zeigt Veränderung, wogegen im Kosmos insgesamt die Ewigkeit das Sagen hat. Der Kosmos sei mit einem Urknall entstanden. Diesem werde irgendwann ein Prozeß folgen, bei dem alle Materie in sich zusammenschrumpfe. Danach werde die Geschichte wieder von vorn beginnen. Auf ganz lange Sicht verändere sich eigentlich nichts; es gebe lediglich einen ewigen Zyklus des Werdens und Vergehens. (Daß die Vorstellung des Urknalls seit neuestem wieder zur Diskussion steht, lassen wir hier außer Betracht.)

In letzter Instanz sei der Kosmos statisch. Das Auftauchen und Verschwinden von Phänomenen bedeute letztendlich nichts. Die Gesetze jedoch, denen alles gehorche, seien ewig und für das Werden und Vergehen aller Dinge verantwortlich. Das gelte auch auf biologischer Ebene. Belebte Wesen seien wie Maschinen sich sinnlos bewegende Häufchen von Materie. Die Evolution habe kein Ziel. Der Kosmos und die Natur entstünden, die Natur wurstele vor sich hin, und nach einiger Zeit gehe alles wieder unter.

Der Gegenpol zur Vorstellung eines im Wesen statischen Kosmos ist die Unterstellung, daß alles sich entwickelt, auch die unbelebte Materie. Wenn man so denkt, ist es empirisch gesehen fragwürdig, von ewigen Gesetzen zu sprechen. Ewigkeit bedeutet schließlich, daß Konstanz herrscht. Wenn der Kosmos sich als Ganzes entwickelt, muß man sagen, daß Gesetze mit der Materie entstehen und sich mit ihr entwickeln. Auch diese Auffassung gab es im vorigen Jahrhundert, doch war sie weniger einflußreich.

Was unterstellen diese Sichtweisen für die Zeit des hypothetischen Urknalls (»Big Bang«) und während des »Big Crunch«, jenes hypothetischen Augenblicks, in dem das Weltall wieder zu (fast) nichts zusammenschrumpfen wird?

272

Gab es bereits vor dem Urknall Gesetze, oder ging die Entstehung von Gesetzen mit diesem einher? Werden die Naturgesetze beim Big Crunch verschwinden? Es ist klar, daß diese Fragen sich nicht mit Hilfe von Versuchsanordnungen beantworten lassen. Statt dessen sind wir darauf angewiesen, die bestehenden Vorstellungen über die Beziehungen zwischen Gesetzen und Wirklichkeit zu analysieren. Grob gesagt, weisen die Positionen, die man in dieser Debatte einnehmen kann, eine starke Ähnlichkeit mit den jeweiligen Vorstellungen des Plato und Aristoteles auf.

In dem Dialog *Phaidon* sagt Plato, Wissen könne nicht einzig auf Grund sinnlicher Erfahrung entstehen. Die Sonne sei buchstäblich nicht anzusehen, und ihr Spiegelbild im Wasser sei deformiert. Da sei es vernünftiger, von der Wahrnehmung zu abstrahieren, indem man nach Prinzipien oder Gesetzen *hinter* den Dingen suche. Gesichertes Wissen sei nicht an die Sinneswahrnehmung gebunden; davon, daß die Sinnesorgane uns oft betrögen (Illusionen), einmal ganz abgesehen. Der Mensch könne mit Gewißheit über Dinge sprechen, die als solche überhaupt nicht wahrnehmbar seien. Es gebe keine reinen Kreise oder Trapeze in der Natur. Und doch wüßten wir etwas darüber.

Plato kam derhalben zu dem Schluß, daß sich hinter der Welt der Phänomene eine Welt immaterieller, unveränderlicher und ewiger Ideen befände. Die Wirklichkeit wurde in Phänomen und Idee verdoppelt: Ich erkenne ein Phänomen, weil ich über die Wahrnehmung irgendeines Pferdes einen Zusammenhang mit der *Idee* »Pferd« herstelle, die sich in meiner (zur Ideenwelt gehörenden) Seelenwelt befindet. Die Ideenwelt sei über Abstraktionen erfahrbar, und zwar über die Mathematik. Galilei würde später sagen, das Buch der Natur sei in der Sprache der Mathematik geschrieben. Im Mittelalter wurde Platos Standpunkt christianisiert: Gott trage alle ewigen Ideen in sich.

Dieser Denkstil beinhaltete das Streben nach mathematischen Modellen des Kosmos, wobei man sich zunächst nicht um die Frage kümmerte, ob diese auch physikalisch plausibel waren. Ein Beispiel ist Abbildung 7.

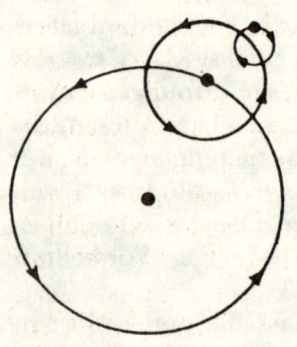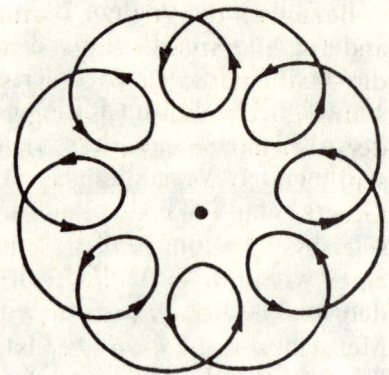

Abbildung 7. Rückläufige Bewegung der Planeten nach Ptolemäus und seinen Anhängern (Kuhn, 1981).

Für die Sternenkundler war es ein großes Problem, den scheinbaren Rücklauf der Planeten bei ihrem Lauf durch die Tierkreiszeichen zu erklären (retrograde Bewegung). Im antiken Weltbild stand die Erde als unbeweglicher, schwerer Körper im Zentrum des Weltalls. Um sie herum drehte sich eine Kugel (Sphäre), welche aus einer geheimnisvollen Substanz bestand (Äther oder etwas Derartigem). Ein Punkt auf dieser Kugel diente als Mittelpunkt einer zweiten, sich ebenfalls drehenden Kugel, einem sogenannten Epizykel, usw. Wenn alle Kugeln sich gleichzeitig drehen, beschreibt der Planet P eine Bahn, die der retrograden Bewegung in etwa entspricht: Ab und zu gibt es einen scheinbaren Rücklauf.

Derartige, immer komplizierter werdende Modelle konnten die Wahrnehmungen auf Dauer nicht mehr abdecken. Außerdem waren die Scheingestalten der Venus (die man nach der Erfindung des Teleskops entdeckte) unbegreiflich. Das geozentrische Weltbild des Aristoteles und Ptolemäus wurde 1543 von dem heliozentrischen Modell des Kopernikus abgelöst. Dessen Modell des Sonnensystems war eleganter und besser geeignet, die gemachten Wahrnehmungen zu beschreiben. Auch die Scheingestalten der Venus wurden erklärbar, und man kämpfte nicht mehr mit der lästigen Frage, wie es möglich sei, daß Materie sich durch andere Materie hindurchbewegte.

Bezüglich der Art der Naturgesetze hatte Aristoteles einen anderen Standpunkt eingenommen als Plato. Ihn interessierte die Mathematik weniger als seinen Lehrmeister. Aristoteles war dadurch auch weniger geneigt, in einer gesonderten Welt der Abstraktionen zu denken. Ihm zufolge gibt es keinen wesentlichen Unterschied zwischen Materie auf der einen und Gesetz oder Form auf der anderen Seite. Materie und Form seien Aspekte ein und desselben: Materie organisiere sich in einer bestimmten Weise (Form). Der Formaspekt gehe mit dem materiellen Aspekt zugrunde (Hylomorphismus). Beim Menschen sterbe die Seele als formgebendes Prinzip mit dem Körper; die Denkfähigkeit möglicherweise ausgenommen. (Aristoteles vermutete, daß es eine Art allgemeiner und unsterblicher Denkfähigkeit gab.) Formgebende Prinzipien und Gesetze seien an ihre Erscheinungsformen in der Natur gekoppelt. Die Wirklichkeit sei demnach nicht verdoppelt, was besage, daß eine Veränderung in der Natur auch eine Veränderung in den Gesetzen bedeuten könne.

Dieser Gedankengang ist im 19. Jahrhundert als »Minderheitenstandpunkt« unter anderem bei den Philosophen Peirce und Nietzsche und dem Psychologen William James zu finden. Nach deren Auffassung befindet sich alles in der Welt in Entwicklung. Es mache keinen Sinn, von ewigen Gesetzen zu sprechen. Ein moderner Paläontologe, der dies ebenfalls sagt, ist Teilhard de Chardin (1965). Er betrachtet das Weltall als ein zusammenhängendes Ganzes und als eine organische Einheit (Organizismus, siehe Kapitel 1). Ihm zufolge gibt es eine Evolution der Materie im allgemeinen. Dabei könnten zwei Aspekte unterschieden werden: Immer mehr Materie werde Bestandteil der belebten Natur (*Vitalisation*), und das Leben strebe zudem nach einem höheren Ziel in Form des Menschen (*Hominisation*). Das wichtigste Merkmal der Evolution ist nach Teilhard die Entwicklung des *Nervensystems*. Dadurch sei immer mehr »Geist« in die Wirklichkeit gekommen, und diese Entwicklung werde sich fortsetzen. Herings Bemerkung, daß die Natur ein Gedächtnis habe, entspricht mehr oder weniger dieser aristotelischen Sichtweise. Was in der Welt geschehen sei, hinterlasse Spuren. Diese Spuren seien nicht vorab in der Form von Gesetzen gegeben.

Die Annahme, daß die Natur sich »erinnert«, wird oft anhand der im 19. Jahrhundert von dem Biologen Häckel entwickelten Rekapitulationstheorie illustriert. Diese besagt, daß phylogenetisch alte Strukturen sich in höheren, späteren Organismen wiederholen. Die ersten embryonalen Stadien von Fisch, Schildkröte, Küken, Kaninchen und Mensch sind laut Häckel kaum voneinander zu unterscheiden (Abbildung 8). Während des embryonalen Wachstums eines Tiers oder eines Menschen scheint die Evolutionsgeschichte sich erneut zu manifestieren.

Über dieses Gesetz kann man sich streiten. Es scheint aufzugehen, solange man »grobe« Messungen vornimmt. Auf Zellebene jedoch hat sich gezeigt, daß es in einem frühen embryonalen Stadium sehr wohl Unterschiede zwischen Tieren untereinander und zwischen Tier und Menschen gibt. Ein wichtiger Einwand gegen die Theorie ist, daß sich irgendwo im embryonalen Stadium eines Kükens ein erwachsener Fisch manifestieren müßte, was nicht der Fall ist. Nichtsdestoweniger ist die Übereinstimmung in der Formentwicklung bei unterschiedlichen Tierarten dergestalt, daß dieses Gesetz seinen Einfluß oder seine Bedeutung noch nicht verloren hat. Jacob (1982) sagt, man könne die Evolution nur aus einer tiefgehenden Kenntnis der embryonalen Entwicklung heraus verstehen. Er meint, daß unsere unzulänglichen Einsichten in die Evolution auf der Tatsache beruhten, daß diese Wissenschaft zu wenig entwickelt sei.

Wie schon früher bemerkt, ist die Auffassung, daß Information erhalten bleibe, nicht aus dem Nichts entstanden (Coleman, 1984). Sie ist mit der idealistischen Philosophie verwandt, die sagt, daß Materie eine Erscheinungsform von »Geist« sei. Jeder Organismus sei eine »Idee« des Geistes. Diese Ideen stünden miteinander im Zusammenhang. Die eine Idee komme aus der anderen hervor und enthalte das Vorangegangene (Kapitel 4). Nicht nur Formen blieben erhalten, sondern auch Informationen. Diese seien Bestandteile der Form. (Es besteht eine Verwandtschaft zwischen Häckels Gedankengang und der Lamarckschen Hypothese, daß erworbene Merkmale an die Nachkommenschaft weitergegeben würden.)

Natürlich hat sich nach Plato und Aristoteles vieles in der Philosophie ereignet, doch die Grundgedanken sind ungefähr die gleichen geblieben. Wichtig in der Diskussion über Naturgesetze war zu einem späteren Zeitpunkt Descartes. Wie in Kapitel 3 bemerkt, unterscheidet er zwei Prinzipien in der Wirklichkeit: das, was Ausdehnung hat (*res extensa*), und das, was denkt (*res cogitans*). Materie beanspruche Raum (Ausdehnung) und erfülle mathematisch formulierbare, ewige und mechanische Gesetze. Das Prinzip, »das denkt«, sei Gott und der unsterblichen menschlichen Seele vorbehalten. Descartes' Auffassung liegt also näher bei Plato als bei Aristoteles. Seine Vorstellungen wurden mit dem Atomismus verbunden, das heißt der Auffassung, daß Materie aus Teilchen bestünde. Diese Teilchen seien unzerstörbar und gehorchten ewigen Gesetzen.

Der himmlische Vater und Mutter Erde

Wir können das Problem mit Hilfe eines Bildes zusammenfassen. Mit unter dem Einfluß von Descartes lebte erneut der platonische Gedanke auf, daß es einen Zwiespalt gebe zwischen Materie und Gesetzen. Man kann diese umschreiben als »Mutter Erde« (Materie oder *materia* kommt von *mater*, Mutter) und den »himmlischen Vater«

Dabei wird Mutter Erde befruchtet oder in Bewegung versetzt vom himmlischen Vater, der die Naturgesetze in sich trägt. Diese Gesetze verändern sich nicht. Newton war ein wichtiger Exponent dieses Gedankengangs. Die Mischform einer mechanischen Wirklichkeit und eines göttlichen, ewigen Geistes oder Gesetzes kulminierte im Jahr 1687 in seinen *Principia*.

Was hat es seitdem an wichtigen Entwicklungen gegeben? Das Absolute von Begriffen wie Masse, Raum und Zeit wurde im 20. Jahrhundert von Einstein in Frage gestellt. Einstein postuliert ein Prinzip höherer Ordnung (Energie), das diesen Begriffen zugrunde liegt. Unter anderem deswegen zogen vie-

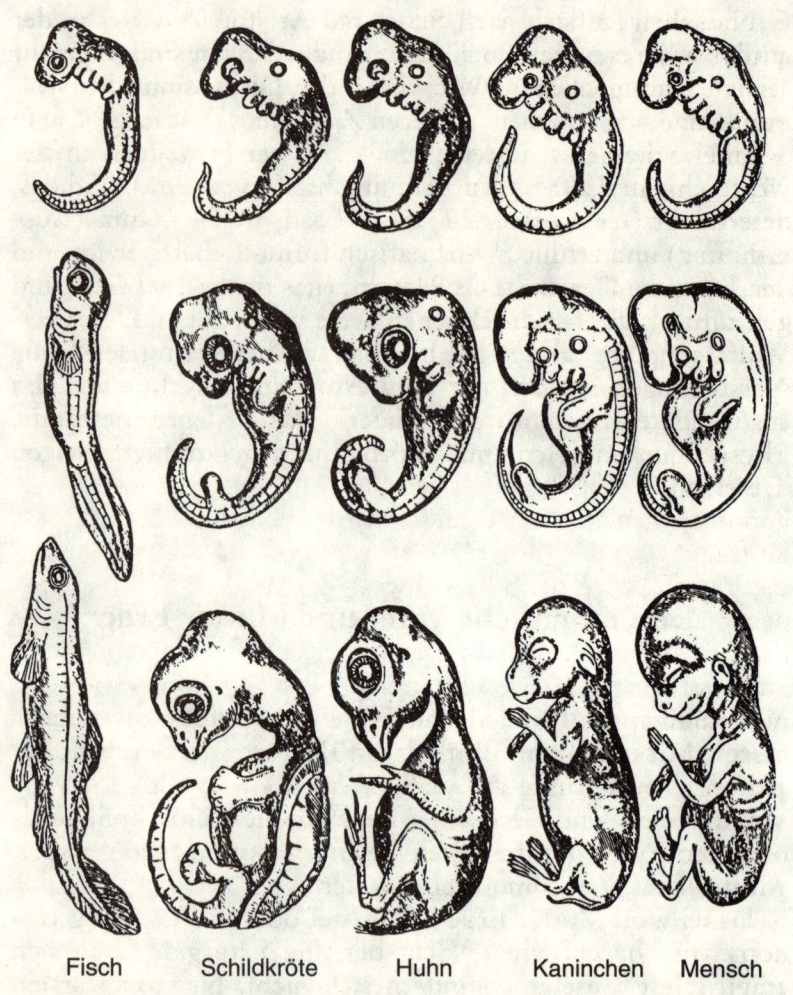

Fisch   Schildkröte   Huhn   Kaninchen   Mensch

Abbildung 8. Die Ontogenese scheint eine Wiederholung der Phylogenese zu sein (Sheldrake, 1990).

le Physiker und Philosophen eine weitgehende Parallele zwischen der Wirklichkeit und psychischen Prozessen. Sie schlußfolgerten, daß nicht zwei cartesianische Prinzipien am Werk seien, sondern lediglich eines. Dies bedeutete ein teilweises Wiederaufleben von Idealismus und psychischem Monismus (siehe die Materie-Geist-Diskussion in Kapitel 1). Die

Grundsubstanz der Wirklichkeit ist in dieser Sicht das sich auch in Materie manifestierende Denken. Über das Denken seien der himmlische Vater und Mutter Erde miteinander verbunden.

Eine andere Entwicklung war die Quantenmechanik. Bewegte sich das Universum laut Descartes und Newton nach deterministischen Gesetzen, so ersetzte die Quantenmechanik diese Gesetze durch Wahrscheinlichkeiten. Man fragte, ob der Kosmos überhaupt als Maschine zu betrachten sei. (Wir gehen hier nicht auf die Frage ein, ob [In-] Determinismus ein Wesensmerkmal der Dinge ist oder ob die Ursache der entsprechenden Beobachtungen in der Unzulänglichkeit unserer Instrumente gesucht werden muß; diese Debatte dauert in der Physik immer noch an.) Das Verhalten subatomarer Partikel ließ sich nur mathematisch beschreiben. Ein Elektron springt von der einen Schale zur anderen. Es hat jedoch keinen Sinn zu fragen, wo das Elektron sich während des Sprungs befindet. Das Teilchen befindet sich entweder in dem einen oder in dem anderen Zustand. Materie wurde in abstrakten mathematischen Termini eingefangen; auf anschauliche Art war sie »unvorstellbar«. Niemand kann sich eine Vorstellung von einem Satz von Differentialgleichungen machen. Der Quantenmechanik zufolge ist Materie auf Mikroebene quasi eher eine »Idee« als etwas dinglich Greifbares.

Wenn die Wirklichkeit als ein sich immerzu veränderndes, nicht strikt determiniertes Gefüge von Phänomenen gesehen wird, welche teilweise den Ideen vergleichbar sind, ist die nächste Folgerung, daß Gesetze zusammen mit den Phänomenen »wachsen« oder »entstehen«. Diese Frage läßt sich empirisch natürlich nicht entscheiden. Die Beantwortung der Frage, ob wir ein Gesetz erblicken, hängt außerdem von den Umständen ab. Wenn das Gesetz sich auf ein sich nicht oder nur kaum veränderndes Phänomen bezieht, *scheinen* die Gesetze einen ewigen Charakter zu haben.

In der Folge führt diese Denkungsart zu der Auffassung, daß die Wirklichkeit mit einem großen, sich entwickelnden Organismus zu vergleichen sei. In der Physik wird das von Capra (1984) behauptet, womit wir wieder bei der alten organizistischen Tradition (Kapitel 1) angelangt wären. (Diese

Entwicklung der Wirklichkeit verläuft jedoch träge; die Huygensschen Pendelgesetze gelten noch immer.)

Darwins Evolutionstheorie entsprach mehr oder weniger dem »altmodischen« mechanistischen Weltbild. Darwins Standpunkt ist nicht in jedem Augenblick und in all seinen Werken derselbe, doch hat er mehr Verwandtschaft mit dem Mechanizismus und dem materialistischen Monismus als mit dem Idealismus. Darwin postuliert Veränderung oder Bewegung in der belebten Natur, jedoch habe diese keine Richtung und kein Ziel. Richtung würde einen Plan oder eine Zielsetzung voraussetzen, und das kenne eine Maschine nicht.

Eine aristotelische Auffassung gab es bei den Biologen des vorigen Jahrhunderts mitunter auch. Wallace, der strenggenommen gemeinsam mit Darwin die Evolutionstheorie entwickelte, meinte wohl eine Richtung zu erkennen. Es gebe eine Tendenz, daß immer mehr Materie sich ihrer selbst bewußt werde, wobei der Mensch den Höhepunkt bilde. Laut Wallace kommt Bewußtsein deshalb in Abstufungen vor: Die Entwicklung von Materie gehe Hand in Hand mit der Entstehung von Bewußtsein. Dasselbe hat, wie wir bereits bemerkten, zu einem späteren Zeitpunkt Teilhard de Chardin gesagt. Auch das Werk der Philosophen Bergson und Whitehead ist hiermit verwandt. Whitehead ging sogar so weit zu sagen, daß die Biologie die Evolution der großen Systeme (Pflanzen, Tiere) studiere und die Physik und Chemie die der kleinen (Atome, Moleküle).

Wir fassen zusammen: Der Standpunkt Platos (der himmlische Vater; ewige Gesetze) wetteiferte mit dem des Aristoteles (Mutter Erde; Gesetze entstehen und wachsen gemeinsam mit den Phänomenen). In jüngster Zeit kommen beide Sichtweisen nebeneinander vor, und zwar nicht nur in verschiedenen Wissenschaften, sondern mitunter auch in ein und derselben.

Formen

Ein anderes allgemeines Problem ist die Frage, wie der Begriff »Form« zu interpretieren ist. Ein Löffel mit einer bestimmten Form kann aus Dutzenden unterschiedlicher Materialien bestehen. Inwieweit kann eine Unterscheidung zwischen diesen Grundsubstanzen getroffen werden sowie der Weise, in der sie zu einem Löffel organisiert sind? Es gibt hierzu, grob gesagt, drei Standpunkte.

Plato löste die Form von der Materie. Die Form gehöre ins Reich der Ideen. Sie drücke sich in widerspenstiger Materie aus. Die Formen gehörten zu einer eigenen Wirklichkeit, neben der der Materie oder der Erscheinungen. Aristoteles dagegen meinte, Formen seien dem Stoff inhärent. Der Stoff strebe danach, eine bestimmte Form anzunehmen oder zu erreichen. Wenn die Gesamtheit von Stoff und Form vergehe, verschwänden beide. Schließlich kannte man (im Mittelalter) die Nominalisten. Diese behaupteten, (Formen und) Begriffe seien lediglich Namen oder Codes des menschlichen Geistes. Diese Codes existierten außerhalb unserer Denkfähigkeit nicht. Dieser Standpunkt ist insofern unfruchtbar, als er leicht zu der Auffassung führt, die Welt existiere nicht, sondern sei lediglich ein Traum (Solipsismus, siehe Kapitel 1).

In der platonischen Argumentation existierten alle Formen, ebenso wie alle Gesetze, bereits vor dem Urknall (ein Begriff, den Plato natürlich nicht kannte; das Weltall als *geformte* Materie hat jedoch auch seiner Meinung nach einen Anfang gekannt). Es habe ein periodisches System der Elemente gegeben, schon bevor die Elemente gebildet worden seien. Auch die Gestalt von Pflanzen und Tieren habe bereits festgelegt. Man findet diesen Standpunkt bei Linné wieder: Jede Lebensform sei ein ewiger, unveränderlicher Typus.

Ein interessantes Buch über Formen liefert Thompson (1942). Abbildung 9 zeigt das Muster, das ein Tropfen Tinte in Wasser bildet, ein Tropfen Öl in Paraffin, sowie die Form der Quallen *Cordylophora* und *Cladonema*.

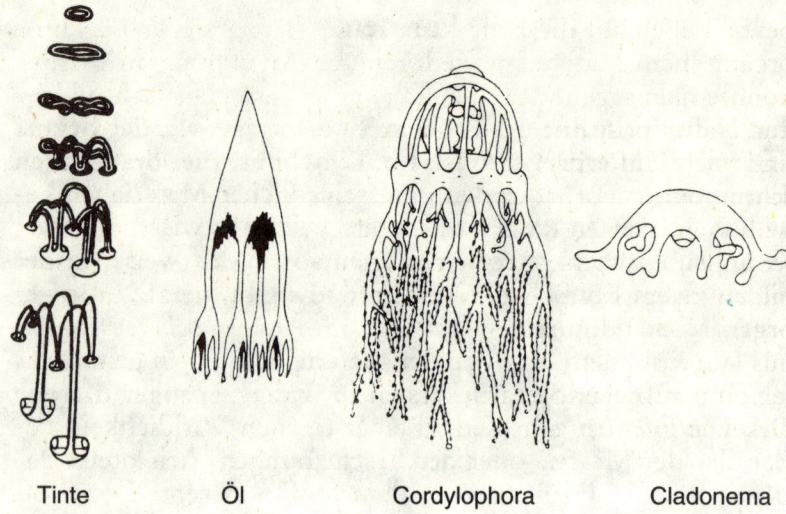

| Tinte | Öl | Cordylophora | Cladonema |

Abbildung 9. Vier Formen in der Natur (Sheldrake, 1990).

Obwohl die Substanzen, auf denen diese Formen beruhen, unterschiedlich sind, gibt es viel Übereinstimmung im äußeren Erscheinungsbild. Eine einzige bestimmte Form scheint sich in verschiedenen Arten von Materie bzw. materieller Organisationen zu manifestieren. Noch ein Beispiel ist die Silhouette einer Eiche im Winter; ein Muster, das kaum von einer Luftaufnahme eines Flußdeltas zu unterscheiden ist. Was bedeutet dies? Gibt es allgemeine Prinzipien, die sich an vielerlei Orten und auf vielerlei Weise ausdrücken? Ein solcher Gedanke entspricht dem platonischen Wirklichkeitskonzept: Eine beschränkte Zahl von Formen zieht gewissermaßen eine Spur durch die unbelebte und belebte Materie. Eine zweite Möglichkeit ist, daß Materie sich allmählich in einer bestimmten Weise organisiert und daß diese Organisation irgendwie erhalten bleibt. Diese Auffassung hält die Mitte zwischen Plato und Aristoteles: Die Form ist entstanden (Aristoteles), doch sie verschwindet nicht mit dem Verschwinden der stofflichen Organisation (Plato).

Das ist genau der Standpunkt Sheldrakes. Manche Formen hat es seiner Meinung nach wahrscheinlich schon gegeben, bevor Leben auf die Erde kam; später hätten sie sich auch in organischem Material ausgedrückt. In Anlehnung an Hering könnte man sagen, daß Sheldrake ein »Formengedächtnis« in der Natur postuliert, welches sich immer weiter entwickelt und sich auf vielerlei Weise manifestiert. Sheldrake umschreibt eine Form (und ein Gesetz) als *habit*, als eine Gewohnheit. Seiner Auffassung nach hat die Natur die Gewohnheit entwickelt, Tinte ein bestimmtes Muster im Wasser bilden zu lassen. Ebendiese Muster kämen auch bei anderen, organischen Formen der Materie zum Ausdruck. Der Terminus »Gewohnheit« ist dabei übrigens nicht im vermenschlichten Sinn aufzufassen. Sheldrake meint damit lediglich, daß ein Gesetz *allmählich* entsteht.

Fraktale

Sheldrake ist nicht der einzige, der meint, daß ein und dieselbe Form sich auf vielerlei Organisationsebenen manifestiert. Zu diesem Thema vernimmt man in den letzten Jahren viel aus der Mathematik. Mandelbrot entwickelte die sogenannte Fraktalgeometrie (Crea, 1988; Gleick, 1988; Mandelbrot, 1989). Der Terminus Fraktal kommt von *frangere,* brechen; ein Fraktal ist somit ein Bruch. Die Lehrsätze handeln von den verschiedensten grillenhaft geformten Phänomenen oder Objekten.

Der Anlaß zur Entstehung der Mandelbrotschen Theorie ist bemerkenswert. Der Mathematiker wurde von einem Betrieb zu Hilfe gerufen, wo man mit Störungen in den Telefonleitungen zu kämpfen hatte, die die Computer untereinander verbanden. Diese Störungen schienen nicht durch menschliches oder irgendein technisches Versagen verursacht worden zu sein. Mandelbrot entdeckte, daß für den Zeitraum von einem Tag die Störungen in bestimmten Häufungen auftraten. Das war zunächst nichts Außergewöhnliches; wenn man jedoch Zeiteinheiten von einem halben Tag zugrunde legte, war die Anordnung der Störungen die gleiche. Das galt auch für eine Periode von einigen Stunden oder noch weniger. Der Prozentsatz der Störungen in unterschiedlichen Zeitabschnitten war identisch: Die Häufungen zeigten ein sich selbst wiederholendes Muster. In jeder Zeitskala ergab sich dieselbe Zahl (Bruch, Fraktal). Anders ausgedrückt: Bei den Telefonstörungen vervielfältigte die Wirklichkeit sich selbst in unterschiedlichen Zeitskalen.

Schon bald zeigte sich, daß diese Beobachtungen nicht nur für Phänomene in der Zeit galten, sondern auch für räumliche Konfigurationen. Muster manifestieren sich offenbar in unterschiedlichen Maßstäben. Das Muster eines Blitzes in der Luft hat die gleiche Form wie die Spur, die ein Schuß Beerensaft in einem Becher Joghurt hinterläßt; der Lauf von Wasser durch einen Kaffeefilter ist kaum von sich auflösendem Tabakrauch zu unterscheiden; die Art, in der Zink sich auf einer Elektrode absetzt, hat eine starke Ähnlichkeit mit einer Luftblase in Glyzerin, usw.

Weiter weisen viele Prozesse in der belebten und unbelebten Natur Verästelungen auf, die mathematisch auf recht einfache Weise beschrieben werden können. Ein Virus verbreitet sich nicht, wie man vielleicht erwarten würde, in konzentrischen Kreisen. Der Verlauf einer Epidemie ist von einer baumähnlichen Struktur gekennzeichnet, wobei das Muster sich wenig um Meßskalen kümmert. Die Ausbreitung eines Virus innerhalb einer Stadt gehorcht einer Form, die der Weise entspricht, in der es sich über ein Land oder über die Welt verbreitet. In der Natur scheinen fraktal verlaufende, skaleninvariante Prozesse reichlich vorzukommen: Was im Kleinen geschieht, ereignet sich häufig in ähnlicher Weise auch im Großen, und es ereignet sich hier wie dort. Ein Beispiel aus der Geographie:

Gesetzt, wir wollen die Länge der englischen Küstenlinie abmessen. Wir nehmen eine Karte kleinen Maßstabs zur Hand. Ein Rollmaß verhilft uns rasch zu einem Ergebnis. Bei einer Karte detaillierteren Maßstabs werden jedoch neue Einbuchtungen und Vorsprünge sichtbar. Diese vergrößern den Umriß. Je feiner der Maßstab der Karte, desto länger wird Englands Küste. Zuletzt beschließen wir, uns aufzumachen und selbst vor Ort nachzumessen. Das Ergebnis wird ein noch höheres sein. Außerdem tauchen jetzt neue alte Probleme auf: Was auf der Karte ein neuer Vorsprung war, stellt sich uns jetzt gewissermaßen in Form eines Kieselsteins entgegen. Müssen wir diesen nun mitberechnen oder nicht? Die Struktur Englands scheint sich bis ins Unendliche zu wiederholen.

Eine Demonstration dieses Prinzips ist Abbildung 10, die Koch-Kurve oder Schneeflockenkurve, laut Mandelbrot »ein grobes, aber aussagekräftiges Modell einer Küstenlinie«.

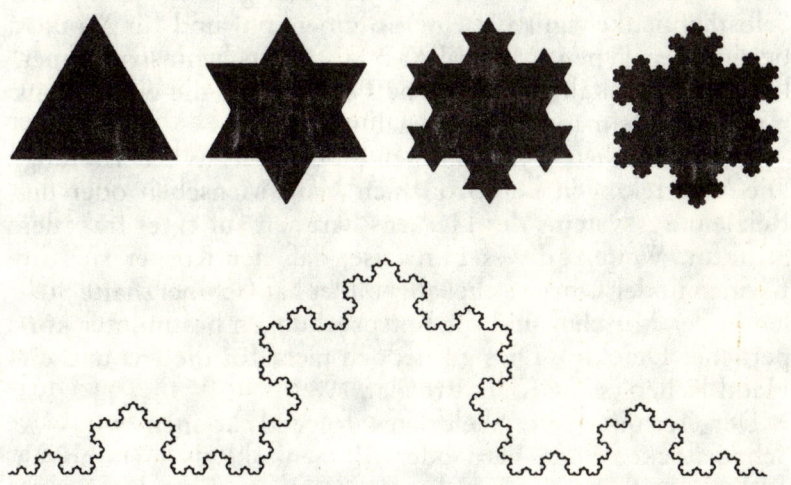

Abbildung 10. Eine Schneeflockenkurve oder Kochsche Küstenlinie (Gleick, 1988).

Man zeichne ein gleichseitiges Dreieck und definiere die Seiten als 1. Auf jede Seite wird jetzt ein gleichseitiges Dreieck plaziert, dessen Seiten ein Drittel der ursprünglichen Form ausmachen. Der Umriß dieser Figur beträgt 3 x 4/3. Auf diese Dreiecke setzen wir nach dem gleichen Prinzip weitere Dreiecke, usw. Schon bald entsteht eine Figur, die einer Schneeflocke gleicht. Der Umriß dieser Figur wird niemals dem des umschriebenen Kreises gleich sein. Die Linienlänge insgesamt beträgt 3 x 4/3 x 4/3 x 4/3 ..., bis ins Unendliche. Eine endliche Schneeflocke ist im Prinzip von einem unendlich langen Umriß umgeben. Ähnliches ist der Fall bei einer Küstenlinie: Das Muster der Küste wiederholt sich.

Kennzeichnend für eine solche Schneeflocken- oder Koch-Kurve ist die Wiederholung derselben Struktur. Der komplizierte Bau der Schneeflocke kann die Äußerung eines einfachen Prinzips sein: Man baue ein gleichseitiges Dreieck und wiederhole dies innerhalb seiner selbst. Diese Art von Selbstwiederholung ist, so Mandelbrot, der Hintergrund vieler Formen in der Natur. Ein Farn hat eine ungefähr birnenförmige Form. Eine nähere Inspektion lehrt uns, daß die gleiche Birnenform auch in den Blättern steckt. Das gleiche Prinzip der Selbstähnlichkeit gilt für einen Blumenkohl und für Wolken bestimmter Typen. Mit Hilfe einfacher Recheninstruktionen lassen sich vielfältige natürliche Formen wie die eines Farns mit einem Heimcomputer nachahmen.

Auch in höheren Organismen gibt es Selbstwiederholung. Die Verästelungen der Bronchien beim Menschen oder des Reizleitungssystems des Herzens beruhen auf einer fraktalen Struktur. Weiter gibt es Hinweise, daß der Körper sich im Kleinen in der Ohrmuschel abgebildet hat (schmerzhafte Stellen in der Muschel sind oft Entsprechungen bestimmter körperlicher Defekte). Dies gilt jedoch nicht für die Iris und die Handflächen (siehe Klein Breteler, 1989).

Der Terminologie Sheldrakes folgend können wir eine Schneeflocke, einen Farn oder Blumenkohl als hierarchisch gegliederte Selbstwiederholung betrachten. Eine bestimmte Organisation wiederholt sich mitunter innerhalb derselben Struktur. Die Komplexität des Gesamtbilds ist quasi nur Schein.

Obwohl die Fraktalgeometrie beschreibend ist und nichts über das Entstehen von Formen sagt, paßt sie zu den Auffassungen Sheldrakes und Thompsons. Die Natur bedient sich Mechanismen oder formgebender Prinzipien, die auf verschiedenen Organisationsebenen und Zeitskalen zutage treten. Dieser Gedanke ist nicht neu. Cuvier hat bereits im 19. Jahrhundert gesagt, der Bau vieler Tiere beruhe auf einem Basisentwurf.

Hering würde sagen, fraktale Strukturen beruhten auf Erfahrung und entstünden somit allmählich. Die Argumentation fortführend, läßt sich noch an etwas anderes denken. Phylogenetisch alte Strukturen und auch Funktionen wiederholen sich selbst fraktalhaft in Tier und Mensch. Anders ausgedrückt: Elemente einer irgendwann existierenden Mandelbrot-Menge treten in einer später entstandenen Organisation wieder zutage. Vorstellbar wäre, daß alte Strukturen auf diese Weise in neuen Organismen wiederkehren. Dies ruft die Frage hervor, kraft welcher Mechanismen die embryonale Entwicklung verläuft.

Das Entstehen von Organismen

Eine alte und einflußreiche Theorie über die Entstehensweise eines Organismus ist der *Präformationismus* oder die Lehre von der vorherbestimmten Entwicklung. Diese Lehre besagt, daß ein zusammengefaltetes Menschlein (*homunculus*) oder Tierchen in einer Samenzelle alle Informationen über den Bau des Organismus enthalte. Mikroskopisten des 17. Jahrhunderts wie Hartsoeker vermeinten sogar »Männlein und Weiblein« in den Köpfen menschlicher Samenzellen zu erblicken. Über Homunculi in Eizellen dagegen wurde nicht gesprochen; meinte man in der aristotelischen Tradition doch, die »Form« des Mannes drücke sich in dem formlosen weiblichen Material aus. Die Vorstellung einer bereits anfänglichen Existenz von Formen ist auch in dem Wort »Entwicklung« enthalten (Nossent, 1986): Eine Form »entrollt« sich gewissermaßen.

Das Prinzip der vorherbestimmten Entwicklung soll angeblich auch für unsere geistigen Fähigkeiten gelten: Jedem werde individuell und gesellschaftlich das Los zuteil, das er verdiene. Diese Lehre wurde populär in der Theologie (Jansenismus, Heidelberger Katechismus). Das Los des Menschen sei festgelegt. Auch die Gesellschaft sei eine Widerspiegelung der göttlichen Ordnung, was bedeutete, daß sie nicht verändert werden durfte. Schließlich sei auch vorherbestimmt, ob jemand nach dem Tod in den Himmel komme oder nicht.

Es ist klar, daß der Präformationismus mehr Verwandtschaft mit dem platonischen als mit dem aristotelischen Denken aufweist. Die ewigen Ideen Platos finden ihre Entsprechung im Homunculus: Die Prinzipien oder Gesetze sind von vorneherein gegeben. Ein Problem ist natürlich, daß das Miniaturmenschlein seinerseits auch von irgendwo herkommen muß. Aus der Lehre der vorherbestimmten Entwicklung folgt, daß in jedem Homunculus ein noch kleinerer Homunculus steckt, usw.

In der Biologie ist die Lehre der vorherbestimmten Entwicklung erst im 19. Jahrhundert in nennenswertem Umfang angefochten worden. Das geschah auf Grund derartiger kleiner Rechenübungen. Weiter ergab sich aus embryologischen Forschungen, daß Formen in Stadien entstehen. Von einer einzigen sich entfaltenden Blaupause konnte nicht die Rede sein. Diese Beobachtungen brachten die Biologen in Schwierigkeiten. Präformationismus bedeutet die Manifestierung einer bereits existierenden Form. Dem war offenbar nicht so, aber wie konnte »mehr Form« aus »weniger Form« entstehen? Von welchem Prinzip ausgehend war die Aufeinanderfolge von Formen (Stadien) während der embryonalen Entwicklung zu erklären?

Ein zweites Problem war die Regeneration. Organe und Körperteile, die beschädigt werden, sind oft in der Lage, sich selbst mit neuem Gewebe wiederherzustellen. Regeneration ist jedoch viel mehr als das bloße Reparieren eines Schnitts in den Finger. Man kann einen Plattwurm durchschneiden, und das isolierte Vorder- und Hinterteil wachsen beide gleichermaßen zu einem kompletten Wurm nach. In der unbelebten Natur ist etwas Ähnliches bei Magneten der Fall: Wenn man einen Magneten durchsägt, erhält man zwei neue Magneten mit wiederum jeweils zwei Polen. Die Organisation eines Magneten oder eines primitiven Organismus scheint auch in seinen Teilen enthalten zu sein.

Für das Entstehen von Organismen sowie für Regenerationsphänomene hat die Genetik bisher keine ausreichende Erklärung gefunden. Eine befruchtete Eizelle enthält DNA, welche die embryologische Entwicklung steuert. Das ist jedoch leicht gesagt. Strenggenommen sind lediglich Korrelationen bekannt: Bestimmte Gene stehen mit bestimmten Merkmalen im Zusammenhang. Wie ein Organismus im einzelnen aus der DNA entsteht, weiß man nicht. Man kann zwar zeigen, daß ein Merkmal in Beziehung zu einem Gen steht, aber damit hat man noch keine Einsicht in die genauen Vorgänge dieser Entwicklung. Jacob (1982) bemerkt, daß die Anatomie der Hand bis ins einzelne bekannt ist. Wir »wissen jedoch überhaupt nicht, wie der Organismus diese Hand baut, welche Sprache er beim Entwerfen eines Fingers spricht, wie viele Gene dabei eine Rolle spielen und wie sie zusammenarbeiten«.

Es ist sicher, daß genetische Prozesse und Mechanismen mit dem Entstehen von Formen zu tun haben, aber das ist nicht dasselbe wie das Aufbauen von Formen von Grund auf. Solches wird zwar behauptet, ist jedoch nicht bewiesen. Wenn die Einstellungen eines Fernsehgerätes verändert werden, besteht die Möglichkeit, andere Frequenzen zu empfangen. Sheldrake verwendet diese Analogie in bezug auf die Bedeutung der Gene. Sie hätten angeblich eine expressive Funktion. Nicht alle zum Ausdruck gebrachte Information befinde sich jedoch im Gen selbst.

Sheldrake entlehnt einen Teil seiner Argumentation dem Umstand, daß wir in diesem Zusammenhang vieles einfach nicht wissen. In solchen Punkten ist er dann sehr ausführlich. Obwohl (aus gutem Grund) gesagt wird, der DNA-Code sei für die Bauart und (teilweise) auch die Funktion eines Organismus verantwortlich, ist der Zusammenhang zwischen Struktur und Größe der DNA einerseits und den Merkmalen eines Organismus andererseits unklar. Von 99 Prozent der menschlichen DNA kennen wir nicht die Funktion. Laut Jacob (1982) sind Gene für Merkmale verantwortlich, doch fügt er im gleichen Atemzug hinzu: »Die Beziehung zwischen diesen beiden Welten ist lediglich in bezug auf sehr einfache Merkmale bekannt.« So wird in der medizinischen Genetik behauptet, daß die Wahrscheinlichkeit der Vererbung bestimmter Krankheiten 25 Prozent betrage. Man ist aber schon froh, wenn man ungefähr zehn Prozent beobachten kann. Die Genetik des Menschen wird immer wieder dadurch »gerettet«, daß man zu jeder passenden und unpassenden Gelegenheit von Mutationen und ungewissen Durchdringungswahrscheinlichkeiten spricht.

Die Größe des DNA-Moleküls zuletzt sagt nichts über die Komplexität eines Organismus aus, obwohl das zu erwarten wäre. Manche Pflanzen haben viel mehr DNA als ein Mensch; eine Kartoffel schlägt uns in dieser Hinsicht um Längen. Auch entsprechende Unterschiede zwischen Tieren lassen sich auf Grund von Unterschieden in ihrer DNA-Struktur nicht recht verstehen. Die DNA des Schimpansen und die des Menschen gleichen sich wie ein Ei dem anderen. Andererseits gibt es enorme Unterschiede in der DNA-Struktur verschiedener, anatomisch kaum auseinanderzuhaltender Fruchtfliegenarten. Die genaue Rolle der DNA sei größtenteils unbekannt, sagen Sheldrake und Jacob.

Was hat dies zu bedeuten? An Lebewesen können zwei Aspekte unterschieden werden: Inkarnation und Information (Form, Funktion). Wie diese beiden Größen sich zueinander verhalten, ist jedoch unklar. Sheldrake geht dieses Problem mit Hilfe zweier Begriffe an: morphogenetisches Feld (Formfeld) und morphische Resonanz (Formresonanz).

Formfelder

Der Begriff »Feld« ist aus der Physik bekannt, läßt sich aber nur schwer umschreiben. Daß ein Magnet um sich herum ein Kraftfeld erschafft, läßt sich indirekt dadurch feststellen, daß man Eisenfeilspäne verstreut. Der Magnet übt offenbar Kräfte aus, die bestimmten Mustern folgen, doch diese Kräfte selbst sind nicht sichtbar. Dasselbe gilt für das Gravitationsfeld und für elektrische Felder.

Über Distanzen hinweg ausgeübte Kräfte wie die zwischen Himmelskörpern sind für lange Zeit mit Äther und anderen geheimnisvollen Substanzen in Zusammenhang gebracht worden. Genau wie der Mensch habe die Natur einen Widerwillen gegenüber der Leere (*horror vacui*, Kapitel 1). Hieraus ergebe sich, daß der Kosmos mit Materie gefüllt sei (die Theorie des *plenum*). Sogenannte »Aktion auf Distanz«, das Ausüben von Kraft ohne materielles Medium, wurde für unmöglich erachtet (van Laer, 1947).

Einstein hat die Theorie des Plenum sehr viel stärker abstrahiert. Seine Theorie besagt, daß der Begriff »Feld« wichtiger oder von einer höheren Ordnung sei als der Begriff »Materie«. Ein Feld sei keine Materie, sondern ein bestimmter Zustand, in dem der Raum sich befinde. Materielle Partikel seien Energiequanten in Feldern; ein Feld definiere die Wahrscheinlichkeit, in der an einem bestimmten Punkt im Raum ein Energieteilchen (Quantum) anzutreffen sein wird. Indem er auf diese Entwicklung verweist, versucht Sheldrake herauszustellen, daß sein Feldbegriff jedenfalls zu neueren Entwicklungen in der Physik paßt. Er sagt folgendes:

Man müsse sich vorstellen, daß eine bestimmte Organisation der Materie über ein Feld entsteht, das diese Materie formt, ungefähr analog dem Muster, das einem magnetischen Feld Eisenfeilspäne aufzwingt. Jede Organisation, bis hin zur atomaren Ebene, entspreche einem Feld. Zweitens gehorchten Organisationen häufig einem Leitsatz: Wenn Materie sich auf einer komplexeren und höheren Ebene organisiere, finde sich die Ordnung des Ganzen häufig in dessen Teilen wieder. Dasselbe wird, wie wir gesehen haben, von den Mandelbrot-Mengen (Fraktalen) demonstriert.

Derartige hierarchisch gegliederte Selbstwiederholungen sollen kennzeichnend für viele Formfelder sein. Man kann bei solchen Systemen an einen Kreis denken, der seinerseits drei Kreise enthält, welche ein gleichseitiges Dreieck bilden. Drei dieser Kreise können in einen noch größeren Kreis gezeichnet werden, usw. Eine solche, sich selbst ähnliche Organisation wird als *holon* bezeichnet, das heißt als eine Organisation oder Ordnung, die sich ständig in ihren Teilen wiederholt.

Es geht also um zwei Dinge: Ein Formfeld strukturiert Materie. Weiter sind Formfelder häufig hierarchisch strukturierte Selbstwiederholungen. Die Formfelder von Atomen sind laut Sheldrake Bestandteile des Formfeldes eines Moleküls, dieses Formfeld wiederum befindet sich in einer Zelle, in einem Organ usw., bis der Organismus als Ganzes einem großen, aber spezifischen Formfeld entspricht. Sheldrake benutzt diese Verdopplung der Wirklichkeit in Materie und Formfeld zur Erklärung dafür, daß es Zusammenhang und Veränderung in der Natur gibt.

In den dreißiger Jahren hat man für die Beschreibung der (embryonalen) Entwicklung eine »epigenetische Landschaft« erfunden (Abbildung 11), die wir zur Verdeutlichung dieser Argumentation heranziehen können. Diese Landschaft diente dazu, Entwicklungsprozesse zu symbolisieren, wobei der Ball die Gene darstellt und die Landschaft die die Route des Balls bestimmende Umgebung.

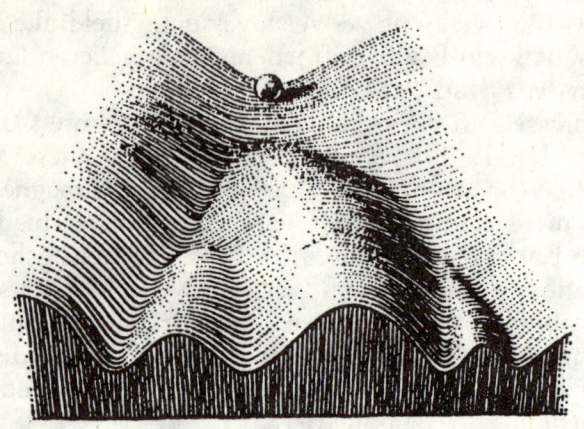

Abbildung 11. Die epigenetische Landschaft als Modell für die embryonale Entwicklung (Sheldrake, 1990).

Die Entwicklung eines Embryos kann mit dem Verhalten des Balls verglichen werden. Der Ball fängt an zu rollen und wird dabei einer bestimmten Route folgen. Das Ergebnis ist die Bildung einer bestimmten Struktur; in diesem Fall etwa eines bestimmten Organs. Wenn wir anschließend einen Weg absperren und den Ball erneut ins Rollen bringen, wird eine andere Struktur gebildet, usw. Die Analogie zwischen diesem Modell und Sheldrakes Darstellung der Dinge ist, daß eine Abstraktion (die Landschaft) den Lauf des Balls bestimmt. Der Organismus geht nicht aus dem Ball selbst hervor. Der Ball gehorcht einem seinen Lauf *von außen her* bestimmenden Prinzip.

Nach Sheldrake ist die Evolution als Einfluß von Formfeldern auf Materie zu betrachten. Diese Felder strukturieren seiner Meinung nach die Materie. Weil die Wirklichkeit sich entwickle, könnten die Formfelder keine starren Gegebenheiten sein. Es gebe eine Wechselwirkung zwischen dem Formfeld und dem in seinem Aufbau der Struktur dieses Feldes entsprechenden Organismus. Hieraus ergebe sich, daß ein Formfeld kräftiger werde, je mehr Organismen oder Organisationen zu ihm gehörten. Die »Feldstärke« werde von der Frequenz bestimmt, mit der sich das Feld manifestiert habe. Wir werden demnächst sehen, wozu Sheldrake diese Hypothese benötigt.

Die Beziehung zwischen Formfeld und Materie lasse sich mit Resonanz vergleichen. Der Unterschied sei, daß Resonanz bei Stimmgabeln auf der Übertragung *mechanischer* Kraft in Luftschwingungen beruhe. Formresonanz dagegen beziehe sich auf die Übertragung von *Information*. Die »Inkarnation« oder der Bau und das Funktionieren eines Organismus beruhen in diesem Gedankengang also auf einer von einem Formfeld ausgehenden Informationsübertragung.

Die wichtigste und zugleich überprüfbare Annahme dieser Theorie ist, daß es zwischen Formfeld und Organismus einen Verkehr in beiden Richtungen gibt. Das Feld bestimmt die Gestalt des Organismus, und die Abenteuer dieses Organismus gehen ihrerseits in das Formfeld ein.

Sheldrakes Denkungsart hält demnach die Mitte zwischen Plato und Aristoteles. Formfelder drücken sich in der Materie aus, und die entstandene Organisation beeinflußt die Stärke des Formfeldes. Der platonische Aspekt daran ist der abstrakte Charakter des Formfeldes, das aristotelische Element ist, daß Formfeld und Materie gleichermaßen der Evolution unterworfen sind.

Dies mag als Theorie lächerlich klingen, doch kann dazu einiges gesagt werden. Wir bemerkten in Kapitel 1, daß man eine Theorie nicht so ohne weiteres verwerfen, sondern auf Grund der getroffenen Vorhersagen beurteilen sollte. Dem werden wir auch hier nachgehen müssen. Es läßt sich (mit einiger Mühe) ein Grund für die Aussage finden, Sheldrake könne recht haben mit seiner Vorstellung, daß Formfelder von Zeit und Raum unbeeinflußt seien und daß zwei Prinzipien wie ein Formfeld und (beispielsweise) ein Organismus ein gemeinsames System bilden könnten. Wir greifen dafür auf die Physik zurück (d'Espagnat, 1979).

Die Heisenbergsche Unsicherheitsrelation besagt, daß Position und Impuls eines subatomaren Teilchens nicht im gleichen Augenblick bestimmt werden können. Möglich ist nur das eine oder das andere. Man hat mit zwei identischen Spaltungsteilchen folgendes Experiment durchgeführt: Das eine Teilchen wird nach links geschossen, das andere nach rechts. Beide Teilchen landen in einem Meßinstrument. Man kann bei dem einen Teilchen ein bestimmtes Merkmal messen. Tut man das, ist es unmöglich, bei dem zweiten Teilchen ein *anderes* Merkmal zu bestimmen. Die eine Messung beeinflußt die andere Messung bzw. den Zustand des zweiten Teilchens.

Physiker haben zweierlei Interpretationen für dieses bemerkenswerte Phänomen. Die eine Gruppe sagt in idealistischer Tradition, das Bewußtsein erschaffe die Wirklichkeit. Die zweite Gruppe denkt realistisch-holistisch und schlußfolgert, daß beide Teilchen zu einem System (*holon*) gehören (in den Worten d'Espagnats: »In gewisser Weise bilden diese Objekte ein unteilbares Ganzes«). Dieses Phänomen in der »Mikrowelt« wird von Sheldrake nicht erwähnt, doch berührt es den Kern seiner Theorie: Zwei getrennte Größen können eine Organisation bilden und/oder miteinander in einer Weise zusammenhängen, die niemand versteht.

Diese Illustration einer bestimmten Denkungsart sollte jedoch nicht zu schwerwiegenden Mißverständnissen führen. Erstens geht es bei diesem Experiment um identische Teilchen, während Sheldrake von ungleichen Größen spricht, nämlich Materie und Feld. Zweitens (siehe auch Kapitel 1) ist es nicht richtig, Merkmale des sehr Kleinen auf große Systeme zu übertragen. Ein Ziegelstein verhält sich sehr viel vorhersagbarer als ein Elektron, und der eine Ziegel steht nicht in einer geheimnisvollen Beziehung zu einem anderen. Die von d'Espagnat beschriebenen Experimente illustrieren lediglich das Prinzip *möglicher* Zusammenhänge in der Wirklichkeit und eine holistische Ordnung derselben.

Ein Beispiel einer sich aus Sheldrakes Theorie ergebenden Vorhersage: Ein zu einer bestimmten Tierart gehörendes Formfeld verändert sich, wenn einer Reihe von Tieren der Art ein besonderes Kunststück beigebracht wird. Das Erlernen dieses Kunststücks müßte einen Einfluß auf andere Tiere derselben Art haben, und zwar müßten sie imstande sein, das Kunststück schneller zu lernen. Dieser Prozeß oder diese Informationsübertragung müßte sich um so deutlicher abzeichnen, je mehr Tiere in das erste Experiment miteinbezogen waren. (Natürlich geschehen in Sheldrakes Sicht zwei Dinge gleichzeitig: Sowohl das Nervensystem als auch das Formfeld verändern sich.)

Anders gesagt: Wenn man einer Ratte etwas beibringt, beeinflußt dies das Formfeld und damit die Organisation dieser Rattenart. Diese Veränderung ist um so stärker, je mehr Exemplare einen solchen Lernprozeß durchlebt haben. Wenn eine Gruppe von Ratten etwas lernt, müßte dies einen Einfluß auf das Lernen einer zweiten Gruppe von Ratten haben. Wenn derartige Vorhersagen sich als wahr erweisen sollten, wäre das in jedem Fall ein Hinweis auf die Brauchbarkeit der Theorie. Experimente dieser Art sind erfolgt; wir kommen demnächst darauf zurück.

Weil die wichtigste These lautet, daß jede Organisation in Interaktion mit einem Formfeld steht, werden wir uns zunächst einige »einfache« Phänomene ansehen. Eiweiße sind aus Ketten von Hunderten von Aminosäuren aufgebaut. Das Ganze ist in einer bestimmten Weise zusammengerollt und -gefaltet. Wenn Eiweiße in eine Harnsäurelösung gebracht werden, denaturieren sie, was bedeutet, daß das komplizierte räumliche Muster sich zu einem Faden bzw. einer Kette verändert. Die ursprüngliche Form kann jedoch innerhalb weniger Sekunden wiederhergestellt werden. Das ist schwer zu verstehen. Wie »wissen« die Hunderte von Aminosäuren, wann und wo und wie sie sich zu biegen und zu krümmen haben? Wenn die Neuordnung nach dem Zufallsprinzip geschähe und wenn wir annehmen, daß ein solcher Prozeß sich sehr schnell vollziehen würde, brauchte ein Eiweißmolekül Berechnungen zufolge dafür nicht Sekunden, sondern Milliarden von Jahren. Offenbar funktioniert dieser Prozeß nicht nach dem »trial-and-error«-Prinzip. Es hat den Anschein, daß die Organisation des Eiweißmoleküls irgendwie gegeben oder bekannt ist. Die Anordnung der Teile erfolgt nicht etwa unabhängig voneinander, bis irgendwann die richtige Form erneut entstanden ist.

Sheldrake nennt auch die Kristallisation von Stoffen. Von alters her ist bekannt, daß es bei neuen chemischen Verbindungen häufig schwierig ist, diese kristallisieren zu lassen. In Sheldrakes Gedankengang ist dies begreiflich: Bei einer neuen Verbindung ist noch kaum ein Formfeld vorhanden, das für eine Kristallstruktur sorgen könnte. Die Materie müsse das, in seiner Terminologie, noch »lernen«. Sobald die Kristallisation jedoch zustande gekommen sei (was Monate oder Jahre dauern könne), habe sich auch ein entsprechendes Formfeld gebildet. Die Konsequenz ist, wenn man Sheldrake glauben darf, daß dieser Stoff von da an überall auf der Welt mit Leichtigkeit kristallisiert werden kann. Entsprechende Beispiele sind tatsächlich in dem Handbuch von Holden und Singer (1961) zu finden. Die Implikation von Experimenten dieser Art ist jedoch, daß die Kristallisationsgesetze von den übrigen Gesetzen, denen die Substanz gehorcht, abweichen. Viele Eigenschaften des Stoffs sind nämlich unverändert geblieben. Kristallisation müßte also auf Merkmalen oder Gesetzen beruhen, die sich nicht auf andere Eigenschaften der Substanz bezögen. Dies allerdings ist schwerlich vorstellbar.

Die Interaktion zwischen Formfeldern und Materie sei auch verantwortlich für das Ausheilen von Verletzungen. Ein Organismus sei, sagt Sheldrake, mit einem Formfeld verbunden, welches keinen Schnitt in den Finger enthalte. Die Materie selbst »wisse« nicht, wie eine Wunde zu heilen sei. Das klingt äußerst mysteriös, auch weil sich die Frage erhebt, wie ein Formfeld etwas wissen kann, was die Materie nicht weiß. Dennoch ist nachvollziehbar, daß man bei bestimmten Phänomenen an Eigenresonanz oder etwas Derartiges denkt. Wie ist es möglich, um auf das allgemeine Problem von Inkarnation und Information zurückzukommen, daß vielerlei Merkmale unseres Körpers dieselben bleiben, obwohl dessen Bestandteile (Atome) verschwinden und durch neue ersetzt werden? Wo sitzt »der Programmierer«, und wie hat man sich diesen vorzustellen? Wie weiß die DNA in der einen Zelle, was bei einer Verletzung in einer *benachbarten* Zelle zu geschehen hat? Kurz, wir können Wundheilung *beschreiben,* ohne sie jedoch zu *verstehen.*

Eine wichtige Frage, auf die weder Sheldrake noch mechanistisch denkende Biologen eine Antwort haben, ist, wie Veränderungen in der Natur zustande kommen. Warum bleibt nicht alles beim alten? Warum hat die Materie sich immer komplizierter in lebenden Wesen organisiert? Warum ist das Leben nicht auf der Ebene von Einzellern steckengeblieben?

Vererbung

Sheldrake behauptet, Vererbung beruhe auf der DNA, aber auch und vor allem auf Formresonanz. Überzeugend ist seine Argumentation hier nicht. Daraus, daß es rund um die Vererbung und die DNA-Struktur noch viele Rätsel gibt, folgt nicht, daß es kaum genetische Mechanismen gebe. Außerdem ist der Gedankengang unzusammenhängend. Wenn materielle Organisationen ihre Existenz den Formfeldern verdanken, dann gilt dies auch für die Struktur der DNA, und wenn lediglich Formfelder beim Bau eines Organismus das Sagen haben, brauchen wir keine DNA. Die unverstandene oder falsch verstandene Steuerung durch die DNA bringt Sheldrake dazu, vielerlei Prozesse größtenteils außerhalb des Organismus anzusiedeln, aber das ist keine Lösung.

Vielleicht gibt es eine Alternative. Wie gesagt, können komplizierte Strukturen auf der Anwendung einfacher Regeln beruhen. Die Mandelbrot-Mengen zeigen, daß ein Code plus eine Instruktion zur Selbstwiederholung (*Rekursion*) möglicherweise zur Bildung einer komplizierten Struktur oder eines komplizierten Organismus ausreichen. Man denke an die Beispiele der Schneeflockenkurve und des Farns: Einige wenige Kopien der Grundstruktur reichen aus, die Gestalt des Ganzen zu beschreiben. Vielleicht wissen wir in bestimmter Hinsicht mehr über Genetik, als uns bewußt ist: Der Mechanismus könnte teilweise auf Rekursion beruhen.

Sheldrakes Standpunkt weist eine gewisse Verwandtschaft mit dem von Lamarck auf. Nach Lamarck können die Lebensweise und die Bestrebungen eines Tiers zu dem Entstehen bestimmter Strukturen führen, die anschließend an die Nachkommenschaft weitergegeben werden. Ein »Wunsch« führe gewissermaßen zu einer anatomischen Veränderung: »Es ist nicht so, daß bestimmte Organe eine bestimmte Lebensweise verursachen. Das Umgekehrte ist der Fall: Die Lebensweise eines Organismus, seine Gewohnheiten und die Umgebung haben die Formen, die Organe und die Merkmale der Tiere geschaffen« (in: Wendt, 1970). Nach Sheldrake spielen die Formfelder bei diesem Prozeß eine wichtige Rolle.

Kamele haben Hornhaut auf den Knien, die mit dem Niederknien in Zusammenhang gebracht werden. Kleine Kamele kommen bereits mit dieser Hornhaut zur Welt. Lamarck würde sagen, ein in erster Instanz »angestrebtes« und anschließend erworbenes Merkmal sei weitergegeben worden. Der Darwinist wird entgegenhalten, Kamele mit derartigen Hornhäuten seien ein Produkt natürlicher Auslese. Kamele ohne Hornhaut seien weniger gut angepaßt gewesen und deshalb ausgestorben.

Daß das lamarckianische Denken ins Abseits geriet, wurde vom Untergang des Idealismus verursacht sowie von der Feststellung, daß das DNA-Molekül sehr stabil ist. Es scheint nicht möglich zu sein, daß Erlebnisse oder Bestrebungen eines Organismus sich in die DNA übertragen. Manche Biologen halten das Umgekehrte dagegen für möglich: Bestrebungen eines Organismus (des Menschen) würden von der DNA verursacht. Nach Dawkins (1990) ist ein Lebewesen nicht viel mehr als eine »Fortpflanzungsmaschine« für seine Gene. Wie das vonstatten geht, versteht (ebenfalls) niemand; diese Argumentation ist fast ebenso geheimnisvoll wie die von Sheldrake, und sie ist, was schwerer wiegt, *nicht überprüfbar*.

Weiter müssen wir noch einmal bemerken, daß das Verwerfen des lamarckschen Gedankengangs hauptsächlich auf der Auffassung beruht, die stabile DNA sei der einzige Faktor, der beim Bau eines Organismus und bei Vererbung eine Rolle spiele. Das klingt plausibel, ist jedoch nicht bewiesen (vgl. Jacob). Strenggenommen haben wir es mit einer starken Hypothese zu tun. Experimente auf diesem Gebiet erlauben manchmal zweierlei Auslegungen. Man hat Larven von

Fruchtfliegen in eine derartige Umgebung verbracht, daß abnormale Tiere geboren wurden. Diese gaben ihre Merkmale an die Nachkommenschaft weiter. Paßt diese Beobachtung in den Gedankengang Lamarcks, oder haben wir es mit Mutationen zu tun? Für beide Möglichkeiten lassen sich Argumente anführen.

Sheldrake sagt, auch erworbene Eigenschaften würden irgendwann zu Bestandteilen der Formfelder. Eines seiner Argumente ist das folgende: Die meisten Mutationen in der Natur seien rezessiv. Kopplungen eines rezessiven Gens mit einem »normalen«, dominanten Gen führe in der Regel dazu, daß das rezessive Gen sich nicht manifestiere. Dem Darwinismus zufolge sind Variationen oder Mutationen der Motor und ist die Auslese das Steuerungssystem der Evolution. Mutationen seien die Quelle der notwendigen Artenvielfalt. Die Natur scheint jedoch auch Vielfalt *zu hemmen*. Sheldrake sucht diesen Widerspruch dahingehend aufzuheben, daß er sagt, die nicht-mutierten Gene kämen häufiger vor und seien deshalb an ein stärkeres Formfeld gekoppelt. Wenn eine Mutation dagegen häufig auftrete, werde das entsprechende Formfeld immer stärker, so daß die Mutation schließlich doch noch dominant werden könne.

Instinkte und Lernen

Die Hypothese der Formfelder beschränkt sich nicht auf den Bau und das physiologische Funktionieren eines Organismus. Sie sagt auch etwas über das Verhalten aus. Ein Teil dessen sei instinktiv bestimmt. Tiere kratzten sich festen Mustern zufolge, eine Spinne baue ihr Netz in stereotyper Manier, usw. Oft gleichen Instinkte intelligentem Verhalten. Der Nestbau vieler Vögel zeugt von großem Raffinement. Wie man solches Verhalten und dessen Entwicklung mit der Struktur und der Funktion der DNA in Zusammenhang bringen soll, weiß niemand. Auch hier führt Sheldrake seine Formfelder an. Die Art habe dank eines allmählich entstandenen Verhaltensrepertoires überleben können. Dieses sei in einem Formfeld enthalten und drücke sich in Organismen aus. Welche Argumente sprechen für diese Auffassung?

Das einfachste Phänomen auf dem Gebiet des Lernens ist Habituation (siehe Kapitel 5). Mensch und Tier haben die Neigung, konstante Reize zu vernachlässigen; wir sind an Veränderungen interessiert (Cornsweet, 1970; Verbaten, 1981). Ein Beispiel ist der Rand einer Brille. Der Träger einer solchen Prothese empfindet nach einiger Zeit die Ränder nicht mehr als störend, weil diese immer da sind und immer an der gleichen Stelle. Weiter kennt ein jeder das Phänomen, daß man das Ticken einer Uhr nach einer Weile nicht mehr bemerkt.

Psychophysiologische Forschungen haben gezeigt, daß derartige Reize auf Dauer tatsächlich nicht mehr zum Gehirn vordringen. Wie es dazu kommt, ist genaugenommen unbekannt. Es gibt Hinweise, daß der Organismus bei regelmäßig erfolgenden Reizen quasi Gegenreize produziert, bei einer Uhr also eine Art »Anti-Ticken«, welches das lästige, ständig vorhandene Geräusch dämpft. Diesem Habituationsprozeß ist eine gewisse Trägheit eigen. Wenn die Uhr stehengeblieben ist, hören viele Menschen beim Nachhausekommen »etwas Seltsames«. Dabei könnte es sich um die Wahrnehmung des »Anti-Tickens« handeln, das heißt des noch existierenden Gegensignals. Eine hübsche Anekdote hierzu ist, daß um 11.46 Uhr einmal die Uhr des Big Ben in London den Dienst versagte und genau um 12.00 Uhr ein ganz in der Nähe wohnender Mann aufsprang und rief: »Was war das?«

Die Trägheit von Habituation äußert sich auch in dem folgenden Experiment. Ivo Kohler hat seinerzeit eine Brille gebaut, bei der die linken Gläserhälften blau eingefärbt waren und die rechten Hälften gelb (Dember, 1964). Das ist lästig, weil die Welt jedesmal die Farbe wechselt, sobald sich die Augen in ihren Höhlen bewegen. Nach einiger Zeit stört dies den Träger der Brille aber nicht mehr. Wenn er jedoch anschließend die Montur von der Nase nimmt und gegen eine graue Wand blickt, geschieht etwas Bemerkenswertes: Sobald der Blick nach links gerichtet wird, erscheint die Wand gelb, und sie wird blau, wenn die Versuchsperson nach rechts

300

schaut. Wie läßt sich das erklären? Die Farbwechsel während des Tragens der Brille könnten theoretisch durch irgendwo im Nervensystem produzierte, an die Augenbewegungen gekoppelte Komplementärfarben zu Blau und Gelb aufgehoben worden sein. Nach dem Absetzen der Brille setzt sich dieser Prozeß noch eine Zeitlang fort. Jede Augenbewegung nach links oder rechts ruft dann das korrigierende Signal auf.

Die bei Habituation zutagetretenden Prozesse können als Beispiele von Homöostase betrachtet werden, was besagt, daß zahlreiche Größen wie der Feuchtigkeitshaushalt, die Körpertemperatur und der Säuregrad des Blutes sich innerhalb eines bestimmten Wertebereichs bewegen. Man kann Homöostase auch mit dem »Umschlagen« von Emotionen in Zusammenhang bringen sowie damit, wie ein Organismus bei klassischer Konditionierung Veränderungen in der Umgebung antizipiert.

Habituation und damit verwandte Phänomene führen zu dem Schluß, daß wir es mit komplizierten Prozessen im Nervensystem zu tun haben. Seit langem jedoch ist bekannt, daß Habituation bei sehr vielen Tierarten auftritt, Einzeller ohne Nervensystem eingeschlossen (Jennings, 1906). Razran (1971) beschreibt erfolgreich verlaufene Experimente mit Schwämmen und Protozoa. Für Sheldrake ist der Umstand, daß Habituation kein nennenswertes Nervensystem voraussetzt, Anlaß genug, diese der Aktivität von Formfeldern zuzuschreiben und zu sagen, daß vielerlei Zelltypen oder gar molekulare Strukturen in der Lage seien, mit einem Formfeld in Resonanz zu treten.

Beispiele dieser Art sind jedoch kein Beweis. Außerdem wissen wir nichts darüber, wie ein Formfeld einen Organismus beeinflußt und umgekehrt. Die Argumentation ist die gleiche wie bei der Genetik: Ungelöste Probleme werden außerhalb des Organismus angesiedelt.

Die wichtigste Methode, herauszufinden, ob etwas in einer Theorie steckt oder nicht, ist nochmals, daß man Voraussagen macht und überprüft, ob diese eintreffen oder nicht. Auf chemischem Gebiet haben wir einige faszinierende Beobachtungen genannt. Eine der Vorhersagen lautet, daß Erfahrungen von Tieren das Formfeld der Art verstärken. Dieses Feld fördert das Lernen der Tiere, die anschließend dem Versuch unterworfen werden. Sheldrake nennt ein Experiment Pawlows. Dieser hatte Mäusen beigebracht, zu einem bestimmten Ort zu rennen, sobald ein entsprechender Klang ertönte (an der bewußten Stelle lag Futter). Die erste Generation brauchte 300 Versuche, dies zu lernen, die zweite 100, die dritte 30 und die vierte zehn. Dieses Resultat erlaubt zweierlei Interpretationen. Die eine Möglichkeit ist, daß das Formfeld sich verändert oder – um mit Sheldrake zu sprechen – eine Struktur erhalten hat, aus der spätere Generationen ihren Nutzen ziehen konnten. Die zweite Möglichkeit würde Lamarck recht geben: Das Gelernte ist über genetische Mechanismen übertragen worden.

Sheldrakes Standpunkt ist, wie bereits gesagt, dem von Lamarck zwar verwandt, jedoch nicht mit diesem identisch. In der lamarckschen Tradition denkend, wird Information materiell-genetisch transportiert; nach Sheldrake dagegen geschieht dies über ein Artgenossen miteinander verbindendes Feld. Dieser Streitpunkt ist ganz einfach zu schlichten: Man bringt Tieren irgend etwas Besonderes bei und wiederholt anschließend das Experiment mit anderen, nicht verwandten Artgenossen. Falls diese Tiere schneller lernen als die erste Gruppe, schließt dies die lamarcksche Erklärung aus, und die von Sheldrake bleibt vorläufig übrig.

Hieran erinnernde Versuchsanordnungen sind vor dreißig Jahren von William McDougall (1938) durchgeführt worden. McDougall brachte Ratten bei, einen Tank zu durchschwimmen und diesen durch einen erhellten Ausgang zu verlassen (Schwimmen durch den dunklen Ausgang wurde mit einem Elektroschock bestraft). Die erste Rattengeneration machte durchschnittlich 165 Fehler, die dreizehnte im Durchschnitt nur etwa zwanzig. Diese Beobachtungen brachten McDougall zu dem Schluß, daß Lamarck recht habe. Das Experiment ist mit dem gleichen Resultat von Crew (1936) wiederholt worden. Eine Überprüfung der Sheldrakeschen Theorie macht es jedoch notwendig, das Experiment noch einmal durchzuführen, und zwar mit einer Gruppe nicht miteinander verwandter Ratten.

Auch derartige Experimente hat es gegeben (Agar u. a.,

1954). Die Ergebnisse stimmen mit Sheldrakes Theorie und Vorhersagen überein. Ratten, die nach der ersten Serie dem Experiment unterworfen wurden und dabei keine Verwandtschaft mit ihren Vorläufern hatten, lernten relativ schnell. Somit lautete die Schlußfolgerung der Autoren, die früher beobachteten Phänomene bezüglich der Beschleunigung von Lernprozessen könnten nicht auf einem lamarckianischen Mechanismus beruhen.

Diese Resultate klingen äußerst unwahrscheinlich, aber es gibt sie. Eine Wiederholung der Versuche erscheint angezeigt. Eine ebenfalls noch zu beantwortende wichtige Frage ist die, ob die Lerneffekte auch *generalisierbar* sind. Der Soziobiologe Barash (1980) nennt einige dieser Experimente. Er bemerkt, daß die »schlauen« Tiere bei einer anderen und vergleichbaren Aufgabe gescheitert seien. Wenn hier die Rede vom »Anzüchten« von Intelligenz sein sollte, dürfe dies nicht so sein. Es mache wenig Unterschied, ob eine Ratte durch den einen oder den anderen Irrgarten renne. Dieser Punkt bleibt vorläufig also unentschieden.

Ein anderes mit tierischem Lernen verbundenes Phänomen, das Sheldrake als Indiz für seine Theorie anführt, handelt von Vögeln (wir haben es schon früher im Rahmen kultureller Vererbung erwähnt). Im Jahr 1921 beobachtete man in Southampton, daß Vögel die Deckel von Milchflaschen aufrissen und sich an deren Inhalt gütlich taten. Artgenossen in der Umgebung taten daraufhin das gleiche, was als Imitation interpretiert werden kann. Das Problem ist jedoch, daß diese Vögel sich nie mehr als nur einige Kilometer von ihrem Standort entfernen. Imitation soll angeblich dazu geführt haben, daß das Verhalten sich über das gesamte Land verbreitete. Das erwies sich jedoch als unrichtig. Die Gewohnheit trat unvermittelt in ganz England gleichzeitig zutage. Außerdem gab es dasselbe Phänomen in Schweden, Dänemark und in den Niederlanden. Während des Zweiten Weltkriegs hatten wir in den Niederlanden diese Flaschen nicht. Vor 1940 gab es auch bei uns Vögel, die die Deckel beschädigten. Nach dem Krieg gingen die Vögel sofort wieder daran, die Deckel aufzuziehen, obwohl sie die Flaschen noch nie gesehen hatten (Fisher & Hinde, 1949; Hinde & Fisher, 1951).

Auch hierfür läßt sich jedoch eine Erklärung ersinnen, die nichts mit Sheldrakes Theorie zu tun hat. Die leicht zu öffnenden Flaschen wurden von den Vögeln in verschiedenen Ländern unabhängig voneinander entdeckt, und die Verbreitung dieser Gewohnheit beruht auf kultureller Imitation.

Zusammenfassend läßt sich sagen, daß es zwar einige Beobachtungen gibt, die für Sheldrakes Theorie zu plädieren scheinen, jedoch ist die Zahl solcher Indizien vorläufig noch nicht überwältigend.

Menschen

Auch bei menschlichen Erfahrungen lautet die Vorhersage, daß Lerneffekte einen kumulativen Charakter haben. Dinge, die oft gelernt wurden, müßten von nachfolgenden Generationen rascher aufgefaßt werden können. Als Beispiel wird manchmal das Fahrradfahren genannt, welches Kinder heutzutage in einem Rekordtempo lernen. Ein Gegenargument ist natürlich, daß es heute mehr spezielle Kinderfahrräder gibt als früher. Ernährung und Sport haben außerdem für eine bessere körperliche Kondition gesorgt, und wir haben, durch Erfahrung klug geworden, gelernt, wie wir anderen etwas beibringen müssen. Dasselbe gilt für die besseren Leistungen auf dem Gebiet der Athletik: Diese beruhen auf Ernährung, Training, Auslese, spezieller Kleidung (wie beim Schlittschuhlauf), usw.

Schwieriger stellt sich die Frage beim Erlernen einer Sprache. Kleine Kinder sind imstande, eine Sprache akzentfrei zu lernen. Das Tempo dieses Lernprozesses ist so hoch, daß operantes Lernen oder Imitation den meisten Psychologen und Sprachkundlern zufolge (Behavioristen ausgenommen) hier keine Erklärung bietet. Der Gebrauch der Syntax einer Sprache beruht nach Meinung der Sprachkundler auf einer angeborenen Fähigkeit (*competence* in Chomskys Terminologie) und nicht auf Lernen.

Es gibt Indianersprachen, bei denen bestimmte Klänge unterschiedliche Bedeutung haben, wobei die entsprechenden Klangunterschiede von uns nicht oder so gut wie nicht unterschieden werden können. Das ist zum Beispiel so bei einem Klang, der zwischen g und k liegt. Ingeniöse Versuchsanordnungen haben gezeigt, daß achtmonatige Säuglinge derart subtile Klangunterschiede hören können, daß diese Unterscheidungfähigkeit aber einige Monate später endgültig verlorengeht. Vielleicht ist dies einer der Gründe, weshalb ein Erwachsener eine Fremdsprache in der Regel nicht mehr akzentfrei erlernen kann.

Womöglich gibt es bei kleinen Kindern sowohl eine angeborene Sprachfähigkeit für die Syntax als auch eine sehr gut entwickelte Fähigkeit zur Klangunterscheidung. Auch und vor allem weil die Herkunft derartiger Fähigkeiten in genetisch-mechanistischer Hinsicht unklar ist, verweist Sheldrake wieder auf Formresonanz. Eine sich daraus ergebende, bisher jedoch unüberprüfte Vorhersage könnte beinhalten, daß Englisch als Fremdsprache schneller erlernbar sein müsse als etwa das Rätoromanische, dessen sich lediglich einige zehntausend Menschen bedienen (falls das Rätoromanische nicht bereits von vornherein schwieriger ist). Leider fehlt es an solchen vergleichenden Studium zum Erlernen von Sprachen.

Eine andere, neuere Diskussion, die sich mit Sheldrakes Theorie verbinden läßt, dreht sich um die Ergebnisse von Intelligenztests und um schulische Leistungen. Viele Intelligenztests sind schon seit Jahrzehnten dieselben, und Millionen von Menschen haben einen solchen Test gemacht. So haben sich alle achtzehnjährigen Niederländer seit 1945 anläßlich der militärischen Musterung dem *Raven Progressive Matrixes Test* unterzogen, der in erster Linie gedacht ist, logisches Verständnis zu messen. Dieser Test ist also sehr oft durchgeführt worden. Daneben haben wir in der Schule alles mögliche gelernt. Zu erwarten wäre, daß sowohl der durchschnittliche IQ als auch die durchschnittlichen Schulleistungen im Lauf der Jahre gestiegen sein müßten. Der Durchschnitts-IQ nimmt tatsächlich schon seit Jahrzehnten spektakulär zu, und zwar sowohl in den Niederlanden als auch andernorts (Flynn, 1987). Mit Sheldrakes Worten ist diese Steigerung dadurch verursacht, daß manche Intelligenztests sehr oft durchgeführt wurden, so wie der Ravensche Test in den Niederlanden. Wenn wir jedoch im Sinne seiner Theorie argumentieren, dürfte es bezüglich der entsprechenden Ergebnisse keine Unterschiede in verschiedenen Ländern geben. Getestet werden beinhaltet schließlich, daß das Formfeld des Menschen insgesamt beeinflußt wird und nicht nur das des Niederländers. Es gibt Hinweise, daß dies tatsächlich so ist: Die Ergebnisse des Raven-Tests haben sich in vielen westlichen Ländern im ungefähr gleichen Umfang verbessert, obwohl dieser Test in längst nicht allen Ländern dermaßen häufig durchgeführt wird.

Die Steigerung des Durchschnitts-IQ hat in der Welt der Psychologen große Verwirrung gestiftet. Es gibt keine rechte Erklärung für dieses Phänomen. Man kann lediglich unterstellen, daß in vielen Ländern gleichartige kulturelle und schulische Prozesse verlaufen, die indirekt für diese Steigerung verantwortlich gemacht werden können.

Der zweite Teil der Vorhersage trifft jedoch nicht zu. Die durchschnittlichen Schulleistungen weisen ein launisch abfallendes und ansteigendes Muster auf. Doch läßt sich hierfür möglicherweise eine Erklärung finden. Intelligenztests sind per definitionem standardisiert. Mit dem Schulwesen dagegen verhält es sich anders. Viele Fächer haben sich im Lauf der Jahre drastisch verändert, so unter anderem die Mathematik. Außerdem sind die Beurteilungsnormen einem zeitlichen Wandel unterworfen.

Weil Formfelder sich nach Sheldrake nur dann verstärken, wenn sie sich auf ein und dasselbe beziehen, ließe sich dahingehend argumentieren, daß der IQ steigt und daß die schulischen Leistungen in etwa gleichgeblieben sind. Schulische Leistungen werden manchmal mit dem *Scholastic Aptitude Test* (SAT) gemessen. Dieser Test hat sich im Lauf der Jahre kaum verändert, ganz im Gegensatz zu den in (Grund-)Schulen unterrichteten Fächern und Fertigkeiten. Insgesamt gesehen, lernen Kinder vielleicht mehr unterschiedliche Dinge als früher. Das könnte erklären, weshalb die Ergebnisse der Tests schulischer Fortschritte wie dem SAT sich im Gegensatz zu denen der standardisierten Intelligenztests nicht gesteigert haben.

Dieses Beispiel illustriert nicht nur sehr schön den Gedankengang Sheldrakes, sondern auch eine große Schwierigkeit desselben, ganz abgesehen davon, daß er Gesetze aus der Materie »auslagert«: Die Formfelder werden in jeweils sehr spezifischer Weise definiert. Beim Kristallisieren von Stoffen unterscheidet Sheldrake zwischen den die Kristalle beherrschenden Gesetzen und anderen Gesetzen, welchen der fragliche Stoff gehorcht. Wenn wir der Kritik Barashs glauben dürfen, liegt eine ähnliche Spaltung vor, wenn es um das Erlernen unterschiedlicher Kunststückchen durch Ratten geht. Es ist nicht besonders fruchtbar, für jedes Kunststück eine gesonderte »Lernfähigkeit« zu postulieren.

Bei der Diskussion über den IQ und schulische Leistungen tritt dieses Problem noch klarer hervor. Der IQ ist ein Maß für die »Problemlösungsfähigkeit«, doch das sind schulische Leistungen ebenfalls. Wie kann das eine das Formfeld beeinflussen und das andere nicht? Entsprechend muß das menschliche Verhalten im Zusammenhang mit möglicherweise Millionen von Formfeldern gesehen werden, was das Ganze nicht klarer und übersichtlicher macht. Die alte Regel des Willem van Occam, daß man »die Seinen nicht ohne Notwendigkeit vermehren« solle, scheint hier ganz buchstäblich am Platze.

Sheldrake beschreibt eine Reihe von seine Theorie angeblich untermauernden Versuchen mit Menschen. Ein Teil dieser Versuche wurde anläßlich von Wettbewerben durchgeführt, die wissenschaftliche und populärwissenschaftliche Zeitschriften ausgeschrieben hatten. Einige Beispiele:

Wörter: Ein relevantes Experiment, das Sheldrake nicht nennt und das vor langer Zeit durchgeführt wurde (Brown, Black & Horowitz, 1955), beinhaltete folgendes: Amerikanischen Versuchspersonen wurden Wortpaare wie scharf-stumpf, hell-dunkel, weich-hart und ähnliches gezeigt. Hinter jedem Paar stand in phonetischer Schrift, wie diese Wörter in Sprachen auszusprechen waren, die die Versuchspersonen nicht kannten. Sie wurden gebeten, zu raten, was unter anderem im Hindi und im Chinesischen weich und hart sei. Das Ergebnis lag über der Zufallserwartung. Für dieses Resultat läßt sich jedoch eine Erklärung ersinnen, die nichts mit Formfeldern zu tun hat. Kleine Kinder ahmen sprachlich oft Geräusche nach. Ein Hund heißt dann nicht Hund, sondern Wauwau oder ähnlich. Man denke auch an Wörter wie tschilpen, Kuckuck und kichern. Man nennt diese Lautmalereien *onomatopoetische* Wörter. Es ist möglich, daß Wortklängen, die mit Gegensätzen wie scharf-stumpf und hell-dunkel zu tun haben, ein gewisser assoziativer Wert eigen ist. Wörter, die »scharf« bedeuten, haben oft auch scharfe Klänge. In dem Wort »Reibung« steckt ein r. Das ist auch in anderen Sprachen so (*wrijving, friction, frottement*), und ebenso haben die Wörter mit der Bedeutung »hell« oft helle, die mit der Bedeutung »dunkel« dagegen vielfach dunkle Vokale (hell-dunkel, licht-donker, light-dark, clair-obscur), usw.

G. Schwartz (Yale University) wählte aus dem Alten Testament eine Reihe hebräischer Wörter mit drei Buchstaben aus. Davon kamen manche Wörter häufig vor und andere nicht. Außerdem wurden die Buchstaben eines jeden Wortes derart durcheinandergebracht, daß sich neben den echten Wörtern auch Pseudo-Wörter ergaben. Alle Wörter wurden in zufälliger Reihenfolge auf eine Leinwand projiziert. Man bat daraufhin Versuchspersonen, die Bedeutung eines jeden Wortes zu raten und zugleich von Fall zu Fall anzugeben, wie sicher sie sich ihrer Sache dabei waren. Manche Menschen rieten eine Reihe von Bedeutungen richtig. Es war also nicht mit Sicherheit auszuschließen, daß sie etwas Hebräisch konnten. Ihre Antworten wurden deshalb nicht mitberücksichtigt. Die »unwissenden« Versuchspersonen waren sich bei den echten Wörtern ihres (ganz und gar unrichtigen) Urteils viel sicherer als bei den Nonsens-Wörtern. Es hat also den Anschein, daß ein »echtes« Wort irgendwie eine stärkere Reaktion hervorruft als ein Nonsens-Begriff. Diese Beobachtung steht zumindest nicht im Widerspruch zu Sheldrakes Theorie. (Eine alternative Erkärung ist, daß tatsächlich existierende Wörter leichter auszusprechen sind.)

Weiter benutzte ein englischer Psychologe (A. Pickering, Hatfield Polytechnic) in der Originalschreibweise geschriebene persische Wörter sowie durcheinandergebrachte Begriffe in derselben Schrift. Seinen Probanden zeigte er alle Wörter jeweils zehn Sekunden lang. Daraufhin mußten die Wörter nachgezeichnet werden. Wie sich zeigte, gelang dies bei den echten Wörtern viel besser. Die statistische Wahrscheinlichkeit, daß dieser Unterschied dem Zufall zuzuschreiben war, lag bei 1:10.000.

Reime: Ein japanischer Dichter stellte drei Reime zur Verfügung, und zwar ein bekanntes kleines Schlaflied und zwei selbst verfaßte, dem Schlaflied ähnliche Reime. Die Voraussage war, daß das »echte« Schlaflied leichter zu erlernen sei. Dies wurde jeweils beim Singen und Lesen der Reime untersucht. Gesungen wurde das echte Liedchen von 62 Prozent der Nicht-Japaner als das am leichtesten zu erlernende Verslein erfahren. Dem Zufall entsprechend hätte man lediglich 33 Prozent erwarten können, denn allen waren sämtliche drei Reime vorgelegt worden. In geschriebener Form empfanden 52 Prozent das Schlaflied als relativ leicht erlernbar. Auch dieser Prozentsatz liegt weit über der zu erwartenden Wahrscheinlichkeit.

Morsezeichen: Der Morsecode hat eine ziemlich willkürliche Struktur und ist dabei von Hunderttausenden von Telegraphenbeamten und Funkern erlernt worden. Der amerikanische Psychologe A. Mahlberg hat Menschen diesen Code erlernen lassen und dazu einen niemals benutzten Zeichencode. Morsezeichen wurden schneller erlernt, was Sheldrakes Theorie entspricht.

Typen: Seit Jahr und Tag wird in fast allen Ländern auf Schreibmaschinen (und gegenwärtig auch auf PCs) die QWERTY-Tastatur verwandt. Millionen von Menschen haben auf diese Weise Maschinenschreiben gelernt. Weil die traditionelle Tastatur kein Resultat einer psychologischen Theorie oder eines tiefen Nachdenkens über solche Zusammenhänge darstellt, können Leistungen von Anfängern beispielsweise mit denen auf einer ABCDE-Tastatur verglichen werden oder einer Tastatur mit einer zufälligen Buchstabenkonfiguration. Es gibt Hinweise, daß QWERTY tatsächlich leichter zu erlernen ist (Hirsch, 1970; Michaels, 1971; Nicolson & Gardner, 1985; Norman & Fisher, 1982).

Eine vorsichtige Schlußfolgerung: Auf psychologischem Gebiet scheint es einige Hinweise zu geben, die für Sheldrakes Gedankengang sprechen oder diesem jedenfalls nicht widersprechen oder die sich nicht anderweitig erklären lassen, doch *verstehen* ist etwas anderes. Das wissenschaftsphilosophisch Wertvolle an dieser Theorie ist, daß man viele Aspekte durch Experimente überprüfen kann. Vorläufig geschieht dies nur in geringem Umfang, vielleicht weil man die Theorie für so unwahrscheinlich hält. Sie paßt tatsächlich nicht in unser biologisch-psychologisches Weltbild (siehe die Erörterung der Basismetaphern in Kapitel 1).

Erinnerung

Die Fähigkeit, Erfahrungen festzulegen und wieder aufzurufen, ist wesentlich. Ohne Gedächtnis sind wir niemand. Wir wissen dann nicht, wer wir sind, wo wir sind, wie alt wir sind, wer jemand anderes ist, wo unser Haus steht, usw. Einige Merkmale des Gedächtnisses sind folgende (siehe z. B. Baddeley, 1979; Raaijmakers, 1984), wobei man zwei Einteilungen nebeneinander verwendet: Kurzzeitgedächtnis bzw. Langzeitgedächtnis sowie ein Episodengedächtnis gegenüber einem semantischen Gedächtnis. Das Kurzzeitgedächtnis kann eine begrenzte Menge (sinnloser) Informationen einige Sekunden lang festhalten (etwa Telefonnummern). Das semantische Gedächtnis enthält Bedeutungen, das episodische Gedächtnis hat hauptsächlich mit dem Behalten von Ereignissen zu tun. Die Wahrscheinlichkeit, daß wir etwas vergessen, hängt stark davon ab, ob die entsprechende Information mit anderer Information verwoben ist oder nicht. Wenn das der Fall ist, und dabei spielt die Sprache eine wichtige Rolle, ist das Gedächtnis relativ gut. Das meiste, das wir erfahren, entspricht früheren Erfahrungen und gelangt dadurch leicht in das Langzeitgedächtnis, in dem es für unbestimmte Zeit aufbewahrt wird. Die Kapazität dieses Gedächtnisses ist nicht bekannt.

Die Fähigkeit, etwas wiederzuerkennen, ist viel besser entwickelt als die Fähigkeit, Information zu reproduzieren. Man hat Versuchspersonen in kurzer Zeit Tausende Dias von Landschaften und Objekten gezeigt. Wenn die Versuchsperson nach einigen Tagen gebeten wird, möglichst viele dieser Dias zu nennen oder zu zeichnen, kommt dabei nur ein geringer Prozentsatz heraus. Die Dias wiederzuerkennen gelingt jedoch fast vollständig. Eine Variante dessen im täglichen Leben ist unsere verblüffende Fähigkeit, Gesichter wiederzuerkennen. Obwohl Gesichter viel mehr Gemeinsamkeiten als Unterschiede haben, kostet es uns keine Mühe, Hunderte von Gesichtern (aus unserem Kulturkreis) auseinanderzuhalten, was eine enorme Leistung auf dem Gebiet des Wiedererkennens darstellt.

Die Erinnerungsfähigkeit wird wahrscheinlich nicht so sehr von der Existenz von »Spuren« bestimmt; es geht vielmehr darum, ob wir imstande sind, die Information zu finden. Die Suchprozesse folgen interessanten Gesetzmäßigkeiten. Was an einem bestimmten Ort gelernt wurde, wird an ebendiesem Ort auch am besten reproduziert. Das ist möglicherweise ein Hintergrund von Blackouts in Prüfungssälen. Im täglichen Leben kennen wir dieses Phänomen ebenfalls. Oft fällt es uns schwer, jemanden auf der Straße »richtig unterzubringen«, wenn wir die fragliche Person immer in einer anderen Umgebung gesehen haben. Sie kommt uns dann lediglich bekannt vor, und es kostet Zeit und Mühe, bis wir uns klar werden, wer »das auch wieder war«. Ähnlich verhält es sich beim Gebrauch von Fremdsprachen: Mancher Urlauber sorgt sich zu Hause um die schlechte Qualität seiner Englisch- oder Französischkenntnisse, um vor Ort festzustellen, daß er doch noch sehr viele Wörter und Ausdrücke kennt.

Ein weiterer wesentlicher Faktor bei der Erinnerung ist der physiologische Zustand einer Person. Man hat Menschen im halbtrunkenen Zustand Vokabelreihen lernen lassen. In nüchternem Zustand waren ihre Gedächtnisleistungen erwartungsgemäß schlecht, doch änderte sich das, nachdem die Versuchspersonen einige Schnäpse zu sich genommen hatten. Schließlich ist die Stimmung und alles damit Zusammenhängende wichtig. Global läßt sich sagen, daß das in einer bestimmten Stimmung Gelernte auch in dieser Stimmungslage am besten reproduziert wird. Menschen, die etwas in einer fröhlichen Verfassung lernen, können das Gelernte am einfachsten wiederfinden, wenn sie erneut in einer angenehmen Laune sind.

Auch die Rekonstruktion der Vergangenheit wird von der Stimmung mitbeeinflußt. Wer fröhlich ist und seine Lebensgeschichte erzählt, wird unbewußt entsprechend selektieren und vor allem interpretieren, daß eine relativ muntere Geschichte dabei herauskommt. Wer dagegen verzweifelter und düsterer Stimmung ist, entwirft eine traurige Geschichte. Dieser Mechanismus wird viel zu wenig beachtet. So ist behauptet worden, Krebspatienten hätten eine unglückliche Jugend gehabt, die die Krankheit mitverursacht habe. Das ist wahrscheinlich unrichtig. Die Diagnose »Krebs« versetzt den Patienten in eine düstere Stimmung, was zur Folge hat, daß er Kummer und Leid aus seiner Vergangenheit selektiert bzw. Ereignisse in diesem Sinn interpretiert.

Es ist nicht undenkbar, daß eine derartige Form der Gedächtnisfälschung und des Selbstbetrugs auch eine Rolle bei sexueller Gewalt und unerwünschten Intimitäten spielt. Manchen Forscherinnen zufolge müßten fast alle Frauen in unserem Land sich in erotisch-affektiver Hinsicht unwohl fühlen. Weiterhin soll sich herausgestellt haben, daß ungefähr zwei Drittel der Frauen irgendwann einmal mit »unerwünschten sexuellen Handlungen« konfrontiert worden sind. Die Frage ist, ob das stimmt. Wenn jemand eine gute Beziehung hat, denkt er mit Freude an die Zärtlichkeit eines Elternteils oder damaliger Bekannter zurück. Bei einer schlechten Beziehung ist es denkbar, daß Zärtlichkeit als unerwünschte Form des Kontakts erinnert und interpretiert wird, analog zu der gewissermaßen unerwünschten und schlechten Beziehung mit dem gegenwärtigen Partner.

Der Umstand, daß Erinnern oft Rekonstruieren bedeutet und daß Vergessen oft auf erfolglosen Suchprozessen beruht, paßt nicht oder nicht so recht in die Spurentheorie. Es kommen aber noch weitere Einwände hinzu. Eine Spur muß schließlich gelesen werden. Wie verläuft dieser Prozeß? Ist dies die Aufgabe einer Person in der Person? Man nennt dies auch das Problem des Homunculus (Menschleins) in psychologischen Theorien. Selbstverständlich kann ein Homunculus nicht zulässig sein, setzt er doch genau das voraus, was es zu erklären gilt.

Seit den sechziger Jahren wird auch der Computer als Metapher zur Beschreibung und Untersuchung des menschlichen Geistes herangezogen. Die Nervenzellen bilden demnach die Hardware, und psychische Prozesse seien als die Software oder die Programme zu betrachten (siehe Smolensky, 1988). Auch bei Computern ergibt sich oft das Problem, daß Information im Speicher vorhanden ist, jedoch nicht aufgespürt werden kann. Mit einem solchen Computermodell lassen sich manche Gedächtniseffekte zwar einigermaßen gut beschreiben, erklären jedoch ist etwas anderes. Noch immer ist nicht bekannt, wie das Gedächtnis funktioniert. Die Zahl der Gedächtnismetaphern in der Psychologie, Resonanz eingeschlossen, ist sehr groß (Roediger, 1980). Außerdem werden Metaphern innerhalb der allgemeinen Verwirrung manchmal auch auf unverständliche Weise miteinander vermischt. So spricht eine Einzelstimme vom »Löschen des Speichers« (siehe Duijker & Vroon, 1981).

Sheldrake meint folgendes zum Gedächtnis: Der gebräuchliche Gedankengang sei vergleichbar mit dem, was durchweg von der Beziehung zwischen Genen und Vererbung gesagt wird: Das Gedächtnis befindet sich irgendwie im Gehirn.

Viele Experimente über das Vorhandensein von Gedächtnisspuren im Gehirn sind von dem Psychologen Lashley (1950) durchgeführt worden. Er brachte Ratten und Affen alles mögliche bei und beschädigte anschließend ihren Cortex. Das Ergebnis war, daß die Lernleistungen mit der Menge beschädigten Gewebes abnahmen. Das Gedächtnis schien sich demnach überall und nirgends zu befinden. Offenbar ist die Spurenhypothese eine zu einfache Darstellung der Dinge. Der Begriff »Spur« beinhaltet schließlich eine ortsgebundene Speicherung und damit auch, daß das Unterbrechen einer Spur Konsequenzen für das Gedächtnis haben müßte. Lashely selbst sagt hierzu folgendes: »Ich meine, daß Gedächtnisverlust durch Hirnschädigungen selten oder nie von der Zerstörung spezifischer Gedächtnisspuren verursacht wird.«

Wenn von einer Gedächtnisspur nicht die Spur zu finden

ist, wie werden Informationen dann gelagert und wiedergefunden? Das ist nicht bekannt; man weiß lediglich, daß beim Menschen die Beschädigung eines bestimmten Teils der Hinrinde (des Hippocampus) Konsequenzen für das Gedächtnis hat sowie für die Möglichkeit, neue Erfahrungen festzuhalten. Ein weiteres Problem der Spurentheorie ist, daß das Material oder die Grundsubstanz des Gehirns immer wieder ersetzt wird. Auch in diesem Zusammenhang stellt sich die Frage, wie eine Konstanz der Information sich mit wechselnder Inkarnation vereinbaren läßt.

Betrachten wir dieses Problem einmal genauer. Es ist verständlich, wird man sagen, daß ein Organ wie das Herz oder die Leber trotz des Umstandes weiterfunktionieren, daß die Zellen ständig ausgetauscht werden. Die DNA sorge dafür, daß die mit dem Funktionieren verbundenen »Codes« erhalten blieben. Dieses Argument läßt sich jedoch nicht recht verwenden, wenn es um die Beziehung zwischen Gedächtnis und Gehirn geht. Auf molekularer Ebene werden die Hirnzellen genausogut abgebaut und erneuert wie alle anderen Zellen des Körpers. Im Gegensatz zu früher meint man jedoch, daß die Gehirnzellen manchmal auch gänzlich erneuert werden. Das wirft ein Problem auf: Einerseits bleiben Erfahrungen bestehen. Andererseits können Erfahrungen keinen Einfluß auf die DNA ausüben und somit auch nicht auf die »Erneuerung« des Gehirns.

Hieraus folgt nicht, daß Gehirn und Erfahrung nichts miteinander zu tun hätten. Ratten, die in einer »reichen« visuellen Umgebung aufwachsen, haben nach einiger Zeit schwerere Gehirne als verwahrloste Artgenossen. Dies ist jedoch kein Beweis dafür, daß das Gedächtnis im Gehirn anzusiedeln ist. Ein bestimmter Lernprozeß führte laut Sheldrake bei Küken dazu, daß ein kleiner Teil ihres Gehirns schnell anwuchs. Die Entfernung dieses Teils hatte jedoch nicht zur Folge, daß die Tiere das Gelernte vergaßen. Das Wissen »befand sich« offenbar nicht in dem speziell zu dieser Gelegenheit angewachsenen Teil des Gehirns.

Sheldrake meint also, das Gedächtnis sei in erster Linie in den Formfeldern anzusiedeln. Unsere Erfahrungen seien dem allgemeinen Formfeld der menschlichen Art hinzugefügt

worden. Zugleich beeinflußten sie auch das spezifische Formfeld, mit dem jedes Individuum verbunden sei. Auf diese Weise versucht Sheldrake, die Gedächtnisspurentheorie zu umgehen und bestimmte Phänomene zu erklären. So ist bekannt,
daß das Gedächtnis nach weitgehenden Hirnschädigungen
manchmal wieder zurückkehrt. Aus Sheldrakes Sicht handelt
es sich hierbei um Resonanz mit noch vorhandenen Zellen.
Bei weitgehender Hirnschädigung sei das nicht mehr möglich
und sei die Erfahrung (für die fragliche Person) verloren oder
zumindest nicht mehr abrufbar. Der Unterschied zwischen
dieser Meinung und den »anerkannten« Vorstellungen ist
bloß graduell und nicht prinzipiell. Psychologen schrecken
nicht davor zurück, das Gedächtnis etwa als ein Gefüge holo-
graphischer Platten zu umschreiben. Wie man das Gehirn mit
einem Hologramm vergleichen kann, bleibt jedoch ebenfalls
ein Rätsel.

Gibt es kollektive Erinnerungen?

Sheldrake umschreibt das Gedächtnis als Resonanz mit Erfahrungen (im Formfeld) seiner selbst, aber auch mit dem der
menschlichen Art. Ein jeder stünde in Beziehung mit dem die
Merkmale der Art enthaltenden Formfeld. Wir besäßen allesamt einen Kopf, zwei Arme, zwei Beine usw., und auch psychisch hätten Menschen vieles gemeinsam. Wenn es aber
»psychische Verbindungen« zwischen allen Menschen gibt,
wieso wird man dann nicht andauernd von Gedanken anderer
belästigt? Sheldrake meint, ebendies sei der Fall, aber er liefert
keinerlei Beweise. Statt dessen nennt er paranormale Phänomene. Mit Beispielen aus dieser Disziplin ist man jedoch
schlecht beraten: Der Stand der Dinge in der Parapsychologie
ist mangels reproduzierbarer Phänomene international gesehen katastrophal. Die relative Unkontrollierbarkeit des Ge-
dankenlebens kann eine derartige Vorstellung jedoch als naheliegend erscheinen lassen.
»Zufall gibt Gedanken, und Zufall nimmt sie wieder fort;

keine Kunst ist imstande, sie festzuhalten oder zum Verschwinden zu bringen«, sagt Pascal. Jeder kennt das Phänomen, daß in einem Zustand des Grübelns oder der Halbkonzentration vielerlei Dinge in uns aufkommen. Oft fällt uns auch alles Mögliche ein, womit wir nichts anzufangen wissen. Wir sagen, dies seien unsere Gedanken, aber ob das stimmt, läßt sich nicht klären. Der Jungsche Begriff »kollektives Unbewußtes« kann hiermit in Zusammenhang gebracht werden. Vergleiche haben gezeigt, daß die Menschheit allgemeine Symbole kennt, die häufig in Zeichnungen, Malereien und Mythen der unterschiedlichsten Kulturen vorkommen. Womöglich könnte es sich hier um einen Niederschlag »intelligenten Verhaltens» handeln, das sich in jedem Menschen befindet.

Hypnotische Regression schließlich soll nach Sheldrakes Meinung ebenfalls ein Anknüpfungspunkt sein. Das ist Unsinn. Viele Experimente der letzten Jahre haben gezeigt, daß es »frühere Leben«, die sich unter Hypnose offenbarten, nicht gegeben hat. Wenn man jemanden viele Male während derartiger »Regressionen« Geschichten erzählen läßt, kann festgestellt werden, daß die Leben sich häufig überlappen: Jemand hat unter Hypnose beispielsweise von 1780 bis 1840 sowie von 1835 bis 1890 gelebt.

Gänzlich neu ist dies alles übrigens nicht. Ein anderer Autor mit einer Theorie über »kollektive Erinnerungen« ist Butler (1878). Seiner Meinung nach ist der Mensch nicht nur physisch, sondern auch psychisch wandelnde Geschichte. Wenn wir in und mit uns selbst im Streit oder Zweifel lägen, sprächen unsere Ahnen in uns fast buchstäblich zu uns und gäben uns (widersprüchlichen) Rat. Unsere psychische Konstellation sei zum Teil eine Summe der Persönlichkeiten und Erfahrungen unserer Ahnen:

»Seine vergangenen Persönlichkeiten leben in diesem Augenblick mit dem angesammelten Leben von Jahrhunderten in ihm. Tu dies, dies, dies, was wir auch getan und worin wir unseren Nutzen gefunden haben, schreien die Seelen der Ahnen in seinem Innern. (...) Laß ab, schreien einige. Fahre mutig fort, schreien andere. Hierher, zu mir, mir, mir wende dich *wieder, mein Nachkomme (...) Nein, zu mir, mir, mir, hallt das Echo eines anderen, und unsere früheren Persönlichkeiten kämpfen in unserem Innern und streiten um unseren Besitz.«*

Nach Butlers lamarckianischer Theorie ist unser »Wille« wenig mehr als das »fiat« der Geschichte des Individuums und der Art.

Augustinus umschreibt in seinen *Confessiones* das Gedächtnis als »Grotten und Höhlen ohne Zahl, ich fliege hierhin und dorthin, doch niemals gibt es ein Ende«. Diese Betrachtung gibt den Stand der Dinge in der Gedächtnispsychologie insofern gut wieder, als wir auf die meisten Fragen keine Antwort haben. Das gilt auch und vor allem für die elementare Frage, wie Gedächtnis und Gehirn sich zueinander verhalten (die Aussage, daß man, um ein Gedächtnis zu haben, im Besitz eines Gehirns sein müsse, ist kaum als informativ zu bezeichnen). Sheldrakes Ansicht, daß Gedächtnis und Gehirn so gut wie nichts miteinander zu tun hätten und daß Erinnerung Selbstresonanz sei, ist jedoch keine fruchtbare Alternative. Ein Mysterium wird nicht dadurch erhellt, daß man es durch ein anderes Mysterium ersetzt.

Ein Indiz für seine Theorie könnte allerdings sein, daß manche Lernprozesse beim Menschen offenbar bis zu einem gewissen Grad unbewußt und unbezweckt auf andere übertragen werden (siehe die genannten Beispiele). Es gibt jedoch keinen Grund zu sagen, daß hier eine Beeinflussung von Person zu Person vorliegt. Aus dem Umstand, daß ich nicht weiß, wo meine Gedanken und Erinnerungen herrühren, folgt nicht, daß sie von anderen Menschen abstammen.

Vogel- und Fischschwärme

Auf der Suche nach unverstandenen Phänomenen kann man auch bei Tieren vielfach fündig werden. Man hat rätselhafte Phänomene bei großen Tiergruppen wie Insekten (Ameisen, Bienen), Vögeln und Fischen beobachtet. Es gibt ein Konglomerat von Lebewesen, das *Nanomia Cara* genannt wird.

Hierbei handelt es sich um eine große Zahl verschiedener sich aneinander festklammernder Tierchen. Nicht die Individuen bewegen sich eigentlich, sondern die gesamte Kolonie zieht umher und führt komplizierte Bewegungen aus. Die Tiere gehören unterschiedlichen Arten an und erfüllen unterschiedliche Aufgaben. Manche sind für das Fangen von Beute abgestellt, andere beschützen die Kolonie, usw. Bei derartigen Kolonien geht es um viel mehr als lediglich um Symbiose. Der Unterschied zwischen einem Organismus und einer Gesellschaft hat sich verwischt. Die Organisation kann als ein großer Organismus betrachtet werden oder umgekehrt. Auf welche Weise dieses Konglomerat funktioniert, ist unbekannt. Ein mehr oder weniger verwandtes Beispiel sind Termiten, die gemeinschaftlich kleine Pfähle errichten und diese anschließend zu einem Torbogen zusammenbiegen. Das könnte man noch hingehen lassen, aber diese Tiere sind blind. Niemand versteht, wie sie das fertigbringen.

Auf der Grenze zwischen Tierindividuen und einer Gesellschaft liegen Vogel- und Fischschwärme. Vogelschwärme steigen auf, die Vogelmassen fliegen in eine Richtung, wobei die Tiere einander nicht berühren. Bei Fischen kann ein Schwarm auf bis zu mehrere Millionen Exemplare anwachsen. Bemerkenswert hierbei ist das Phänomen *flash expansion*. Wird der Schwarm bedroht, »explodiert« er gewissermaßen: Die Fische bewegen sich rasend schnell vom Mittelpunkt des Schwarms fort. Die sich schnell bewegenden Fische berühren sich während der »Explosion« niemals. Die Sehfähigkeit von Fischen kann dieses Verhalten nicht erklären. Dieselben Phänomene treten auch im Dunkeln auf und bei Fischen, deren Augen abgedeckt wurden. Manchmal beansprucht dieser Prozeß nicht mehr als eine Fünfzigstelsekunde. Ebensowenig läßt sich das Verhalten solcher Schwärme auf Grund der Reaktionszeit verstehen. Bei Vogelschwärmen hat man ausgerechnet, daß die Informationsübertragung bei einer Richtungsänderung um die fünfzehn Millisekunden beträgt. Im Labor ist festgestellt worden, daß die Reaktionszeit der fraglichen Vögel niemals weniger als 40 Millisekunden beträgt.

Auch weil eine mechanistische Erklärung fehlt (eine Möglichkeit wäre vielleicht eine Art Radar), unterstellt Sheldrake, daß das Verhalten von Tieransammlungen auf einem Form-feld beruht, das die gesamte Kolonie oder den gesamten Schwarm angeblich beherrscht. Er betrachtet Tieransammlungen als »Superorganismen« mit einem eigenen Formfeld. Wir haben gesehen, daß Sheldrake wiederholt so verfährt: Sobald ein Phänomen vom heutigen Stand der Dinge aus unverständlich ist, verweist er auf Formfelder. Wie diese Formfelder funktionieren, wissen wir jedoch ebensowenig.

Sheldrakes Argumentationsweise widerspricht noch aus einem weiteren Grund gängigen Vorstellungen, jedenfalls in bestimmter Hinsicht. Wir sind es gewohnt, tierisches Verhalten vom Individuum ausgehend zu erklären. Häufig ist das die »Analyseeinheit«. Sobald Phänomene auftreten, die sich auf eine Ansammlung von Tieren (oder Menschen) beziehen, führt Sheldrake eine neue Organisationsebene ein; er unternimmt keinen Versuch, das Verhalten des Kollektivs von der individuellen Ebene aus zu begründen. Das gilt für jede Organisationsebene. Diese Arbeitsweise ist in der Wissenschaft jedoch nicht prinzipiell exotisch oder unbekannt. Beim Menschen sind wir daran gewöhnt: Ein Soziologe spricht von menschlichem Verhalten nicht nur anhand von Gesetzen auf individueller Ebene. Die Gesellschaft betrachtet er von einer eigenen Analyseebene ausgehend. Strenggenommen tut Sheldrake das gleiche mit diesen im Grenzbereich zwischen Individuum und Gruppe liegenden Phänomenen aus der Tierwelt.

Gesellschaften

Von Franz (1985) hat eine mit dieser Denkweise verwandte Darstellung gegeben, wie man sich eine Gesellschaft vorstellen könnte (Abbildung 12). Die mit A korrespondierenden Zahnräder symbolisieren individuelle psychische Prozesse, B steht für das persönliche Unbewußte, C für Gruppenmerkmale, D symbolisiert Regeln und Strukturen in der Gesellschaft, und E ist ein alle Menschen verbindender Bereich. Diese Vorstellung ist mit einer Uhr zu vergleichen: Über A (eine Person) kann die Maschine in Bewegung versetzt werden. Andererseits kann man mit einer Drehung von E eine Beeinflussung auf individueller Ebene symbolisieren.

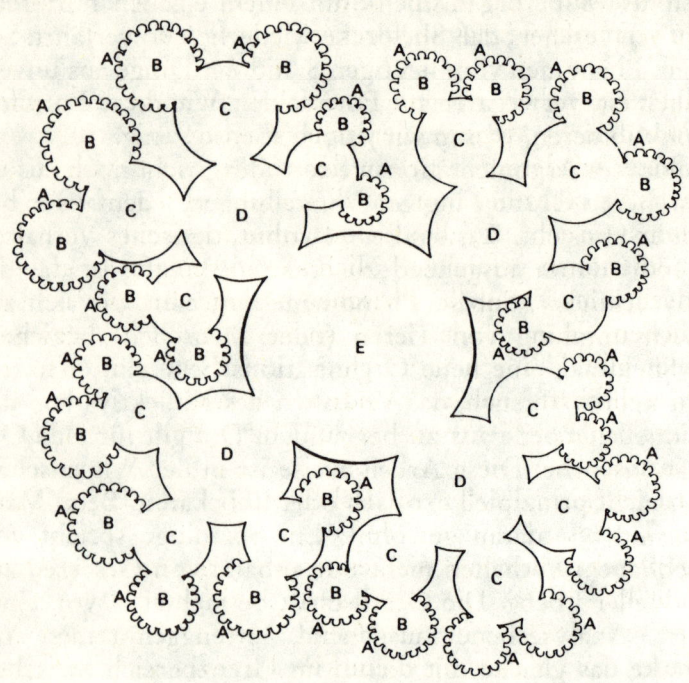

Abbildung 12: Die Gesellschaft als Uhr.

Diese Darstellung der Dinge stimmt überein mit dem Umstand, daß wir häufig Parallelen zwischen verschiedenen Organisationsebenen ziehen, wie etwa der Gesellschaft und dem Körper. Wir sprechen vom Arm des Gesetzes, dem Haupt des Staates, der kranken Ökonomie. Das Volk habe einen Willen (sagen Politiker, wenn es gerade opportun ist), eine bestimmte Gruppe wird als Krebsgeschwür bezeichnet, und Kirche und Gläubige sind Leib und Glieder Christi. Wie der Organismus als Ganzes funktioniert, wobei die Organe im Dienst der Interessen dieses Ganzen stehen, so scheinen Menschen in einer Gesellschaft aufzugehen (oder aufgehen zu wollen), die ihre eigenen Regeln kennt. Menschen kleben zwar nicht wie *Na-*

320

nomia Cara direkt physisch aneinander, doch was das Verhalten angeht, funktionieren sie oft nicht anders. Wir tun das, wovon die Gruppe sagt, es müsse getan werden; wir bejubeln kollektiv unsere Sportidole und trampeln uns in Augenblicken vernunftloser Panik gegenseitig zu Tode.

Schon früher haben wir einige Bemerkungen zu Fraktalen und Mandelbrot-Mengen gemacht. Bestimmte Strukturen und Muster wiederholen sich in der belebten und unbelebten Natur. Es ist nicht bekannt, ob dies auch auf der Ebene von Verhaltensweisen der Fall ist, und außerdem sind Analogie-Argumentationen gefährlich. Nichtsdestoweniger ist es verführerisch, nach Parallelen zwischen biologischen und gesellschaftlichen Phänomenen zu suchen. Daß es gewisse Parallelen gibt, läßt sich natürlich erwarten. Die Strukturen in einer Gesellschaft sind durch Individuen aufgebaut. Diese legen manche ihrer Merkmale bewußt oder unbewußt in ihre Organisation.

Sozial gesehen gleichen Menschen unter bestimmten Umständen Tieransammlungen wie Vogel- oder Fischschwärmen. Panik entsteht innerhalb kürzester Zeit und befällt nahezu ausschließlich jeden. In der klassischen Massenpsychologie behauptete Gustav le Bon, eine Menge bestehe nicht mehr aus Individuen. Die Menge habe ein kollektives Bewußtsein und ein gemeinsames Ziel, vergleichbar mit einem Schwarm von Fischen.

Abgesehen von derartigen Formen der Kollektivierung betrachtet jeder Mensch sich als Mitglied einer oder mehrerer Gruppen und verhält sich nach deren Regeln. Gruppen stellen eine eigene Organisationsebene dar, die eigenen Gesetzen gehorcht. Die Beziehung zwischen einem Organ und dem dazugehörigen Organismus scheint sich teilweise auf die soziale Ebene zu übertragen. Die Gruppe ist sozusagen der Organismus, das Individuum ein Organ.

Daß die Funktionsweise eines Organismus und der Aufbau einer Gesellschaft sich ein wenig ähneln, könnte sich auch aus der Anziehungskraft ergeben, die Ideologien auf viele Menschen ausüben. Das Interesse des Individuums ist dem des Ganzen untergeordnet (»Du bist nichts, dein Volk ist alles«).

Politische Linke und Rechte sind in dieser Hinsicht vergleichbar: Es gibt eine hierarchische Struktur und ein großes Maß an Unterdrückung. Die jeweiligen Theorien oder Regeln – oder was dafür zu gelten hat – mögen sich an bestimmten Punkten unterscheiden, doch wird immer das gleiche Verhalten gefordert: Eine Person hat in erster Linie ein *gehorsames* und untergeordnetes Element zu sein.

Wie dem auch sei, individuelles Verhalten, soziales Verhalten und die Struktur einer Gesellschaft sind oft miteinander in Zusammenhang gebracht und zugleich in eine evolutionsgeschichtliche Perspektive gestellt worden. Die Soziobiologie, die das gegenwärtig tut (siehe z.B. Barash, 1980), ist alles andere als neu. Im 19. Jahrhundert entstanden unter dem Einfluß Darwins der Sozialdarwinismus und die Eugenetik. Durch den Sozialdarwinismus wurden Darwins Prinzipien der Variation und Selektion auf die Gesellschaftsstruktur bezogen. Die Natur regele sich selbst. Dasselbe gelte für die Gesellschaft. Um die Natur nicht in ihrem Lauf zu beeinträchtigen, sei die beste Regierung eine Regierung, die nichts tut. Manche Bevölkerungsgruppen wie die kinderreichen Armen seien evolutionsgeschichtlich schlechter angepaßt, was die hohen Sterberaten erkläre. Die Obrigkeit tue jedoch nicht klug daran, deren Lebensumstände von außen her zu verändern. Dasselbe Prinzip gelte auch für die Ökonomie. Wie der Körper sich selbst reguliere, so sollte nach Meinung der Physiokraten die Wirtschaftsregel *laissez faire, laissez passer, le monde va de lui-même* Anwendung finden, was auf ein Plädoyer für eine liberalistische Wirtschaftspolitik hinausläuft.

Eugenetiker hatten einen in gewisser Hinsicht etwas pessimistischeren Standpunkt als die Sozialdarwinisten. Die Grundthese der Eugenetik war, daß alle Unterschiede zwischen Menschen auf Unterschieden in der genetischen Ausstattung beruhten, das heißt die Persönlichkeitsstruktur ebenso wie Armut, Reichtum, Intelligenz, Trunksucht oder Kriminalität. Zweitens seien »natürliche« Mechanismen wie Epidemien, die hauptsächlich Arme träfen, nicht in der Lage, die Qualität der Gesellschaft insgesamt zu garantieren. Zuletzt machten sich die Eugenetiker (angeführt von Sir Francis Galton) ernsthaft Sorgen um die durchschnittlich geringe

Kinderzahl bei der Intelligenz und über die kinderreichen Familien der Armen; Menschen, die angeblich per definitionem zugleich dumm waren. Wo Unterschiede auf genetischen Mechanismen beruhten, gelte es auch auf genetischer Ebene einzugreifen. Das Niveau der Gesellschaft könne dadurch erhalten werden, indem man die Armen sterilisiere, indem man Anti-Immigrationsgesetze erließe (was in den Vereinigten Staaten tatsächlich in großem Maßstab stattgefunden hat) und indem man Ehen zwischen Personen mit erwünschten Eigenschaften fördere.

Die eugenetische Bewegung ist politisch und »wissenschaftlich« akzeptiert gewesen, obwohl die Verhaltensgenetik kaum Material zur Untermauerung dieser Ideologie hat anführen können. Die Bewegung geriet erst dann ins Abseits, als Anfang der fünfziger Jahre viele der Nazi-Greuel weithin bekannt wurden (der Nationalsozialismus stützte sich auf die in etwa vergleichbare Blut-und-Boden-»Theorie«). Daß wir ein kurzes Gedächtnis haben und daß zudem Wissenschaft manchmal der Ideologie unterworfen ist, zeigt sich daran, daß vor etwa zehn Jahren in den Vereinigten Staaten Spermabanken für intelligente Männer eingerichtet wurden. Einer der Initiatoren war der Physiker und Nobelpreisträger William Shockley. Abgesehen davon kennt das heutige China Sterilisationsgesetze genau wie die Vereinigten Staaten in den dreißiger Jahren. Viele Menschen haben Merkmale, die angeblich schlecht für die Gesellschaft sind. Man ist (schon wieder) davon überzeugt, daß Unterschiede zwischen Menschen auf genetischer Steuerung beruhen. Das ist überhaupt nicht sicher (Royce & Mos, 1979). Dennoch erscheinen wieder Schriften mit sozialdarwinistischem oder gar eugenetischem Einschlag (Krebs, 1981).

Strukturen, Mutationen und Aussterben

Darüber, wie eine Gesellschaft zusammengesetzt ist, kann man aus funktionalistischer oder strukturalistischer Perspektive nachdenken (siehe Adriaansens, 1985). Ein Funktionalist achtet auf den Zweck der unterschiedlichen Muster und Arbeitszusammenhänge, ein Strukturalist meint, die Wirklichkeit werde von Abstraktionen in Form von Strukturen bestimmt.

Vertreter der Strukturalisten sind Claude Lévi-Strauss sowie Michel Foucault und seine Anhänger, aber auch Sprachkundler wie Chomsky. Manche Strukturalisten hängen mitunter geradezu platonischen Vorstellungen nach: Eine Struktur sei ein »Gedanke«, eine Abstraktion, die zwar da sei, aber nicht wahrgenommen werden könne. Ohne sich der gleichen Begrifflichkeit zu bedienen, denken solche Strukturalisten ähnlich wie Sheldrake: Ein abstraktes Prinzip bestimme Aussehen und Funktion einer Sache. Ein Problem für alle Parteien in dieser Diskussion ist, daß sie allmähliche oder plötzliche Veränderungen in der Gesellschaft nicht recht erklären können.

Regeln, Strukturen und Ideologien sind – in anderem sprachlichen Gewand – auch in der Wissenschaft zu finden. Das Streben nach Wissen wird gesteuert von allgemeinen Unterstellungen bezüglich der Wirklichkeit oder Basismetaphern (siehe Kapitel 1). Wissenschaftliche Revolutionen, politische Umwälzungen und biologische Mutationen oder »Sprünge« scheinen, jedenfalls auf den ersten Blick, gemeinsame Merkmale zu haben. Nach einer Zeit der Stabilität neigt ein Organismus zu Veränderung. Das gilt gleichermaßen für eine Art im biologischen Sinne, eine Organisation, die Gesellschaft oder die Denkrichtung innerhalb einer Wissenschaft. Auf den unterschiedlichsten Ebenen gibt es eine Spannung zwischen Konservatismus und Erneuerungsdrang.

Natürlich darf man nicht ohne weiteres sagen, biologische Veränderungen und gesellschaftliche Revolutionen seien durch dieselben Faktoren verursacht. Eine punktuelle Übereinstimmung ist, daß Veränderungen häufig plötzlich auftreten. Ein *Paradigmensprung* nimmt in der Regel nicht viel Zeit in Anspruch, ebensowenig wie eine biologische Mutation. Auch auf individueller Ebene »wachsen« Ideen nicht immer »heran«, sondern entstehen oft von der einen Sekunde auf die andere. Man denke an Kekulé, der, als er ins Kaminfeuer starrte, den Benzolring »sah«, an den Mathematiker Gauss, der den Beweis für ein Theorem als »einen Lichtblitz« beschrieb, und an Wallace, der während eines Fieberanfalls das Prinzip der natürlichen Auslese entdeckte.

Obwohl viele Entwicklungen oft schrittweise zu verlaufen scheinen, bleibt die Vergangenheit zu einem großen Teil erhalten. Moleküle bestehen aus (früher gebildeten) Atomen, Zellen aus früher gebildeten Molekülen, der Bau primitiver Reptilien fand sich zum Teil in den ersten Vögeln wieder, usw. Dieses »Gedächtnis der Natur« oder dieses »Gesetz des Erhalts von Information« kann auch in Zusammenhang mit der Dreigliedrigkeit des menschlichen Gehirns gebracht werden, welche wir verteidigten. Biologische Mutationen, gesellschaftliche Revolutionen und Paradigmensprünge in der Wissenschaft lassen sich auf zweierlei Weise miteinander in Beziehung setzen: Viele Veränderungen vollziehen sich sprungweise, und neue Strukturen, Systeme oder Denkweisen greifen häufig auf bereits vorhandenes Material zurück. Dieses Prinzip von Entwicklung und gleichzeitigem Erhalt ist der Kerngedanke dieses Buches: Das Reptil und das Säugetier leben zum Teil in unserem Gehirn weiter.

Wie sollen wir in diesem Rahmen über ausgestorbene Arten denken? Unserer Meinung nach, die zugleich die gebräuchliche ist, sind diese Tiere als *Organisationen* restlos verschwunden, aber *Teilsysteme* haben sich erhalten. Sheldrake denkt darüber natürlich anders. Ihm zufolge gibt es noch immer die entsprechenden Formfelder. Das ergibt sich aus seiner zwischen Plato und Aristoteles angesiedelten Position. Daß es keine Riesenreptilien mehr gibt, bedeute, daß lediglich die Inkarnation des Dinosauriers dem Prozeß der natürlichen Auslese zum Opfer gefallen sei, nicht jedoch die entsprechende »Information«.

Diese krasse These hängt mit *Atavismen* oder Regressionserscheinungen zusammen. In der Landwirtschaft kennt man das Phänomen, daß Kulturpflanzen bisweilen wieder Ähnlichkeit mit alten, unkultivierten Vorfahren entwickeln. Die (genetische) Struktur dieser Vorfahren hat sich offenbar erhalten. Ähnliches findet sich bei Tieren. Wenn Haustiere ausreißen und verwildern, haben sie nach einigen Generationen häufig völlig andere Eigenschaften. Bereits Darwin wußte dies und äußerte hierzu:

»In diesem Fall und vielen anderen müssen wir sagen, daß eine Veränderung im Bau von Tieren oft mit einer latenten Neigung einhergeht, zu ihrer primitiven oder ursprünglichen Struktur zurückzukehren.«

Darwin behauptete weiter, daß diese alten »Merkmale, wie mit unsichtbarer Tinte geschrieben, bereitliegen, um sich zu manifestieren, sobald der Organismus von bestimmten, uns bekannten oder unbekannten Veränderungen gestört wird«. Genetiker nennen dieses Phänomen die Dominanz des wilden Typus.

In Begriffen der Sheldrakeschen Formfelder ist ein solcher Atavismus erklärbar. Von dem wilden Typus habe es viel mehr Exemplare gegeben. Das entsprechende Formfeld sei stark und könne sich demnach relativ leicht ausdrücken. Diese Erklärung Sheldrakes steht übrigens bereits, und zwar recht wörtlich, in Butler (1878). Wir werden am Schluß dieses Kapitels noch etwas zu diesem Autor sagen.

Formfelder und Fraktale

Welche Verbindungen gibt es zwischen Sheldrakes Gedankengang und anderen heutigen Entwicklungen? Nach Sheldrake wird die Wahrscheinlichkeit eines Ereignisses wesentlich von der Häufigkeit bestimmt, in der dieses Ereignis bereits früher stattgefunden hat. Gesetze seien allmählich entstehende, in Strukturen oder Prinzipien mit frequenzabhängiger »Feldstärke« enthaltene Gewohnheiten der Natur.

Der mechanistischen Physik zufolge ist die Wirklichkeit

determiniert wie eine Maschine. Daraus ergibt sich eine Schlußfolgerung, auf die Laplace bereits im 18. Jahrhundert verfallen ist: Wenn in diesem Augenblick die Stellung aller Atome zueinander festgestellt würde, wäre es möglich, über einen Zeitraum von Tausenden von Jahren sämtliche Ereignisse vorherzusagen; das heißt nicht bloß Sonnenfinsternisse, sondern auch Kriege, Epidemien, Friedensverträge, die Qualität eines Konzerts, das Wetter am 6. August 2021 und den Text dieses Buches. Soweit ist es bisher nicht gekommen, doch manche meinen, dies sei bloß eine Frage der Zeit.

Die Quantenmechanik hat den Brei vorläufig versalzen, indem sie bewies, daß Materie sich auf Mikroebene nicht streng determiniert verhält. Die Quantenmechanik stand insofern mit der klassischen Physik nicht auf Kriegsfuß, als Aggregationen einer großen Zahl von Elementarteilchen sich wohl determiniert verhalten. Das Boyle-Mariottesche Gesetz sagt, daß es eine inverse Relation zwischen dem Volumen eines Gases und dem Druck dieses Gases gibt. Beim Zusammenpressen von Luft können wir über ein einzelnes Molekül nichts aussagen, wohl aber über den Druck, den Milliarden von Molekülen aufbauen. Anders gesagt: Der stochastische Charakter der Wirklichkeit bezieht sich demnach nur auf die Domäne des Kleinen (in biologischen Begriffen: das Individuum) und nicht des Großen (in biologischen Begriffen: die Art).

In der letzten Zeit jedoch werden Grundgedanken der Quantenmechanik auf der Ebene des sehr Kleinen verallgemeinert. Man meint, daß auf mehreren Organisationsebenen ein gewisses Maß an Unvorhersagbarkeit herrscht. Dies wurde in der Wetterkunde entdeckt. Zutreffende Wettervorhersagen können höchstens für einen Zeitraum von wenigen Tagen gemacht werden. Lange Zeit hindurch hat man gemeint, die Vermehrung der Meßstellen auf der Erde und die Installation schnellerer Computer würden (viel) langfristigere Vorhersagen ermöglichen. Das ist so nicht eingetroffen. Inzwischen spricht man mehr oder weniger aphoristisch vom Schmetterlingseffekt: Wenn in diesem Augenblick in Peking ein Schmetterling aufflattert, ist die durch den Flügelschlag des Tiers hervorgebrachte Turbulenz theoretisch ausreichend, um eine Woche später bei uns einen Sturm zu verursachen. Das kommt daher, daß die Wetterentwicklung sehr stark von den Anfangswerten abhängt. Diese Werte sind nie exakt bekannt. Ein kleiner Fehler führt aber schon dazu, daß die Wettervorhersage ganz anders ausfällt als die tatsächliche Entwicklung. Wenn man bei der Dateneingabe bei der sechsten Dezimalstelle aufhört, ist diese Ungenauigkeit groß genug, daß sie nur mehr eine Vorhersage von drei Tagen erlaubt.

Noch etwas kommt hinzu. Eine unrichtige Vorhersage beruht nicht nur auf unrichtigen Anfangswerten. Das Wetter gehorcht Gesetzmäßigkeiten, bei denen eine sehr kleine Störung oder ein unbedeutendes Ereignis manchmal nicht aufgehoben oder abgeschwächt wird, sondern sich im Gegenteil verstärkt (Crea, 1988). Die Wirklichkeit kann nicht in jeglicher Hinsicht deterministisch beschrieben werden, und mechanistische Erklärungen von Phänomenen (des Lebens) sind womöglich falsch. Dieses anti-mechanistische Denken paßt in den Gedankengang Sheldrakes. (Natürlich ergibt sich hier wieder das gleiche Problem wie in der Quantenmechanik: Ist das Wetter wirklich bis zu einem gewissen Grad unvorhersagbar, oder reicht unser Wissen einfach nicht aus?)

Sheldrakes Theorie hat auch Verbindungen zu den Mandelbrot-Mengen. Es gibt punktuelle Übereinstimmungen oder jedenfalls Affinitäten zwischen der Existenz fraktaler Strukturen in der Wirklichkeit und der Vorstellung, der Mensch sei teilweise aus phylogenetisch altem Material aufgebaut, das möglicherweise auch Verhaltensdispositionen umfaßt. Wir nennen drei dieser Dispositionen:

- Die Natur ist eine hierarchisch gegliederte Selbstwiederholung, das heißt, eine Organisation ist Teil einer Organisation, die wiederum Teil einer Organisation ist, usw.
- Die Natur verhält sich insofern oft sprunghaft, als es eine Rekursion von Formen gibt
- Identische Muster treten auf unterschiedlichen Organisationsebenen zutage.

Die Beobachtungen d'Arcy Thompsons (Abbildung 9) zur Vergleichbarkeit von Formen wie der von Tintentropfen in Wasser und der primitiver Tiere sind aus dieser Sicht nicht unsinnig. Die Erklärungen, die für das Entstehen der Gestalt beispielsweise einer Schneeflocke gegeben werden, sind jedoch anders. Sheldrake sagt, die Form beruhe auf einem Formfeld, welches nicht mit der Materie identisch sei. In der Fraktalgeometrie dagegen kann die Form ein Ausdruck einer in der Materie selbst enthaltenen organisierenden Eigenschaft sein.

Ein weiterer Unterschied zur Fraktalgeometrie ist Sheldrakes Behauptung, daß die Häufigkeit, mit der Formen vorkämen, sehr wichtig sei. Mandelbrot und Anhänger äußern sich hierzu nicht. Die Vorstellung, daß der Bau von Formen erlernbar sei, lassen entsprechende Experimente notwendig und reizvoll erscheinen. Diese müßten den Beweis erbringen, daß die Wahrscheinlichkeit, mit der eine Organisation oder ein bestimmtes Phänomen auftauchen, tatsächlich mit deren Häufigkeit zunimmt.

Ein regelrechter Einwand gegen Sheldrake hat mit der Rolle der DNA zu tun. Sheldrake meint, viele Phänomene seien auf Grund des genetischen Codes nicht zu erklären. Das ändert sich jedoch, wenn Komplexität auf der Basis einiger weniger Regeln entsteht, die eine Instruktion zur Selbstwiederholung in sich tragen. Wenn das wahr ist, gibt es keinen Grund zu unterstellen, daß Formfelder außerhalb von Materie und Organismen existierten. Die Information steckt dann sehr wohl in der DNA. Jedoch hat diese Medaille gegebenenfalls auch eine Kehrseite: Wenn Experimente zu dem vorhergesagten Ergebnis führen sollten, wird die andere Partei erklären müssen, weshalb die Häufigkeit der Ereignisse die Wahrscheinlichkeit ihrer Wiederholung beeinflußt.

Eine punktuelle Übereinstimmung zwischen der Formfeldtheorie und der Fraktalgeometrie ist die Vorstellung von hierarchisch gegliederten Selbstwiederholungen. Die Mandelbrot-Mengen beziehen sich lediglich auf ein einziges Prinzip, nämlich die Wiederholung ein und derselben Grundstruktur. Aus Sheldrakes Sicht gilt das Wiederholungsprinzip auch für Strukturen insgesamt. Ein Molekül sei Bestandteil einer Zelle, eines Organs, eines Organsystems und eines Organismus. Innerhalb eines Organismus ließen sich sogar primitivere Organisationen von Leben wiederfinden. Die Fraktale sagen nichts über einen solcherart hierarchisierten Aufbau. Bisher läßt sich auf Grund der Mandelbrot-Mengen lediglich zeigen, daß der Bau eines komplizierten Lebewesens zum Teil in Form von Fraktalen beschrieben werden kann, die zu sich wiederholenden Strukturen führen (Blutgefäße, Bronchien). Sheldrakes Theorie folgend muß man weitergehen und anzeigen (können), daß ein primitiver Organismus oder eine primitivere Struktur Bestandteil eines komplexeren Organismus ist und wiederum eines komplexeren Organismus, usw.

Zum Schluß gibt es eine gewisse Konvergenz zwischen Sheldrake und der Fraktaltheorie, und zwar was die Basismetaphern angeht. Beide Herangehensweisen implizieren einen Perspektivwechsel vom Mechanizismus zum Organizismus. So sagt Kirschenmann in einem Sammelband zu diesem Thema (Crea, 1988): »Die Natur ist ebenso kreativ und spontan wie der Mensch selbst; die Natur kennt ebenfalls Selbstorganisation; die Natur ist nicht etwas Totes, etwas Ahistorisches, sondern hat selbst Geschichte oder kann Geschichte machen.« Vielleicht ist dies jedoch voreilig gesagt.

Große Theorien, große Probleme

Wir fragen uns nochmals, ob das, was Sheldrake behauptet, prinzipiell Unsinn ist oder nicht. Zwar faszinieren einige empirisch untermauerte Fakten, doch das reicht nicht aus. In welche allgemeinen Entwicklungen paßt seine Denkungsart?

Auf physischer Ebene entsprach die Darwinsche Theorie dem klassischen, mechanistischen Weltbild. Inzwischen hat der Feldbegriff in der Physik auf Kosten von Vorstellungen über den atomistischen Aufbau der Wirklichkeit an Terrain gewonnen. Manche meinen sogar, die Vorstellung von der Existenz von Bausteinen sei prinzipiell unrichtig: Daraus, daß ein Haus aus Steinen gebaut sei, folge nicht, daß auch die Bausteine wiederum aus Bausteinen bestünden. Große Teile der Physik jedoch suchen weiterhin nach »letzten Bausteinen«. Andere behaupten, diese Forschungen seien festgefahren. Man nennt diese Strömung *bootstrap physics*. Zur Entdeckung des nächsten subatomaren Partikels bräuchte es eine größere Energiemenge, als sie auf Erden verfügbar sei. In diesem Sinn sei die Teilchenforschung gescheitert. Man renne dem weichenden Horizont hinterher (Metapher von A. Klukhuhn und F. Saris). Hinter jedem Teilchen werde ein weiteres Teilchen unterstellt werden müssen. Dabei ist auch an die zuvor beschriebenen Experimente mit identischen, auf unbegreifliche Art miteinander zusammenhängenden Teilchen zu denken (d'Espagnat, 1979). Die Welt sei im wörtlichen Sinn des Wortes nicht erbaut. In einem alles andere als kindischen Buch sagt der Physiker Asten (1980) sogar: »Hoffentlich wird der Leser jetzt an die Möglichkeit glauben, daß es einen auf bestimmte Weise strukturierten Äther gibt, der die Werte der grundlegenden physischen Konstanten reguliert.« Die Verwirrung ist also recht ansehnlich.

Einsteins Zielsetzung umfaßte das Entwerfen einer allgemeinen Feldtheorie auf den Gebieten des Magnetismus, der Gravitation und der elektromagnetischen Strahlung. Sein Unternehmen kann als teilweise gelungen bezeichnet werden: Elektromagnetische Kräfte sind mit den »schwachen Kräften« der Elementarteilchen verbunden. In den letzten Jahren spricht man (in idealistischer Manier) von GUT, der *grand unifying theory*. Eine einzige »Superkraft« würde demnach alles im Universum beherrschen. Dabei handle es sich um eine Art Mischform von Raum, Zeit, Materie und Kraft. Manche Physiker schreiben dieser Kraft eine Zielgerichtetheit zu. Der Kosmos sei Evolution unterworfen und habe zugleich ein Richtungsgefühl. David Bohm ist ein Physiker, der so denkt. Zugleich ist er ein Anhänger der Sheldrakeschen Theorie. Bohm (1985) definiert das Universum als ein dynamisches Ganzes, beherrscht von einer universalen Bewegung, die er *holomovement* nennt.

Alles, was sich in unserem Kopf abspielt, hängt mit der Leitung elektrochemischer Impulse zusammen. Diese Prozesse gehen mit der Bildung schwacher elektromagnetischer Felder einher. Das Bewußtsein soll angeblich eine Manifestation dieses Feldes sein. Die enorme Betriebsamkeit im Gehirn bedeutet jedoch, daß das eine Feld das andere »dominieren« kann, mit der Folge, daß Gedanken anderen Gedanken weichen, ohne daß wir verstehen, weshalb. Die enorme Variation in den Bewußtseinsphänomenen läßt sich vielleicht am Beispiel eines Klaviers verdeutlichen: Mit Hilfe einer begrenzten Anzahl von Tasten läßt sich eine unendliche Zahl von Melodien spielen.

Weiter stellt Bohm Zusammenhänge zwischen dem Funktionieren des Gehirns und der modernen Teilchenphysik her. Jedes materielle Objekt, ob belebt oder unbelebt, besteht aus Teilchen oder, wenn man so will, aus Wellen. Materie steht in ständigem materiellen Austausch mit der Umgebung, die wir uns als ein enormes elektromagnetisches Feld oder »Energiefeld« vorstellen müssen. In gewisser Weise werden alle Objekte, Menschen eingeschlossen, also von Sekunde zu Sekunde »erneuert«.

Die »implizite« oder verborgene (nicht sichtbare) Ordnung beinhaltet, daß alles Existierende Bestandteil einer allgemeinen Feldstruktur ist, einschließlich der Vergangenheit (es geht also nichts verloren) und vielleicht auch der Zukunft. Dieses als solches unsichtbare Energiefeld soll außerdem holographisch organisiert sein. In diesem Buch wäre dann quasi der gesamte Kosmos festgelegt, und dasselbe gelte ganz besonders auch für das Gehirn. Bohm meint sogar, daß alle Dinge und also auch wir selbst alle Information seit des (hypothetischen) »Urknalls« enthielten.

Nach diesem Weltbild liegt die Wirklichkeit unbeweglich in einer »impliziten Ordnung« verborgen. Alles, was geschieht, und alles, was wir tun, sei lediglich Schein (wie Parmenides bereits in der Antike behauptet hat). Daraus ergibt sich jedoch eine dramatische Schlußfolgerung: Wenn alles festliegt, hilft nur noch Gelassenheit. Jeder Entschluß und jede Handlung »existieren« schließlich bereits in der impliziten Ordnung. Die Welt ist Schein oder »Maya«, wie man im Osten sagt. Alles geht, wie es geht, und damit ist alles gesagt.

Diese Denkungsart ist von dem klassischen, richtungslosen Mechanizismus meilenweit entfernt. Im 17. Jahrhundert unterschied Spinoza zwischen der schaffenden Wirklichkeit und Natur (*natura naturans*) und der geschaffenen Natur (*natura naturata*). Die erste sei das Werk Gottes, die zweite werde von der Mechanik beherrscht. Darwin betrachtete die Kräfte der Natur auf überwiegend mechanistische Art. Organismen zeigten Variation, doch das geschehe ohne »Intelligenz«, Ziel oder Plan. Weil es Variation gebe, könne die Auslese funktionieren, doch es sei nicht so, daß Variation existiere, *damit* Auslese (möglicherweise ein Element von Zielgerichtetheit) möglich werde.

Phänomene, die sich nicht oder nur schwer mechanistisch erklären ließen, brachten Philosophen wie Henri Bergson und Biologen wie Hans Driesch zum Vitalismus. Die Natur besitze nicht bloß mechanische Energie, sondern auch schöpferische Lebenskräfte. Der Vitalismus bedeutete eine Rückkehr zum aristotelischen Denken: Die Gesamtheit von Materie (*hyle*) und Form (*morphè*) strebe einem bestimmten Ziel nach (*Hylomorphismus*).

Im 20. Jahrhundert ist diese Tradition in Theorien über physische Felder eingegangen. Diese sind von Sheldrake auf die belebte Natur ausgedehnt worden. Die Kritik am klassischen Mechanizismus in der Physik geht heutzutage einher mit der Kritik an Darwins Konzeption der belebten Natur. Infolgedessen gibt es, sei es direkt oder indirekt, ein Wiederaufleben vitalistischer, lamarckianisch-aristotelischer Ideen.

Es ist, um es nochmals zu sagen, außergewöhnlich schwierig zu entscheiden, ob die mechanische oder die vitalistische Sichtweise der Wirklichkeit am nächsten kommt. Die Wahl zwischen diesen Möglichkeiten beruht größtenteils auf der Interpretation (paläontologischer) Daten; diesbezüglich Versuche anzustellen ist unmöglich. Wenn man der belebten Natur »intelligente Bestrebungen« zugesteht, dann widerspricht dem die Tatsache, daß fünfhundertmal mehr Arten ausgestorben sind, als zur Zeit existieren. Offenbar hat sich die »Intelligenz« dann in der Regel als unzureichend erwiesen.

Eine interessante Frage, auf die wir ebensowenig eine Antwort haben, ist, ob sich das Aussterben in der Phase der »kleinen Anpassungen« (Jerison, 1973) vollzieht oder im Anschluß an einen stattgefundenen »Sprung«. Wenn letzteres der Fall sein sollte, sind die meisten Sprünge, die die Natur gemacht hat, Sprünge ins Dunkel gewesen. Die meisten Lösungen, mit denen einer großen Veränderung in der Umgebung entsprochen werden sollte, haben *nicht* funktioniert.

Häckel, Hering und Butler

Zu Anfang dieses Kapitels haben wir gesagt, daß Sheldrakes Theorie nicht nur alten Lehrsätzen wie denen Lamarcks verwandt ist, sondern auch den Ansichten von Häckel, Hering und Butler. Wir gaben den Standpunkt dieser drei gerafft wieder, sei es auch nur, um zu zeigen, daß die (Ideen-)Geschichte manchmal die ewige Wiederholung ein und desselben ist, wie ein deutscher Philosoph es einmal ausgedrückt hat. Anders gesagt: Sheldrakes Ansichten sind, wie schon früher bemerkt, nicht neu.

Häckel (1984) war ein Biologe mit universalem Interesse. Aussagen über Einzeller gingen ihm genauso leicht über die Lippen wie solche über das durch »den Papismus« über uns gebrachte Elend. Er faßte alle Lebensphänomene, also sowohl biologische wie auch psychische Aspekte, als Manifestationen bewegter Materie auf. Aus dieser Perspektive hatte Häckel wenig Wertschätzung für die meisten Psychologen seiner Zeit, die einer (subjektiven) Introspektion großen Wert beimaßen (»der größte Teil der gewaltigen psychologischen Literatur [ist] heute wertlose Makulatur«).

Diese Denkweise ist der von Spinoza verwandt. Der Glaube an eine unstoffliche, nur dem Menschen eigene Seele sei ein »platter Irrtum«. Materie und Geist seien Attribute oder Merkmale einer einzigen, »universellen Substanz« oder eines »göttlichen Weltwesens«. Häckel sagt in idealistischer Tradition, daß dieses Weltwesen sich allmählich entwickle oder entfalte, wobei die Vergangenheit Bestandteil späterer Strukturen bleibe. Letzteres macht Häckel zu einem Geistesverwandten Lamarcks. In der belebten Natur herrscht seiner Meinung nach Kontinuität. Es gebe eine »Leiter« von Wahrnehmungen, Reflexen, Vorstellungen, Emotionen (»Gemütsbewegungen«) und sogar des Gedächtnisses und des Denkens. Die

Psyche als Ganzes kenne eine »ununterbrochene Aufeinanderfolge«. Letzteres ergibt sich aus Bemerkungen Häckels über das Gedächtnis. »Das bewußte Gedächtnis, das beim Menschen und den höheren Tieren mittels bestimmter Gehirnzellen in Funktion tritt, besteht deshalb aus einer später entstandenen inneren Reflexion, in der höchsten Blüte ihrer psychischen Vorstellungs-Reproduktionen, welche sich bei unseren niederen, tierischen Vorfahren als unbewußte Wirkungen in den Ganglienzellen abspielten.«

Diese Sicht gemahnt an Herings Vortrag über das Gedächtnis der Natur (eine englische Übersetzung liegt in Butler, 1880 vor). Das Gedächtnis darf Hering zufolge nicht mit dem Bewußtsein identifiziert werden. Er könne sich, so sagt er, erinnern, daß er sich vorgestern an etwas erinnert habe, aber er wisse nicht, wo diese Erinnerung in der Zwischenzeit geblieben sei. Erinnerungen führten ein Eigenleben (womit Hering Freud vorausgreift). Hering meint weiter, daß organisierte Materie allmählich entstünde. Die in einer bestimmten Struktur enthaltene Organisation könne als eine Erinnerung an frühere Strukturen aufgefaßt werden. Die Spaltung in Inkarnation und Information überbrückt er durch die Vermutung, daß Ereignisse sich in der Materie in Form von »Schwingungen« fortpflanzten.

Verhaltensweisen wie Instinkte sind nach Herings Meinung erlernt und anschließend weitergegeben worden. Nach sehr vielen Generationen *würden* sie unbewußt. Bei uns geschehe das in gewisser Weise auch. Wir könnten bewußt und unter Anstrengung bestimmte Fertigkeiten (wie Maschineschreiben oder Skifahren) erlernen. Dieses Verhalten gehöre irgendwann zu Automatismen, die dann »von selbst« und mühelos zum Ausdruck gelangten. Schließlich gleicht die Häckelsche Evolutionstheorie in ihren wesentlichen Zügen stark der von Lamarck formulierten. Demnach sind Organismen nicht nur miteinander verwandt, sondern tragen auch ihre jeweiligen Erinnerungen weiter.

Butlers Vorstellungen ähneln denen von Hering. Einen Teil von Butlers Darlegungen scheint Sheldrake direkt übernommen zu haben. Butler (1878) weist darauf hin, daß unterschiedliche Verhaltensweisen dem Bewußtsein in unterschiedlichem Maß zugänglich sind. Etwas von der Art, in der man spreche, könne einem klarwerden, aber Prozesse wie die Kontraktion des Herzmuskels und die Verdauung seien kognitiv unzugänglich. Butler sieht einen Zusammenhang zwischen diesem Vorgang und Übung. Verdauung und Herzschlag seien nicht zugänglich, weil hier, wie er sagt, eine evolutionsbedingte *over-experience* vorliege. Dies ist in modernen Begriffen nichts anderes als automatisiertes Verhalten: Wer einmal gut Klavier spielen kann, darf sich vor allen Dingen nicht fragen, was seine Finger da tun. Das Sprechen dagegen ist später entstanden, so daß wir zumindest noch ein wenig von dem begreifen können, was geschieht, wenn wir etwas sagen.

Nach Butler ist der Mensch eine *compound creature*. Sein Verhalten ist ein Sediment von tierischen Lernprozessen sowie von Erfahrungen seiner menschlichen Vorfahren. Wir denken, wir seien von der Wiege bis zum Grab ein und dieselbe Person, aber diese Vorstellung beruht in bestimmter Hinsicht auf Selbstüberschätzung. Wer achtzig Jahre alt ist, erinnert sich vielleicht noch an insgesamt sechs Wochen seines gesamten Lebens. Über historische Verwandtschaft macht Butler bestechende Bemerkungen: »Wenn ein Achtzigjähriger sagt, er sei dieselbe Person wie der Säugling von damals, darf der Säugling dasselbe von der befruchteten Eizelle sagen, aus der er sich entwickelt hat.« Butler betrachtet das Leben selbst als einen großen Organismus. Der Mensch sei eine Zelle, die einen Beitrag zum Ganzen darstelle, die aber nach einer Zeit ersetzt werden müsse. Der Tod sei die »Liquidierung eines Unternehmens«. Der Körper sterbe und zerfalle. Die Teile (die Arbeitnehmer) machten anderenorts weiter, mit den Erinnerungen an unsere Existenz und langsam verblassenden Erinnerungen an die Vorfahren. Angesichts der Universalität des Gedächtnisses gibt es Butler zufolge eine »Einheit der Persönlichkeit von Elternteil und Kind«. Wir hätten in unseren Erlebnissen und in unserem Verhalten implizite Erinnerungen an die Schicksale und Bestrebungen derjenigen, die vor uns gelebt hätten. Was Menschen sich aneigneten, werde in (viel) späteren Generationen einmal zu Automatismen und Instinkten. Letzteres behauptet auch Sheldrake.

Wenn wir andere Bezeichnungen verwenden, wird Butlers Sicht des Menschen als *compound creature* leicht nachvollziehbar. Menschen lassen sich sowohl untereinander als auch mit Tieren vergleichen, unter anderem wenn es um Instinkte, Emotionen und die Gesetze klassischer und operanter Konditionierung geht. Auch in anderer Hinsicht haben Menschen viel mehr gemeinsame als einzigartige Merkmale. Zahlreiche Gesetze und Mechanismen, die für die Wahrnehmung, das Lesen, das Sprechen und vieles mehr verantwortlich sind, sind typisch für Menschen im allgemeinen. Das gilt teilweise bis hin zu einem hohen oder allgemeinen Abstraktionsniveau. In Geschichtsbüchern ist von einem *Zeitgeist* die Rede, was besagt, daß Menschen oft unabhängig voneinander auf die gleichen Ideen verfallen sind. Was den Unterschied zwischen Individuum und Art betrifft, beinhaltet der Begriff »Person«, daß wir einer relativ kleinen Zahl von Prozessen und Merkmalen einen Namen geben, welche uns von anderen Personen unterscheiden. Aus psychologischer Perspektive ist ein Mensch viel mehr »allgemein« als »besonders«. Dieser Aspekt der Gemeinsamkeit kann als Zusammenstellung oder *compound* tierischer Eigenschaften sowie von Merkmalen unserer Vorfahren aufgefaßt werden. Butler sagt im wesentlichen nichts anderes.

Butler stritt sich mit den Darwinisten (unter anderem) über die Entstehungsursache von Variation. Genau wie Lamarck meint er, daß Variation auf Bestrebungen eines Organismus beruhe. Manchmal werde das Angestrebte erreicht und daraufhin weitergegeben. Erblichkeit ist Butler zufolge dasselbe wie *Erinnerung*. Er definiert Leben als »Materie mit Erinnerungen«.

Butler ist der selbstverständlichen Meinung, daß alle organisierte Materie ein Gedächtnis hat. Die Stärke dieser Erinnerung werde von der Häufigkeit eines Ereignisses bestimmt. Gesetzt, es hätten sich sechs identische Ereignisse abgespielt: A, B, C, D, E und F. Zum Zeitpunkt B gebe es eine relativ schwache, auf A beruhende Erinnerung; beim Eintreten von F sei das »Gedächtnis« viel stärker, nämlich die Summe von A bis einschließlich E. Hieraus folge, daß Ereignisse die Neigung hätten, sich zu wiederholen; eine These, die wir wörtlich

bei Sheldrake wiederfinden. (Bizarr, aber konsequent ist Butlers Aussage, daß Säuglinge mehr Ähnlichkeit miteinander
hätten als alte Menschen, weil es mehr Säuglinge als Alte gegeben habe und weil die Umstände, unter denen Säuglinge
heranwüchsen, relativ einförmig seien.)

An Butler gemahnende Bemerkungen findet man auch bei
Razran (1971). Dieser sagt, daß sich nahezu kein Organ ohne
Rezeptoren finden lasse: Gallenblase, Herzbeutel, Nieren,
Leber, Lunge, Eierstöcke, Bauchspeicheldrüse, Speicheldrü-
sen, Testikel, Schilddrüse, Eingeweide, Aorta, usw. Das ist an
sich nichts Besonderes. Razran vermutet jedoch, daß diese
Organe selbst konditionierbar sind. Aus seiner (und Butlers)
Sicht beruht das Verhaltensrepertoire (des Menschen) nicht
nur auf der Aktivität des Zentralnervensystems; Verhalten sei
auch ein Ergebnis körperlicher Prozesse oder »peripheren
Lernens«. Letzteres macht den Menschen zu einem Konglomerat.

Zum Schluß bleibt noch anzumerken, daß die heutige Psychologie sowohl Lamarck als auch Butler verpflichtet ist. Der
Biologe Richard Semon war ein Lamarckianer, der sich fragte,
wie es uns möglich sein könne, »vergessene« Informationen
an unsere Nachfahren weiterzugeben. Er entwickelte eine
Theorie über das Vergessen, die sechzig Jahre später einen
zentralen Platz in der kognitiven Psychologie einnehmen
sollte (Semon, 1904; siehe auch Schacter, 1982). Seiner Meinung nach beruht Vergessen nicht auf dem Löschen von Spuren, sondern auf scheiternden Suchstrategien.

Darauf war in etwa auch Butler gestoßen. Information
wird ihm zufolge unbewußt verwendet, sofern sie nicht von
»the same creature« stammt. Diese These gemahnt an unsere
Bemerkungen über das Memorieren von Ereignissen am selben Ort, im gleichen physiologischen Zustand, der gleichen
Stimmung u.ä. Es geht kurz gesagt darum, daß die Erinnerungsfähigkeit kontextabhängig ist.

Warum suspekte Literatur?

Daß Strukturen im Verlauf der Evolution teilweise überdauern, ist eine Tatsache. Zahlreiche entsprechende Bemerkungen finden sich bei so unterschiedlichen Autoren wie Darwin, Mandelbrot, Jacob, Jerison, Sheldrake und vielen anderen. Daß Strukturen in Beziehung zu Gesetzen und Verhaltensdispositionen stehen, befremdet als Behauptung ebensowenig. Daß in der belebten Natur jedoch Informationen in Form von »Erinnerungen« übertragen werden sollen, ist eine Auffassung, die man apokryph oder jedenfalls zweifelhaft nennen mag. Über konkrete Erinnerungen haben wir übrigens nicht gesprochen; sondern lediglich über Gesetze und Verhaltensdipositionen. Dabei haben wir der (noch) nicht in das heutige Denken passenden Sheldrakeschen Theorie so viel Platz eingeräumt, weil es eine wichtige Verbindung zwischen Sheldrakes Theorie und der Kernthese dieses Buches gibt.

Wie auch immer der Ablauf sein mag, klar ist, daß die belebte Natur sich selbst zumindest teilweise repliziert. Dabei mag Sheldrakes Theorie »gewagt« oder riskant sein, aber ihre Aussagen sind überprüfbar. Das ist wesentlich in der Wissenschaft. Wenn Sheldrake recht hat, wird dies auf eine Reihe von Mechanismen in der Wirklichkeit ein völlig neues Licht werfen.

Einer der faszinierenden Aspekte seines Gedankengangs ist, daß unterschiedlichste Struktur- und Funktionsmerkmale womöglich von der Häufigkeit ihres Vorkommens abhängen. Das muß wieder und wiederum untersucht werden. Wenn das, was Sheldrake sagt, wahr ist, lassen sich so manche Phänomene besser nachvollziehen. Dabei wäre an das Vorkommen phylogenetisch alter Strukturen in unserem Gehirn zu denken sowie an die eventuelle Übertragung von Verhaltensdispositionen. Es ist klar, daß das Triumvirat in unserem Gehirn sich dann ganz einfach begründen ließe: Der Mensch hat eine gemeinsame Geschichte mit den Tieren, unser Gehirn ist zum Teil als hierarchisch gegliederte Selbstwiederholung anzusehen, und weil es sehr viele Reptilien und Säugetiere gegeben hat, werden die entsprechenden Funktionen und Mechanismen in uns reproduziert. Mit einem solchen Standpunkt gelangt man in ein irgendwo zwischen Lamarck und Darwin gelegenes Gebiet.

Dieser schwankende Grund wird zum Teil auch von »anerkannten« Strömungen in der Biologie betreten. Unser Reptilienhirn und das limbische System weisen starke Ähnlichkeiten mit denen vieler Tierarten auf. Biologen sagen, daß diese Strukturen immer wieder verwendet werden, weil die »herumstümpernde« oder amateuristische Natur die Erfahrung gemacht habe, daß sie gute Dienste bewiesen hätten. Diese Bemerkung wiederum entspricht der Auffassung, daß die Evolution konservativ vorgeht (Jerison, 1973). Damit sind wir aber noch nicht am Ziel. Die Evolution kann nicht losgelöst von der Biochemie gesehen werden. Beim Bau von Organismen spielt das DNA-Molekül eine wesentliche Rolle. Diese Verbindung ist chemisch sehr stabil, was einer der Gründe ist, weshalb die Lamarcksche Theorie keine nennenswerte Rolle mehr spielt. Ein mechanistisch denkender Evolutionsbiologe müßte erklären, warum die DNA, die den Bau niedrig gelegener Teile im Nervensystem bestimmt, beim Menschen bereits Millionen Jahre dieselbe Struktur hat und warum der die Entwicklung des Neocortex steuernde Teil sich wiederholtermaßen – und einmal noch vor relativ kurzer Zeit – verändert hat. Auf lange Sicht scheint der eine Teil eines einzigen großen DNA-Moleküls stabiler als der andere zu sein. Es ist nicht leicht, sich davon eine Vorstellung zu machen.

Es erscheint denkbar, Sheldrakes Theorie von einigen metaphysischen Aspekten zu befreien, nämlich der Existenz von Formfeldern außerhalb der Materie. Eine Schlußfolgerung oder Vorhersage könnte dann lauten, daß »alte« DNA stabiler sei als neue. Möglicherweise gibt es eine Wechselwirkung zwischen Materie und Gesetzen (in diesem Fall DNA), wobei die »Kraft« der Gesetze häufigkeitsabhängig ist. Das Reptiliengehirn wiederholt sich in höheren Organismen, weil die entsprechende DNA relativ unsensibel für Variation *geworden* ist. Diese Argumentation und die damit einhergehende Vorhersage sind etwas aussagekräftiger als die Behauptung, etwas werde wiederholt, weil es inzwischen »ausgetestet« sei.

Leider steht noch nicht genügend Material zur Verfügung, um über die für unser Ziel wichtigste Implikation der Sheldrakeschen Theorie zu entscheiden. Wenn es wahr ist, daß wir so etwas wie ein Reptiliengehirn haben, und wenn wir sagen dürfen, daß Reptilien in ihrem Funktionieren recht gleichförmig sind, müßten grundlegende menschliche Funktionen ebenfalls wenig Variation aufweisen. Weil Säugetiere vielgestaltiger sind und gewesen sind als Reptilien, müßte die Vorhersage lauten, daß die Variation auf emotionalem Gebiet etwas größer ist.

Es geht also nicht nur um die Stabilität der DNA, sondern auch um Unterschiede in Variation. Die für den Bau des Hirnstamms und des limbischen Systems verantwortliche DNA wird unserer Hypothese zufolge weniger Variation enthalten als der für die Entstehung des Neocortex zuständige Teil. Dieser eventuelle Unterschied ist biochemisch nicht zu erklären, doch paßt er in Sheldrakes Gedankengang.

Wir haben hierüber in Kapitel 5 bei der Besprechung des limbischen Systems einige Bemerkungen gemacht, die allesamt in eine Richtung weisen: Emotionale Funktionen scheinen (tatsächlich) weniger individuelle Unterschiede zu kennen als beispielsweise intellektuelle. Mutatis mutandis müßten die Unterschiede auf instinktiver Ebene noch kleiner sein. Wir können hierzu leider wenig sagen, auch und vor allem, weil die Psychologie sich Fragen dieser Art nicht gestellt hat. Um Mißverständnissen vorzubeugen: Natürlich ist es nicht so, daß man für die Interpretation eines derartigen Sachverhalts einzig auf Sheldrakes Theorie angewiesen wäre. Seine Theorie sagt diesen jedoch regelrecht vorher.

7. Was ist dann der Mensch?

Wir zählen die wichtigsten der bisher besprochenen Probleme und Phänomene noch einmal auf. Inwieweit macht die Natur Sprünge, und was bedeutet das? Inwieweit gibt es auf verschiedenen Organisationsebenen plötzliche Veränderungen? Verwendet die Evolution eine Kombination von Strategien? Läßt sich unser Funktionieren mit der Struktur der Gesellschaft und sich darin abspielender Phänomene in Zusammenhang bringen? Warum scheitern Politik und Planung so häufig? Kann man basale Mechanismen im menschlichen Verhalten beeinflussen?

Reparieren und lernen

Bereits an früherer Stelle haben wir die Arbeitsweise zweier Uhrmacher beschrieben. Der eine baute das Instrument Einzelteil für Einzelteil ineinander, sein Kollege dagegen stellte Systeme zusammen, die für sich bereits eine gewisse Funktion erfüllten, wie das Schlagwerk und das Uhrwerk. Letztere Arbeitsweise soll angeblich eine hohe Produktivität erbringen.

In Analogien gesprochen, scheint eine solche Methode eine gute evolutionsgeschichtliche Strategie zu sein. Wenn man einen neuen Organismus bauen will, sollte man beim Wegwerfen funktionierender Einzelteile zurückhaltend sein. Es ist nicht Zeit genug, immer wieder ganz von vorn anzufangen, und das ist auch nicht notwendig. Außerdem ist eine aus Modulen bestehende Uhr relativ leicht zu reparieren: Häufig ist der Schaden begrenzt und braucht das Uhrwerk nicht ganz auseinandergenommen zu werden. Was läßt sich nun anhand einer solchen Metapher erklären oder nachvollziehbar machen?

Der Mensch wird nach insgesamt lediglich einigen Dutzenden von Zellteilungen geboren. Die Lage der Organe scheint von Anfang an bekannt zu sein, aber niemand weiß, wie sie ihre Lage finden. Wenn man während eines frühen Stadiums der embryonalen Entwicklung ein zum Auge gehörendes Gewebe in den Unterbauch verpflanzt, entsteht an dieser Stelle kein Auge, sondern eine Harnblase. Wenn man das Gewebe, das einmal ein Auge werden soll, in einer frühen Entwicklungsphase spaltet und dabei an seinem Platz beläßt, führt dies zum Entstehen von zwei Augen. Die unsere erste Lebensphase auszeichnende Flexibilität bleibt bei manchen Tieren lebenslänglich erhalten. Würmer, die in zwei Teile geschnitten werden, entwickeln sich zu zwei neuen Exemplaren. Embryologisch betrachtet scheint das biogenetische Grundgesetz von Häckel nicht ganz unsinnig zu sein: Nicht nur Formveränderungen des Embryos spiegeln bis zu einem bestimmten Grad die Phylogenese wider; dasselbe gilt auch für Regenerationsprozesse. Die Möglichkeiten, die der ausgewachsene Wurm hat, haben wir während unseres frühesten Entwicklungsstadiums ebenfalls gekannt.

Die Regenerationsfähigkeit von Tieren ist nicht willkürlich verteilt. Sie entspricht einer Regel: Diese Fähigkeit ist desto größer, je niedriger auf der phylogenetischen Leiter das Tier steht. Wenn die Hydra (eine Art Schwamm) zu Brei vermahlen wird, entstehen daraus lauter neue Exemplare, komplett mit Tentakeln und allem. Wie ist das möglich?

Viele Biologen können sich dem Eindruck nicht entziehen, daß die embryonale Entwicklung von einem Bauplan, einer Abstraktion ausgehend gesteuert wird. Vielen erscheinen Lebensphänomene nicht recht verständlich, solange man von rein mechanistischen Prinzipien ausgeht. In einem solchen Bauplan kann, ebenso wie beim Bau eines Hauses, von einem bestimmten Augenblick an nur mehr wenig verändert werden. Es ist unmöglich, noch eine innere Schalwand zu bauen, wenn darüber bereits die Kacheln angebracht sind. Die Beziehung zwischen dem Plan und dem Organismus ist nicht überall in der belebten Natur dieselbe. Beim Plattwurm kann die Blaupause sich zu jeder Zeit erneut in der Materie ausdrücken (Regeneration); beim Menschen ist physische Regeneration größtenteils durch Lernen ersetzt worden. In der Computersprache hieße dies: Eine Struktur kann erhalten bleiben, indem man die Hardware repariert (Regeneration) oder indem man die Software anpaßt (Lernen).

Unsere Fähigkeit, zu reparieren und zu regenerieren, ist (verglichen mit einem Plattwurm) begrenzt, unsere Anpassungsfähigkeit dagegen enorm. Wenn man Menschen Brillen aufsetzt, die die Welt auf den Kopf stellen, können sie nach einigen Tagen wieder ganz normal weiterleben und ihre Arbeit tun. Tiere können das nicht. Sie sterben unter derartigen Umständen, weil sie nicht mehr an ihre Nahrung gelangen. Unser Zentralnervensystem kann sich im Fall einer Beschädigung nicht oder nur kaum reparieren. Das Gehirn dagegen hat eine enorme Flexibilität. Unterschiedlichste Funktionen können von anderen Gehirnteilen partiell oder ganz übernommen werden. Dies ist insbesondere bei Kleinkindern so: Manchmal hinterläßt die Entfernung einer kompletten Hirnhälfte bei einem Säugling kaum Spuren (Wittrock, 1980).

Zwischen Regenerations- und Lernfähigkeit besteht ein umgekehrt proportionaler Zusammenhang. Ein Organismus hat entweder viel von dem einen oder dem anderen. Jacob (1982) drückt dasselbe aus, indem er sagt, der Mensch sei in erster Linie »zum Lernen programmiert«.

Kritik an den Theorien

Auf die Frage nach der besten Evolutionstheorie gibt es keine allgemein akzeptierte Antwort. Sowohl gegen die Lehrsätze Darwins als auch gegen die von Lamarck hat es Einwände gegeben. Soweit auf evolutionsbiologischem Gebiet Experimente durchgeführt wurden, fielen diese in der Regel nicht zu Lamarcks Gunsten aus, was gleichzeitig den Sheldrakeschen Standpunkt verstärkt in Frage stellt. Andererseits muß man feststellen, daß zu Lamarcks Theorien selten ernsthafte Experimente angestellt wurden. Statt dessen ist man überzeugt, daß er unrecht hat, und zwar infolge des Untergangs der idealistischen Philosophie sowie auf Grund der Feststellung, daß die DNA chemisch sehr stabil ist.

Lamarcks Theorie impliziert in gewisser Weise Erhalt von Information oder aber eine Vererbung erworbener Eigenschaften. Diese Meinung entspricht unserer Hypothese, daß das Gehirn stratifiziert aufgebaut ist und bis zu einem bestimmten Grad auch stratifiziert funktioniert. (Dies ist kein regelrechter Lamarckismus; die Tatsache, daß Eigenschaften erhalten bleiben, ist sowohl mit Lamarcks Theorie als auch mit der von Darwin in Übereinstimmung zu bringen.) Man kann Argumente für diese Geschichtetheit finden (sie stehen in diesem Buch), aber zu behaupten, daß sämtliche bisherigen Lebensformen ihre Spur in der menschlichen Anatomie, Physiologie und Psychologie hinterlassen hätten, ginge viel zu weit.

Auch Darwins Theorie hat ihre Unvollkommenheiten. Van den Berg (1984) bringt nicht weniger als fünfzehn Einwände vor. Ein bekannter Einwand ist der zirkelförmige Charakter der Argumentation (siehe Royce & Mos, 1979). Während eines Genetikkongresses gab ein Forscher bekannt, daß es ihm gelungen war, die Zahl der Bürstenhaare der Fruchtfliege zu vergrößern. Die so manipulierten Tiere erwiesen sich als lebensfähig, was die Frage aufwarf, warum die Natur diese Mutation oder Variation erlaube. Diskussionsteilnehmer bemerkten, die Mutation sei deshalb sinnvoll, weil die größere Zahl von Bürstenhaaren die Nahrungssuche vereinfache. In einer Parallelveranstaltung zeigte ein anderer Forscher, daß Fruchtfliegen mit weniger Bürstenhaaren als normal ebenfalls überleben. Dieses wurde dahingehend erklärt, daß man sagte, weniger Bürstenhaare seien beim Sexualkontakt von Vorteil, was ebenfalls im Zeichen des Überlebens stehe.

Ein Vorwurf, den man Darwinisten (deswegen) häufig gemacht hat, ist, daß die Theorie nicht »offen« sei. Man könne in Poppers Worten nicht falsifizieren, das heißt kein Experiment erdenken, dessen Ergebnis die Theorie widerlegt. Völlig berechtigt ist dieser Vorwurf nicht. In dem Beispiel der Fruchtfliegen können beide Veränderungen zu einem »reproduktiven Erfolg« beitragen. Das läßt sich überprüfen.

Ein Problem mit Darwins Theorie ist, daß unzählige Phänomene unbegreiflich bleiben, wenn man Variationen für zufällig und richtungslos erachtet. Viele Menschen finden, daß die Zielgerichtetheit und die Inventivität von Organismen im Widerspruch stehen zu der Sinnesleere, mit der die Natur den Darwinisten zufolge durchzogen ist. Die Evolution einfach als Herumstümpern oder Liebhaberei der Natur zu betrachten, das entspricht nicht dem Raffinement, das wir in ihr sehen oder zu sehen glauben.

Dieser streng christlichen Argumentation läßt sich jedoch etwas entgegnen. Abgesehen davon, daß in der Natur auch viele »schlechte Konstruktionen« vorkommen (nicht umsonst sind bisher 500 Millionen Arten ausgestorben), wollen wir offenbar nicht anerkennen, daß komplizierte Organismen auch dann zustande kommen können, wenn man den Zufall nur lange genug gewähren läßt. Gesetzt, wir versehen einen Computer mit elementaren Daten wie der Häufigkeit, mit der Buchstaben in Sprache vorkommen, sowie der Häufigkeit von Kombinationen zweier Buchstaben (Diagrammen), dreier Buchstaben (Trigrammen) usw., dann wird das Einschalten der Maschine irgendwann zur Produktion der gesamten Weltliteratur führen. Das ist bloß eine Frage der Zeit und eines großen Papierstapels. Außerdem hat der Mensch die Neigung, zuviel Ordnung im Zufälligen zu erblicken (Wagenaar, 1972). Nur wenige Menschen können eine zufällige Anordnung produzieren, und in einer tatsächlich zufälligen Anordnung erblicken wir häufig zu Unrecht eine Struktur.

Wie dem auch sei, ein Großteil des Widerstandes gegen Darwin konzentriert sich auf diesen Aspekt. Daß die Natur Sinn und Richtung kennen müsse, hat unter anderen Goethe gesagt. Er meinte, die Evolution von Pflanzen beruhe auf einer vielerlei Merkmale und Möglichkeiten in sich tragenden »Urpflanze«. Die Urpflanze enthalte ein allgemeines Thema oder eine Blaupause. Die Evolution produziere im Lauf der Zeit erscheinende Varianten. Goethe zufolge ist es undenkbar, daß dabei lediglich der Zufall regiert.

Goethe wurde in gewisser Hinsicht von Thompson (1942) unterstützt, der 1917 bereits eine erste Version eines faszinierenden Buchs über Formen publizierte (siehe Kapitel 6). Fische haben gemeinsame Merkmale, kennen aber auch große

Unterschiede in Form oder Gestalt. Thompson hat einen Fisch auf Millimeterpapier gezeichnet. Die Punkte auf der Oberfläche des Fisches lassen sich so mit simplen Koordinaten beschreiben. Thompson verwendete elastisches Graphikpapier. Wenn man daran zieht, verändert sich dessen Form. Thompson zeigt, daß mit solchen Verformungen unzählige existierende Fischarten nachgebildet werden können. Dasselbe tat er mit nachgezeichneten Tierschädeln und konnte auf diese Weise den Schädel eines Affen oder auch eines Menschen »konstruieren«. Seine Schlußfolgerung ist, daß die Natur sich nicht einfach drauflosentwickelt. Es unterstellt eine Blaupause. Diese verweise auf einen »Erschaffer«. Wie ein Erschaffer oder ein Plan auf ein Ziel ausgerichtet sei, so kenne die Evolution Sinn und Richtung.

Auch diese Argumentation fordert zu Entgegnungen heraus. Man kann auf vielerlei Art an elastischem Material ziehen und dergestalt alles mögliche »beweisen«.

Abgesehen davon ist der Zufall durchaus zu vereinen mit dem Erhalt einer ebenso zufällig entstandenen Grundstruktur: dem allgemeinen Plan. Auch die Mandelbrot-Mengen stellen keine direkte Unterstützung von Thompsons Auffassungen dar (siehe Kapitel 6). Ingeniöse »Pläne« können auf einfachen, sich selbst wiederholenden genetischen Codes beruhen. Es ist nicht so, daß ein kompliziertes System einen komplizierten Plan voraussetzt: Einfache Codes können zu komplizierten Strukturen führen. Das Stapeln von Dreiecken entsprechend einer simplen kleinen Regel ergibt eine wunderbar geformte Schneeflocke.

Es geht in dieser Diskussion nicht nur um Komplexität, sondern hauptsächlich um *Zielgerichtetheit*. Leider ist dies kein empirisch erfahrbarer Sachverhalt, dem man sich mit Hilfe von Experimenten nähern kann. Scheinbar intelligentes Verhalten werden wir so lange für intelligent halten, wie wir kein Auge für die mechanistischen, simplen Regeln oder Prozesse haben, auf denen es möglicherweise beruht. Ob der Uhrmacher jedoch blind ist oder nicht, läßt sich nicht ausmachen.

Über eine Sache ist man sich einig: Im Verlauf der Evolution sind, nach vielen Fehlschlägen, immer komplexere Organismen entstanden. Wir haben gesagt, daß innerhalb des Nervensystems von Säugetieren und vor allem des Menschen eine merkwürdige Art von Funktionsaufteilung oder gar eine Aufgabentrennung existiert. Auf Grund welcher Strategie entstehen solche Konstruktionen? Hierzu gibt es zwei allgemeine Auffassungen: Die Evolution arbeitet vor allem auf der Grundlage von Stratifizierungen (»Stapeln«) oder auf der Basis von Integration.

Integration

Integration bedeutet, daß im Verlauf der Evolution das »Niedere« beim Höheren untergebracht wird. Alte Strukturen und Funktionen werden zu Bestandteilen einer höheren Organisationsform. Dadurch gehorchen sie nach einiger Zeit anderen Gesetzen. Anders ausgedrückt: Beim Menschen scheint es zwar instinktive Verhaltensweisen zu geben, doch dürfen diese nicht mit dem instinktiven Verhalten eines Reptils verglichen werden. Bei uns sind Instinkte Bestandteil einer höheren Ordnungsebene. Die Instinkte sind beim Menschen nicht gänzlich verschwunden, aber sie befinden sich in einem Netzwerk, in welchem sie kein gesondertes Dasein führen. Der Mensch zeigt lediglich instinkthafte Verhaltensweisen. Außerdem sind wir bis zu einem bestimmten Grad Meister unserer Instinkte. Diese sind schließlich mit unserem Verstand und unserem Bewußtsein verwoben. Der Arzt und Psychologe F. J. J. Buytendijk sprach davon, daß der Mensch ein Meister sowohl über seine Reflexe als auch über seine Instinkte sei.

Geistesgeschichtlich ist diese Auffassung der idealistischen Philosophie verwandt. Die Wirklichkeit entwickelt sich in Form einer Reihe von »Ideen«; primitive Ideen werden in eine neue und höhere Synthese aufgenommen. Dieses Prinzip taucht auch in der heutigen phänomenologischen Philosophie Husserls auf. Deren Zentralthese lautet, daß im Menschen alles ordentlich miteinander zusammenhängt. In dieser Sicht (maximale Integration) sind wir eine »Einheit im Sinn«. Zu erwarten ist, daß auch Sozialwissenschaftler häufig zu einem integrativen Standpunkt neigen, und sei es nur wegen ihrer Abneigung gegen die Biologie. Dasselbe gilt (kraft des Gottesgeschenks in Form einer Seele) auch für Theologen. Sogar in der Ethologie kommt diese Meinung vor: Manchen Ethologen zufolge hat bei höheren Tieren intelligentes Verhalten die Instinkte allmählich fast vollständig dominiert.

Ein gutes Buch zu diesem Thema ist Reynolds (1981). Reynolds sagt, daß Organisationsebenen in Wirklichkeit miteinander verwoben sind und daß wir *per definitionem* einer integrativen Sichtweise anhängen müßten. Natürlich hat er damit bis zu einem gewissen Grad recht. Wir bringen ein Beispiel, das er selbst übrigens nicht nennt:

Vermutlich wird Anorexia nervosa (Magersucht) in erster Linie durch ein sozial-gesellschaftliches Schlankheitsideal verursacht (Tuiten & Panhuysen, 1989). Ein Mädchen sieht sich diesem Ideal gegenübergestellt. Sie beschließt, diesem zu genügen, indem sie abnimmt. Das gelingt, indem man viel Sport betreibt und/oder wenig ißt. Letzteres bedeutet, daß ein Instinkt vom Verstand aus erfolgreich gehemmt wird. Das Ergebnis ist Gewichtsabnahme. Als Folge dessen verschwindet ein großer Teil des Fettgewebes. Das führt dazu, daß weibliche Geschlechtshormone nicht mehr im Fett abgelagert werden können. Ein gestörtes hormonales Gleichgewicht ist die Folge. Weil die Erlebniswelt unter anderem durch Hormone beeinflußt wird, verändert sich das Mädchen auch in psychischer Hinsicht. Ihr wird klar, daß sie ihre sexuelle Anziehungskraft verloren hat, und sie möchte das so belassen. In gewisser Weise ist das Mädchen biologisch auch kein Sexualpartner mehr, weil die Menstruation inzwischen aufgehört hat. Biologische, soziologische und psychologische Mechanismen greifen bei Anorexia nervosa ineinander, ebenso Instikte, Emotionen und Denkprozesse. Natürlich widerspricht niemand der Tatsache, daß zwischen Instinkten, Emotionen und dem Denken eine Beziehung vorliegt. Es geht jedoch um die Frage, in welchem Ausmaß es Integration und Zusammenhang gibt.

Das erinnert an frühere Bemerkungen über Ethologen. Auch wenn es wahr ist, daß Instinkte bei Tieren weniger wichtig werden, je besser höhere Funktionen entwickelt sind, darf man daraus nicht folgern, daß die Instinkte verschwunden seien. Das Verhaltensrepertoire des Tiers ist erweitert worden, doch Instinkte gehören nach wie vor dazu. Außerdem kann ein Instinkt auf zweierlei Weise umschrieben werden: als Verhalten und als eine Äußerung bestimmter Gesetze. Es ist möglich, daß Instinkte als Verhaltensformen bei Mensch und Tier identisch sind, daß aber die Gesetze, denen dieses Verhalten gehorcht, bei uns eine kompliziertere Struktur haben. Umgekehrt ist es denkbar, daß Verhaltensweisen Unterschiede aufweisen, daß diese beim Menschen aber auf Gesetzen beruhen, die ganz genau so strukturiert sind wie bei Tieren. Die Frage, ob man Instinkte als solche erkennt, hängt also zum Teil von der Frage ab, ob man auf das Verhalten achtet oder auf die Gesetze, denen dieses Verhalten genügt.

Daß Reynolds von seinem integrativen Standpunkt nicht allzu überzeugt ist, zeigt sich ein wenig später an der Bemerkung, es sei die Aufgabe von Mensch und Tier, Integration zustande zu bringen. Das darf man moralisierend sagen, doch folgt daraus nicht, daß die Evolution dieses Stadium erreicht hat, ja nicht einmal, daß sie es jemals erreichen wird. Ein Beispiel:

Wenn Menschen oder Affen physisch bedroht werden, schirmen sie ihr Gesicht mit einem Arm oder einer Hand ab. Menschen zeigen das gleiche Verhalten, wenn sie sich innerhalb eines Gesprächs oder Streits von jemandem in die Enge getrieben oder beleidigt fühlen. Reynolds behauptet, eine solche Gebärde bedeute beim Menschen somit etwas anderes als bei einem Affen. Dieser Standpunkt läßt sich nur schwer verteidigen. Der Unterschied zwischen Mensch und Affen beinhaltet lediglich, daß das Abschirmen des Gesichts bei uns unter zwei Bedingungen geschieht und beim Affen nur unter einer Bedingung. Die Gebärde hat bei uns eine Doppelfunktion, und zwar die des physischen und des psychischen Schutzes.

Eine solche Doppelrolle kann sehr gut mit einem phylogenetischen Restphänomen zusammenfallen. Es ist möglich, daß eine bestimmte Handlung eine eigene Funktion hat und daneben in einen »höheren Kontext« eingebettet ist. Während eines Gesprächs übermitteln wir mit Hilfe dieser Gebärde vielleicht bewußt die Botschaft, daß wir uns schlecht fühlen. Unter anderen Umständen (physischer Gefahr) kommt die gleiche Armbewegung reflexhaft zustande. Es geht nochmals nicht um die Frage, ob Integration vorliegt oder nicht, sondern um das Maß an Zusammenhang zwischen Gehirnfunktionen, anatomischer Lokalisierung und Prozessen und Verhaltensweisen.

Stapeln

Unter »Stapeln« verstehen wir, daß phylogenetisch alte Strukturen und Funktionen in späteren und höheren Organismen reproduziert werden. Ein Beispiel ist das Lernen.

Seit den sechziger Jahren hat man festgestellt (siehe Kapitel 4 und 5), daß Fragmente mancher durch die Hypophyse produzierter Hormone (wie ACTH und Vasopressin) dafür sorgen, daß konditionierte Reaktionen bei Tieren länger andauern und daß derartiges Verhalten unter dem Einfluß derartiger Stoffe schneller zustande kommt. Weil Konditionierungsgesetze bei Mensch und Tier gleich sind, darf man vermuten, daß diese Substanzen solche Auswirkungen auch beim Menschen haben. Wenn alle menschlichen Lernprozesse denselben Gesetzen gehorchten, ergäbe sich hieraus, daß das fragliche Hormonfragment eine »Lernpille« oder eine »Gedächtnispille« ist, die unter anderem bei lernschwachen Kindern und dementen Alten eingesetzt werden kann. Sorgsam durchgeführte Studien haben allerdings gezeigt, daß das nicht stimmt. Beim Menschen ist Lernen ein Gefüge von Prozessen, die nicht sämtlich den gleichen Gesetzen unterliegen (Razran, 1971). Die Gesetze des Lernens sprechen viel mehr für einen Standpunkt in Richtung des Stapelns, wie wir es auch anhand des Verhaltens von Tieren gezeigt haben. Der interessierte Leser siehe in diesem Zusammenhang auch Bateson (1980) über die Verteilung und Entwicklung psychischer Funktionen bei Mensch und Tier.

Integration bedeutet, daß wir *Transformation* in der belebten Natur sehen; beim Stapeln sehen wir *Akkumulation* (vergleiche auch Abbildung 3 a; Möglichkeit c geht in diese Richtung). Dieser zweite, ebenso extreme Standpunkt beinhaltet, daß der Mensch nichts anderes ist als eine Summe der belebten Natur plus einiger Zusätze in Form eines Verstandes sowie der Fähigkeit, differenzierte sprachliche und andere Symbole zu verwenden.

Auffassungen, die dem Stapeln eine stärkere Bedeutung beimessen, lassen sich naturgemäß bei vielen (jedoch nicht allen) Ethologen finden sowie in dem besprochenen Werk MacLeans. Ein Biologie-Theoretiker, der sich auf diesen Standpunkt stellt, ist Jacob (1982). Seiner Meinung nach hat die Natur die Neigung, neue Strukturen bereits bestehenden hinzuzufügen, anstatt letztere zu ersetzen. Das gelte auch für das Gehirn. Jacobs Interpretation des raschen Wachstums des Neocortex ist wenig ermunternd. Eine solche Arbeitsweise sei damit vergleichbar, »daß man einem alten Pferdekarren ein Düsentriebwerk hinzufügt«; Unfälle seien also kein Wunder.

In der Psychologie gibt es mindestens zwei Theorien, die von diesem Unterschied ausgehen. Nach dem Entwicklungspsychologen Jean Piaget ist die Entwicklung des Individuums ein beschleunigter Film der Entwicklung der Art. Der Mensch entfalte zunächst Instinkte (phylogenetisch alte Prinzipien); danach manifestierten sich »höhere« Verhaltensmöglichkeiten. Der Prozeß insgesamt verlaufe nach einem festen, stratifizierten Muster.

Ebendieses Prinzip findet sich im Werk Freuds. Ihm zufolge sind wir kaum Meister im eigenen Haus. Der Mensch werde von einem blinden, namenlosen »Es« getrieben (Sexualtriebe, Aggression) und müsse trachten, damit ins reine zu kommen. Nach Freuds Entwicklungspsychologie manifestiert sich im Kind zunächst das »Es« in Form eines ungehemmten Strebens nach Bedürfnisbefriedigung. Erst später komme das »Ich« (Verstand, Vernunft) zum Zuge.

Freud meint außerdem, daß jeder von uns eine erbliche Prähistorie in sich trage. Die Entwicklung eines Kindes werde von evolutionsgeschichtlich überlieferten, angeborenen Faktoren bestimmt, die dafür sorgten, daß jedes Kind nahezu die gleiche Entwicklung durchlebe. Einige Zitate aus Freuds Werk können dies erläutern (in: Lauteslager & van Hoorn,

1988). »Wir entscheiden uns für die Annahme, daß diese Ur-
zeiten ihren psychologischen Niederschlag in einem Erbgut
gefunden haben, das in jeder Generation lediglich erweckt
und nicht eigens mehr erworben werden muß.« Weiter soll
sich gezeigt haben, daß Kinder in vielerlei Hinsicht »nicht in
Übereinstimmung mit ihren eigenen Erlebnissen reagieren,
sondern instinktmäßig, den Tieren vergleichbar, in einer Art,
die allein durch die Annahme erklärbar ist, daß sie über phylogenetisches Wissen verfügen«. Diese Entwicklung gehorcht
ehernen Gesetzen: Die Erziehung könne an ihnen nichts ändern; das Kind greife, jedesmal wenn sein eigenes Erleben
nicht hinreiche, zu diesem phylogenetischen Erbe: »Es füllt
die Lücke in der individuellen Wahrheit mit prähistorischer
Wahrheit auf und ersetzt die eigene Erfahrung durch die Erfahrung seiner Vorväter.« (Man denke dabei auch an Butler;
Kapitel 6.) Jemand ist nach Freud psychisch gesund, wenn er
imstande ist, drei »Stockwerke« seiner Persönlichkeit zu integrieren; jedoch werde der Mensch dieser Gespaltenheit wegen
immer unglücklich bleiben.

Auch in der Soziologie kommt der Stratifizierungsgedanke
vor. Dürkheim (in: Reynolds, 1981) entfuhr folgender Seuf-
zer: »Wir können uns nicht moralisch anspruchsvoll verhalten, ohne eine Spaltung in uns selbst hervorzurufen. Wir müssen dann sündigen gegen die Instinkte und Neigungen, die
tief in unseren Leibern wurzeln.« Offenbar steht Dürkheim
in einer Linie mit Freud: Auch er spricht über Instinkte in
Begriffen von Sünde und Verstößen. Instinkte müßten durch
die Vernunft im Zaum gehalten werden; nur diese versetze
uns in die Lage, moralisch richtige Handlungen anzustreben
und auszuführen.

Linguistische Argumente

Die Debatte über Integration und Stratifikation ist teilweise
innerhalb und mit Hilfe der Linguistik geführt worden. Im
letzten Jahrhundert hat man festgestellt, daß Märchen verschiedener Kulturen gemeinsame Elemente aufwiesen. Rey-

nolds zufolge wurden Wortlisten angelegt, die zeigen sollten, daß es ein verbindendes Prinzip zwischen Menschen gab, die niemals miteinander in Kontakt gestanden hatten. Ein Beispiel ist das Wort Fuß: *foot* (englisch), *pied* (französisch), *Fuß* (deutsch), *voet* (niederländisch), *fotus* (gotisch), *podos* (griechisch), *padas* (sanskrit), *pedis* (lateinisch).

Wie schlagend solche Übereinstimmungen auch sein mögen, sie machen uns nicht gescheiter. Möglicherweise hat es ein »Urwort« für Fuß gegeben, das nach der Migration der Völker unterschiedliche Klänge und Formen angenommen hat. Zur Diskussion steht nicht die Frage, ob (universale) Gesetze die Sprachentwicklung beherrschen, sondern die Strategie, die die Evolution anwendet, und was daraus für das menschliche Verhalten folgt. Das Interesse derartiger Übungen ist lediglich gewesen, daß man durch Studien über die Verwandtschaft zwischen Sprachen auf den Gedanken kam, daß es zwischen Lebewesen ein historisches Band gebe.

Ein weiterer Anknüpfungspunkt aus der Linguistik ist folgender: Chomsky schreibt uns eine generelle und angeborene Fähigkeit auf der Ebene sprachlicher Syntax zu. Bei Kommunikation gebe es ein alle Menschen verbindendes Prinzip. Kinder aus verschiedenen, niemals miteinander in Berührung gekommenen Kulturen können in jungem Alter eine willkürliche Sprache perfekt lernen. Die Unterstellung, Kulturen seien durch ein einziges Gefüge linguistischer Gesetze miteinander verbunden, führte bei manchen zu der Ansicht, ähnlich habe der Mensch viel mit dem Tier gemein. Die Sprache verbinde Menschen miteinander, andere menschliche Verhaltensmöglichkeiten kämen jedoch auch bei Tieren vor und seien damit »vererbt«.

Derartige Argumentationen sind nicht bloß oberflächlich, sondern auch falsch. Wenn es um das Überbringen von Botschaften geht, sind Menschen und Tiere bis zu einem gewissen Grad vergleichbar. Es muß jedoch eine Unterscheidung getroffen werden zwischen Bedeutungen und den Regeln, anhand derer Bedeutungen überbracht werden, bzw. der Syntax einer Sprache. Ein großer Unterschied zwischen menschlicher Sprache (auch von Taubstummensprachen) und der Sprache von Tieren ist, daß letztere (beispielsweise Schimpansensprachen) wenig Syntax haben.

Wohl kann man auf Grund der Gesetze analoger Kommunikation den Gedanken des »Stapelns« verteidigen. Mensch und Tier zeigen, wenn sie eine emotionale Beziehung zu einem Artgenossen ausdrücken, in Körperhaltung, Gebärden un Mimik große Übereinstimmungen. Außerdem weiß jeder, daß die analoge und die digitale Komponente einer Botschaft einander durchaus widersprechen können. Das ist ein schönes Beispiel für Stapeln. Die evolutionsgeschichtlich neue diskursive Kommunikation funktioniert oft unabhängig von dem phylogenetisch viel älteren analogen Kommunikationssystem.

Macht die Natur Sprünge?

Integration und Akkumulation hängen mit der Frage zusammen, ob die Evolution allmählich oder sprungweise verläuft (siehe Boon, 1983). Die Anhänger beider Standpunkte wurden früher als Biometristen bzw. Saltationisten bezeichnet. Viele Wissenschaftler haben einem biometrischen Standpunkt angehangen.

Der Satz »Die Natur macht keine Sprünge« stammt von Aristoteles. Sowohl Lamarck als auch Darwin meinten, daß Veränderungen sich allmählich, das heißt in kleinen Schritten vollzögen. Wenn das wahr ist, müßten sich bei Fossilien ausreichend Zwischenformen finden lassen. Das ist nicht so recht gelungen. Die *missing links* sind zahlreich (van Waesberghe, 1988). Der Urvogel *Archaeopteryx* besaß Federn sowie ein Reptilgebiß. Er hätte also gut zwischen Reptilien und Vögeln stehen können, kam jedoch 50 Millionen Jahre »zu spät«. Ein anderes Beispiel ist die Stammform der Auster, die ohne irgendein Vorzeichen im Trias erschien. Darwin betrachtete das Argument der *missing links* als den ernsthaftesten Einwand gegen seine Theorie.

Große Veränderungen in der belebten Natur setzen übrigens keine genetischen »Makromutationen« voraus. Eine kleine Veränderung kann bereits große Folgen haben. Vielleicht können wir das mit der Buchstabenfolge in Wörtern vergleichen. Schon das Vertauschen einiger Buchstaben führt zu so unterschiedlichen Wörtern wie rot, Tor und Ort. Wenn wir lediglich einen Buchstaben (oder ein Gen?) ersetzen, kann aus einem Pilz ein Pelz werden.

Ebensowenig folgt aus dem biometrischen und dem saltationistischen Standpunkt per definitionem, daß die Natur integriert bzw. stapelt. Es ist denkbar, daß allmähliche Veränderungen mit einer geringen Integration neuer Strukturen einhergehen. Umgekehrt kann ein Sprung bedeuten, daß verschiedene Strukturen und Funktionen in der neuen Art ordentlich zusammenhängen. Intuitiv scheint der Saltationismus jedoch eher dem Stapeln und einer mangelhaften Integration verwandt zu sein. Man denke dabei auch an die Parabel von den beiden Uhrmachern.

Daß die Natur Sprünge macht, scheint in verschiedenerlei Hinsicht deutlich: Es gibt Vulkanausbrüche, nach dem Überschreiten einer bestimmten Schwelle entstehen von der einen Sekunde auf die andere Erdbeben oder kommt es, wie man sagt, zu Lebenskrisen (Prick, 1984), und vielleicht ist der Urknall noch das spektakulärste Beispiel.

Ein weiteres Argument für die Auffassung, daß die Natur springt und wahrscheinlich auch zum Stapeln geneigt oder gar genötigt ist, ist der Anfang des Lebens selbst. In Kapitel 2 erwähnten wir den unwahrscheinlichen Gedanken von Crick, einem der Entdecker des DNA-Moleküls. Er behauptet, das Leben sei von einer anderen, höherstehenden Kultur von einem anderen Planeten aus mit Hilfe einer Rakete zu uns exportiert worden (Crick, 1981). In diesem Fall muß erklärt werden, wie anderenorts Leben entstanden ist, was Crick unterläßt. Doch ist die Entstehung solch bizarrer Hypothesen verständlich. Es scheint nicht möglich zu sein, ein Modell zu ersinnen, das die Entstehung des Lebens auf allmählichem Wege erklärt. Ein wichtiges Stadium in diesem Prozeß ist das Entstehen und Fortbestehen der DNA als Trägerin des genetischen Codes. Ein biometrisches Modell impliziert, daß die DNA wahrscheinlich erst nach Zehntausenden von Jahren in eine höhere Organisation eingebettet wird, nämlich die Zelle.

Jedoch wurde nachgewiesen, daß eine nicht von Zellmembranen geschützte DNA eine Lebensdauer von lediglich einigen Tagen hat.

Man kann bezüglich der Entstehung des Lebens drei Standpunkten anhängen: Das Leben sei ein Produkt zufälliger Prozesse – oder spezifischer göttlicher oder vitaler Kräfte –, oder es handle sich um einen materiellen Prozeß, dessen Art wir noch nicht begreifen.

Die komplizierte Organisation und die Zweckmäßigkeit belebter Organismen stehen, wie schon früher bemerkt, in einem Spannungsverhältnis zu der Auffassung, daß Leben durch puren Zufall entstanden sei. Gegen diesen Standpunkt haben wir vorgebracht, daß (scheinbare) Ordnung das Resultat einer langen Periode sein kann, in der Unordnung beseitigt und Fehlschläge aufgeräumt wurden.

Ein weiteres Argument der »Sinnsucher« ist folgendes: Die Entstehung von Leben in mechanistisch-zufälliger Weise sei äußerst unwahrscheinlich, um nicht zu sagen undenkbar. Man könne die Wahrscheinlichkeit schätzen, mit der in der »Ursuppe« Kernsäuren entstanden seien, welche sich anschließend zur DNA aneinanderreihten. Dabei wird die Wahrscheinlichkeit der Entstehung eines Gens ausschließlich auf Grund von Zufallsprozessen ungefähr auf $1 : 10^{2.000.000}$ beziffert. Die Wahrscheinlichkeit, daß das genetische Material des Menschen auf diese Weise gebildet wird, sei $1 : 10^{600.000.000}$. Diese Zahlen bedeuteten, daß das Leben nicht zufällig sei. Die Erde sei erst 7×10^7 Sekunden alt: Es habe also längst nicht genug Zeit gegeben, um über den Prozeß von »Versuch und Irrtum« Leben entstehen zu lassen (Crea, 1988).

Wer an Rechenaufgaben und Argumentationen dieser Art glaubt, ist genötigt, an vitale oder göttliche Prinzipien zu denken oder daran, daß die Materie sich auf eine gänzlich andere Weise organisiert, als man bisher gedacht hat. Die letzte Möglichkeit ist in Kapitel 6 angeschnitten worden. Aus den Mandelbrot-Mengen ergibt sich, daß eine komplizierte Struktur auf der Grundlage einfacher Regeln gebildet werden kann. Wenn in diese Regeln »Selbstwiederholung« eingebaut ist, entsteht ein Organismus nicht dadurch, daß bestehenden Teilen endlos und allmählich neue hinzugefügt werden. Vielmehr erscheint er ziemlich plötzlich oder jedenfalls innerhalb einer begrenzten Zeitdauer. Auf der Grundlage von Rekursion kann ein komplexes System gewissermaßen in einem Sprung entstehen.

Wir gestatten uns auf Grund des Vorhergehenden drei Bemerkungen: Es ist nicht unwahrscheinlich, daß die belebte Natur oft springen muß. Zweitens können komplexe Strukturen (und das Leben) in kurzer Zeit entstehen. Zuletzt zeigt die Natur vielfach, daß sie dem Prinzip der hierarchisch gegliederten Selbstwiederholung gehorcht (siehe Kapitel 6). Die gleiche Organisation wiederholt sich oft innerhalb ein und derselben Struktur. Denkbar ist, daß bei lebenden Organismen komplette bestehende Organisationen in neue eingebettet sind. Das wäre ein (weiteres) Argument für die Aussage, daß der Mensch zusammengepackte belebte Natur ist und daß »alte« Strukturen und Informationen in uns weiterleben. Die Evolution muß sich dermaßen beeilen, daß eine solche Strategie unvermeidlich ist.

Wir fassen zusammen: Es gibt etwas mehr Hinweise auf Stratifizierung als auf Integration. Bei dem Machen von Sprüngen wird häufig an bereits bestehenden Systemen weitergestrickt werden (müssen). Tatsächlich enthält unser anatomischer Körper viele phylogenetisch alte Reste, was nicht für eine weitgehende Integration spricht. Auch in seinem Verhalten gleicht der Mensch zu einem Teil dem Tier (Kapitel 2).

Psychologie und Evolutionsbiologie

In der Psychologie ist das Thema Integration versus »Stapeln« verschiedentlich wiederzufinden. Wie in Kapitel 5 erwähnt, streben die »großen Theorien« danach, den Menschen zu monopolisieren, sei es, indem bestimmte Verhaltensweisen für äußerst wichtig erachtet werden, oder sei es, indem man so viel wie nur möglich auf Grund einer beschränkten Zahl von Prinzipien oder Gesetzen erklärt.

Der Behaviorist interessiert sich für Lernprozesse und möchte diese möglichst in einem einzigen System von Konditionierungsprinzipien einfangen. Es wird sogar versucht, sämtliches Verhalten auf eine Form der Konditionierung zurückzuführen. Behavioristen konnten Erfolge verbuchen (wie bei programmierter Instruktion und Verhaltenstherapie), aber ob sie einen nennenswerten Zugriff auf höhere Prozesse wie Denken und Sprache haben, ist fraglich. Jedenfalls wird ihnen dieser Anspruch von anderen streitig gemacht. Daneben gibt es zahlreiche Gebiete in der Psychologie, zu denen ein Behaviorist nichts zu sagen hat. Beispiele sind die Wahrnehmungsgesetze und optische Illusionen. Der Behaviorismus kann zwar etwas über höhere Organisationsformen und Verhaltensweisen aussagen, jedoch nicht einmal annähernd alles. Die technologische Metapher dieser Strömung weist eine gewisse Ähnlichkeit mit einer Telefonzentrale auf.

Der Psychoanalytiker beschäftigt sich vornehmlich mit dem limbischen System, dem »Sitz« der Emotionen. Auch der Analytiker wendet sich einer wesentlichen Seite des Daseins zu, kann jedoch zu anderen Aspekten als der Welt der Gefühle nur wenig beitragen. Die mechanistische Analogie, die bei Freud einen zentralen Platz einnimmt, ist die Dampfmaschine. Viele Passagen in seinem Werk verweisen auf Dampfmaschinen, Rangiergelände und ähnliches (siehe Russelman, 1983).

Der kognitive Psychologe zuletzt konzentriert sich auf »Informationsverarbeitung« in der nicht-emotionalen Bedeutung des Wortes, also die Gesetze der Wahrnehmung, des Denkens, Lernens, Behaltens, Vergessens, der Sprache und so weiter. Er beschäftigt sich vor allem mit artentypischen Prozessen im Neocortex (und kaum mit individuellen Unterschieden). Dadurch hat er über Prozesse, die sich im limbischen System oder im Reptilienhirn abspielen, wenig oder gar nichts zu sagen. Die wichtigste Metapher des kognitiven Psychologen ist der Computer (Informations*verarbeitung*); kurz nach dem Zweiten Weltkrieg verwies man auch häufig auf Radios und Radarsysteme (Informations*transmission*).

In Begriffen von Mensch-Maschine-Vergleichen könnten wir sagen, daß der Mensch drei technologische Produkte in seinem Kopf hat: eine Telefonzentrale, eine Dampfmaschine und einen Computer. Diese drei sind in technischer, aber auch in physiologischer und psychologischer Hinsicht nicht unter einen Nenner zu bringen.

Aus dieser Sicht ist nicht die Psychologie eine zerrissene Wissenschaft; die Zerrissenheit steckt primär im Objekt des Faches: dem Menschen. In der Seelenkunde versuchen unterschiedliche Strömungen ihre Ansprüche gegenüber dem Objekt Mensch in geradezu imperialistischer Manier geltend zu machen. Der Mensch als »Ganzes« läßt sich jedoch nicht verstehen, wenn man einzig vom Behaviorismus, der Psychoanalyse oder der kognitiven Psychologie ausgeht.

Von den Hauptströmungen scheint der Behaviorismus noch am ehesten dem von uns verteidigten Standpunkt zu entsprechen. Die Unterscheidung in instinktives, operantes und intelligentes Verhalten erinnert in etwa an die besprochene Dreiteilung des Gehirns. Hieraus folgt jedoch nicht, daß wir eine ausdrücklich behavioristische Sicht verteidigt hätten. Der Kern des Behaviorismus ist schließlich, daß ein System von Gesetzen so gut wie alles auf dem Gebiet des Lernens und des intelligenten Verhaltens erklärt. So wird in diesem Lager behauptet, daß die Sprache und andere höhere kognitive Prozesse lediglich dazu dienten, primitivere Prozesse zu beschleunigen (Razran, 1971). Diese Meinung haben wir bestritten.

Unser Standpunkt paßt jedoch wohl einigermaßen zu dem (liberaler) Behavioristen wie Crombag (1989b). Crombag läßt keinen Zweifel darüber aufkommen, daß der Mensch stratifiziert gebaut ist und daß hier Gesetze oder Prinzipien unterschiedlichen Typs am Werk sind.

»Die hohe Geschwindigkeit, mit der der Mensch als Art entstanden ist, hat zur Folge gehabt, daß verschiedene überlebenswichtige Mechanismen sich nicht recht integriert haben. In jedem Menschen befinden sich drei ›Persönlichkeiten‹: Unsere tierische Persönlichkeit, versehen mit Instinkten, die funktionieren, sobald ein Reiz sie hervorlockt; unsere Persönlichkeit als Raubtier, die in ihrem Streben nach kurzfristigem Überleben und nach Bedürfnisbefriedigung andauernd auf die Folgen unseres Verhaltens achtet; und unsere intelligente Persönlichkeit, die untersucht, wie die Welt gebaut ist, und die

uns anspornt, vernünftige und anständige Dinge zu tun. Diese drei Persönlichkeiten leben zusammen in ein und demselben Haus, aber sie kommen nicht allzu gut miteinander zurecht.«

Crombags Einteilung in »Persönlichkeiten« weicht nicht prinzipiell von dem ab, was wir gesagt haben.

Natürlich ist es nicht so, daß mit diesem Buch alle Gegensätze in der Psychologie weggewischt oder hinreichend »gedeutet« wären. Man kann und darf viel strengere Anforderungen an das vorgestellte Modell stellen. Derartigen Anforderungen kann jedoch nur dann entsprochen werden, wenn eine ausführliche Taxonomie des Verhaltens zur Verfügung steht. Leider hat die Psychologie diese noch nicht erstellt (was bisher auch schlecht möglich war, weil auch eine Taxonomie eine Theorie voraussetzt; siehe Kapitel 1).

Wozu das alles? Mit einem derartigen Werkzeug in Händen müßten wir imstande sein zu zeigen, daß primitive, instinktive Reaktionen und dazu passende (Konditionierungs-) Gesetze und Verhaltensweisen relativ einförmig sind (siehe Kapitel 6). Die entsprechenden Funktionen sind reptilhaft; sie sind durch und durch erprobt und zeigen wenig individuelle Variation. Hiervon existieren in der Psychologie lediglich Ahnungen.

Etwas mehr Variation müßte auf der Ebene des limbischen Systems zutage treten. Auch dieses System ist ein ausführlich »ausgetestetes« evolutionsgeschichtliches Produkt. Die Erblasser sind jedoch viele unterschiedliche Tierarten, die, wie wir unterstellen, in uns »herumstümpernd« eine Mixtur hinterlassen haben, in der etwas mehr Variation steckt. Auf die im Vergleich zu höheren kognitiven Prozessen relative Einförmigkeit im emotionalen Bereich haben wir bereits hingewiesen.

Schließlich müßten wir aufzeigen, daß die Funktionen des Neocortex, das heißt höhere kognitive Prozesse und nicht basale Wahrnehmungsgesetze, typisch menschlich und zugleich individuell sehr unterschiedlich sind. Was Intelligenz und Persönlichkeitsmerkmale betrifft, ist dies eine geläufige Beobachtung.

Warum sollte man in den »typisch menschlichen« Bereichen viele Unterschiede antreffen müssen? Evolutionsge-schichtlich gesprochen haben das Reptilien- und das Säuge-tierhirn ihren Wert bewiesen. Der Mensch ist entstanden, weil die Evolution ein Problem nicht mit Hilfe verfügbarer Struk-turen und Funktionen lösen konnte. Für dieses Ziel wurde in hohem Tempo der Neocortex entwickelt. Die Variation in-nerhalb der Gattung Mensch geht vornehmlich auf das Konto von Prozessen, die mit intelligentem Verhalten und Sprache zu tun haben. Es geht hier also um den Neocortex.

Zuletzt müßte das Unterfangen zu dem Ergebnis führen, daß auf den unterschiedlichen Ebenen Gesetze unterschiedli-chen Typs gelten. Das haben wir nicht in einer jeden überzeu-genden Art aufzeigen können. Unter anderem durch das Feh-len einer Taxonomie des Verhaltens läßt sich auch diese Frage hier nicht recht beantworten. In Teilgebieten ist diese Diskus-sion, wie bereits bemerkt, jedoch schon im Gange. Zu denken wäre an den Streit zwischen den Behavioristen und den kognitiven Psychologen über Erwerb und Gebrauch von Sprache.

Gibt es Zusammenhänge zwischen Gesetzen?

Wir kommen zurück auf die Fraktale und die sogenannte Chaostheorie. Kennzeichnend für die wissenschaftliche Re-volution war, daß die Wirklichkeit als ein deterministisches System aufgefaßt wurde. Alle Phänomene waren Bestandteile eines Netzwerkes von Ursachen und Wirkungen. Abgesehen von Kettenreaktionen gehorcht das Kausalitätsprinzip außer-dem quantitativen Relationen: Gleiche Ursachen haben glei-che Wirkungen, kleine Ursachen haben kleine Wirkungen, große Ursachen führen zu eingreifenden Veränderungen. Weil die Welt ein gigantisches Uhrwerk ist, kann der Mensch im Prinzip alles vorhersagen.

Illustrativ für diese Auffassung ist ein Zitat aus dem 19. Jahrhundert, das dem Werk des Physikers Laplace entnom-men ist (in: Verhulst, 1991). »Ein intelligenter Geist (...) wür-de die Bewegung der größten Himmelskörper und des leichtesten Atoms im Weltall in einer einzigen Formel zusammenfassen können: Für eine derartige Intelligenz wäre nichts unsicher, und sowohl die Zukunft als auch die Vergangenheit stünden ihr vor Augen.«

Letztlich als deterministisch betrachtete Systeme sind in der Praxis aber wegen ihrer großen Komplexität oft schwer vorhersagbar. Das gilt zum Beispiel für das Wetter und für makroökonomische Prozesse. Das wäre jedoch kein Problem, wenn wir nur mehr über den Anfangszustand des Systems erfahren würden und imstande wären, alle Variablen richtig zu messen. Kurz: Man hat versucht, das deterministische Weltbild so lange wie möglich zu »retten«, indem man in Fällen mangelhafter Erklärungen und vor allem Vorhersagen auf einen möglichen Mangel an Messungen hinwies.

Diese Sichtweise steht jetzt in der Chaostheorie zur Diskussion. Das Treffen von langfristigen und selbst kurzfristigen Vorhersagen ist häufig nicht möglich. Es stimmt nicht, daß kleine Störungen durchweg kleine Folgen haben, wie es in der Natur deterministischer Systeme liegt. Beinahe gleiche Ursachen können gänzlich unterschiedliche Wirkungen herbeiführen, wichtige Ursachen oder Eingriffe können mit minimalen Wirkungen einhergehen, und kleine Störungen haben mitunter enorme Konsequenzen. Beim Wetter deutet man das letzte Phänomen mitunter als Schmetterlingseffekt an (siehe Kapitel 6). Letztendlich wird das Wetter nämlich von winzigen Phänomenen bestimmt: Ein auffliegendes Insekt, das Lüften eines Hauses oder das Entzünden eines Grillfeuers beeinflussen die Atmosphäre in der Straße, diese hat Einfluß auf die atmosphärischen Umstände in der Stadt, der atmosphärische Zustand in der Stadt wirkt sich landesweit aus, usw. Obwohl die Atmosphäre deterministisch funktioniert, werden wir atmosphärische Prozesse niemals in den Griff bekommen. Das liegt an der Unmöglichkeit, eine unendliche Zahl von Variablen und eine unendliche Zahl von Dezimalstellen zu messen und in einen Computer zu füttern.

Ausgehend von den Möglichkeiten unseres Wissens kann man die Wirklichkeit in drei unterschiedliche Systemtypen einteilen bzw. in Systeme, die drei Zustände kennen, nämlich:

– Determinismus; eine einzige Situation;
– mehr als eine Situation;
– eine unendliche Zahl möglicher Situationen (chaotischer Zustand).

Über einen kurzen Zeitraum gerechnet, verhält sich das Wetter wie ein deterministisch bestimmtes System: Für eine Frist von einigen Minuten lassen sich ziemlich exakte Vorhersagen treffen. Längerfristig sind jedoch unterschiedliche Szenarien denkbar: Ein Land wird von einem Hochdruckgebiet oder von einem Tiefdruckgebiet beeinflußt. Für beide Fälle können die Witterungsumstände recht ordentlich vorhergesagt werden, aber es ist nicht möglich, Aufschluß über die Frage zu erlangen, ob nun das Hochdruckgebiet oder die Depression das Land erreichen wird. Ein Metereologe wird in diesem Fall zwei Wettervorhersagen zusammenstellen, sich jedoch nicht zwischen den beiden Vorhersagen entscheiden können. Noch längerfristig ist die Zahl möglicher Zustände der Atmosphäre dergestalt, daß sich überhaupt keine Vorhersage mehr treffen läßt. Die Grenze liegt bei etwa fünf Tagen.

Die Ursache dieser Beschränkung ist nicht, daß es zu wenig Meßpunkte auf der Erde gibt oder daß die installierten Computer zu träge wären. Auch wenn man viel mehr über die atmosphärischen Bedingungen zu einem bestimmten Zeitpunkt wüßte, bliebe die Unsicherheit. Wie wir bereits sahen, ist über eine Periode von mehr als fünf Tagen die Wetterentwicklung mit abhängig von dem Verhalten von Mensch und Tier. Ein Zahlenbeispiel ist geeignet, die drei genannten Formen oder Stadien zu illustrieren.

Viele Parameter in der Natur verändern sich nicht bis ins Unendliche, sondern gehorchen einer gebremsten Wachstumsfunktion des Typs $f(x) = rx(1-x)$. Nehmen wir zum Beispiel ein Biotop mit verschiedenen Säugetieren. Die Kaninchen umfassen die Proportion x des totalen Tierbestands. Wenn $x = 0,2$ ist, machen die Kaninchen also 20 Prozent aus. Die Zahl der übrigen Tiere ist $(1-x)$. Daraufhin vermehren sich die Kaninchen. Der nächste x-Wert ist gleich $rx(1-x)$. Die Größe r ist eine Proportionalkonstante oder, was in diesem Fall deutlicher ist, eine Zahl, die die Fortpflanzungsgeschwindigkeit (sowie die Nahrungsmenge und die Zahl der natürlichen Feinde) angibt. Gesetzt, wir wählen für r den Wert 2. Im ersten Jahr (um irgendeine Zeitspanne zu wählen) haben wir es mit 20 Prozent Kaninchen zu tun. Für das nächste Jahr gilt: 2.{0,2(1−0,2)} = 0,32, was bedeutet, daß die Kaninchenpopulation auf 32 Prozent angewachsen ist. Wieder ein Jahr später ist die Situation: 2.{0,32(1−0,32)} = 44 Prozent. Die Prozentzahl steigt allmählich bis zum Endwert 50 an. Bei r = 2 besteht also maximal die Hälfte der Tierpopulation aus Kaninchen. Bei dieser Proportionalkonstante läßt sich also vorhersagen, was geschehen wird: Die Population wächst in vorhersagbarer Weise.

Die Vorhersagbarkeit des Prozesses hängt jedoch stark von der Größe von r ab. Wenn r gleich 3 ist, ergeben sich *zwei einander abwechselnde* Endwerte, nämlich 65,9 und 67,4 Prozent. Wenn man 65,9 in die Gleichung einsetzt, ist das Ergebnis 67,4, und bei 67,4 ist das Ergebnis 65,9. Es entsteht dann also die merkwürdige Situation, daß in einem Jahr die Kaninchenpopulation 66 Prozent ausmacht und im nächsten Jahr 67, usw. Anders gesagt: Bei r = 3 kennt das System zwei Zyklen bzw. entsteht in der gebremsten Wachstumsfunktion eine Gabelung oder Bifurkation. Auch bei einer Konstante von 3,2 gibt es zwei Zyklen, nämlich 79,9 Prozent und 51,3 Prozent. Vergrößern wir r auf 3,5, entstehen vier Zyklen (abgerundet: 88, 38, 83 und 50 Prozent), bei r = 3,74 ergeben sich fünf Zyklen, und wenn r größer als 3,74 ist, entsteht zunehmend Chaos oder die (praktische) Unmöglichkeit einer Vorhersage. Die Zahl der Bifurkationen nimmt also mit der Größe von r rasch zu. Bei Tierpopulationen sind derartige Wechsel tatsächlich bekannt.

Bei einem großen r-Wert kann das System sich also in einer sehr großen Zahl berechenbarer Zustände befinden, aber welcher dieser Zustände eintreten wird, läßt sich nicht vorhersagen. Der Begriff »Unvorhersagbarkeit« muß also insoweit modifiziert werden, als man häufig zwar die vorhandenen Möglichkeiten ausrechnen kann, dabei jedoch nicht imstande ist, die tatsächlich eintretende Situation vorherzusagen. Diese gebremste Wachstumsfunktion ist schematisch in Abbildung 13 wiedergegeben.

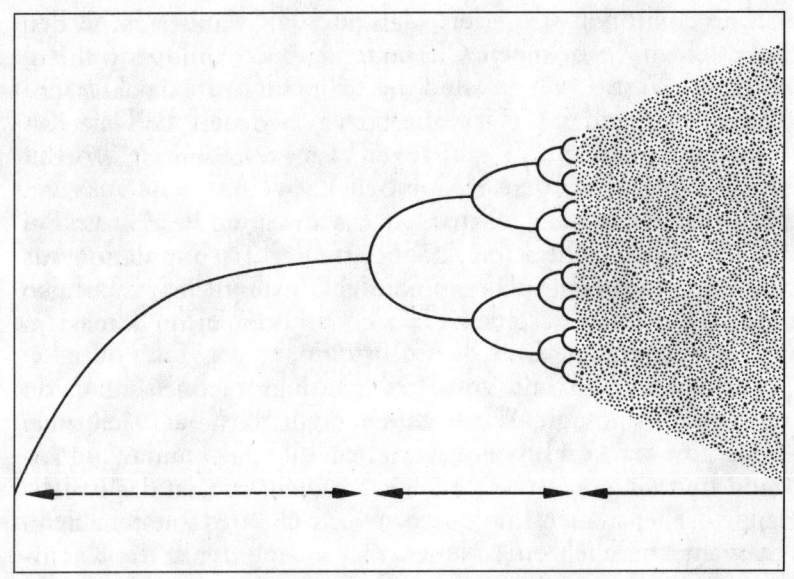

Abbildung 13. Der Zusammenhang zwischen der Proportionalkonstanten und dem Endwert eines Prozesses.

Das Vorhersagen bestimmter Ereignisklassen ist nicht möglich. Oft geht es in diesen Fällen um sogenannte nichtlinear funktionierende, dynamische Systeme. Sie haben als wichtiges Merkmal, daß sie disproportional auf Reize oder Störungen reagieren; das Prinzip »Kleine Ursachen haben kleine Wirkungen« gilt hier nicht. Eine kleine Störung kann enorme Konsequenzen haben und umgekehrt.

Chaotisch verlaufende Prozesse gehen in der Natur mit merkwürdigen Formen einher, die Fraktale genannt werden. Hierbei geht es oft um Formen, die sich in sich selbst wiederholen (Selbstähnlichkeit). Beispiele sind ein Blumenkohl, Cumuluswolken, eine Küstenlinie oder ein Farn (ein Farn ist ein Farn in einem Farn, usw.). Fraktale treten jedoch auch auf der Ebene der Zeit auf. Eines der ersten Beispiele dessen ist eine Beobachtung des Mathematikers Benoit Mandelbrot gewesen: Die Häufungen von Störungen in bestimmten Telefonleitungen zeigten langfristig und kurzfristig ein sich selbst wiederholendes Muster (siehe Kapitel 6).

Die Anatomie suggeriert, daß auch viele biologische Prozesse einen chaotischen Charakter haben (Goldberger, Rigney und West, 1990). So sind die Bronchien, die das Herz mit Blut versorgenden Gefäße, die Hirngefäße und die Darmzotten fraktal geformt. Es gibt sogar Hinweise, daß die Struktur des gesamten Körpers sich möglicherweise in einem seiner Einzelteile, etwa der Ohrmuschel, widerspiegelt. Man vermutet, daß chaotische Prozesse in der belebten Natur oft vorkommen, weil sie außergewöhnlich flexibel sind. Für Lebewesen bedeutet das, daß sie sich an zahlreiche Umstände anpassen können. Daß dieses Prinzip in der Tat Gültigkeit hat, zeigt sich anhand von Beobachtungsergebnissen aus der (Patho-)Physiologie. Wir kommen demnächst darauf zurück.

Es gibt starke Hinweise, daß instabil funktionierende Organe und Organsysteme auf Gesundheit und eine statistisch lange Lebensdauer hindeuten. Wechselhaftes Funktionieren ist wahrscheinlich eine Nebenerscheinung der großen Sensibilität, mit der ein System auf Reize aus der Umgebung reagiert. Ein konstant funktionierendes Organ ist nicht mehr in Regelkreise eingebettet, und es ist nicht mehr gut in der Lage, auf Veränderungen zu reagieren. Man darf als Regel sagen, daß Organe und körperliche Systeme instabil funktionieren sollen. Einige Beispiele:

Es ist bekannt, daß das Herz unregelmäßig schlägt; ein Phänomen, das übrigens nicht am Puls gefühlt werden kann. Man nennt dieses Phänomen die »Sinusarithmie«. Die Unregelmäßigkeit nimmt bei körperlicher Anstrengung stark ab. In der Psychologie ist einmal festgestellt worden, daß sich die Unregelmäßigkeit des Herzschlags ebenfalls verringert, wenn jemand sich geistig anstrengt. Woher das kommt, ist nicht bekannt (Hettema, 1967).

Die Merkmale der Arithmie können mit Hilfe der Fourieranalyse beschrieben werden. Jede mathematische Funktion ist als die Summe einer großen Zahl von Sinuskurven zu betrachten. Eine solche Analyse der Sinusarithmie zeigt, daß die Unregelmäßigkeit sich aus einer großen Zahl von Wellenbewegungen unterschiedlicher Frequenzen aufbaut. Eine nähere Bearbeitung und Beschreibung dieser Kurve führt zu einem »Phasenporträt« (hierbei wird die Amplitude des Signals als

Funktion der in der Zeit verschobenen Amplitude geschrieben). Beim Verhalten des Herzens ergeben sich vereinfacht drei Möglichkeiten:

Ein sehr regelmäßig pumpendes Herz hat ein Phasenporträt, das aussieht wie ein Punkt oder ein kleiner Fleck (bei großem Regelmaß läuft die Unregelmäßigkeit ja gegen null). Bei manchen Menschen liegt zwar eine Sinusarithmie vor, doch besteht diese hauptsächlich aus lediglich einer Frequenz. Das Porträt ist jetzt wolkenförmig. Ein Herz mit gesunder Sinusarithmie schließlich produziert ein Phasenporträt in Form zweier aneinandergrenzender Wolken.

Man hat entdeckt, daß die Struktur des Phasenporträts des Herzens wichtig ist. Ein punktförmiges Bild, das einem mit dem Gleichmaß eines Metronoms schlagenden Herzen entspricht, ist bei Menschen beobachtet worden, die innerhalb sehr kurzer Zeit mit einer großen Wahrscheinlichkeit an einem Herzstillstand zu sterben drohten. Auch die einfache Wolke verheißt nichts Gutes. Die doppelte Wolkenform dagegen deutet auf ein gesundes Herz hin. Auf Grund von Beobachtungen wie diesen neigen Physiologen dazu, das schwankende, chaotische Klopfen des Herzens als ein Zeichen guten Funktionierens zu betrachten.

Etwas Derartiges hat man auch beim Blutdruck festgestellt. Ein launisch wechselhafter Blutdruck verweist oft auf einen gesünderen Organismus als ein konstanter, vielleicht sogar relativ niedriger Wert. Wer einen stark wechselnden Blutdruck hat und im falschen Augenblick zum Arzt geht, läuft also Gefahr, sich zu Unrecht Medikamente verschreiben zu lassen.

Der Zusammenhang zwischen »chaotischem Verhalten« und Gesundheit gilt auch für andere Prozesse. So weist die Atmung ebenfalls chaotische Merkmale auf. Die Zahl der weißen Blutkörperchen hat ebenfalls in unvorhersagbarer Weise zu wechseln.

Eine andere Beobachtung der letzten Jahre ist, daß die Variation abnimmt, sobald ein kränklicher Zustand eintritt. Bei bestimmten Formen von Blutkrebs ist die Zahl der weißen Blutkörperchen viel konstanter als gewöhnlich. Das gleiche Prinzip gilt auch für das Gehirn. Noch bevor die Chaostheorie von sich reden machte, schrieb Touwen (1984), daß die normale Entwicklung oft unzusammenhängend und variabel sei (siehe auch van Geert, 1991). Bei Beschädigungen, sagt Touwen, werde die Variabiliät durch stereotypes Funktionieren ersetzt. Variable Reaktionen und Funktionen wichen dann (erneut) starren Reflexen. Etwas Derartiges ist der Fall bei degenerativen Krankheiten wie ernsthafter Demenz, bei der primitive Saug- und Greifreflexe wieder in den Vordergrund treten. Kürzlich wurde festgestellt, daß auch Epilepsie, das Parkinsonsche Syndrom und bestimmte Depressionen mit einer stark verminderten chaotischen Variation in der elektrischen Aktivität des Gehirns einhergehen (Babloyantz und Destexhe, 1986).

Ein allgemeines Phänomen, das auf diese Weise vielleicht verständlich wird, ist folgendes: In westlichen Ländern sterben Männer durchschnittlich sieben Jahre früher als Frauen. Für diesen Unterschied hat man nur zum Teil Erklärungen gefunden, etwa die Tatsache, daß Männer öfter in Unfälle verwickelt sind. Ein Großteil des Unterschieds in der Lebenserwartung könnte mit dem weiblichen Menstruationszyklus und den vielen damit zusammenhängenden Prozessen in Verbindung stehen. Der Körper der Frau funktioniert in bestimmter Hinsicht viel unstabiler als der des Mannes.

Auf den ersten Blick gleicht das Gehirn, genau wie die Atmosphäre, einem »Vielteilchen-System«, das vielfach chaotisch funktioniert, aber aus einer oberflächlichen Analogie ergibt sich natürlich nichts. Bis hierher ist die Evidenz anekdotisch, wenn auch über sehr unterschiedliche Gebiete verbreitet.

Fraktale Struktur: In seiner Übersicht der Evolutionsgeschichte des Gehirns sagt MacLean (1990), daß die Hemisphären fraktal geformt zu sein scheinen (wie Cumuluswolken). Weil Fraktale von chaotischen Prozessen hinterlassen werden, vermutet er, daß viele Prozesse im Gehirn chaotisch verlaufen, aber das ist natürlich nicht mehr als eine vage Assoziation. MacLeans Beobachtung kann jedoch insofern von Wichtigkeit sein, als Chaos in der Physiologie mit fraktalen anatomischen Strukturen in Zusammenhang gebracht wird (man denke an die Arithmie von Herz und

Atmung). Die chaotischen Prozesse werden anschließend untersucht, indem das Verhalten eines Organs in der Zeit analysiert und beschrieben wird. In bezug auf menschliches Handeln sind derartige Analysen jedoch kaum angestellt worden, jedenfalls nicht in dieser Absicht.

Große Ursachen, kleine Wirkungen: Eine häufige Beobachtung auf dem Gebiet der Chaostheorie ist, daß bestimmte Systeme nur sehr schwer aus einem bestimmten Zustand herausgeholt werden können. Dieses Phänomen erinnert daran, daß »große Eingriffe« mitunter »kleine Wirkungen« haben. Auf Verhaltensebene könnte hierbei an Süchte oder bestimmte, fast nicht rückgängig zu machende psychische Störungen gedacht werden. Auch der mäßige Erfolg, den Psychotherapie oft hat, ist womöglich ein Hinweis auf ein derartiges System.

Kleine Ursachen, große Wirkungen: Das umgekehrte Phänomen, nämlich daß kleine Ursachen große Wirkungen haben können, ist bei Untersuchungen des Geruchssinns beobachtet worden. Ein Geruchsreiz wird in Neuronen weitergeleitet; anschließend wird die anfängliche Sensibilität des Systems von höheren Zentren aus verstärkt, mit der Folge heftiger elektrischer Aktivität und dem Entstehen einer »Eruption« von Nervenimpulsen (Freeman, 1991).

Algorithmische Simulation: Ein weiterer Anknüpfungspunkt ist vielleicht auch dies: Mit Hilfe künstlicher Intelligenz ist es noch so gut wie nicht gelungen, einen Zugriff auf Prozesse der menschlichen Psyche zu erhalten (lediglich auf »Produkte« derselben, das heißt Verhalten). Selbst das Erkennen einfacher dreidimensionaler Muster bereitet große Probleme. Möglicherweise ist die Ursache dessen, daß Computer algorithmisch, das heißt nach schrittweise zu befolgenden Regeln programmiert werden, während das Gehirn in vielen Fällen in völlig anderer Weise arbeitet.

Wenig feste Algorithmen: Auch die Persönlichkeitslehre könnte ein Ansatz sein. Obwohl man viel Zeit und Mühe auf die Entwicklung tauglicher Persönlichkeitstests verwandt hat, sind diese nie zu einem Instrument geworden, das menschliche Verhalten einigermaßen vorherzusagen. Allgemein gesprochen gibt es kaum »Charakterzüge«, die sich in einer

Vielheit von Situationen manifestieren (Winnubst u. a., 1991). Die Chaostheorie könnte diese Beobachtung erklären. Der Test mißt zwar vielerlei Dispositionen oder Verhaltenstendenzen, aber abhängig von der Situation, in der wir uns befinden, funktioniert das System immer wieder anders. Die Entwicklung dieser Tests ist übrigens ein schönes Beispiel für die anmaßende Haltung, die die Wissenschaft nach der Mechanisierung des Weltbildes angenommen hat: Auch Verhalten und Gehirn seien als im Wesen vorhersagbare Maschinen aufzufassen.

Chaos und Älterwerden: Wir haben bereits bemerkt, daß weniger gut funktionierende Organe auf konstantere Weise arbeiten. Aus diesem Phänomen kann gefolgert werden, daß das Maß an Chaos, in dem ein biologisches System funktioniert, mit zunehmendem Alter abnimmt. Für die Psychologie kann man hieraus die Vorhersage ableiten, daß die Variation im Verhalten innerhalb des Menschen auf Dauer weniger wird. Anders gesagt: Das Handeln eines alten Menschen müßte relativ einförmig werden, was auch bedeutet, daß der vorhersagende Wert von Persönlichkeitstests mit dem Alter zunehmen müßte. Tatsächlich gibt es Hinweise in diese Richtung.

Chaotische Körperfunktionen: Aus Studien über sogenannte »krankmachende Gebäude« (Vroon, 1990) ergibt sich, daß der wichtigste Faktor des »sick building syndrome« die Luftbehandlung ist. Keine einzige »technische« Lösung erweist sich als ausreichend, im Gegenteil: »Je mehr Technik, desto mehr Beschwerden.« Auch bei technisch gesprochen sehr gut ventilierten Gebäuden treten viele Beschwerden auf. Diese nehmen erst ab, wenn die Ventilation einen chaotischen Charakter annimmt, was am einfachsten dadurch zu erreichen ist, daß man Arbeitszimmer schlicht mit Fenstern versieht, die sich öffnen lassen. Abgesehen von der Luftbehandlung hat sich herausgestellt, daß der körperliche und geistige Gesundheitszustand von Arbeitern desto besser ist, je mehr sie in ihre Arbeitsumgebung eingreifen können. Auch dieses Phänomen paßt zur Chaostheorie, weil Variabilität im Funktionieren viele Möglichkeiten zur Rückkopplung mit der Umgebung voraussetzt.

Männer und Frauen: Schließlich kann noch über bestimmte Geschlechtsunterschiede spekuliert werden. Wir haben die Vermutung ausgesprochen, daß die Frau deshalb durchschnittlich länger lebt als der Mann, weil ihr Körper unstabiler oder chaotischer funktioniert. Wenn die mentale oder psychische Architektur bis zu einem gewissen Grad eine Widerspiegelung der körperlichen Organisation ist, könnte dieser Unterschied bedeuten, daß Männer mehr dazu neigen, ihre Umgebung durch das Aufstellen von Regeln zu strukturieren. Im »Management« ist diese Erfahrung vielfach gemacht worden.

Zugleich ließe sich an Unterschiede im Intelligenzprofil von Mann und Frau denken. Der Mann hat durchschnittlich eine bessere mathematische Einsicht, die Frau zeichnet sich durch eine durchschnittlich bessere und raschere Sprachentwicklung aus. Die Affinität von Mann und Frau für Schulfächer, die in starkem Maß auf dem Erlernen von und dem Umgang mit Algorithmen beruhen, wie die Mathematik, folgt diesem Muster in etwa. Sprachproduktion, das Anfertigen von Übersetzungen usw. beruhen auf viel mehr Möglichkeiten als die Prinzipien, die beim Lösen von Fragen auf dem Gebiet der exakten (Schul-)Fächer benötigt werden.

Ungehorsam: Kreativität, Anpassungsfähigkeit und (individuelle) Unvorhersagbarkeit scheinen intuitiv mit der Vorstellung unvereinbar, daß das menschliche Verhalten gänzlich von Gesetzen und Regeln reguliert wird. Algorithmisch funktionierende Systeme arbeiten dafür viel zu träge. Chaotisches Verhalten ist per definitionem nicht vorherzusagen oder zu beherrschen. Weil viele Regierungen sich eine »machbare« Gesellschaft zum Ziel setzen, versuchen sie Verhalten mit Hilfe von Zwang und »Regelgebung« zu steuern. Diese Regeln definieren den Menschen als ein einfaches, deterministisches System. Auf eine Vielheit starrer Regeln wird der Mensch jedoch mit Ungehorsam reagieren, nicht weil er unbedingt ungehorsam oder widerspenstig sein will, sondern weil sein Verhalten in großen Bereichen nicht in regelgeführter Weise zustande kommt. Dieses Phänomen ist allgemein bekannt.

Als Reaktion auf den »Ungehorsam« neigt die Regierung dazu, noch mehr Regeln zu erlassen. Das ist jedoch ein schlechtes Heilmittel. Die Vielzahl der Regeln wird zu einer weiteren Zunahme des Ungehorsams führen, zu mehr Betrug, zur Bildung informeller Organisationen und ähnlichem. Aphoristisch ausgedrückt: Das Produkt der Zahl der Regeln und die Gehorsamkeit des Menschen sind vielleicht eine Konstante. Bestimmungen in großer Zahl, die auf die mentale Ebene abzielen, schaffen nicht Ordnung, sondern Chaos, weil solche lineare Algorithmen im Widerspruch zu der Art stehen, in der wir schon seit Millionen Jahren funktionieren.

Chaotische Prozesse unterschiedlichen Typs hinterlassen im Körper unterschiedliche Typen von Fraktalen. Auf psychologischer Ebene wissen wir hiervon noch weniger, weil die Anatomie des Gehirns nie systematisch mit dessen genauer Funktionsweise in Beziehung gesetzt wurde (eine Ausnahme ist vielleicht die Struktur des Cortex und die Sehfähigkeit).

Dennoch können wir uns in diesem Zusammenhang Fragen stellen, wenn auch aus einem anderen Einfallswinkel. Das einfachste Fraktal ist ein Muster, das Selbstwiederholung enthält. Wenn Selbstwiederholung von Formen etwas zu tun hat mit Selbstwiederholung von Gesetzen, taucht eine interessante Perspektive auf, weil bestimmte Gebiete der Psychologie sehr gut untersucht worden sind. Zu denken wäre an die Möglichkeit, daß Gesetze auf einer bestimmten Verhaltensebene vielleicht auf eine andere Ebene transplantiert werden können. Als Frage formuliert: Haben Gesetze auf verschiedenen Organisationsebenen eine vergleichbare Struktur? Wir geben einige Beispiele aus dem Bereich des Verhaltens, die vielleicht zu denken geben.

– Der Kopf einer Versuchsperson wird in den Mittelpunkt einer mehr oder weniger durchsichtigen Halbkugel gebracht. Wenn diese von außen an einer Seite etwas stärker beleuchtet wird, nimmt man eine Art aufleuchtenden Nebels wahr (ein »*Ganzfeld*«). Werden die Beleuchtungsintensität und der Kontrast gesteigert, sieht die Versuchsperson irgendwann die Oberfläche der Halbkugel. Bei einer weiteren Kontrastzunahme nimmt die Versuchsperson einen viel größeren Unterschied wahr, als es ihn tatsächlich »gibt«. Anders gesagt: Kleine Intensitätsunterschiede werden in der Wahrnehmung minimalisiert; nach dem Überschreiten einer bestimmten Schwelle oder eines bestimmten Unterschieds werden sie maximalisiert oder übertrieben. Man spricht in diesem Zusammenhang auch von der Assimilation-Kontrast-Theorie (Krech & Crutchfield, 1985).

Die Wahrnehmung strebt gleichermaßen danach, entweder keine oder aber übertriebene Unterschiede auszumachen. Von Natur aus sehen wir Ganzheiten oder Organisationen. In diesen Ganzheiten erblicken wir vorzugsweise möglichst wenig Differenzierung. Sobald eine Organisation ein bestimmtes Maß an Differenzierung überschreitet (oder in Teile zergliedert wird), nehmen wir vorzugsweise möglichst viele Unterschiede wahr.

Krech & Crutchfield demonstrieren, daß das gleiche Prinzip auch in ganz anderen Bereichen zutage tritt, etwa beim Denken und in der Erinnerung. Seinerzeit hat die deutsche Gestaltpsychologie (hauptsächlich in der Person Dunckers) ihr Bestes getan, um zu beweisen, daß Gesetze auf dem Gebiet der Wahrnehmung und des Denkens bisweilen miteinander verwoben sind (van de Geer, 1957). Eine neuere Strömung, die dies ebenfalls anstrebt, ist die sogenannte strukturalistische Wahrnehmungspsychologie. Diese versucht, Reizmuster mathematisch zu beschreiben und von dort aus sowohl die Wahrnehmung als auch bestimmte Denkprozesse zu verstehen. Die Assimilation-Kontrast-Theorie erinnert auch an Machtstrukturen. Eine gewisse Distanz bezüglich eines Anführers bewirkt, daß beide Parteien versuchen, diese Distanz zu vergrößern (Kontrast).

– Einer modernen Theorie über den Farbsinn zufolge beruht die Wahrnehmung von Farben auf einem Prozeß, bei dem die Komplementärfarbe gewissermaßen einen Gegenkopplungsfaktor bildet (*opponent process theory*, Hurvich & Jameson, 1957). Diese Theorie wurde inzwischen auch physiologisch untermauert: Bestimmte Nervenzellen werden durch Licht von einer bestimmten Wellenlänge gereizt, und andere Zellen werden dadurch gerade gehemmt. (Diese Theorie stammt im wesentlichen von Hering, jenem Physiologen, der auch meinte, die Natur besitze ein Gedächtnis.)

Etwas Ähnliches tritt bei Habituation auf. Ein regelmäßiger Reiz oder regelmäßiges Signal wird nach einiger Zeit nicht oder kaum mehr wahrgenommen. Das kommt dadurch, daß das Nervensystem ein Signal produziert, welches dem Reiz entgegenwirkt. Aus diesem Grund hören wir das Ticken der Uhr nicht mehr, vermeinen aber etwas zu vernehmen, wenn sie auf einmal stillsteht. Analog sahen die Versuchspersonen, die Kohlers Brille getragen hatten, nach dem Absetzen der Brille die entsprechenden Komplementärfarben (siehe Kapitel 6). Ein schönes Beispiel hierfür ist auch der Bowery-El-Effekt. Anlieger in den Vereinigten Staaten wurden oft wach von einem Zug, der nachts zu festgelegter Zeit über eine Eisenbahnbrücke fuhr. Nachdem die Brücke abgerissen war, wachten viele Leute plötzlich auf und riefen die Polizei an, weil sie »merkwürdige Geräusche« gehört haben wollten.

Zuletzt läßt sich auch an die in Kapitel 5 beschriebene emotionale Kompensationstheorie denken: Freude kann leicht in Kummer umschlagen, Angst in Mut, usw., weil allmählich die jeweils entgegengesetzte Emotion aufgebaut wird.

– Das Weber-Fechnersche Gesetz besagt, daß wir Unterschiede zwischen Reizmerkmalen wie Größe, Helligkeit oder Lautstärke nur dann wahrnehmen, wenn diese einen bestimmten Prozentsatz überschreiten. Wie sehen einen Unterschied zwischen einer Münze mit einem Durchmesser von 10 und 11 Millimetern, aber nicht zwischen Autos mit einer Länge von 4000 und 4001 Millimetern.

Das Fällen eines Urteils auf Grund relativer Unterschiede scheint sich in der Wertschätzung niederzuschlagen, die Menschen dem eigenen Einkommen entgegenbringen. Von einem bestimmten Punkt an (einem Durchschnittsverdienst etwa) ist man einigermaßen zufrieden. Diese Zufriedenheit wächst mit steigendem Einkommen kaum. Vermutlich vergleichen wir uns selbst mit Leuten, denen es ein klein wenig besser geht (in der Fachsprache: soziales Vergleichen). Weil jeder irgendeinen kennt, der ein größeres Haus oder ein schöneres Auto besitzt, meint auch nahezu jeder, er komme nicht mehr als »einigermaßen« gut zurecht. Eine Person mit 100.000 DM Jahreseinkommen ist ebenso (un)zufrieden wie eine andere, die mit der Hälfte auskommen muß. Der Bezugsrahmen liegt, nahezu einkommensunabhängig, einen oder einige Schritte höher; aber nur wenige vergleichen sich selbst mit einem Multimillionär. Das Webersche Gesetz scheint hier wieder aufzutauchen.

Auch bei zahlreichen anderen Phänomenen kann von einem Ankerpunkt gesprochen werden (Hoogstraten, 1979). Wenn man Leute bittet, etwas anhand einer Bewertungsskala zu beurteilen, die von »sehr unzufrieden« bis »sehr zufrieden« reicht, sind sie sehr geneigt zu sagen, sie seien »einigermaßen zufrieden«. Man sieht das unter anderem bei Auswertungen von Hochschulkursen. Im Anschluß an eine solche Auswertung Verbesserungen einzuführen hat oft keinen Sinn: Die nächste Gruppe von Studenten wird wieder nicht mehr als nur einigermaßen zufrieden sein. Derartige Phänomene werden zum *Teaching-learning-Paradox* gerechnet: Was Menschen lernen, steht häufig kaum in einer Beziehung zu dem schulischen und didaktischen Raffinement des Unterrichts.

– Sensorische Deprivation beinhaltet, daß jemand in Umstände gebracht wird, in denen die Sinnesorgane nur minimal gereizt werden. Eine solche Situation führt dazu, daß Menschen darangehen, Reize zu »produzieren« oder, anders gesagt, zu halluzinieren. Auf sozialer Ebene hat Deprivation oft zur Folge, daß Menschen Wahnvorstellungen bezüglich dessen hegen, wie andere über sie denken. Genau wie sensorische Reize werden soziale und kommunikative Reize »produziert«, und das geschieht in beiden Fällen auf wenig konstruktive Art. Bei alten Menschen ist dieses Phänomen epidemisch. Sehr spekulativ allerdings ist die Vermutung von Ornstein & Sobel (1987), daß »Langeweile« eine Reihe von Krebsformen begünstigt. Der Organismus soll hier angeblich aus Protest gegen ein ödes Dasein schmerzhafte und lästige Tumore produzieren, die die Aufmerksamkeit auf ein Manko in der Lebensweise richteten.

– Kurz nach dem Zweiten Weltkrieg entstand in der Persönlichkeitslehre eine Bewegung, die, der Mode dieser Zeit entsprechend, »the new look in perception« genannt wurde. Man hatte beobachtet, daß die Weise, in der Menschen wahrnehmen, einen statistischen Zusammenhang mit manchen Persönlichkeitsmerkmalen aufweist. Die gefundenen Korrelationen waren nicht hoch, sind jedoch auch nicht niedriger als die der gegenwärtig angewandten Tests.

Diese Herangehensweise stand im Zusammenhang mit einer einflußreichen Strömung in der Psychologie. Der Grundgedanke war, daß der Mensch, ebenso wie ein Radio oder ein Radargerät, als ein Informationsübertragungssystem zu betrachten sei. Persönlichkeitsmerkmale und Unterschiede zwischen Menschen seien zum Teil aus Mechanismen abzuleiten, die mit der »Fütterung« des Systems, das heißt mit bestimmten Wahrnehmungs- und Aufmerksamkeitsprozessen zu tun hätten. Prozesse, die sich »zu Anfang« der Informationsverarbeitung abspielten, seien gleichförmig mit »tiefer« gelegenen Mechanismen (Witkin u. a., 1954).

Dieser »new look in perception« ist nicht ohne Erfolg geblieben. Er ist allerdings untergegangen, als die Psychologie sich zu einem ganz anderen Analogon für das Funktionieren des menschlichen Geistes bekehrte, und zwar dem Computer (siehe Vroon & Draaisma, 1986).

– Man läßt eine Versuchsperson einen Ton von 1000 Hertz hören und versetzt ihr gleichzeitig oder kurz darauf einen leichten Elektroschock. Dieser Reiz führt zu einem vorübergehenden Absinken des Hautwiderstandes. Nach einiger Zeit wird der Widerstand auch dann absinken, wenn lediglich der Ton erklingt (Konditionierung). Der Hautwiderstand wird jedoch nicht nur bei einem Ton von 1000 Hertz sinken, sondern auch bei 950 oder 1050 Hertz. Je mehr der Ton von dem während der Konditionierung verwendeten Signal abweicht, desto mehr verringert sich das Absinken des Hautwiderstandes. In einem bestimmten Tonhöhenbereich ist jedoch eine Stimulus-Generalisierung zu beobachten: Ein abweichender Ton führt zu ungefähr der gleichen Reaktion.

Dieses Prinzip, das heißt die Generalisierung von Reizen

oder von Information, kehrt bei Denkprozessen bis zu einem bestimmten Grad in Form der »Heuristik der Verfügbarkeit« zurück (siehe Kapitel 3). Wir versuchen häufig, allgemeine Schlußfolgerungen auf der Grundlage spärlicher Information zu ziehen. Ein Raucher rechtfertigt sein Verhalten, indem er auf einen Großvater verweist, der paffenderweise neunzig Jahre alt geworden sei. Weiterhin gilt die Leidener Universität als hochrangig, weil bestimmte Fakultäten irgendwann einige Politiker hervorgebracht haben (als sei ausgerechnet das eine Empfehlung). Genau wie bei Konditionierung wird auch beim Denken und Fällen von Entscheidungen die vorhandene Information häufig zu Unrecht generalisiert.

Sich noch weitere derartige Beispiele einfallen zu lassen ist nicht schwer. Dabei könnte sich ergeben, daß die das Verhalten und das Erleben beherrschenden Gesetze auf bestimmten Gebieten oder Ebenen ihres Funktionierens einen sich selbst wiederholenden Charakter haben. Eine solche Feststellung würde sehr im Sinne des Systemtheoretikers von Bertalanffy (1990) sein, der meint, daß Gesetze auf unterschiedlichen Ordnungsebenen gleich sind.

Es sei nochmals bemerkt, daß eine solche Schlußfolgerung für unsere Darlegung fatal wäre. Aus der eventuellen Identität von Gesetzen auf verschiedenen Organisationsebenen könnte gefolgert werden, daß die Natur stark integrativ vorgeht, und genau das bestreiten wir. Ganz so düster muß man die Situation allerdings auch nicht sehen. Wie gesagt, kann das Kategorisieren von Gesetzen uns mehr Einsicht in die psychische Bauweise des Menschen verschaffen. Vielleicht muß die in diesem Buch dagelegte Einteilung im Anschluß daran verfeinert oder gar anders umgeschrieben werden.

An zweiter Stelle müssen wir unterscheiden zwischen einem Gesetz und einer Fähigkeit. Ein sich auf eine »basale« Funktion wie die Wahrnehmung oder einen Instinkt beziehendes Gesetz kann sich (theoretisch) in höheren kognitiven Prozessen wiederholen oder, behaviouristisch ausgedrückt, in intelligentem Verhalten. Hieraus ergibt sich aber keineswegs, daß unterschiedliche psychische Prozesse aufeinander abgestimmt wären. Sowohl das »Stapeln« als auch das »Integrieren« sind mit der eventuellen Rekursion von Gesetzen in Einklang zu bringen.

Derartige theoretische Fragen werden in der heutigen Psychologie jedoch nicht oder nur kaum gestellt. Das rührt von dem sogenannten »Primat der Fakten« her (Place, 1981). Fast die Hälfte der Publikationen im Bereich der Physik ist theoretischen Gehalts. Obwohl die Psychologie die Physik gern imitiert, steht der Erwerb von Lorbeeren in Form neuer kleiner Tatsachen im Mittelpunkt. Außerdem ersinnt man für fast jede Tatsache eine neue kleine Theorie, wodurch das Fach einen hoffnungslos verwirrenden Anblick bietet. Auch aus dieser Perspektive erscheint das vorgeschlagene Unternehmen vernünftig.

Zwischenpositionen

Gibt es Vorstellungen bezüglich der Arbeitsweise der Evolution, die den Einwänden gegen Darwin, Lamarck und Sheldrake (um nur einige Autoren zu nennen) entgegenkommen und die gleichzeitig das Gute und Integrierende in deren Werk intakt lassen? Eine solche Theorie könnte zu dem gesuchten Mittelweg zwischen Integration und Akkumulation führen.

Die Evolutionsbiologen Eldredge und Gould verteidigen eine Theorie, die sie *punctuated equilibra* nennen; ein kaum zu übersetzender Ausdruck (Eldredge, 1985). Darwin und zahllose andere haben behauptet, die Evolution verlaufe allmählich. Eldredge differenziert diesen Standpunkt: Eine Art entstehe irgendwann und passe sich auf Grund darwinianischer Mechanismen an. In der Regel vollziehe sich eine allmähliche Entwicklung innerhalb der Art. Irgendwann jedoch schlage die Evolution einen neuen Weg ein, und eine neue, beträchtlich von ihren Vorgängern abweichende Art erscheine. Das erkläre die *missing links* im Reich der Fossilien. Die Evolution gehe schrittweise vor, aber nach dem Überschreiten einer bestimmten Grenze werde ein Sprung gemacht.

Bezüglich der Evolution des Menschen verteidigt Eldredge eine Synthese der Auffassungen von einer allmählichen und von einer sprunghaften Veränderung. Seiner Meinung nach hat die Gattung Mensch wahrscheinlich eine Reihe von »Typen« gekannt, die sich im Lauf der Zeit ein wenig veränderten. Die Geschichte der Menschheit sei jedoch gleichzeitig von Sprüngen gekennzeichnet. Auf Grund des Schädelinhalts behauptet Eldredge, es habe vier »Unterarten« des Menschen gegeben:

Art	Gehirnvolumen in cm³
Australopithecus	450
Habilis	775
Erectus	1000
Sapiens	1300

Nach Eldredge schwankte das Gehirnvolumen des Australopithecus zwischen 400 und 500 cm³. Diese Beobachtung könne ein Hinweis auf allmähliche Veränderung oder Anpassung sein. Die Obergrenze von 500 cm³ liege jedoch ein ganzes Stück unter dem kleinsten Schädelinhalt des Habilis. Eldredge zufolge gibt es zwei Prinzipien: allmähliche und sprunghafte Veränderung. Vielleicht könnte man sagen, daß die Periode des »Konservatismus« der Integration entspricht und die des »Erneuerungsdranges« der Akkumulation. In dieser Sicht befindet sich die gegenwärtige Menschheit in einem »akkumulierenden Stadium«, das heißt, die Integration innerhalb des Gehirns ist noch unvollkommen.

Von Belang bei dieser Diskussion ist auch Jerison (1973; siehe Kapitel 5). Die Evolution verfolge eine konservative Strategie. Lange Zeit hindurch werde mittels kleiner Veränderungen (im Nervensystem) versucht, mit den sich verändernden äußeren Umständen Schritt zu halten. Bei großen Veränderungen mache die Natur einen Sprung, und zwar sowohl hinsichtlich der allgemeinen Anatomie als auch hinsichtlich der Weise, in der das Nervensystem mit neuen Strukturen ausgestattet werde. Jerison sagt also im wesentlichen dasselbe wie Eldredge.

Ein weiterer Autor, der eine Zwischenposition einnimmt, ist Garstang (1928; siehe auch Koestler, 1967). Er liefert eine Darstellung der Evolution, wie sie in Abbildung 14 wiedergegeben ist.

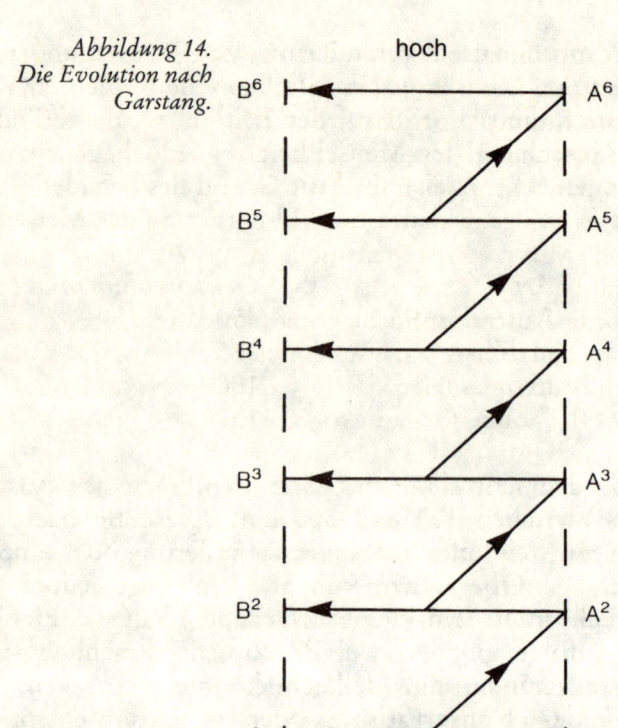

Abbildung 14.
Die Evolution nach
Garstang.

Die von A^1 nach A^6 verlaufende Linie symbolisiert die Reihe von Keimzellen von einem primitiven hin zu einem komplexen Organismus. Die Linie ist deswegen gestrichelt, weil es keine direkte Verwandtschaft zwischen den Keimzellen gibt. Die gestrichelten Linien B^1 bis einschließlich B^6 symbolisieren die Organismen selbst, also ebenfalls von unten nach oben auf der evolutionsgeschichtlichen Leiter. Auch diese Linie ist gestrichelt, womit gemeint ist, daß hohe Organismen nicht direkt aus niederen entstehen. Die Horizontallinien symbolisieren embryonale Entwicklungen. Der Linienabschnitt A^6–B^6 soll eine schematische Darstellung der embryonalen Entwicklung des Menschen sein. Man könnte sich den Gang der Evolution auf zweierlei Weise vorstellen, nämlich über *Gerontomorphose* oder über *Pädomorphose*.

Gerontomorphose bedeutet, daß die eine Art aus der anderen hervorgeht. Das entspricht nicht diesem Modell. Gerontomorphose könnte möglicherweise beinhalten, daß die Evolution hauptsächlich stapelt oder stratifiziert. Die Einwände dagegen haben wir aufgezählt. Zwar gibt es Stratifizierung, jedoch gibt es auch ein gewisses Maß an Transformation oder Integration. Menschen stehen nicht völlig zusammenhanglos nebeneinander.

Bei strikter Pädomorphose (Entstehung auf der Grundlage von Keimzellen) ist A^2 aus A^1 entstanden, usw. Das würde vermutlich bedeuten, daß die belebte Natur hauptsächlich Integration oder Transformation kennt. Auch dieser Standpunkt läßt sich nur schwer verteidigen.

Garstang suchte nach einer Zwischenlösung. A^1 entwickelt sich seiner Meinung nach zu Organismus B^1, doch könne die Evolution während der embryonalen Phase einen anderen Weg einschlagen. Dieser wird von dem Pfeil symbolisiert, der von der Linie A^1–B^1 nach A^2 läuft. Das bedeute, daß A^2 Merkmale habe, die teilweise von A^1–B^1 abstammten. A^2 und der entsprechende Organismus B^2 seien teilweise neu, aber es seien auch eine Reihe alter Eigenschaften »mitgenommen« worden. Derart entstehe eine Mischung aus Stratifizierung und Transformation.

Die Linie B^1–B^6 zuletzt stellt die Phylogenese dar. Auch diese verläuft nicht geradlinig. Man kann im Rahmen des Garstangschen Modells nicht sagen, daß die Ontogenese eine Wiederholung der Phylogenese sei. Dies widerspricht zu Recht der orthodoxen Interpretation von Häckels biogenetischem Grundgesetz. Garstangs Standpunkt wird genauen Beobachtungen der Embryonalstadien verschiedener Tierarten und der gegen das Häckelsche Gesetz vorgebrachten Kritik stärker gerecht.

Garstangs Gedanken beinhalten kurz gesagt folgendes: Bei der Entstehung großer Probleme stapelt die Evolution nicht ohne weiteres neue Strukturen auf bereits bestehende, doch sie fängt auch nicht wieder ganz von vorn an. Statt dessen wird ein »Mittelweg« eingeschlagen.

Diese Zwischenlösung paßt zu der von uns verteidigten Mischform von Integration und Akkumulation oder Stapelung und kommt auch den Einwänden von Biologen und Genetikern gegen die MacLeansche Denkart entgegen. So beschreibt Rose (1976) die Stapelstruktur unseres Gehirns, um eiligst hinzuzufügen, daß der Gedanke eines Reptilien- und eines Säugetierhirns absurd sei. Rose gibt den Zusammenhang zwischen Struktur und Funktion weitgehend auf, wenn er sagt: »Was die Entwicklung des Gehirns angeht, bleiben Strukturen in der Evolution erhalten, doch ihre Funktionen ändern sich.« Dies bedeutet, daß Rose ein »integrativer« Denker ist. Dagegen ist nichts einzuwenden; jedoch unternimmt er keine Mühe, seine These akzeptabel zu machen.

Per Analogie zu argumentieren ist ein Zeichen von Schwäche. Jedoch sieht es ganz so aus, als käme die Kombination beider Strategien auch in anderen Zusammenhängen vor (siehe Kapitel 6). Bei Revolutionen wird viel zerschlagen, aber es bleibt auch vieles erhalten. Auch im Fortschritt der Wissenschaft gibt es ein Gleichgewicht zwischen Konservatismus und Erneuerungsdrang. Ein Paradigmensprung beinhaltet, daß die Wissenschaft nach einer langen Periode geringfügiger Anpassungen einen anderen Weg einschlägt, aber man wirft nicht alles Wissen und sämtliche Methoden fort, die einmal gesammelt und erdacht wurden. Das Riskante an diesen Bemerkungen ist natürlich, daß wir nicht wissen, ob evolutionsgeschichtliche Strategien sich auf ganz anderen Organisationsebenen und bei ganz anderen Phänomenen wiederholen.

Macht und Ohnmacht des Bewußtseins

In welcher Art hängen psychische Funktionen und Verhaltensweisen miteinander zusammen? Was sind gewissermaßen die Wege der Beeinflussung?

Dem Behaviorismus zufolge (Kapitel 3) wird Verhalten von drei Prinzipien oder Ebenen aus gesteuert, und zwar von Instinkten sowie von operanten und intelligenten Mechanismen. Instinkte befinden sich phylogenetisch gesehen weit unten in der Hierarchie. Sie sind von Geburt an gegeben, sind nicht oder so gut wie nicht durch Lernen veränderbar, und wir können in der Regel wenig Einfluß auf sie nehmen. Instinkte stehen im engen Zusammenhang mit dem Erhalt einer Belohnung, aber sie werden nicht von einer Belohnung beeinflußt. Operantes Verhalten dagegen stützt sich wohl auf (recht unmittelbare) Belohnung, und intelligentes Verhalten wird von langfristigen Konsequenzen gesteuert. Menschliches Lernen beruht in dieser Sicht auf einer Kombination von operantem und intelligentem Verhalten. In der Terminologie der Meß- und Regeltechnik hieße das: Bei Instinkten gibt es keine Rückkopplung, bei operantem Verhalten dagegen gibt es eine direkte Rückkopplung, und bei intelligentem Verhalten (Planung) verläuft die Rückkopplung über das Gedächtnis.

Intelligentes Lernen führt auf Dauer zu automatisierten Handlungen. Klavier spielen zu lernen kostet Mühe. Der Fortschritt wird durch unmittelbare Belohnung gefördert (operant, während der Unterrichtsstunde) sowie durch langfristige Belohnung (die durch die Beobachtung anderer eingegebene Hoffnung, irgendwann einmal Schubert spielen zu können). Nach einiger Zeit wird das Gelernte automatisiert; der Prozeß führt auf Dauer ein Eigenleben. Wenn ich mich dazu entschließe zu schreiben, brauche ich bloß zu denken. Das Tippen der Gedanken geht »wie von selbst«. Es ist sogar so, daß das Maschineschreiben erschwert wird, sobald ich darüber nachdenke. Das Maschineschreiben wurde bewußt und mühsam erlernt. Danach wurde der Prozeß automatisiert. Vom Bewußtsein wird er bloß noch »gestartet«. Zu dem Prozeß des Maschineschreibens habe ich, im Gegensatz zu der einstigen Lernphase, keinen Zugang mehr. (Man kann das überprüfen, indem man eine routinierte Schreibkraft bittet, eine Tastatur zu zeichnen, ohne dabei an die eigenen Hände zu denken. Sie wird dazu nicht imstande sein.) Mit der Herausbildung destruktiver Gewohnheiten verhält es sich ebenso. Raucher und Trinker handeln irgendwann nicht mehr in eigener Regie, sondern werden von einem Automatismus bestimmt, den sie irgendwann wissentlich und willentlich haben entstehen lassen.

Derartige automatisierte Prozesse vereinfachen in der Regel unser Dasein. Bewußte Prozesse greifen erst dann ein, wenn die Automatismen nicht mehr imstande sind, eine Situation zu bewältigen. Jemand kann gedankenlos von Utrecht nach Den Haag fahren. Wenn sich jedoch bei Zoetermeer ein Unfall ereignet hat, wird er hochschrecken. Der Anteil unbewußt verlaufender Prozesse wird durch Automatisierung vergrößert.

Dies bedeutet folgendes: Es gibt eine *entstandene* Hierarchie bewußt und unbewußt verlaufender Prozesse, neben einer *angeborenen* »Hierarchie« von Kognition, Emotion und Instinkt. Die erste Hierarchie impliziert, daß zahlreiche erlernte Handlungen irgendwann kaum mehr bewußt zugänglich sind. Sie führen ein Eigenleben. Die zweite Hierarchie beinhaltet, daß wir große Probleme haben, bestimmte psychische Prozesse zugänglich zu machen oder zu beeinflussen, weil wir in einer bestimmten Weise *gebaut* sind.

Die Existenz der zweiten Hierarchie schließt jedoch nicht aus, daß es auch ein bestimmtes Maß an Zweirichtungsverkehr gibt. Höhere Funktionen können niedere Funktionen teilweise beeinflussen oder unterdrücken. Uns ist bewußt, daß bestimmte Impulse aufkommen, aber wir geben diesen nicht statt. Es gibt eine gewisse Kommunikation zwischen unterschiedlichen Ebenen oder Aspekten unseres Funktionierens, und das ist auch gut so.

Das Gleichgewicht ist jedoch fragil: Niedere Prozesse können höhere Prozesse »infizieren« oder stören. Niedere Lernprozesse sind, so Razran (1971), universal und ontogenetisch alt. Es sei »praktisch«, daß wir über derartige Möglichkeiten verfügten, doch habe ihr Vorhandensein einen Preis: »Die daraus erwachsenden Abnormitäten« könnten höhere (Lern-) Ebenen leicht und nachhaltig stören. Man kann das Argument auch erweitern. Intelligentes Verhalten im weiteren Sinn des Wortes kann nicht gut funktionieren, wenn es auf einem schlechten Fundament beruht.

Beschädigungen niederer, emotionaler Funktionsebenen während unserer Entwicklung sind häufig durch andere Menschen verursacht. Ein Beispiel wurde bereits genannt: Für das Entstehen einer guten sozial-emotionalen Intelligenz bedarf es einer Bindung in frühester Kindheit. Wenn diese fehlt oder schlecht ist, entsteht eine emotionale Blaupause, die die fragliche Person oft lebenslang verfolgt, weil falsche Assoziationen zustande gekommen sind (Kapitel 2; siehe auch Kutz, 1989). Intelligentes Verhalten und zwanzig Lehrbücher werden daran nur mehr wenig ändern können. Das Gefühlsleben ist von der kognitiven Ebene aus kaum zu durchdringen, und es gehorcht eigenen (Entwicklungs-)Gesetzen.

Höhere und niedere Prozesse sind autonom und gleichzeitig miteinander verwoben. Entwicklungsstörungen auf »primitiver« psychischer Ebene bestimmen die Struktur (späterer) höherer Funktionen mit, und es gibt auch einen gewissen Einfluß in umgekehrter Richtung. Diese Interaktion erinnert an die Auffassungen von Eldredge und Garstang. Die Evolution stapelt und integriert zugleich: innerhalb des Menschen sind psychische Prozesse sowohl autonom als auch miteinander verflochten.

Körper, Geist, Kultur

Abgesehen von den beiden Hierarchietypen innerhalb psychischer Prozesse gibt es auch ein Zusammenspiel zwischen Gesetzen auf körperlicher, psychischer und sozialer Ebene. Panhuysen & Tuiten (1988a, 1988b) geben eine entsprechende Analyse.

Der Mensch hat die Neigung, in einer reduktionistischen Zwangsjacke zu denken, das heißt in Gegensätzen. Intelligenzunterschiede, Kriminalität oder Geisteskrankheiten werden der einen Meinung zufolge durch die Physiologie des Gehirns verursacht; andere denken auf tiefenpsychologischer Ebene; eine dritte Partei meint, die Ursachen seien in gesellschaftlichen Strukturen zu finden. Wissenschaft sucht nach Gesetzen hinter Phänomenen und versucht häufig, die Ursachen von Phänomenen einem einzigen Prinzip oder Aspekt der Wirklichkeit zuzuschreiben (Mechanizismus; Kapitel 1). Phänomene haben in dieser Sicht nichts mit Körper, Geist und Kultur gleichermaßen zu tun, sondern lediglich mit einer dieser drei Ebenen.

Den Reduktionisten gegenüber stehen die Holisten. Bei dieser Gruppe muß unterschieden werden zwischen Menschen, die Beziehungen zu sehen vermeinen zwischen Organisationen und den Teilen, aus denen diese bestehen, und Forschern, die meinen, »alles mit allem« in Verbindung bringen zu können. Letzteres ist unmöglich. Gesetzt, wir haben mit drei Phänomenen zu tun: A, B und C. Ein Holist muß A, B und C, den Beziehungen A–B, A–C und B–C sowie dem größeren Zusammenhang A–B–C eine Bedeutung geben oder eine solche in ihnen entdecken. Bei drei Faktoren ist der zu beurteilende Kontext sieben. Das ist machbar, doch bei mehr Faktoren wird es schon bald zuviel. Der Kontext C ist gleich $2^n - 1$, wobei n die Zahl der Faktoren oder Phänomene ist. Wenn n lediglich 20 beträgt, umfaßt C bereits mehr als eine Million. Niemand, der das noch überblicken kann.

Zurück zum Reduktionismus. Dieser besagt, daß Phänomene per definitionem auf einer biologischen Ebene erklärt werden. Wenn wir psychische Prozesse zum Ausgangspunkt wählen, gibt es zwei Formen von Reduktionismus. Abwärts gerichteter Reduktionismus (downwards reductionism) besagt, daß psychische Prozesse in biologisch-physiologischen Begriffen beschrieben werden müssen. Man kann jedoch auch anders argumentieren: Psychische Prozesse werden durch die Kultur geformt. Diese Denkart wird aufwärts gerichteter Reduktionismus (upwards reductionism) genannt.

Aufwärts gerichteter Reduktionismus ist gegen Ende der sechziger Jahre der Hintergrund der Hetze gegen den Leidener Kriminologen W. Buikhuisen gewesen. Dieser hatte eine Kriminologie in »biosozialer Perspektive« entwickeln wollen, wobei sowohl soziale Faktoren, die die Kriminalität begünstigen, als auch biologische Prozesse wie der Einfluß sogenannter Neurotoxine in Umwelt und Nahrung berücksichtigt wurden. Buikhuisen wurde zum Ketzer erklärt, weil in dem auf kriminologischem Gebiet vorherrschenden Denken kein Platz für die Vorstellung war, daß menschliches Verhalten zum Teil auch von biologischen Mechanismen ausgehend verstanden und vielleicht beeinflußt werden könnte. Viele Juristen und Kriminologen sind quasi der Meinung, wir hätten keinen Körper. Ihnen zufolge kann Verhalten nur aus der

Entwicklungspsychologie oder aus sozialen Strukturen verstanden werden.

Panhuysen & Tuiten sind weder Reduktionisten noch Holisten, sondern sogenannte Interaktionisten (oder Kontextualisten, Kapitel 1). Sie unterscheiden drei Organisationsebenen, die ihre jeweils eigenen Gesetze haben: die Physiologie, psychische Prozesse und die Kultur. Psychische Prozesse bestünden aus dem Trio Instinkte, Emotionen und höhere kognitive Prozesse. Diese Ebenen bildeten eine Hierarchie, wobei eine höhere Ebene das Vorhandensein niederer Ebenen voraussetze. Dies bedeute nicht, daß eine höhere Ebene aus einer niederen hervorginge (man denke auch an Eldredge und Garstang), allerdings könne ein Neocortex ohne einen Hirnstamm sozusagen nichts anfangen.

Phänomene, die zu unterschiedlichen Ebenen gehören (Physiologie, Psychologie, Soziologie) greifen ineinander oder beeinflussen sich wechselseitig. Ohne Körper kein Geist, ohne Geist keine Kultur, aber auch ohne Kultur kein Geist. Physikalisch-chemische Gesetze enthalten Bedingungen für Lebensphänomene, physiologische Gesetze enthalten Bedingungen für Gesetze auf psychischer Ebene, usw. Auch das Umgekehrte gilt. Psychische Prozesse können Einfluß auf die Entwicklung körperlicher Prozesse haben. Beispiele sind natürlich die Psychosomatik und auch die in gewisser Hinsicht »unmenschliche« motorische Entwicklung des *homo ferus;* das sind Kinder, die nicht von Menschen erzogen wurden (Clarke & Clarke, 1976).

Hiermit ist die Geschichte noch nicht zu Ende. Die Kultur enthält Normen (Gesetze) für soziales Verhalten. Soziale Prozesse haben ihrerseits Einfluß auf die Person, und deren Verhalten wiederum kann Konsequenzen auf physiologischer Ebene (Gesundheit) haben. Gesetze auf hoher Ebene beeinflussen eine niedere Ebene, jedoch ohne daß die dort herrschenden Gesetze außer Kraft gesetzt würden. Weil Veränderungen im Funktionieren einer niederen Ebene Konsequenzen für die »höheren« Gesetze haben können, kann man viele Phänomene lediglich aus dem Zusammenhang verschiedener Organisationsebenen verstehen. Beim Menschen greifen Biologie, Psychologie und Soziologie ineinander. Auf diese Weise geben Panhuysen & Tuiten eine Erklärung für die Entstehung von Anorexia nervosa.

Vor dem Hintergrund dieses Interaktionismus können wir uns fragen, ob körperliche und psychische Prozesse sich auch auf gesellschaftlicher und kultureller Ebene widerspiegeln. In Kapitel 6 haben wir Organismen und Gesellschaften bereits miteinander verglichen. Diese Interaktion ist äußerst kompliziert. Grob läßt sich folgendes festhalten:

Ein Organismus funktioniert auf der Grundlage einer relativen Autonomie der Organe. Dieselbe Autonomie gilt bis zu einem gewissen Grad für das Gehirn (Stratifizierung). Das Gehirn als Ganzes steuert den Körper, was bedeutet, daß das Hirn die Spitze einer Hierarchie bildet, die auf der Basis teilweiser Selbständigkeit funktioniert.

Dieses Spannungsfeld von Autonomie und Hierarchie sieht man auch in der Gesellschaft. Menschen sind Teile sozialer Verbände und Gruppen. Diese unterscheiden sich voneinander (Autonomie). Ein soziales Netzwerk kennt geschriebene und ungeschriebene Regeln und ist oft hierarchisch geordnet. Beispiele sind das Militär oder die katholische Kirche. Das Individuum ist ein wesentlicher Bestandteil eines solchen Netzwerks, so wie ein Organ in einem Körper unentbehrlich ist. Der Mensch fügt sich in sozialer Hinsicht entsprechend (der Regeln) des Ganzen, so wie die Organe im Zeichen des Fortbestehens des Organismus stehen.

Im Körper haben die Organe eine gewisse Autonomie, aber sie sind auch aufeinander angewiesen. Dieselbe Doppelrolle gilt für die Beziehungen zwischen Individuum und Gruppe und für die Beziehung zwischen Gruppen und der Gesellschaft insgesamt. Letztere wird von einer Regierung geführt. Die Struktur und Arbeitsweise derselben läßt sich in zweierlei Hinsicht mit der Funktion des Gehirns vergleichen. Erstens ist die Regierung das höchste Organ. Zweitens besteht die Regierung, genau wie unser Hirn, häufig aus Vertretern unterschiedlicher Parteien, die unterschiedliche Zielsetzungen für die Gesellschaft insgesamt anstreben. Wie jede politische Partei einen Heilsstaat ins Leben rufen will, streben auch das Reptilien-, das Säugetier- und das Menschenhirn danach, uns in eine bestimmte Richtung zu schieben.

Diese Vorstellung der Dinge in bezug auf Interaktionismus unterstellt, genau wie die früher in diesem Kapitel angeführten psychologischen Beispiele, fraktalhafte Selbstähnlichkeit. Ein bestimmtes Gesetz oder Ordnungsprinzip manifestiert sich (vielleicht) nicht nur auf verschiedenen Ebenen innerhalb eines psychischen Apparats, sondern scheint auch typisch für die Beziehung zwischen Individuum und Gesellschaft zu sein.

Auch in Organisationen spielen sich Prozesse ab, die an physiologische Mechanismen erinnern. Nieren, Herz, Lungen, Leber und Bauchspeicheldrüse haben eine Aufgabe angesichts des Fortbestehens des Körpers. Analog gibt es in einer Organisation Abteilungen mit jeweils eigenen Aufgaben und Regeln. Die Gesamtheit der Abteilungen bildet ein Unternehmen oder eine Verwaltungskörperschaft. Wie die Kommunikationswege im Körper häufig indirekt sind, kann das auch der Fall bei Organisationen sein. Eine Abteilung distanziert sich mit Leichtigkeit von der Arbeit anderer Abteilungen. Das kann jedoch Folgen für die Organisation als Ganzes haben.

Eine Laune des Schicksals, und weiter Schleim und Galle

Mit uns scheint die Evolution immer komplexerer Organismen ein (vorläufiges?) Ende gefunden zu haben. Wir werden jedoch auch weiterhin mit dem bereits zu Beginn dieses Buches aufgeworfenen Problem konfrontiert, nämlich dem merkwürdigen und paradoxalen Charakter unseres Verhaltens, und zwar sowohl auf individueller als auch auf sozialer Ebene.

Worauf beruht die in uns vorliegende Kombination eines gelungenen und zugleich fehlgeschlagenen biologischen Produkts? Wie ist es möglich, daß Menschen so viel Gutes tun und gleichzeitig Schandtaten ohnegleichen auf sich geladen haben? Der amerikanische Psychiater Laing hat gesagt, daß einfache, ganz normale Menschen während der letzten fünfzig Jahre einhundert Millionen andere ganz normale, einfache Menschen grundlos abgeschlachtet haben. Razran (1971) dagegen schlußfolgert beschwingt: »Der Mensch macht nicht nur in technologischer Hinsicht Fortschritte, sondern auch was den Wohlstand und das moralische Niveau betrifft.« Letzteres sei dahingestellt. Man muß nicht gleich in einen übersteigerten, modischen Kulturpessimismus verfallen, wie man ihn zum Ende eines Jahrhunderts so häufig antrifft, um sich die Vielzahl unserer Probleme klarzumachen.

Der Mensch scheint im Besitz eines recht eigenartigen Überlebensinstinkts zu sein. Während der letzten zwanzig Jahre sind durch unser Zutun mehr als zweitausend Pflanzen- und Tierarten ausgerottet worden. Ornstein & Ehrlich (1989) sagen, daß im Jahr 2025 infolge unseres Verhaltens wahrscheinlich die Hälfte aller Lebensformen verschwunden sein wird. Aus dem gleichen Grund verschwindet jede Sekunde ein Stück Regenwald von der Größe eines Fußballfeldes. Große Städte sind zu regelrechten Gaskammern geworden. Der Ausstoß von Kohlendioxid, kombiniert mit der täglich abnehmenden Fähigkeit der Pflanzen und Bäume, diesen in Sauerstoff umzuwandeln, wird, so steht zu befürchten, durch den Treibhauseffekt dafür sorgen, daß die Durchschnittstemperatur auf Erden im nächsten Jahrhundert um acht Grad ansteigt. Der Meeresspiegel wird dadurch um vierzig bis siebzig Zentimeter steigen. Große Teile Westeuropas werden dann zum Surfparadies. Der ab und zu fallende Regen wird so sauer sein, daß es zum Salat den Essig nicht mehr braucht. Schließlich werden derart große Löcher in der Ozonschicht entstehen, daß die gefährliche Strahlung voll durchschlagen kann. Eine der Wirkungen derartiger Strahlung ist wahrscheinlich, daß das Abwehrsystem angegriffen wird, wodurch vielfältige Formen von Krebs und zahlreiche Viren, denen wir bisher recht gut gewachsen waren, zum Zuge kommen können. Ein beeinträchtigtes Abwehrsystem kann dazu führen, daß die mit viel Mühe erreichte, häufig hohe Lebenserwartung auf ein mittelalterliches Niveau absinken wird.

Der Mensch sei dem Menschen ein Wolf, behauptet ein altes Wort. Wenn dem bloß so wäre! Der Wolf tötet nie einen Artgenossen; der Mensch tut kaum etwas anderes. Wie sind derartige Auswüchse zu erklären? Woher rührt diese enorme Aggression, unter der auch unser einziger Lebensraum, die Erde, ernsthaft zu leiden hat? Was ist hier außer Kontrolle geraten?

Aggression und Aggressionshemmung

»Nehmen wir an, ein objektivierender Verhaltensforscher säße auf einem anderen Planeten, etwa dem Mars, und untersuche das soziale Verhalten des Menschen mit Hilfe eines Fernrohrs, dessen Vergrößerung zu gering sei, um Individuen wiederzuerkennen und in ihrem Einzelverhalten verfolgen zu können, das aber wohl gestatte, grobe Ereignisse wie Völkerwanderungen, Schlachten usw. zu beobachten. Er würde nie auf den Gedanken kommen, daß das menschliche Verhalten von Vernunft oder gar von verantwortlicher Moral gesteuert sei.«

So Lorenz (1984) in seinem Buch »Das sogenannte Böse«.

Lorenz unterscheidet kaum zwischen individuellem und sozialem Verhalten; dafür ist er schließlich Biologe. Auf individueller Ebene haben wir eine Reihe von Aspekten unserer problematischen Beschaffenheit genannt. Sozial gesprochen schlachten Völker sich gegenseitig ab. Ideologien bekämpfen einander mit Feuer und Schwert und haben sämtlich jede Weisheit gepachtet. Lorenz zieht eine Parallele zwischen einer menschlichen Gesellschaft und einer Gruppe von Ratten. Innerhalb ihrer Gruppe sind diese Tiere sozial und friedliebend, doch verhalten sie sich recht unfreundlich gegenüber fremden Artgenossen. Beim Menschen ist das häufig genauso. Woher kommt das? Ohne die Stratifizierung des Gehirns beim Namen zu nennen, sagt Lorenz, daß sich beim Menschen der Verstand und der Instinkt auseinanderentwickelt haben. Der Pekingmensch hätte Beil und Feuer noch nicht erfunden, da habe er schon seine Mitmenschen totgeschlagen und aufgefressen. Denken und Sprache hätten enorme Entwicklungen zuwege gebracht, mit denen die Welt der Instinkte nicht habe

Schritt halten können. Lorenz verbindet diese These mit einer plausiblen Argumentation.

Alle Tiere seien zu bestimmten Zeiten aggressiv, was vom Wettbewerb und vom Kampf ums Dasein diktiert werde. Tiere ein und derselben Art kämpften zwar miteinander, doch töteten sie sich dabei nur selten gegenseitig. Klapperschlangen bissen sich bei ihren Kämpfen nie. Eine Krähe könne einer anderen Krähe mit Leichtigkeit ein Auge aushacken, und ein Wolf sei imstande, den Hals eines Rivalen durchzubeißen, doch täten diese Tiere das so gut wie nie. Giraffen könnten einen Artgenossen leicht zu Tode treten, unterlassen dies aber. Tauben dagegen sind außergewöhnlich aggressiv. Das ist jedoch kaum ein Problem: Sie können sich gegenseitig nur wenig Schaden zufügen. Nach Lorenz gibt es eine einfache Erklärung dafür, daß Aggression nicht zur Folge hat, daß eine Art sich selbst ausrottet.

Die Wirkung, die Aggression zuwege bringt, werde durch die Bewaffnung bestimmt. Wenn alle Tiere aggressiv wären, hätte es schon längst keine Krähen, Wölfe, Giraffen und Klapperschlangen mehr gegeben. In der Natur werden die Folgen von Aggression durch einen hemmenden Mechanismus in Grenzen gehalten. Die Regel lautet: Je mehr Waffen, desto mehr Aggressionshemmung. Schwer bewaffnete Tiere haben zugleich starke Hemm-Mechanismen. Diese sorgen dafür, daß die Art sich selbst wenig Schaden zufügt. Eine Taube kann es sich *erlauben*, aggressiver zu sein als eine Krähe.

Ursprünglich gehörte der Mensch nach Lorenz zum Typ der Taube. Er sei aggressiv gewesen, doch seine Waffen hätten lediglich aus Händen und Zähnen bestanden. Die Explosion des Neocortex jedoch habe dazu geführt, daß mit hoher Geschwindigkeit sowohl Kultur, Wissenschaft und Kunst als auch Waffen entwickelt wurden. Letzteres sei für sich genommen kein Problem, nur hätten wir nicht die Zeit gehabt, geeignete Hemm-Mechanismen zu entwickeln, meint Barash (1980) in der Nachfolge von Lorenz. Ornstein & Ehrlich (1989) sagen etwas Ähnliches. Der Mensch funktioniere gegenwärtig mit einem mentalen Apparat, mit dem er im 18. Jahrhundert noch überall gut zurechtgekommen sei. Leider aber sei er im Besitz des »Spielzeugs des 20. Jahrhunderts«. Daß unser Gehirn so schlecht mit unseren äußeren Gegebenheiten zusammenpasse, habe unter anderem dazu geführt, daß wir Arsenale zur Vernichtung unserer Feinde anlegten, anstatt Arsenale zu unserer Rettung aufzubauen.

Weil die hemmenden Prozesse beim Menschen noch unzureichend ausgebildet seien, sei äußerst wirkungsvolle Aggression die Folge. Etwas Ähnliches würde geschehen, wenn eine Taube in den Besitz eines Krähenschnabels gelangen würde. Aggression beim Menschen werde obendrein noch durch Waffen gefördert, die über Distanzen funktionierten. Sie sorgten dafür, daß das Verhalten nicht durch Emotionen »gestört« werde. Niemand werde es sich einfallen lassen, einen Hasen mit bloßen Händen zu erwürgen, doch aus hundert Metern Entfernung bewege ein Finger mit Leichtigkeit den Abzug. Genau so sei es zu verstehen, daß brave Hausväter einen Abend, nachdem sie von einem Flugzeug aus einen Bombenteppich gelegt haben, kaum imstande sind, einem ungezogenen Kind eine Ohrfeige zu verpassen. Verhalten ist durch die direkte Konfrontation mit seinen Konsequenzen stark zu beeinflussen (operante Konditionierung). Es ist der Menschheit jedoch gelungen, die größtmögliche Entfernung zwischen sich und die Folgen ihres Verhaltens zu legen. Es scheint, als hätten wir mit ziemlichem Erfolg versucht, die Gesetze der operanten Konditionierung zu umschiffen.

Gänse sind, so Lorenz, zum Äußersten bereit, wenn es darum geht, einen Artgenossen zu verteidigen; ein Elefant, der seinen Wärter versehentlich ernst verwundet hatte, beugte sich über ihn und sorgte so ungewollt dafür, daß die Hilfe zu spät kam. Man hat beobachtet, daß Affen, die einen Menschen gebissen hatten, anschließend versuchten, die Ränder der Wunde zusammenzudrücken. Im persönlichen Kontakt geschieht das beim Menschen häufig auch, aber andererseits haben wir bei der Entwicklung unserer Waffen alles unternommen, um Kontakt und Konfrontationen möglichst aus dem Weg zu gehen.

Folglich sagt Barash, daß die Entwicklung der Aggressionshemmung mit den Möglichkeiten zur Äußerung von Aggression nicht Schritt gehalten hätte. Man kann das auch entgegengesetzt ausdrücken. Das aggressive Verhalten des Menschen (ein Instinkt) ist unter dem Einfluß des intelligenten Verhaltens in gewissem Sinn *verstärkt* worden. Der Instinkt hat durch die Entdeckungen, die seitens der intelligenten Komponente unseres Funktionierens gemacht wurden, viel mehr Möglichkeiten erhalten.

Diese Argumentation paßt genau zu der These, die wir in diesem Buch verteidigen. Wenn die Evolution halbwegs integrierte Produkte liefert, hätte es für den Menschen zwei Möglichkeiten gegeben. Das intelligente Verhalten, um noch kurz an diesem Sprachgebrauch festzuhalten, hätte sich nicht so schnell und in einem solchen Ausmaß entwickelt, oder aber die Instinkte hätten sich angepaßt.

Zwei andere von Lorenz genannte Ursachen von Aggression sind die große Zahl sozialer Kontakte des modernen Menschen und die Tatsache, daß wir häufig dicht zusammengedrängt leben (siehe auch Schreurs, 1988). Emotionale Bindung setzt die Anwesenheit einiger guter Freunde voraus. In unserer Kultur gehört es jedoch allmählich zum guten Ton, mit möglichst vielen Menschen eine oberflächliche Beziehung einzugehen. Dadurch kann das Gefühlsleben leicht an Tiefgang verlieren. Die eigenen Verantwortlichkeiten bleiben schließlich sehr beschränkt. Zugleich gesellt sich zu einer mäßigen Entwicklung der sozial-emotionalen Intelligenz schon bald ein Mangel an Respekt gegenüber dem anderen. Auch das leistet der Aggression Vorschub.

Die entstandene Divergenz zwischen intelligentem und instinktivem Verhalten ist eine in gewisser Hinsicht willkommene Demonstration der Auswirkungen, die ein dreigliedriges Gehirn auf das Verhalten haben kann. In absehbarer Zeit läßt sich an dieser Situation nichts ändern. Es gilt, auf ein eventuelles Zustandekommen von mehr Integration innerhalb der heutigen Struktur zu warten. Danach wird, so Eldredge, wahrscheinlich wieder ein neuer Sprung erfolgen.

Eine wichtige Folge des explodierten Neocortex ist, daß irgendwann ein enormes Wachstum in wertvollen Dingen wie Kunst und Wissenschaft einsetzte. Die Moral jedoch hat ihren Sitz nicht ausschließlich im neuesten Teil des Gehirns. Die intellektuelle Entwicklung hat sich viel schneller vollzogen als die moralische oder emotionale. In einer Variation auf Plato ließe sich sagen, daß der Reiter das Pferd nicht mehr beherrscht.

Kurzsichtig und weitsichtig

Diese Feststellung bietet die Möglichkeit, einige Phänomene und Prozesse miteinander in Zusammenhang zu bringen. Mutationen erhalten erst in dem Augenblick eine Chance, wenn ein Organismus sich fortpflanzt. Weil der Mensch relativ lang lebt, verläuft seine genetische Evolution langsam. Die kulturell-wissenschaftliche Evolution dagegen hat sich sehr schnell vollzogen. Diese beiden Aspekte unserer Entwicklung sind nicht parallel verlaufen. Man könnte sagen, daß wir mit einem »alten Gehirn« in einer »neuen Welt« leben, deren Probleme unser betagtes Gehirn nicht bewältigen kann. Wichtig ist hierbei der wiederholt besprochene Wettstreit zwischen »kurzsichtigem« operantem und »weitsichtigem« intelligentem Verhalten. Das auf unmittelbare Belohnung ausgerichtete operante Lernen kann als »lokale Rationalität« umschrieben werden. Häufig dominiert es das intelligente Lernen, das wir als »globale Rationalität« bezeichnen können. Wir rauchen trotz unseres Wissens um die stark erhöhte Wahrscheinlichkeit von Lungenkrebs, wir braten uns in der Sonne, obwohl wir wissen müßten, daß dies leicht zu Verbrennungen und Ungemach führt, wir fahren zu schnell, weil die Verkehrsbuße erst nach einem Monat fällig wird, usw.

In Kapitel 2 wurde bemerkt, daß der Mensch vermutlich von Baumbewohnern abstammt. Jedenfalls erklärt das unsere sehr gut entwickelte Fähigkeit der Tiefenwahrnehmung und die relativ untergeordnete Bedeutung des Geruchssinns, zumindest auf bewußter Ebene. Man kann diese Beobachtung mit operantem und intelligentem Verhalten und der Umweltproblematik in Zusammenhang bringen. Unsere Aufmerksamkeit gehört hauptsächlich der Verschmutzung, die wir auch sehen können. Auf die Tatsache, daß Nahrung und Böden vergiftet sind, werden wir erst viel später aufmerksam, weil Geruchs- und Geschmackssinn das nicht so schnell bemerken. Man *schmeckt* ja nicht oder nur kaum, daß der Regen sauer ist.

Hier kommt ein zweites Phänomen hinzu. Die vorherrschende Rolle, die operantes Verhalten häufig beim Menschen spielt, sorgt dafür, daß allmählich verlaufende Veränderungen kaum bemerkt werden. Die »Biomasse« des Menschen umfaßt gegenwärtig etwa 300 Millionen Tonnen. Keine Tierart hat ganz buchstäblich so viel Gewicht wie der Mensch. Weil die Weltbevölkerung aber allmählich anwächst, sind uns die Folgen dieser Entwicklung nicht rechtzeitig klar geworden. Es gibt *gefährlich viele* Menschen. Trotzdem ist unsere Handlungsweise kontraproduktiv. Es wird alles darangesetzt, Krankheiten wie Krebs oder Aids auszurotten. Die Problematik wird dadurch jedoch nur zunehmen. Die Ausrottung von Krebs würde die durchschnittliche Lebenserwartung um zwei Jahre ansteigen lassen. Trotzdem ist es in gewisser Weise vergnüglich, daß man die Aufmerksamkeit so stark auf die Bekämpfung von Krankheiten richtet. Die Verbesserung der Lebensgewohnheiten auf globaler Ebene würde zu einer Steigerung der Lebenserwartung von ganzen sieben Jahren führen (Ornstein & Ehrlich, 1989).

Zurück jedoch zur Umwelt im engeren Sinn. Wir listen die Zahlen auf, und zwar die Jahreszahlen und die Menge an Schmutz in der Umwelt (aus: Wagenaar, 1977).

Jahr	Schmutz
1989	3
1990	7
1991	16
1992	37

Gesetzt, eine Katastrophe bricht herein, wenn der Index der Verschmutzung 20.000 beträgt. Wann wird es soweit sein? Durchschnittslaien und Fachleute gleichermaßen tippen auf das Jahr 2015. Wir scheinen also noch Zeit zu haben. Das stimmt jedoch nicht ganz: Bereits vor dem Jahr 2000 wird dieser Zustand eingetreten sein. Das vom operanten System erzwungene (zu) kurzfristige Denken ist eine wichtige Ursache dafür, daß wir immer »hinter den Fakten herlaufen«. Die

Umwelt bestraft nicht *unmittelbar.* Das Veröffentlichen von Zahlen und Vorhersagen hilft kaum etwas. Gesetzt, die Wachstumsrate irgendeiner Entwicklung beträgt zehn Prozent pro Jahr. Dann wird man sagen: *lediglich* zehn Prozent. Das ist kurzsichtig; eine derartige Zahl bedeutet eine Verdoppelung in lediglich sieben Jahren. Nachgerade auffällig erscheint, daß die sündhaft teure Bürokratie nicht ausgerechnet hat, was geschehen wird, und daß nicht zeitig eingegriffen wurde. Eine Erklärung dafür ist jedoch naheliegend.

Crombag (1986) sagt, daß wir im Zeitalter der Planung und Politik leben; nach dem der Aufklärung, der Romantik, der Industrialisierung usw. Erst denken, dann handeln, lautet noch immer das in gewisser Weise kartesianische Motto (siehe Kapitel 3). Das mag man zwar sagen, doch stützt sich der größte Teil unseres Verhaltens immer noch auf unbewußt operierende, kurzsichtige, tierische Rationalität. Diese paßt langfristig nicht zu den Vorstellungen der Denker, die sich beschäftigen mit Berufspolitik, Unterrichtspolitik, Wirtschaftspolitik, monetärer Politik, Personalpolitik, Arbeitsmarktpolitik, Produktivitätspolitik, Haushaltspolitik, Exportpolitik,Wissenschaftspolitik, Minderheitenpolitik, Kulturpolitik, Umweltpolitik sowie natürlich auch noch einmal der entsprechenden Aufklärung über all diese Dinge. Natürlich haben Tausende von Planungsmitarbeitern alles nur Denkbare errechnet und in Computermodelle gesteckt. Jeder weiß jedoch auch, daß diese Modelle fast immer etwas anderes vorhersagen als die Wirklichkeit. Das liegt nicht daran, daß das Verhalten einer Masse von Menschen im wesentlichen unvorhersagbar wäre, sondern weil ihr Verhalten nicht von den rationalen Erwägungen bestimmt wird, die in die Rechenmaschinen gefüttert wurden.

Die Politik einschließlich des militärischen Bereichs weist dieselben Zeichen von Kurzsichtigkeit auf. Bei Diskussionen um die Rüstung wird von *nationaler* und nicht von *globaler* Sicherheit gesprochen. In die Sahelzone hat man mit Hilfe von Entwicklungsgeldern viele Wasserlöcher geschlagen. Die Bauern konnten dadurch mehr Vieh halten. Die Folge war, daß zu viel Grün gefressen wurde und eine Bodenerosion einsetzte. In anderen afrikanischen Ländern führte die massenhafte Lebensmittelhilfe zum Absinken der Lebensmittelpreise. Dadurch ging es den Bauern noch schlechter. Ganze Schiffsladungen von Lastwagen sind in Länder gegangen, die kaum ein Straßennetz besitzen. England verwendet die Erträge des Nordseeöls, um unzähligen Jugendlichen Sozialhilfe zu zahlen, nicht jedoch, um sie auszubilden. Im 19. Jahrhundert wurden Gewehrläufe entwickelt, die die Kugeln um ihre Längsachse drehen ließen, wodurch die Reichweite eines Gewehrs verdreifacht wurde. Die militärische Taktik (geschlossene Karrees) war jedoch weiter die der napoleonischen Zeit, wodurch Tausende von Soldaten unnötigerweise ihr Leben ließen. Die Japaner bombardierten die amerikanischen Kriegsschiffe in Pearl Harbour, aber *nicht* die Tanks mit den Brennstoffvorräten. So ließe sich endlos fortfahren.

Die praktische Umsetzung von Planung und Politik mißlingt oft, weil wir mit einer doppelten Spaltung zu kämpfen haben: Es gibt eine kulturelle und eine biologische Evolution, und operantes Lernen steht intelligentem Lernen gegenüber. Bei letzterem ist noch ein weiterer störender Faktor im Spiel. Wenn es uns schon einfällt, Pläne für die weitere Zukunft zu machen, verwenden wir häufig auf den ersten Blick merkwürdige Heuristiken, in denen sich wiederum Spuren operanter Mechanismen finden (Kalma, 1989; siehe auch Kapitel 3).

Gruppengeist und Religion

Wenn es eine Ameise in das Gebiet einer anderen Kolonie verschlägt, wird sie umgebracht. Ameisen pflegen nur mit solchen Artgenossen Umgang, die denselben Geruch verbreiten. Ein solcher Mechanismus ist auch Menschen nicht fremd. Wichtige Kriterien sind hier nicht unbedingt der Geruch, sondern Dinge wie Kultur, Hautfarbe und Sprache. Menschen sind in Völkern vereint, die eine Kultur besitzen, der sie ihre Identität und ihren Selbstrespekt entnehmen. Das geht häufig mit einem Gefühl des Mißtrauens und einer »natürlichen Feindschaft« gegenüber anderen einher.

Der Mensch ist, ebenso wie viele Tiere, auf Gruppenkohäsion angewiesen. Die Gruppe darf jedoch, wiederum wie bei vielen Tieren, nicht zu groß werden. Offenbar muß die soziale Einbettung noch zu übersehen sein. Menschen binden sich aneinander, aber die sozialen Gefüge müssen übersichtlich bleiben und außerdem auseinandergehalten werden.

Innerhalb einer sozialen Struktur wird die Verantwortlichkeit der Person durchweg der der Gruppe untergeordnet. Das Ergebnis ist nicht nur »Teamgeist«, »Gruppengefühl« oder das Vorhandensein eines »gemeinschaftlichen Ziels«, einer »geteilten Verantwortlichkeit« und eines »kollektiven Bewußtseins«, sondern auch ein gewisses Maß an individueller Bewußtlosigkeit. Befehl sei Befehl, meint man da, Gehorsam Trumpf, und andere Gruppen taugten nichts. Letzteres hat teilweise mit der Größe unserer Lebensgemeinschaften zu tun. In Kapitel 2 nannten wir die Beobachtung, daß die direkten Kontakte vieler Menschen, genau wie in prähistorischer Zeit, ungefähr 100 bis 200 andere Menschen umfassen. Die Anzahl möglicher (und unvermeidlicher) Kontakte in einer Gemeinschaft von einigem Umfang ist jedoch um viele Male größer. Abgesehen von der »eigenen Gruppe« müssen wir auf noch sehr viele andere Menschen Rücksicht nehmen. Diese Kontakte sind unpersönlich und häufig feindlich. Auch hier wird von den Planern (genau wie bei der Umwelt) ein Fehler gemacht: Man konstruiert mit Stolz Computernetzwerke, an die Hunderttausende von Menschen angeschlossen sind, um anschließend festzustellen, daß von einer Kommunikation kaum die Rede ist. Dabei hätte man sich das denken können.

Bei Gruppengeist in einer allgemeinen Bedeutung des Wortes muß auch an Religionen und politische Ideologien gedacht werden. Gerade eine Religion ist ein hervorragendes soziales Bindemittel. Wer einem religiösen Bekenntnis angehört, gibt nicht seine Meinung wieder, sondern die Meinung überhaupt. Er wird die Wahrheit, um mit Calvin zu sprechen, »mit dem Schwert verkünden«; natürlich nur in heiligen Kriegen. Im Namen von Religionen sind -zig Millionen Menschen umgebracht worden.

Es ist nicht leicht zu umschreiben, was eine Religion genau ist. Schriftgelehrte sollen um 1910 bereits 48 Definitionen gesammelt haben. Ringgren & Ström (1963) sagen, ein religiöses

Bekenntnis beruhe auf einer angeborenen Neigung, Sicherheit zu schaffen. Ein wesentlicher Faktor sei die Auffassung, daß das Schicksal des Menschen einen bestimmten Zweck habe. Weiter sei religiöses Denken »emotional geladen«. Schließlich seien ritualistische Handlungen (wie Opfer) sehr wichtig. Magische Praktiken innerhalb einer Religion werden von den Autoren mit Hilfe eines Mechanismus erklärt, der stark an das *superstitious learning* der Skinnerschen Tauben erinnert (siehe Kapitel 2). Menschen stellen zu Unrecht einen Zusammenhang zwischen Ereignissen her und versuchen anschließend, den Lauf der Dinge entsprechend zu beeinflussen.

Es ist nicht undenkbar, daß Religionen sozusagen Überbleibsel unserer tierischen Geschichte sind. Das Verhalten höherer Tiere wird zu einem Großteil vom limbischen System beherrscht, das eine grobe Repräsentation der Wirklichkeit zu besitzen scheint. Diese Repräsentation läßt wenig Auswahl und Zweifel zu. Das läge auch nicht im Interesse von Tieren. Wenn das menschliche Gehirn dem tierischen teilweise gleichförmig ist, ist es nicht unwahrscheinlich, daß auch in unserem Handeln Spuren eines solchen schematischen Bildes der Wirklichkeit zu finden sind. Das paßt zu der Bemerkung von Ringgren & Ström, daß der Ursprung der Religion im Zusammenhang mit Konditionierungsgesetzen steht, denen sowohl Tiere als auch Menschen unterliegen.

Unsere Vernunft ist imstande, zu denken und aus vielen Möglichkeiten zu wählen; unser Verhalten dagegen gehorcht größtenteils anderen Gesetzen. Man denke auch an einen zuvor verwendeten Ausdruck: Der Teil des Gehirns, der urteilt, ist oft ein anderer Teil als das System, welches Verhalten hervorbringt. Man könnte unterstellen, daß die Vernunft des Menschen Religionen produziert, um die von derselben Vernunft geschaffene *Un*sicherheit zu verringern. Auch Menschen leben gern in einer mit festen Strukturen und Gewißheiten ausgestatteten Welt. Vielleicht sind Religionen Ausdruck oder Rechtfertigung des Bedürfnisses nach einer solchen schematischen Repräsentation.

Jacob (1982) sagt etwas in diesem Geist:

»Wahrscheinlich ist es ein Bedürfnis des Menschen, eine Vorstellung von der Welt zu haben, die ein großes, kohärentes Ganzes bildet. Ein Mangel an Einheit und Zusammenhang führt oft zu Angst. Mythische Erklärungen genügen hier eher als wissenschaftliche Erklärungen. Sie beziehen sich auf jedes Sachgebiet. Sie beantworten jede Frage. Sie bieten eine Erklärung für unseren Ursprung, für den heutigen Stand der Dinge und sogar für die Zukunft des Universums.«

Wir erinnern hierbei auch an eine Bemerkung aus Kapitel 5. Viele unserer Verhaltensweisen werden von Programmen beherrscht, die auf operantem Lernen beruhen. Diese Programme sind erfolgreich, ihre Struktur ist vergleichsweise einfach, und sie lassen keinen Raum für Unsicherheit.

Die Folge der Unsicherheitsreduzierung mit Hilfe einer Religion (oder Weltanschauung) ist eine doppelte: Weltreligionen sind äußerst dogmatisch und dazu aggressiv. Debatten würden ja von Zweifel künden. Es ist aber gerade der Zweck einer Religion, den Zweifel fortzunehmen.

Was Jacob sagt, trifft zu auf Religionen, auf politische Ideologien in linken und rechten Diktaturen, die der Religion abgeschworen haben, sowie auf sektiererische Bewegungen. Eine politische Ideologie bietet genau wie eine Religion Sicherheit und verlangt dafür Gehorsam. Sekten wie die des Mr. Moon, die Scientology Church des Ron Hubbard oder die rotgewandeten Sklaven eines Baghwan Shree Raineesh zeichnen sich aus durch Sicherheit, angebetete Führer, absoluten Gehorsam und die Verketzerung aller anderen. Auch die Anthroposophen lassen sich hier anführen. Herr Doktor Steiner hat gesprochen, also ist es so. Man bekommt den Eindruck, der erste selbst nachdenkende Anthroposoph müsse erst noch geboren werden.

Daß Ideologien, Religionen und Sekten keiner Diskussion zugänglich sind, läßt sich noch auf eine andere Weise erklären. Wenn Gruppenideologien aus für jeden kontrollierbaren und zugänglichen Wahrheiten bestünden, wäre die Ideologie zwar immer noch zur Schaffung von Sicherheit geeignet, jedoch nicht mehr zur Abgrenzung gegen andere. Es hat keinen Sinn, sich als Gruppe um die These zu scharen, daß zwei mal zwei vier ist. Damit sind schließlich alle einverstanden. Lediglich zweifelhaftes oder unkontrollierbares Wissen kann als Baustoff einer Ideologie dienen. Anders gesagt: Rationalität und Gruppenkohäsion beißen sich. Gelten kann nur entweder das eine oder das andere. Nicht umsonst muß man, wenn man Mitglied etwa bei den Freimaurern oder den Rosenkreuzern werden will, erst »eingeweiht« werden. Das Wissen muß exklusiv und geheimnisvoll sein.

Allgemeine Sichtweisen in bezug auf die Wirklichkeit sind nicht nur in Religionen, Sekten und politische Ideologien verpackt. In Kapitel 1 gaben wir einen Abriß von vier Basismetaphern oder Welthypothesen, die innerhalb der Wissenschaft dem gleichen Ziel dienen. Auch bei diesen Sichtweisen kommt es selten zu einer »Bekehrung«: Ein Mechanizist wird kein Organizist oder umgekehrt. Manche bekehren sich zwar religiös oder politisch, doch gehorchen derartige Veränderungen durchweg einfachen Regeln. Studenten, die in den sechziger und siebziger Jahren ein diktatorisch linkes Regime anstrebten, gehen jetzt nicht selten im grauen Dreiteiler umher und streben eine rechte Diktatur an. Priester, die ihren Glauben verlassen, werden häufig Marxisten. Das ist kein Zufall. Die Autorität eines Thomas von Aquin wird gegen die Autorität eines Karl Marx eingetauscht. Die hierarchische Struktur der katholischen Kirche taucht in unverfälschter Form im Marxismus wieder auf. Es geht nicht um den Inhalt der Ideologie, sondern um die Sicherheit bietende Form.

Über Bekehrungen in der Wissenschaft hat van Hezewijk (1985) eine Doktorarbeit geschrieben. Er unterscheidet zwischen zwei wissenstheoretischen Positionen, und zwar Präsentationalismus und Repräsentationalismus.

Ein Präsentationalist meint, kurz gesagt, die Wirklichkeit füge sich seinen Vorstellungen. Beispiele sind Aristoteles und Edmund Husserl, der Begründer der phänomenologischen Schule in der Philosophie. Wissen und Welt können der Phänomenologie zufolge nicht voneinander getrennt werden: Die Welt sei unser gesamtes Wissen, unsere gesamte Erfahrung. Es habe keinen Sinn, über eine Welt zu sprechen, die nicht erfahrbar sei. Im Extremfall würde ein Präsentationalist sagen, daß die Welt nicht existieren würde, wenn es keine Menschen mehr gibt. Die Welt werde schließlich erfahren, und wenn alle Erfahrung wegfalle, verschwinde auch deren Objekt.

Ein Repräsentationalist dagegen meint, daß die Welt von Menschen und deren Vorstellungen unbeeindruckt bleibt. Was wir (in der Wissenschaft) dächten, sei immer eine unvollkommene Repräsentation dessen, was existiert. Die Natur könne uns zu jeder Zeit auf die Finger klopfen und zeigen, daß unsere Theorien nicht stimmten.

Bei »wissenschaftlichen Bekehrungen« bezieht man nach van Hazewijk einen anderen Standpunkt *innerhalb* des Präsentationalismus oder Repräsentationalismus. Ein Phänomenologe (ein Präsentationalist) wird niemals ein kognitiver Psychologe (Repräsentationalist) werden. Ein Phänomenologe »liest« die Wirklichkeit ganz direkt, indem er genau wahrnimmt. Der kognitive Psychologe dagegen meint, das Bild der Welt entstehe auf Grund von Informationsverarbeitung in zahlreichen Stadien in unserem Kopf. Kurz und bündig gesagt: Einem Phänomenologen (und Aristotelianer) zufolge ist die Welt »voll« und unser Kopf »leer«. Die kognitive Psychologie sagt, daß die Welt uns marginale sinnliche Informationen verschafft (»leere Welt«) und daß wir mittels eines »vollen«, mit vielzähligen psychischen Prozessen gefüllten Kopfes daraus ein kompliziertes Modell bauen. Wegen dieses prinzipiellen Unterschieds wird ein kognitiver Psychologe sich nicht zur Phänomenologie oder zum Behaviorismus bekehren können.

Wohl möglich ist dagegen, daß ein Phänomenologe allmählich etwas im Behaviorismus sieht. Ein Beispiel ist Linschoten, der nicht nur diese Veränderung durchlebt hat, sondern auch deren Hintergrund bis zu einem gewissen Grad umreißt (Linschoten, 1964). Ideologien, Religionen, Basismetaphern und wissenstheoretische Positionen können hier zusammengefaßt werden: Sie sind dogmatische und in ihrem Wesen einfache Vorurteile bezüglich der Wirklichkeit, deren Aufgabe es ist, Sicherheit zu verleihen.

Sterben

Auch vor dem Hintergrund der Endlichkeit unserer Existenz wird das Verhalten des Menschen einigermaßen verständlich. In Kapitel 2 kam Becker (1987) zu Wort. Wir wiederholen ein Zitat aus seinem Buch:

»*Den niederen Tierarten bleibt dieser schmerzliche Widerspruch erspart, denn ihnen fehlt die symbolische Identität und das dazugehörige Bewußtsein. Sie existieren in einer Welt ohne Zeit, ihr Herz schlägt sozusagen in einem Zustand stummer Gefühllosigkeit. Die Tiere wissen nicht, daß der Tod unter ihnen ist, sie leben und verschwinden mit derselben Gedankenlosigkeit: Ein paar Minuten der Furcht, ein paar Sekunden der Todespein, und es ist vorüber. Aber ein ganzes Leben lang mit dem Schicksal des Todes zu existieren, das die Kreatur bis in ihre Träume hinein und selbst in die sonnigsten Tage hinein verfolgt, das ist etwas anderes.*«

Worum war es dabei noch gegangen? Becker unterscheidet zwei Aspekte unserer Existenz: den göttlichen und den des Wurmes. Der Gott in uns strebe nach Ewigkeit. Der Wurm in uns sei der vergängliche Körper, der blind und stumm im Grundwasser dahinfaulen werde, so Becker nicht ohne Gefühl für Dramatik. Diesem Dilemma oder Spannungsverhältnis wird mit dem Causa-sui-Projekt zu Leibe gerückt, einer Sammlung von Versuchen, uns unsere Sterblichkeit nicht eingestehen zu müssen. Man könnte sagen, daß die Entdeckung des Todes vom Neocortex gemacht wurde, der Zeit kennt und Planung. In eben demselben Gehirn befindet sich jedoch auch ein reptilhaftes Gehirn, das den Tod nicht sehen kann und braucht.

Die Zerrissenheit, die Becker beschreibt, läßt sich vielleicht auf einen uns inhärenten Widerspruch bezüglich des Todes zurückführen. Was der eine Teil im Gehirn entdeckt, wird vom anderen geleugnet oder jedenfalls nicht durchlebt. Das Causa-sui-Projekt ist eine Beschwörungsformel, gerichtet gegen den Tod und gegen ein Schisma in unserem Gehirn. Für Beschwörungen braucht es Kunstgriffe. Das Böse muß den

Vorfahren, Dämonen, paranormalen Kräften oder anderen, angeblich eine Bedrohung darstellenden Bevölkerungsgruppen zugeschrieben werden.

Dem Problem der Sterblichkeit rücken wir auch mit Hilfe von Religionen zu Leibe, die, und das nicht umsonst, immer ein besseres Leben erst nach dem Tod versprechen oder von Reinkarnation reden, wodurch das Leiden einen »Sinn« zu haben scheint. Und wenn all das nicht geht, propagieren wir einen Heilsstaat, in dem kein Platz mehr sein kann für Unglück, Tod und Verderben. Eine solche Lehre verspricht das gleiche wie eine Religion: Irgendwann einmal wird es besser werden.

Selbsterkenntnis

Der Mensch ist ein kompliziertes Produkt. Als ein in sich geschlossenes und kreisendes System kann er sich selbst kaum kennen. Unsere »zyklische Organisation« besagt, daß Neuronen zum Denken führen, doch kann das Neuron, welches »denkt«, selbst nicht gedacht werden. Es ist schließlich die Basis des Denkens.

Gleichermaßen läßt sich über Begriffe wie »Ich« und »Bewußtsein« wenig sagen, weil jedes Sprechen darüber ein Ich und eine Bewußtheit voraussetzt. Introspektiv weicht die Person, die sich selbst kennen will, auf einen Punkt hinter dem Horizont zurück. Unsere tiefste Essenz sei die Leere und unsere verborgene Wahrheit das Nichts, sagt Kouwer (1963). Selbsterkenntnis sei, so Hofstadter (1991; siehe auch van Geert, 1985), im wesentlichen das, daß etwas im System aus dem System tritt, und zwar zu dem Zweck, etwas über das System auszusagen. Das ist jedoch unmöglich. Wer sich selbst zu Hause anruft, hört nur ein Besetztzeichen, und wenn man von einem anderen Ort aus anruft, nimmt niemand den Hörer ab (Metapher von A. Klukhuhn).

Das System verweist immer auf sich selbst. Selbsterkenntnis hat dadurch keinen Anknüpfungspunkt und kein Ende.

Wir sind angewiesen auf Theorien, die andere über uns haben. Sie sind es, die uns mehr oder weniger als »Objekt« betrachten können. Aus diesem Grund behauptet Kouwer (1963), daß die Persönlichkeit die Theorie ist, die der Mitmensch über uns hat. Die Persönlichkeit stecke genaugenommen nicht in uns, sondern im Kopf des urteilenden Nachbarn.

Abgesehen von dem Problem der Selbsterkenntnis kann man sich fragen, worauf die Menschheit zusteuert. Optimisten wie Teilhard de Chardin vermeinen einen Punkt Omega auszumachen, eine Endstation, deren Merkmale Ruhe, Frieden und Gleichgewicht sind. In vielen Kulturen überwiegen jedoch pessimistischere Gedanken. Abbildung 15 zeigt einen (beschädigten) etruskischen Bronzespiegel aus dem 4. Jahrhundert.

Abbildung 15. Das Rad der Existenz (Wilber, 1990).

Der Spiegel zeigt einen geflügelten Mann, der sein Bestes tut, voranzukommen. Das gelingt ihm nicht; er bewegt sich in einem sich drehenden Rad und sieht immer dasselbe Blattwerk an sich vorüberziehen. Interessant ist, daß ebendieses Bild auch in anderen Kulturen vorkommt. So kennt der Buddhismus den Begriff *samsara*, das ewige Rad des Seins. Der Mensch strebe die Befriedigung eines Bedürfnisses an, aber nach jedem Bedürfnis komme wieder ein neues. Daher Buddhas Satz: »Leben ist Leiden.«

Auch die Mystik bringt hier keine Lösung. Warum wird der höchste Bewußtseinszustand *(samadhi* in Indien und *satori* in Japan) umschrieben als »Es ist nicht dies, es ist nicht das« oder als ein unnennbares Bewußtsein? Das kann zwei Ursachen haben. Das Unnennbare und Große liegt entweder in Reichweite, oder es gibt überhaupt nichts zu benennen, weil die Art des zu Benennenden dazu einfach zu banal ist. Mystiker verkünden ersteres, aber das zweite ist genauso wahrscheinlich. Was ein Mystiker das Absolute nennt, könnte womöglich das grobe, undifferenzierte Bild der Wirklichkeit sein, wie es ein gewöhnliches Krokodil oder eine gewöhnliche Echse auch haben. Wiederholt ist gezeigt worden, daß eine meditative Trance mit dem »ruhigen« Alpha-Rhythmus des Gehirns einhergeht. Im Gegensatz zu »normalen« Umständen ist es während der Trance sehr schwierig, diesen Rhythmus mit Hilfe äußerer Reize in den schnelleren Beta-Rhythmus umzuwandeln. Meditation und Extase bedeuten schlichtweg, daß man sich der Wirklichkeit gegenüber verschließt.

Man kann nur hoffen, daß die Natur irgendwann eine Organisationsform erreicht, bei der Transformation und Akkumulation derartig miteinander im Gleichgewicht sind, daß der Mensch kein gelungenes und mißlungenes Produkt zugleich mehr ist. Eine solche Konstruktion setzt voraus, daß höhere intellektuelle Funktionen mit der Entwicklung emotionaler und moralischer Funktionen gleichauf liegen. Wenn Eldredge und Gould recht haben, erfolgt danach wieder ein neuer Sprung und entstehen womöglich auch wieder neue Probleme.

Viel mehr läßt sich nicht sagen. Theologen, idealistische

Philosophen wie Hegel im vorigen Jahrhundert und die sogenannte transpersonale Psychologie zeichnen ein viel rosigeres
Zukunftsbild. Man meint zu wissen, daß es sehr viel mehr Be-
wußtseinsebenen gibt, als wir kennen. Diese werden in Pyra-
miden und Zirkeln mit heiligen Namen gezeichnet und hinge-
stellt als etwas Schönes, das noch auf uns wartet (siehe zum
Beispiel Wilber, 1989, 1990). Andere wie Ornstein & Ehrlich
(1989) sagen, es stehe eine Mentalitätsveränderung bevor. Das
ist Unsinn. Wir dürfen die Trägheit, mit der evolutionsgeschichtliche Prozesse sich vollziehen, nicht unterschätzen.
Abgesehen davon meinen diese Autoren, ebenso wie Nisbett
& Ross (1980), das menschliche Verhalten werde sich rasch
verändern, wenn bloß genügend Evolutionsbiologie, Psychologie, Statistik und Entscheidungstheorie in den Schulen unterrichtet wird. Auch das ist naiv: Veränderungen in der intelligenten Komponente unseres Funktionierens haben oft
keinen Einfluß auf operantes Verhalten. Eines der vielen Beispiele dafür ist, daß die sehr brauchbare Bayessche Regel
selbst von Fachleuten auf dem Gebiet der Statistik nicht im
täglichen Leben angewandt wird.

Wie wird es ausgehen?

Wir haben dieses Buch mit einer Besprechung von vier Welthypothesen angefangen (Kapitel 1). Die organizistische Tradition des Aristoteles sagte, daß die gesamte Natur, belebt und
unbelebt, mit einem Organismus zu vergleichen sei. In der
Wissenschaftsphilosophie wird diese Denkweise als unpro-
duktiv bezeichnet. Ungefähr zweitausend Jahre lang (bis um
1600) habe es kein nennenswertes Anwachsen des Wissens
gegeben.
    Die wissenschaftliche Revolution hat den Mechanizismus
gepredigt bzw. den Gedanken, daß der Kosmos eine Maschine sei. Dieser Perspektivwechsel hat zu einem enormen Anwachsen unseres Wissens geführt, und zwar hauptsächlich auf
dem Gebiet der Naturwissenschaften. Das war deshalb möglich, weil unser Gehirn diese Möglichkeiten schon längst be-

saß. Diese Entwicklung hatte jedoch ihren Preis. Der Mechanizismus bringt mit sich, daß man keinen Respekt vor Geräten hat oder zu haben braucht. Weil der Mechanizismus eine Welthypothese mit weitreichenden Implikationen ist, wird diese Haltung leicht auch auf die Mitmenschen und die Erde, die unser Leben ermöglicht, ausgedehnt.

Der Kern des Problems ist noch einmal, daß die biologische und die kulturelle Evolution nicht miteinander Schritt gehalten haben. Die Menschheit hat sehr viel Gutes hervorgebracht, aber auch viel Schlechtes. Abgesehen davon haben eine Vielzahl von Verhaltensweisen eine destruktive oder unvorhergesehene Wirkung.

Nochmals muß dabei betont werden, daß die Art, in der unser Gehirn konstruiert ist, nicht so ohne weiteres als ein »Konstruktionsfehler« betrachtet werden darf. Viele menschliche Verhaltensweisen werden zudem verständlich, wenn man davon ausgeht, daß in uns sowohl tierische als auch typisch menschliche Gesetze am Werk sind.

Ein wichtiger Unterschied ist der zwischen Wort und Tat. Wir tun nicht, was wir sagen, und wir sagen nicht, was wir tun. Eine Konsequenz dieser Spaltung ist, daß sich aus Befragungen oft nichts ersehen läßt. Menschen geben sozial erwünschte Antworten und haben schöne Theorien, tun jedoch häufig etwas anderes, als sie sagen oder vorhersagen. Der weitaus größte Teil der Menschen ist im Gegensatz zur eigenen Prognose bereit, Ratten zu enthaupten oder einen Mitmenschen zu foltern. Der Beispiele sind jedoch noch viele mehr.

Wenn ein Autofahrer gefragt wird, ob schnelles Autofahren zu verteidigen sei, wird er das wahrscheinlich mit allerlei Argumenten leugnen. Wenn man ihn fragt, welche Vorteile Fahrgemeinschaften haben, wird er sie allesamt aufzählen, ohne sich allerdings selber an einer Fahrgemeinschaft zu beteiligen. Der Befragte wird selber dann sein Auto nicht stehenlassen, wenn alle Wünsche in bezug auf öffentliche Verkehrsmittel erfüllt sind. Kurz: Wir tun in der Regel etwas anderes, als die Theorie besagt, die wir über unser eigenes Verhalten haben.

Zusammengefaßt läßt sich sagen: Im täglichen Leben geraten operantes und intelligentes Lernen oft miteinander in Konflikt. Bei einem Zwiespalt zwischen kurzfristigem und langfristigem Denken gewinnen oft die tierischen Gesetze in uns, und zwar in Form kurzfristiger Bedürfnisbefriedigung. In der Politik dagegen wird zu oft auf intelligentes Lernen und auf Mentalitätsveränderungen abgezielt. Die Mentalität ist in vielen Fällen wunderbar in Ordnung; das Problem ist, wie man Veränderungen in das *Verhalten* bringt. Verhalten nämlich gehorcht anderen Gesetzen.

Die Konstruktion des Gehirns ist sicher nicht unvernünftig. Seine Stapelung verhindert langes Nachdenken dort, wo nicht genügend Zeit zu Verfügung steht, viele Verhaltensweisen und Prozesse verlaufen automatisch, und eine gewisse Autonomie der Teilsysteme bedeutet, daß wir unterschiedliche Dinge gleichzeitig tun können. Ein Nachteil dieser Konstruktion ist jedoch widersprüchliches oder seltsames Verhalten. Wir können den Gang der Evolution nicht beeinflussen, wohl aber können wir versuchen, die unser Verhalten beherrschenden Gesetze möglichst geschickt zu nutzen. Einige Gedanken dazu:

Man halte Organisationen vorzugsweise klein. So kennen die Mitglieder des Personals sich und ihre jeweiligen Aufgaben, und sie fühlen sich für das Ganze verantwortlich.

Vorsicht mit Automation und mit Netzwerken. Das Ersetzen menschlichen Kontakts durch Technologie bringt es mit sich, daß die analoge Kommunikationskomponente fehlt. Dabei enthält diese ganze 90 Prozent der Botschaften, die wir uns gegenseitig übermitteln.

Man verwende für unterschiedliche Ebenen des Verhaltens unterschiedliche Therapien. Die Therapie ernsthafter Depressionen wird häufig bei der pharmakologischen Korrektur des Hirnstamms ansetzen müssen (nämlich dem Bekämpfen der Schlaflosigkeit und des Appetitmangels). Bei emotionalen Problemen sollte man die Rolle der Psychotherapie nicht überschätzen. Statt dessen sollte man versuchen, Probleme gewissermaßen auf ihrer eigenen Ebene anzugehen. Wenn die Störung viel mit dem Hirnstamm zu tun hat, wie bei Eßproblemen und Süchten, kann die primitivste Lernebene der Konditionierung sehr effizient sein.

Statt mit Sätzen wie »Es ist besser, wenn …« zu belehren, sollte vorzugsweise ein möglichst direkter Zusammenhang zu Verhaltensweisen hergestellt werden.

Man verwende im Prinzip alternative Strafen, so daß auf der Ebene des Verhaltens Assoziationen entstehen.

Es sollte versucht werden, die Umgebung so zu gestalten, daß sie das angestrebte Verhalten von sich aus hervorlockt. Weshalb sind wir nicht aus den Autos zu bekommen und lassen uns außerdem kaum auf Fahrgemeinschaften ein? Im Auto haben wir unser eigenes Territorium, wir brauchen nicht zu planen und wir können selbst das Lenkrad bewegen. Die Umgebung muß so gestaltet sein, daß sie das erwünschte Verhalten evoziert, beispielsweise indem man vom einen Tag auf den anderen alle Durchgangsstraßen mit einer »Fahrgemeinschafts-Spur« versieht. Die Vorteile von Fahrgemeinschaften kennen bereits alle, dazu bedarf es keiner teuren Kampagnen seitens der Regierung; aber hier geht es um das Verändern von *Verhalten*.

Ein zu wenig bekannter Sachverhalt ist auch folgender. Davon, daß Belohnung *die* Determinante von Leistung und »Zufriedenheit« wäre, kann nicht die Rede sein. In erster Linie geht es um die Qualität der Arbeit, die Aufgabe, das Gefühl, Verantwortung zu tragen sowie selbst Entscheidungen treffen und seine Arbeit bis zu einem gewissen Grad selbst organisieren zu können. Das zeigt sich auch an der Beobachtung, daß der Zusammenhang zwischen Einkommen und »Zufriedenheit« eine einfache, geradlinige Funktion ist. Menschen vergleichen sich selbst gern mit anderen, denen es gerade etwas besser geht. Dieses Prinzip gilt für Jahreseinkommen zwischen ungefähr 30.000 und 40.000 DM. Daraus läßt sich ableiten, daß das Funktionieren einer Organisation auf eine viel kompliziertere Weise mit der Gehaltsstruktur zusammenhängt, als man gewöhnlich anzunehmen geneigt ist: Ein gesteigertes Einkommen muß nicht unbedingt günstige Folgen für das Verhalten und die Leistung haben.

Sowohl im täglichen Verkehr miteinander als auch in der Politik wird an einem untauglichen Menschenbild festgehalten. Man kann ein Individuum (ein Wort, das zu Unrecht »das Unteilbare« bedeutet) zwar als ein rationales Wesen betrachten, doch wird unser Handeln in beträchtlichem Umfang von ganz anderen Gesetzen bestimmt. Die biologische Geschichte des Menschen ist viel älter als seine kulturell-historische. Die Gesellschaft kann lediglich dann lebenswert eingerichtet werden, wenn man begreift, welche Macht unsere unbewußt funktionierende, tierische Rationalität vorläufig noch über uns ausübt. Die Zukunft steht oder fällt mit dem Ausloten dieser Gesetze und der Spuren, die eine lange Vorgeschichte in unserem Verhalten und in unseren Erlebniswelten hinterlassen haben.

In klassischen Evolutionstheorien ging es um die Frage, auf welche Weise Tierarten in einer feindlichen Welt überleben konnten. Die »Maßeinheit« der Evolution war die Art. Der Mensch hat jedoch dermaßen in der Welt hausgehalten, daß die Maßeinheit gegenwärtig die Interaktion zwischen dem Menschen und seiner Umgebung ist. Es geht nicht mehr darum, ob wir wohl überleben, sondern ob die Erde mit uns eine Zukunft hat. Die Maßeinheit ist heute der menschliche Geist. Ein Geschöpf, das sich seiner Umgebung gegenüber »durchsetzen« kann, vernichtet jedoch sich selbst. Die Beziehung zwischen dem Menschen und der Natur ist seit der raschen Entwicklung der Technologie immer instabiler geworden. Wir laufen Gefahr, daß das System als Ganzes zugrunde geht. Der Mensch ist emsig dabei, die Erde, aus der er hervorgegangen ist, zu töten. Vielleicht wird sich die Erde rächen und sich ihres letalen Irrtums entledigen.

Die wissenschaftliche Revolution und ihre Folgen scheinen in den letzten Worten zusammengefaßt, die ein Rabbi während eines Begräbnisses sprach: »Versuche nicht zu verstehen, was zu schwierig für dich ist. Versuche nicht zu entdecken, was verborgen bleiben muß. Staub, geh zurück in die Erde; Geist, gehe zurück zu dem Ort, von dem du gekommen bist.«

Literatur

ACHTERHUIS, H. (1988) Het rijk van de schaarste. Ambo, Baarn.

ADRIAANSENS, H. P. M. (1985) Algemene sociologie. Vuga, Den Haag.

AGAR, W. E., F.H. DRUMMOND, O. W. TIEGS, M. M. GUNSON (1954) Fourth report on a test of McDougall's Lamarckian experiment on the training of rats. Journal of Experimental Biology, 31, 307–321.

AKERT, K., P. HUMMEL ([2]1968) Anatomie und Physiologie des limbischen Systems. Hoffmann-LaRoche, Basel.

ARGYLE, M., (1978) Körpersprache und Kommunikation. Junfermann, Paderborn.

ASPDEN, H. (1980) Physics Unified, Sabberton, Southampton.

BABLOYANTZ, A., A. DESTEXHE (1986) Low-dimensional chaos in an instance of epilepsy. Proc. Nat. Ac. Sc.,83, 3513–3517.

BADDELEY, A. D. (1979) Die Psychologie des Gedächtnisses, Klett-Cotta, Stuttgart.

BAKER, R. R. (1980) We may have an inner compass that points us toward home. Psychology Today,14, 7, 60–75.

BAKKER, S. J. (1987) Het mensbeeld in de behavioristische psychologie. In: C. F. van Parreren (Hrsg.), Psychologie en mensbeeld. Ambo, Baarn, 9–26.

BARASH, D. P. (1980) Soziobiologie und Verhalten, Parey, Hamburg.

BATESON, G. (1985) Ökologie des Geistes. Suhrkamp, Frankfurt/Main.

BECKER, E. (1976) Die Überwindung der Todesfurcht. Dynamik des Todes,Walter, Olten.

BEIJK, J. (1982) De herontdekking van psychoanalytische denkbeelden in de cognitieve psychologie. Tijdschrift voor Psychotherapie, 8, 4, 14–28.

BEM, S. (1985) Het bewustzijn te lijf. Boom, Meppel.

BENTLEY, R. (1741) De dwaasheid en onredelykheid der Godverzakinge. Amsterdam.

BERG, J. H. VAN DEN (1984) Koude rillingen over de rug van Charles Darwin. Callenbach, Nijkerk.

BERTALANFFY, L. VON (1990) Das biologische Weltbild. Die Stellung des Lebens in Natur und Wissenschaft. Böhlau, Wien.

BOELHOUWER, A. J. W. (1988) Oogknippen en knipogen. De Psycholoog, 3,154–156.

BOHM, D. (1985) Die implizite Ordnung: Grundlagen eines dynamischen Holismus. Dianus-Trikont Verlag, München

BOON, L. (1983) De list der wetenschap. Ambo, Baarn

BOUT, J. VAN DEN (1986) Verliesgebeurtenissen in attributie-theoretisch perspectief. Eburon, Delft.

BOWLBY, J. (1982) Das Glück und die Trauer. Herstellung und Lösung affektiver Bindungen. Klett-Cotta, Stuttgart.

BRADBURY, T. N., G. A. MILLER (1985) Season of birth in schizophrenia: a review of evidence, methodology, and etiology. Psychological Bulletin, 98, 3, 569–594.

BROAD, W., N. WADE (1984) Betrug und Täuschung in der Wissenschaft. Birkhäuser, Basel.

BROADBENT, D. E. (1971) Decision and stress. Academic Press, London.

– (1973) In defence of empirical psychology. Methuen, London.

BROWN, R. W., A. H. BLACK, A. E. HOROWITZ (1955) Phonetic symbolism in natural languages. Journal of Abnormal and Social Psychology, 50, 388–393.

BUFFON (G. L. LECLERC) (1797) Natural History. Symonds, London.

BUTLER, S. (1872) Erewhon or over the range. Cape, London (hrsg. 1960).

– (1878) Life and habit. Fifield, London.

– (1880) Unconscious memory, Fifield, London.

– (1991) Der Weg allen Fleisches. Deutscher Taschenbuchverlag, München.

CAPRA, F. (1984) Das Tao der Physik. Scherz, Bern.

CATTELL, R. B. (Hrsg.) (1987) Intelligence: its structure, growth and action. North-Holland, Amsterdam.

CLARKE, A. M., A. B. D. CLARKE (1976) Early experience. Open Books, London.

COLEMAN, W. (1984) Biology in the nineteenth century. Cambridge University Press, Cambridge (MA).

CORBIN, A. (³1991) Pesthauch und Blütenduft. Eine Geschichte des Geruchs. S. Fischer, Frankfurt/Main.

CORNSWEET, T. N. (1970) Visual perception. Academic Press, New York.

COTMAN, C. W., J. L. MCGAUCH (1980) Bahavioral neuroscience. Academic Press, New York.

CRANACH, M. VON, K. FOPPA, W. LEPENIES, D. PLOOG (Hrsg.) (1979) Human ethology. Cambridge University Press, Cambridge (MA).

CREA (STUDIUM GENERALE, AMSTERDAM) (1988) Chaos en het niet-lineaire denken. Amsterdam.

CREW, F. A. E. (1936) A repetition of McDougall's Lamarckian experiment. Journal of Genetics, 33, 61–101.

CRICK, F. H. C. (1981) Life itself. Simon & Schuster, New York.

CROMBAG, H. F. M. (1981) Mens rea. Tjeenk Willink, Zwolle.

– (1983) Een manier van overleven: psychologische grondslagen van moraal en recht. Tjeenk Willink, Zwolle.

– (1986) De eeuw van het beleid. Intermediair, 22, 13.

– (1989) When law and psychology meet. In: H. Wegener, F. Losel, J. Haisch, Criminal behavior and the justice system. Springer, New York.

– (1989) Why (legal) rules often fail to control human behavior. Unveröffentlichtes Manuskript.

DALEN, P. (1975) Season of birth. NHPC, Amsterdam.

DARWIN, C. (1872) The expression of emotion in man and animals. Chicago University Press, Chicago (hrsg. 1965).

DAVIES, P. (1974) Conditioned after-images. British Journal of Psychology, 65, 2, 191–204 und 65, 3, 377–393.

– (1976) Conditioning after-images: a procedure minimizing the extinction effect of normal test trials. British Journal of Psychology, 67, 2, 181–189.

DAVIES, P., G. L. DAVIES, S. BENNETT (1982) An effective paradigm for conditioning visual perception in human subjects. Perception, 11, 663–669.

416

DAWKINS, R. (1990) Der blinde Uhrmacher. Deutscher Taschenbuch Verlag, München.

DEMBER, W. N. (1964) Psychology of perception. Holt, Rinehart & Winston, New York.

DENNETT, D. (1985) Ellenbogenfreiheit. Die erstrebenswerten Formen freien Willens. Hain, Frankfurt/Main.

DIJKHUIS, W. (1983) Eyes and hands: an examination of keybords and screens. Information Services and Use, 239–249.

DIXON, N. F. (1971) Subliminal perception. McGraw-Hill, London.

– (1981) Preconscious processing. Wiley, Chichester.

DOUGLAS, M. (1981) Ritual, Tabu und Körpersymbolik. Sozialanthropologische Studien in Industriegesellschaft und Stammeskultur. Suhrkamp, Frankfurt/Main.

DRAAISMA, D., R. DE VRIES (Hrsg.) (1989) Lichaam en geest in psychologie en geneeskunde. Swets & Zeitlinger, Lisse.

DUIJKER, H. C. J., P. A. VROON (Hrsg.) (1981) Codex Psychologicus. Elsevier, Amsterdam.

DUNBAR, R. I. M. (1988) Primate social systems. Cromstock Publishers, Ithaca.

ECCLES, J. C. (1975) Wahrheit und Wirklichkeit. Mensch und Wissenschaft. Springer, Berlin.

ECCLES, J. C., D. N. ROBINSON ([2]1986) Das Wunder des Menschseins. Gehirn und Geist. Piper, München.

ELBERS, E. (1985) Continuiteit en discontinuiteit in de ontwikkelingspsychologie: de bijdrage van het behaviorisme aan het moderne baby-onderzoek. Kennis en Methode, 9, 3, 219–242.

– (1988) Social context and the child's construction of knowledge. Elinkwijk, Utrecht (Diss.).

ELDREDGE, N. (1985) Time frames. Simon & Schuster, New York.

D'ESPAGNAT, B. (1979) The quantum theory and reality.Scientific American, 241, 5,128–140.

FEENSTRA, G. (1986) Lichaam en antilichaam. Rivière & Voorhoeve, Kampen.

FISHER, J., R. A. HINDE (1949) The opening of milk bottles by birds. British Birds, 42, 347–357.

FLANAGAN, O. J. (1984) The science of the mind. Bradford, London.

FLYNN, J. R. (1987) Massive IQ gains in 14 nations: what IQ tests really measure. Psychological Bulletin, 101, 171–197.

FODOR, J. A. (1983) The modularity of mind. MIT Press, Cambridge (MA).

FRANZ, M. L. VON (1985) The transformed beserk. ReVision, 8, 1, 20.

FREEMAN, W. J. (1991) The psychology of perception. Scientific American, Feb., 34–41.

FRIJDA, N. H. (1988) De emoties. Bert Bakker, Amsterdam.

GALLUP, G. G. (1985) Do minds exist in species other than our own? Neuroscience and Biobehavioral Reviews, 9, 631–641.

GANTNER, A. B., S. P. TAYLOR (1988) Human physical aggression as a function of diazepam. Personality and Social Psychology, 14, 3, 479–484.

GARCIA, J., F. R. ERVIN, R. A. KOELING (1966) Learning with prolonged delay of reinforcement. Psychonomic Science, 5, 121–122.

GARDNER, H. (1991) Abschied vom IQ. Die Rahmen-Theorie der vielfachen Intelligenzen. Klett-Cotta, Stuttgart.

GARSTANG, W. (1928) The morphology of the Tunicata and its bearings on the phylogeny of the Chordata. Quarterly Journal of Microscopical Science, 72, 51.

GEER, J. P. VAN DE (1957) A psychological study of problem solving. De Toorts, Haarlem.

GEERT, P. VAN (1985) Transparent self-reference and the structure of perceptual awareness. Cognitive Systems, 1, 49–77.

– (1991) A dynamic systems model of cognitive and language growth. Psychological Review, 98, 1, 3–53.

GIBSON, J. J. (1979) The ecological approach to visual perception. Houghton Mifflin, Boston.

GLEICK, J. (1988) Chaos – die Ordnung des Universums. Droemer Knaur, München.

GLOVER, J. (1988) The philosophy and psychology of personal identity. Penguin, Harmondsworth.

GOLDBERGER, A. L., D. R. RIGNEY, B. J. WEST (1990) Chaos and fractals in human physiology. Scientific American, Feb., 35–41.

GOMBRICH, E. (1972) Tribal styles. The New York Review of Books.

GORMAN, J. M., M. R. LIEBOWITZ, A. J. FYER, J. STEIN (1989) A neuroanatomical hypothesis for panic disorder. American Journal of Psychiatry,146, 2, 148–161.

GOULD, J. L. (1980) Homing in on the home front. Psychology Today, 14, 7, 62–71.

GRASMAN, J. (1986) Perspectives on mathematical sociology. Center for Mathematics and Computer Science, Utrecht.

– (1989) A deterministic model of the cell cycle. Center for Mathematics and Computer Science, Utrecht (unveröffentlicht).

GREGORY, R. L. (1981) Mind in science. Weidenfeld & Nicholson, London.

GROSSBERG, S. (Hrsg.) (1987) The adaptive brain. I. North-Holland, Amsterdam.

HÄCKEL, E. (1984) Die Welträtsel. Gemeinverständliche Studien über Monistische Philosophie. Kröner, Stuttgart.

HANSON, N. R. (1972) Patterns of discovery. Cambridge University Press,Cambridge.

HARLOW, H. F., R. R. ZIMMERMAN (1959) Affectional responses in the infant monkey . Science, 130, 421–432.

HARRELL, B. J. (1982) The social basis of root metaphor: An Application to Apocalypse Now and The Heart of Darkness. The Journal of Mind and Behavior, 3,3,221–240.

HARRINGTON, A. (1987) Medicine, mind, and the double brain. Princeton University Press, Princeton (NJ).

HARRISON (1983) Harrison's principles of internal medicine. McGraw-Hill, New York.

HASSENSTEIN, B. (1988) Klugheit. Bausteine zu einer Naturgeschichte der Intelligenz. Deutsche Verlags-Anstalt, Stuttgart.

HEERDEN, J. VAN (1982) De zorgelijke staat van het onbewuste. Boom, Meppel.

HEERWAGEN, J. H. (1986) Windowscapes: the role of nature in the view from the window. The Second International Daylighting Converence, Long Beach (CA).

418

HELSON, H. (1964) Adaptation-level theory: an experimental and systematic approach to behavior. Harper, New York.

HETTEMA, J. (1967) Arbeidsfysiologische aspecten van mentale belasting. Van Gorcum & Comp., Assen.

HETTEMA, P. J. (1979) Personality and adaptiation. North-Holland, Amsterdam.

HEZEWIJK, R. VAN (1985) Vooronderstellingen en interpretatiestijlen in de psychologie. Elinkwijk, Utrecht (Diss.).

HILGARD, E. R. (1977) Divided consciousness: multiple controls in human thought and action. Wiley, New York.

HINDE, R. A., J. FISHER (1951) Further observations on the opening of milk bottles by birds. British Birds, 44, 393–396.

HIRSCH, R. S. (1970) Effect standard versus alphabetical keyboard formats on typing performance, Journal of Applied Psychology, 54, 484–490.

HOFFMAN, R., J. M. NEAD (1983) General contextualism, ecological science and cognitive research. The Journal of Mind and Behaviour, 4, 4, 507–560.

HOFSTADTER, D. R. ([13]1991) Gödel, Escher, Bach. Klett-Cotta, Stuttgart.

HOFSTADTER, D. R., D. C. DENNETT ([4]1991) Einsicht ins Ich. Klett-Cotta, Stuttgart.

HOFSTEE., W. K. B., H. G. VAN DER VEEN, N. G. SMID (1981) Persoonlijkheidsleer. In: H. C. J. Duijker, P. A. Vroon (Hrsg.), Codex Psychologicus. Elsevier, Amsterdam,337–347.

HOLDEN, A., P. SINGER (1961) Crystals and drystal growing. Heinemann, London.

HOOGSTRATEN, J. (1979) De machteloze onderzoeker. Boom, Meppel.

HURVICH, L. M., D. JAMESON (1957) An opponent-process theory of color vision. Psychological Review, 64, 384–404.

JAKOB, F. (1982) The possible and the actual. Pantheon Books, New York.

JANSEN, A., M. V. D. HOUT (1989) Over verslaving. De Psycholoog, 9, 432–437.

JAYNES, J. (1988) Der Ursprung des Bewußtseins durch den Zusammenbruch der bikameralen Psyche. Rowohlt, Reinbek.

JENNINGS, H. S. (1906) Behavior of the lower organisms. Columbia University Press, New York.

JERISON, H. J. (1973) Evolution of the brain and intelligence. Academic Press, New York.

– (1976) Principles of the evolution of the brain and behavior. In: R. B. Masterton u. a. (Hrsg.), Evolution, brain and behavior: persistent problems. Lawrence Erlbaum, Hillsdale, 23–45.

– (1983) The evolution of biological intelligence. In: R. J. Sternberg (Hrsg.), Handbook of human intelligence. Cambridge University Press. Cambridge (MA), 723–791.

JORDANOVA, L. J. (1984) Lamarck. Oxford Unversity Press, Oxford.

JOSEPH, R. (1988) The right cerebral hemisphere: emotion, music, visual-spatial skills, body-image, dreams and awareness. Journal of Clinical Psychology, 44, 5, 630–673.

JUNGERMANN, H., G. DE ZEEUW (Hrsg.) (1977) Decision making and change in human affairs. Reidel, Dordrecht.

KAHNEMAN, D. (1973) Attention and effort. Prentice Hall, Englewood Cliffs (NJ).

KAHNEMAN, D., P. SLOVIC, A. TVERSKY (Hrsg.) (1982) Judgement under uncertainty. Cambridge University Press, Cambridge (MA).
KALMA, A. (1989) Dominantie en onzekerheidsreductie. Rijksuniversiteit Utrecht (Diss.).
KEELE, S. W. (1973) Attention and human performance. Goodyear Publishing Company, Pacific Palisades.
KLEIN BRETELER, M. A. (1989) Elektroakupunktuur volgens Voll. Medische Faculteit Leiden.
KLUKHUHN, A. (1989) Hypothese van het heden. Wetenschap in de postmoderne tijd. Markant, Nijmegen.
KOESTLER, A. (1967) The ghost in the machine. Hutchinson, London.
– (1974) Der Krötenküsser: Der Fall des Biologen Paul Klammerer oder für eine Vererbungslehre ohne Dogma. Rowohlt, Reinbek.
KÖSTER, E. P. (1978) Over geur en stank. In: W. A. Wagenaar, P. A. Vroon, W. H. Janssen, Proeven op de som. Van Loghum Slaterus, Deventer.
– (1986) De functie van de reukzin. In: J. C. J. Bonarius, W. Th. A. M. Everaerd, M. N. Verbaten (Hrsg.), Psychologie in Nederland, deel 2. Swets & Zeitlinger, Lisse.
KORCHIN, S. J. (1976) Modern clinical psychology. Basic Books, New York.
KOUWER, B. J. (1963) Het spel van de persoonlijkheid. Bijleveld, Utrecht.
– (1973) Existentiele psychologie. Boom, Meppel.
KRAMERS, C. W. (1989) Het anthroposofisch gezondheitscentrum: een andere benadering. Integraal, 4, 50–55.
KREBS, P. (Hrsg.) (1981) Das unvergängliche Erbe. Grabert Verlag,Tübingen.
KRECH, D., u. a. (1985) Grundlagen der Psychologie, 8 Bde. Psychologie VerlagsUnion, Weinheim.
KUHN, T. S. (1976) Die Entstehung des Neuen. Studien zur Struktur der Wissenschaftsgeschichte. Suhrkamp, Frankfurt/Main.
– (1981) Die Kopernikanische Revolution. Vieweg, Wiesbaden.
KUTZ, I. (1989) Samson's complex: the compulsion to re-enact betrayal and rage. British Journal of Medical Psychology, 62, 123–134.
LAER, P. H. VAN (1947) Actio in distans en aether. Het Spectrum, Utrecht.
LAKATOS, I. (1974) Falsification and the methodology of scientific research programmes. In: I. Lakatos, A Musgrave (Hrsg.), Criticism and the growth of knowledge. Cambridge University Press, Cambridge (MA).
LASHLEY, K. S. (1929) Nervous mechanisms in learning. In: C. Murchison (Hrsg.), The foundation of experimental psychology. Clark University Press, Worcester (MA), 524–563.
– (1950) In search of the engram. Symposium of the Society of Experimental Biology, 4, 454–483.
LAUTESLAGER, M., W. VAN HOORN (1988) Psychoanalyse. Swets & Zeitlinger, Amsterdam/Lisse.
LEAHEY, T. H. (1987) A history of psychology. Prentice-Hall, Englewood Cliffs (NJ).
LIBET, B. (1967) Responses of human somatosensory cortex to stimuli below threshold for conscious sensation. Science, 158, 1597–1600.
– (1973) Electrical stimulation of cortex in human subjects, and conscious memory aspects. In: A. Iggo (Hrsg.), Handbook of sencory physiology, vol. 2. Springer, Berlin.

- (1978) Neuronal versus subjective timing for a conscious experience. In: P. A. Buser, A. Rougeul-Buser (Hrsg.), Cerebral correlates of conscious experience. North-Holland, Amsterdam.
- (1979) Subjective referral of the timing for a conscious sensory experience. Brain, 102, 191–222.
LINSCHOTEN, J. (1964) Idolen van de psycholoog. Bijleveld, Utrecht.
LOFTUS, E. F. (1980) Memory. Addison-Wesley, Reading.
LOFTUS, G. R., E. F. LOFTUS (1976) Human memory: the processing of information. Erlbaum, Hilldale.
LOKHORST, G. J. C. (1986) Brein en bewustzijn. Rotterdamse Filosofische Studies.
LORENZ, K. (1984) Das sogenannte Böse. Zur Naturgeschichte der Aggression. Piper, München.
LOYE, D. (1986) De sfinx en de regenboog. Mirananda, Den Haag.
LURIJA, A. R. (1982) Grondslagen van de neuropsychologie. Van Loghum Slaterus, Deventer.
- (1991) Der Mann, dessen Welt in Scherben ging. Rowohlt, Reinbek.
MACLEAN, P. D. (1949) Psychosomatic disease and the visceral brain. Psychosomatic Medicine, 11, 6, 338–353.
- (1955) The limbic system in relation to central gray and reticulum of the brain stem. Psychosomatic Medicine, 17, 5, 355–366.
- (1958) Contrasting functions of limbic and neocortical systems of the brain and their relevance to psychophysiological aspects of medicine. The American Journal of Medicine, 25, 4, 611–626.
- (1962) New findings relevant to the evolution of psychosexual functions of the brain. The Journal of Nervous and Mental Disease, 135, 4, 289–301.
- (1969) The internal-external bonds of the memory process. The Journal of Nervous and Mental Disease, 149, 1, 40–47.
- (1978) A mind of three minds: educating the triune brain. In: Education and the Brain, The National Society for the Study of Education, Chicago, 308–342.
- (1985) Brain evolution relating to family, play and the separation call. Archives of General Psychiatry, 42, April, 405–417.
- (1985) Evolutionary psychiatry and the triune brain. Psychological Medicine, 15, 219–221.
- (1990) The triune brain in evolution. Plenum Press, New York.
MACLEAN, P. D., R. GUYOT (1990) Les trois cerveaux de l'homme. Robert Laffont, Paris.
MANDELBROT, B. B. (1989) Die fraktale Geometrie der Natur. Birkhäuser, Basel.
MANDLER, G. (1984) Mind and body. Psychology of emotion and stress. Norton, New York.
MAYO, J., O. WHITE, H. J. EYSENCK (1978) An empirical study of the relation between astrological factors and personality. The Journal of Social Psychology, 105, 229–236.
MCDOUGALL, W. (1938) Fourth report on a Lamarckian experiment. British Journal of Psychology, 28, 321–345.
MECACCI, L. (1986) Das einzigartige Gehirn. Über den Zusammenhang von Hirnstruktur und Individualität. Campus, Frankfurt/Main.

MEEUS, W., Q. RAAIJMAKERS (1989) Gehoorzaamheid aan een autoriteit: een overzicht van onderzoek. Nederlands Tijdschrift voor de Psychologie, 44, 1–14.

MERCKELBACH, H. (1988) Endogene oogknipperingen: angst of aandacht? De Psycholoog, 23, 659–662.

– (1989) Preparedness and classical conditioning of fear: a critical inquiry. Rijksuniversiteit Limburg (Diss.).

MERCKELBACH, H., G. VAN DEN BERG, A. JANSEN (1991) Opponente processen. De Psycholoog, 26, 6, 265–269.

MICHAELS, S. E. (1971) QWERTY versus alphabetic keyboards as a function of typing skill. Human Factors, 13, 419–426.

MILLS, W. (1904) Some aspects of the development of comparative psychology. Science, 19, 745–757.

MOIR, A., D. JESSEL (1990) Brainsex. Der wahre Unterschied zwischen Mann und Frau. Econ, Düsseldorf.

NAGEL, E. (1961) The structure of science. Routledge & Kegan Paul, London.

NEISSER, U. (1979) Kognition und Wirklichkeit. Prinzipien und Implikationen der kognitiven Psychologie. Klett-Cotta, Stuttgart.

NICOLSON, R. I., R. H. GARDNER (1985) The QWERTY keyboard hampers schoolchildren. British Journal of Psychology, 76, 525–531.

NISBETT, R., L. ROSS (1980) Human inference. Prentice Hall, Englewood Cliffs (NJ).

NISBETT, R., T. WILSON (1977) Telling more than we can know: verbal reports on mental processes. Psychological Review, 84, 3, 231–259.

NORMAN, D. A., D. FISHER (1982) Why alphabetic keyboards are not easy to use. Human Factors, 24, 509–519.

NOSSENT, S. (1986) Denkorganen in ontwikkeling. Faculteit Sociale Wetenschappen, Rijksuniversiteit Utrecht.

NUTTIN, J. M. (1975) The illusion of attitude change. Academic Press, London.

OAKLEY, D. A., H. C. PLOTKIN (Hrsg.) (1979) Brain, behaviour and evolution. Methuen, London.

OLST, E. H. VAN, A. KOK, J. F. ORLEBEKE (1980) Inleiding in de psychofysiologie. Van Loghum Slaterus, Deventer.

ONIANS, R. B. (1951) The origins of European thought. Cambridge UniversityPress, London.

ORNSTEIN, R. E. (1973) (Hrsg.) The nature of human consciousness. Freeman, San Francisco.

– (1988) Multimind. Wie die neue Hirnforschung unser Verhalten erklärt. Junfermann, Paderborn.

ORNSTEIN, R. E., P. EHRLICH (1989) New world new mind. Doubleday, New York.

ORNSTEIN, R. E., D. SOBEL (1987) The healing brain. Simon & Schuster, New York.

ORTONY, A. (Hrsg.) (1979) Metaphor and thought. Cambridge University Press, Cambridge (MA).

OSGOOD, C. E., G. J. SUCI, P.H. TANNENBAUM (1957) The measurement of meaning. University of Illinois Press, Urbana.

PAGELS, H. (1988) The dreams of reason. Simon & Schuster, New York.

422

PANHUYSEN G., A. TUITEN (1988) Een interactionistisch alternatief voor de psychosomatiek. Metamedica, 67, 4, 222–238.
– (1988) Over psychosomatiek en de dwangbuis van het reductionisme. Metamedica, 67, 3, 150–162.
PASCAL, B. (1987) Gedanken. Insel, Frankfurt/Main.
PEPPER, S. G. (1942) World hypotheses. University of California Press, Berkeley.
PLACE, T. (1981) De onderwaardering in de psychologie van de semantische functie van theorien. Gedrag, 6, 315–325.
POPPER, K. (1963) Conjectures and refutations. Basic Books, New York.
POTT, H. J. (1988) Pessimisme als filosofie. Ambo, Baarn.
POVEL, D. J. (1978) Zichtbare spraak als hulpmiddel bij het spraakonderricht aan doven. In: W. A. Wagenaar, P. A. Vroon, W. H. Janssen (Hrsg.), Proeven op de som. Van Loghum Slaterus, Deventer.
PRICK, L. G. M. (1984) Demonen van de middag. Ambo, Baarn.
RAAIJMAKERS, J. G. W. (1984) Psychologie van het geheugen. Van Loghum Slaterus, Deventer.
RACHLIN, H. (1976) Modern behaviorism. Freeman, San Francisco.
RAUH, H., H. C. STEINHAUSEN (Hrsg.) (1987) Psychobiology and early development. North-Holland, Amsterdam.
RAZRAN, G. (1971) Mind in evolution. Houghton Mifflin, New York.
REYNOLDS, P. C. (1981) On the evolution of human behavior. University of California Press, Berkeley.
RICHARDS, G. (1987) Human evolution. Routledge & Kegan Paul, London.
RINGGREN, H., A. V. STRÖM (1963) De godsdiensten der volken. Spectrum, Utrecht.
ROEDIGER, H. L. (1980) Memory metaphors in cognitive psychology. Memory and Cognition, 8, 3, 231–246.
ROMANES, G. (1883) Animal intelligence. Appleton, New York.
RORTY, R. (1980) Der Spiegel der Natur: Eine Kritik der Philosophie. Suhrkamp, Frankfurt/Main.
ROSE, S. (1976) The conscious brain. Penguin Books, Harmondsworth.
ROYCE, J. R., L. P. MOS (Hrsg.) (1979) Theoretical advances in behavior genetics. Sijthoff & Noordhoff, Alphen aan de Rijn.
RUSSELMAN, G. H. E. (1983) Van James Watt tot Sigmund Freud. Van Loghum Slaterus, Deventer.
RYLE, G .(O. J.) Der Begriff des Geistes. Reclam, Stuttgart/Ditzingen.
SANBERG, P. R. (1976) Neural capacity in Mimosa Pudica: a review. Behavior Biology, 17, 435–452.
SCHACTER, D. L. (1982) Stranger behind the engram. Erlbaum, Hillsdale.
SCHAGEN, S. (1983) Het effect van psychotherapie. Van Loghum Slaterus, Deventer.
SCHREURS, B. J. (1988) Agressie en geweld. Coutinho, Muiderberg.
SELIGMAN, M. E. P. (1971) Phobias and preparedness. Behavior Therapy, 2, 307–320.
SEMON, R. (1904) Die Mneme als erhaltendes Prinzip im Wechsel des organischen Geschehens. München.
SHELDRAKE, R. (1990) Das Gedächtnis der Natur. Das Geheimnis der Entstehung der Formen in der Natur. Scherz, Bern.

– (1991) Wiedergeburt der Natur. Das neue Verständnis der Lebendigkeit und Heiligkeit der Natur. Scherz, Bern.

SHEVRIN, H., S. DICKMAN (1980) The psychological unconscious: a necessary assumption for all psychological theory? American Psychologist, 5, 421–434.

SKINNER, B. F. (1974) About behaviorism. Knopf, New York.

SKOWDO, D., B. N. TINNEY, T. A. GENTRY, R. B. MORANT (1975) McCollough effects: experimental findings and theoretical accounts. Psychological Bulletin, 82, 4, 497–510.

SMOLENSKY, P. (1988) On the proper treatment of connectionism. Behavioral and Brain Sciences, 11, 1–74.

SNELL, B. (1955) Die Entdeckung des Geistes. Claassen & Goverts, Hamburg.

SOLOMON, R. L. (1980) The opponent-process theory of acquired motivation: The costs of pleasure and the benefits of pain. American Psychologist, 35, 691–712.

SOUDIJN, K. A. (1982) Kwaliteit van psychotherapie. Boom, Meppel.

SPRINGER, S. P., G. DEUTSCH (^{3}1990) Linkes Gehirn/rechtes Gehirn. Funktionelle Asymmetrien. Spektrum der Wissenschaft, Heidelberg.

STAAL, F. (1989) Een wijsgeer in het oosten. Meulenhoff, Amsterdam.

STADDON, J. E. R. (1983) Adaptive behavior and learning. Cambridge University Press, Cambridge (MA).

STARTUP, M. (1983) Belief in astrology: a symptom of maladjustment? Personality and Individual Differences, 4, 3, 334–345.

STRAUS, S. E. (1988) The chronic mononucleosis syndrome. The Journal of Infectious Diseases, 153, 3, 405–412.

SUAREZ, S. D., G. G. GALLUP (1981) Self-recognition in chimpanzees and orangutans, but not in gorillas. Journal of Human Evolution, 10, 175–188.

TAVECCHIO, L. W. C., M. H. VAN IJZENDOORN (Hrsg.) (1987) Attachment in social networks. North-Holland, Amsterdam.

TEILHARD DE CHARDIN, P. (^{2}1965) Das Auftreten des Menschen. Werke Bd. 3. Walter, Olten.

THOMPSON, D. W. (1942) On growth and form. Cambridge University Press, Cambridge (MA).

THOMPSON, R. F. (1969) Foundation of physiological psychology. Harper & Row, New York.

THORNDIKE, E. L. (1911) Animal intelligence. Hafner, New York (hrsg. 1965).

THYSSEN, W. TH. M. (1982) De mens-machine theorie. Krips Repro, Meppel.

TISSERAND, R. (^{6}1991) Aroma-Therapie. Heilung durch Duftstoffe. Bauer, Freiburg.

TOMPKINS, P., C. BIRD (1989) Das Geheimnis der guten Erde. Scherz, Bern.

TOPITSCH, E. (1958) Vom Ursprung und Ende der Metaphysik. Springer, Wien.

TOUWEN, B. C. L. (1982) Die Untersuchung von Kindern mit geringen neurologischen Funktionsstörungen. Thieme, Stuttgart.

TROMP, S. W., J. J. BOUMA (Hrsg.) (1974) Progress in biometeorology, 4 Bde. Swets & Zeitlinger, Amsterdam.

TUITEN, A., G. PANHUYSEN (1989) Anorexia nervosa en de wisselwerking tussen lichaam en geest. In: D. Draaisma, R. de Vries (Red.), Lichaam en geest in psychologie en geneeskunde. Swets & Zeitlinger, Lisse, 99–121.

TWEEL, J. G. VAN DEN (1991) Immunologie. Das menschliche Abwehrsystem. Spektrum der Wissenschaft, Heidelberg.

VERBATEN, M. N. (1981) Investigations of habituation in humans, Utrecht (Diss.).

VERBEEK, TH. (1988) Le traité de l'âme de La Mettrie. OMI, Utrecht (Diss.).

VERHOEVEN, C. (1973) Het axioma van Geulincx. Ambo, Bilthoven.

– (1984) Voorbij het begin. Ambo, Baarn.

VERHULST, F. (1991) De terugkeer van de onzekerheid. Rijksuniversiteit Utrecht, Oratio.

VRIES, G. DE (1984) De ontwikkeling van wetenschap. Wolters-Noordhoff, Groningen.

VRIES, R. DE (1980) Ignoramus, ignorabimus. Kennis en Methode, 1, 31–52.

VROON, P. A. (1976) Bewustzijn, hersenen en gedrag. Ambo, Bilthoven.

– (1978) Stemmen van vroeger. Ambo, Baarn.

– (1984) Intelligentie. Ambo, Baarn.

– (1986) Wortelmetaforen en denkstijlen in de geneeskunde. Nederlands Tijdschrift voor Integrale Geneeskunde, 1–10.

– (1990) Psychologische aspecten van ziekmakende gebouwen. ISOR, Utrecht.

VROON, P. A., D. DRAAISMA (1986) De mens als metafoor. Ambo, Baarn.

VROON, P. A., H. TIMMERS, S. TEMPELAARS (1977) On the hemispheric representation of time. In: S. Dornic (Hrsg.), Attention and Performance VI. Erlbaum, Hillsdale, 231–247.

VYGOTZSKY, L. S. (1981) The genesis of higher mental function. In: J. Wertsch (Hrsg.), The concept of activity in Soviet Psychology. Sharp, New York.

WAAL, F. DE (1991) Wilde Diplomaten. Versöhnung und Entspannungspolitik bei Affen und Menschen. Hanser, München.

WAESBERGHE, H. VAN (1988) Darwin achterhaald? Intermediair, 24, 44, 53–57.

WAGENAAR, W. A. (1972) Sequential response bias. Bronder, Rotterdam.

– (1977) De beste stuurlui dempen de put. Ambo, Baarn.

WAGENAAR, W. A., P. A. VROON, W. H. JANSSEN (Hrsg.) (1978) Proeven op de som. Van Loghum Slaterus, Deventer.

WATSON, J. B. (1928) The heart or the intellect? Harper's Monthly Magazine,156, 345–353.

WATSON, L. (1989) Der unbewußte Mensch. Gezeiten des Lebens – Ursprungdes Wissens – Lifetide. Moderne Verlagsgesellschaft, München.

WEGMAN, C. (1979) Psychoanalyse en cognitieve psychologie. Krips Repro Meppel (Diss.).

WEISKRANTZ, L. (1977) Trying to bridge some neuropsychological gaps between monkey and man. British Journal of Psychology, 68, 431–445.

WEISS, S. M., J. A. HERD, B. H. FOX (Hrsg.) (1981) Perspectives on behavioral medicine. Academic Press, New York.

WENDT, H. (1970) Before the deluge. Paladin, London.

WESTFALL, R. S. (1982) The construction of modern science. Cambridge University Press, Cambridge (MA).

WHITE, L., B. TURSKY, G. E. SCHWARTZ (Hrsg.) (1985) Placebo. The Guilford Press, New York.

WIED, D. DE (1990) Even afrekenen. Bunge, Utrecht.

WIEGANT, F. A. C. (1988) Psycho-neuro-immunologie. Integraal, 3, 82–94.

WILBER, K. (1983) Eye to eye. Anchor Books, New York.

– (1989) Das Atman-Projekt. Der Mensch in transpersonaler Sicht. Junfermann, Paderborn.

– (1990) Halbzeit der Evolution. Der Mensch auf dem Weg vom animalischen zum kosmischen Bewußtsein. Goldmann, München.

WILSON, E. O. (1975) Sociobiology, the new synthesis. Harvard University Press, Cambridge.

WINNUBST, J. A. M. u. a. (Red.) (1991) De metamorfose van de klinische psychologie. Van Gorkum, Assen.

WITKIN, H. A., E. A. WITKIN (1954) Personality through perception. Harper, New York.

WITTROCK, M. C. (Hrsg.) (1980) The brain and psychology. Academic Press, New York.

WURTMAN, R. J., J. J. WURTMAN (1989) Carbohydrates and depression. Scientific American, 50–57.

ZAJONC, R. B. (1980) Feeling and thinking. American Psychologist, 35, 2, 151–175.

ZOETEMAN, K. (1989) Gaiasofie. Ankh-Hermes, Deventer.

QUELLENNACHWEIS

Aus folgendem Werk wurde mit freundlicher Genehmigung des Walter Verlages, Olten, zitiert:

Becker, Ernst: Die Überwindung der Todesfurcht. Dynamik des Todes. Walter, Olten 1976.

High-Tech-Medizin und alternative Heilweisen erfolgreich verbinden.

Viele wünschen sich eine menschengerechte Medizin, in der sich die Vorteile der Apparatemedizin mit dem ganzheitlichen Konzept alternativer Heilweisen verbinden. Rainer Otte gibt einen fundierten Überblick über Geschichte, Chancen und Grenzen der High-Tech-Medizin. Zugleich stellt er beispielhaft vier alternative Kliniken vor.

Rainer Otte
Kann High-Tech-Medizin menschlich sein?
Wie sich alternative Heilweisen und die moderne
Apparatemedizin erfolgreich verbinden lassen
256 Seiten, 20 Schwarzweißabbildungen,
Hardcover mit farbigem Schutzumschlag

Vergiftete Kindheit:
»Habt ihr denn nichts davon gewußt?«

Umweltschädliche Stoffe belasten den Körper unserer Kinder. Petri zeigt, daß unsere Verdrängung der Umweltprobleme ebenso großen Schaden in der kindlichen Seele anrichtet. Die Folgen sind Depression, Apathie und Gewalt. Notwendig ist das Gespräch mit unseren Kindern über Gefahren, die sie wie uns bedrohen. Wie das gelingt, lehrt dieses Buch.

Horst Petri
**Umweltzerstörung und
die seelische Entwicklung unserer Kinder**
220 Seiten, Hardcover
mit farbigem Schutzumschlag

KREUZ : Was Menschen bewegt.

Das Lampenfieber-Buch:
Hilfe gegen die Angst, die jeder kennt.

Statt das Lampenfieber zu verleugnen oder durch Medikamente wegzudrücken, rät Irmtraud Tarr Krüger, seine Symptome als Wegweiser zu sich selbst zu beobachten, denn sie geben wichtige Hinweise über Verletzungen der eigenen Identität. Jeder hat sein ganz individuelles Lampenfieber. Zugleich sind die Scheu, sich zu zeigen, die Angst zu versagen und die Vorstellung, ausgelacht oder kritisiert zu werden, allgemeine Phänomene in unserer Gesellschaft, in der das ganze Leben zur Bühne geworden ist, auf der uns unsere Rolle diktiert wird. Körper und Gehirn reagieren mit archaischen Totstell- oder Fluchttendenzen, und die verinnerlichten Kritiker werden zu Monstern, die uns lähmen und einreden, daß wir nicht gut genug seien. Mit einer Reihe von bewährten Techniken zur Entspannung, besseren Atmung, zur Imagination und Affirmation sowie musiktherapeutischen Übungen gibt die Autorin praktische Anleitungen zum individuellen Umgang mit Lampenfieber.

Irmtraud Tarr Krüger
Lampenfieber
Ursache – Wirkung – Therapie
240 Seiten, Paperback

KREUZ : Was Menschen bewegt.

Jeder hat sie, aber nur wenige wissen davon.

Sabotieren Sie Ihren eigenen Erfolg? Zerstören Sie Ihre Beziehung? Fällt es Ihnen schwer, das Leben einmal so richtig zu genießen?

Dann leiden Sie wahrscheinlich – ebenso wie die meisten Menschen – unter unbewußten Schuldgefühlen. Diese Schuldgefühle entstehen, wenn man in der Kindheit aus irgendeinem Grund den Eindruck gewinnt, Eltern oder Geschwister verletzt zu haben. Man gelangt so zu der Überzeugung, ein Verbrechen gegenüber den anderen begangen zu haben, und beginnt, sich selbst dafür zu bestrafen. Diese Selbstbestrafung kann viele verschiedene Formen annehmen. Vielleicht erniedrigt man sich selbst, leidet unter Ängsten und Depressionen. Vielleicht untergräbt man unbewußt die eigenen Anstrengungen, eine befriedigende Beziehung einzugehen. Kurzum: Die unbewußten Schuldgefühle bringen einen dazu, sich genau das zu verweigern, was man am liebsten haben will.

Dieses Buch basiert auf einer langjährigen Studie, die an einem psychologischen Forschungsinstitut in den USA durchgeführt wurde. Man kann darin nicht nur viele eigene Verhaltensweisen wiederentdecken, sondern auch lernen, wie man mit unbewußten Schuldgefühlen fertig wird.

Lewis Engel/Tom Ferguson
Unbewußte Schuldgefühle
260 Seiten, Paperback

KREUZ : Was Menschen bewegt.

Hypochondrie –
eines der verbreitetsten Mittel, Streß zu bewältigen.

Menschen, die sich übermäßig mit ihrer Gesundheit beschäftigen, die fürchten, krank zu werden, oder überzeugt sind, es zu sein, auch wenn alle Beweise fehlen, sind zu allen Zeiten weit verbreitet gewesen. Hypochonder gibt es in allen Gesellschaftsschichten und in allen Kulturen.

Susan Baur verfolgt die Geschichte einer Krankheit, die schon in der Antike beschrieben wurde. Heute wird von medizinischer, psychologischer und soziologischer Seite her nach Ursachen und Behandlungsmöglichkeiten der Hypochondrie geforscht. Umfassend beleuchtet die Autorin die Hypochondrie bei Kindern, Erwachsenen und älteren Menschen und die Rolle des Hypochonders in der Familie.

Nur wenn man weiß, was Kranksein gesellschaftlich bedeutet, läßt sich verstehen, daß Hypochondrie eine Form der Streßbewältigung ist, die unter Umständen erträglicher scheint als die Konfrontation mit den eigentlichen Problemen. Obwohl Hypochonder als schwer heilbar gelten, stellt die Autorin die Frage nach Therapie und Heilung. Allerdings, so Baur, fördert unser Fitness-Ideal gerade die hypochondrische Gesellschaft.

Susan Baur
Die Welt der Hypochonder
Über die älteste Krankheit der Menschen
Aus dem Amerikanischen übertragen
von Annette Charpentier
256 Seiten, Hardcover
mit farbigem Schutzumschlag

KREUZ : Was Menschen bewegt.